先进轨道交通新兴领域"十四五"高等教育教材

轨道交通土建材料学

主编◎李福海　蒲黔辉　于本田　崔圣爱　蔺鹏臻
主审◎李固华

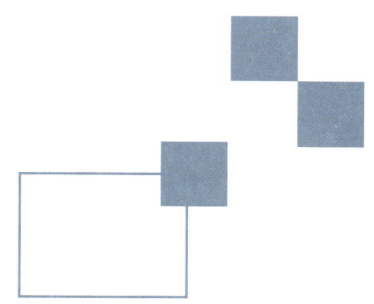

西南交通大学出版社
·成都·

图书在版编目（CIP）数据

轨道交通土建材料学 / 李福海等主编. -- 成都：西南交通大学出版社，2024.8. --（先进轨道交通新兴领域"十四五"高等教育教材）. -- ISBN 978-7-5774-0062-4

Ⅰ．U239.5

中国国家版本馆 CIP 数据核字第 2024G94M14 号

先进轨道交通新兴领域"十四五"高等教育教材

Guidao Jiaotong Tujian Cailiaoxue

轨道交通土建材料学

主　编／	李福海　蒲黔辉　于本田	策划编辑／贾兆帅　黄庆斌　韩　林
	崔圣爱　蔺鹏臻	责任编辑／姜锡伟
		封面设计／廖果同　曹天擎

西南交通大学出版社出版发行

（四川省成都市金牛区二环路北一段 111 号西南交通大学创新大厦 21 楼　610031）

营销部电话：028-87600564　　028-87600533

网址：http://www.xnjdcbs.com

印刷：四川煤田地质制图印务有限责任公司

成品尺寸　185 mm×260 mm

印张　23　　字数　502 千

版次　2024 年 8 月第 1 版　　印次　2024 年 8 月第 1 次

书号　ISBN 978-7-5774-0062-4

定价　56.00 元

课件咨询电话：028-81435775

图书如有印装质量问题　本社负责退换

版权所有　盗版必究　举报电话：028-87600562

前　言

本教材是以高等学校土木工程学科专业指导委员会制定的土木工程专业培养目标和培养方案及土木工程专业课程设置为指导，以该委员会审定的土木工程材料课程教学大纲为依据编写的。本教材吸取了国内外轨道交通土建材料的新成就、新技术，结合我国相关现行标准、规范及西南交通大学、兰州交通大学轨道交通土建特色，理论联系实际，重点讲述了轨道交通土建材料的基本性能、无机胶凝材料（重点是水泥）、普通水泥混凝土、高性能混凝土、道砟、钢材、沥青及防水材料、智慧建造材料等，介绍了轨道交通土建材料的新技术和发展方向，在满足教学要求的同时，有利于学生开阔新思路、正确合理地选用轨道交通土建材料。

本书可作为土木工程及相近专业的本科教材，也可供土木工程设计、施工、科研、工程管理等技术人员学习参考。教材深入浅出，叙述生动，结合工程实际，既注重理论知识，又突出该课程的工程实际应用特点。

参加本教材编写的有西南交通大学李福海（第一章、第三章、第六章、第九章）、蒲黔辉（第一章、第二章）、于本田（第二章、第八章）、崔圣爱（第四章、第五章）、蔺鹏臻（第七章）、李颖雄（第二章）、陈昭（第十一章）、任东亚（第十章）、蒋雅君（第十章）、郭瑞（第九章）、李茂红（第二章）。全书由李福海、蒲黔辉、于本田、崔圣爱、蔺鹏臻担任主编，李固华担任主审。

本教材在编写过程中，得到了西南交通大学教务处及土木工程学院领导和土木工程材料课程团队老师们的大力支持和帮助，他们对书中内容提出了宝贵的意见，在此表示衷心的感谢。

由于土木材料科学技术发展迅速，新材料、新工艺、新方法不断涌现，一些行业技术标准也不统一，加之编者水平所限，书中不当之处在所难免，敬请广大读者批评指正。

编　者

2024 年 8 月

目 录

第一章 绪 论 ·· 001
 一、轨道交通土建材料概述 ·································· 001
 二、我国轨道交通土建材料的发展 ···························· 003
 三、轨道交通土建材料的分类 ································ 003
 四、轨道交通土建材料的标准与工程建设规范 ·················· 004
 五、本课程的目的和要求 ···································· 005
 复习思考题 ·· 006

第二章 轨道交通土建材料的基本性质 ·············· 007
 本章导读 ·· 007
 思政小课堂 ·· 007
 第一节 轨道交通土建材料概况 ······························ 008
 第二节 材料的内部结构特征 ································ 008
  一、材料的组成 ·· 008
  二、材料的结构 ·· 010
  三、材料的构造 ·· 012
 第三节 材料的物理性质 ···································· 013
  一、材料与质量有关的性质 ································ 013
  二、材料与水有关的性质 ·································· 018
  三、材料与热有关的性质 ·································· 022
 第四节 材料的力学行为 ···································· 024
  一、材料的理论强度 ······································ 024
  二、材料的强度和比强度 ·································· 025
  三、材料在荷载作用下的变形 ······························ 027
  四、材料的韧性和脆性 ···································· 029
  五、材料的硬度和耐磨性 ·································· 029
 第五节 材料的耐久性 ······································ 030
  一、物理作用 ·· 030
  二、化学作用 ·· 030
  三、生物作用 ·· 030
 第六节 材料的工程应用特性 ································ 031
  一、材料的经济性 ·· 031

二、材料的环保性 ……………………………………………………………… 032
　　三、材料的可持续性 …………………………………………………………… 033
　复习思考题 ……………………………………………………………………… 033

第三章　气硬性胶凝材料 …………………………………………………… 035

　本章导读 ………………………………………………………………………… 035
　思政小课堂 ……………………………………………………………………… 035
　第一节　建筑石膏 ……………………………………………………………… 036
　　一、石膏的原料与生产 ………………………………………………………… 036
　　二、煅烧温度和石膏变种 ……………………………………………………… 037
　　三、建筑石膏的水化、凝结与硬化 …………………………………………… 037
　　四、建筑石膏的性质 …………………………………………………………… 039
　　五、建筑石膏的应用 …………………………………………………………… 040
　第二节　建筑石灰 ……………………………………………………………… 042
　　一、石灰的原料与生产 ………………………………………………………… 042
　　二、石灰的消解 ………………………………………………………………… 043
　　三、石灰浆的硬化 ……………………………………………………………… 044
　　四、建筑石灰的技术要求与性质 ……………………………………………… 045
　　五、建筑石灰的应用 …………………………………………………………… 046
　第三节　水玻璃 ………………………………………………………………… 047
　　一、水玻璃的生产 ……………………………………………………………… 047
　　二、水玻璃的硬化 ……………………………………………………………… 048
　　三、水玻璃的性质与应用 ……………………………………………………… 048
　第四节　镁氧水泥 ……………………………………………………………… 050
　　一、镁氧水泥的生产 …………………………………………………………… 050
　　二、镁氧水泥的硬化 …………………………………………………………… 050
　　三、镁氧水泥的性能与应用 …………………………………………………… 051
　复习思考题 ……………………………………………………………………… 051

第四章　水　泥 ………………………………………………………………… 052

　本章导读 ………………………………………………………………………… 052
　思政小课堂 ……………………………………………………………………… 052
　第一节　硅酸盐水泥 …………………………………………………………… 053
　　一、生产简介与矿物组成 ……………………………………………………… 054
　　二、硅酸盐水泥的水化、凝结与硬化 ………………………………………… 055
　　三、硅酸盐水泥的技术性质 …………………………………………………… 060

四、水泥石的耐腐蚀性 ………………………………………………… 064
　　五、硅酸盐水泥的特性与应用 …………………………………………… 067
第二节　掺混合材的硅酸盐水泥 ……………………………………………… 068
　　一、混合材料 ……………………………………………………………… 068
　　二、普通硅酸盐水泥 ……………………………………………………… 070
　　三、矿渣硅酸盐水泥、火山灰质硅酸盐水泥、粉煤灰硅酸盐水泥及
　　　　复合硅酸盐水泥 ……………………………………………………… 071
第三节　专用水泥和特性水泥 ………………………………………………… 075
　　一、道路硅酸盐水泥 ……………………………………………………… 075
　　二、白色硅酸盐水泥 ……………………………………………………… 076
　　三、中热硅酸盐水泥和低热硅酸盐水泥 ………………………………… 077
　　四、抗硫酸盐水泥 ………………………………………………………… 078
第四节　铝酸盐水泥 …………………………………………………………… 079
　　一、铝酸盐水泥的分类和矿物组成 ……………………………………… 079
　　二、铝酸盐水泥的水化和硬化 …………………………………………… 080
　　三、铝酸盐水泥的技术要求 ……………………………………………… 081
　　四、铝酸盐水泥的性能特点与应用 ……………………………………… 082
第五节　硫铝酸盐水泥 ………………………………………………………… 083
　　一、硫铝酸盐水泥的分类和矿物组成 …………………………………… 083
　　二、硫铝酸盐水泥的水化和硬化 ………………………………………… 084
　　三、硫铝酸盐水泥的种类 ………………………………………………… 085
复习思考题 ……………………………………………………………………… 087

第五章　辅助胶凝材料 …………………………………………………… 088

本章导读 ………………………………………………………………………… 088
思政小课堂 ……………………………………………………………………… 088
第一节　辅助胶凝材料概述 …………………………………………………… 090
第二节　粉煤灰 ………………………………………………………………… 092
第三节　粒化高炉矿渣 ………………………………………………………… 097
第四节　硅　灰 ………………………………………………………………… 101
第五节　其他辅助胶凝材料 …………………………………………………… 104
　　一、沸石粉 ………………………………………………………………… 104
　　二、偏高岭土 ……………………………………………………………… 105
　　三、石灰石粉 ……………………………………………………………… 107
复习思考题 ……………………………………………………………………… 111

第六章　普通水泥混凝土……………………………………… 112

本章导读………………………………………………………… 112
思政小课堂……………………………………………………… 113
第一节　普通混凝土组成材料及其作用……………………… 115
　一、水泥及拌和用水…………………………………………… 116
　二、骨　料……………………………………………………… 116
　三、混凝土外加剂……………………………………………… 124
　四、混凝土掺合料……………………………………………… 127
第二节　新拌混凝土和易性…………………………………… 129
　一、和易性的意义……………………………………………… 129
　二、和易性的测定方法………………………………………… 130
　三、影响和易性的主要因素…………………………………… 132
　四、坍落度经时损失…………………………………………… 134
　五、坍落度选择………………………………………………… 135
第三节　混凝土的微观结构…………………………………… 136
　一、定义及意义………………………………………………… 136
　二、骨料的微观结构…………………………………………… 137
　三、水化水泥浆体的微观结构………………………………… 139
　四、混凝土中的界面过渡区…………………………………… 139
　五、混凝土中的孔及其结构特征……………………………… 142
第四节　混凝土硬化特性及其强度…………………………… 143
　一、混凝土的抗压强度………………………………………… 143
　二、混凝土受压破坏机理……………………………………… 144
　三、影响混凝土强度的因素…………………………………… 145
　四、混凝土的其他力学性能…………………………………… 150
第五节　混凝土在硬化过程中及硬化后的变形性能………… 151
　一、混凝土在荷载下的变形…………………………………… 151
　二、混凝土的体积变形………………………………………… 153
第六节　钢筋混凝土的耐久性………………………………… 156
　一、混凝土抗冻性能…………………………………………… 156
　二、氯离子引起的钢筋锈蚀…………………………………… 157
　三、混凝土抗渗透性…………………………………………… 157
　四、盐的侵蚀…………………………………………………… 158
　五、碱-骨料反应……………………………………………… 158
　六、混凝土抗碳化性…………………………………………… 159

七、混凝土抗裂性 ……………………………………………… 160

　　八、钢筋混凝土耐久性设计要点 …………………………… 161

第七节　混凝土质量控制与强度评定 …………………………… 165

　　一、混凝土质量波动与控制 ………………………………… 165

　　二、混凝土强度质量评定 …………………………………… 166

　　三、混凝土强度保证率 ……………………………………… 167

　　四、混凝土强度的验收评定 ………………………………… 168

第八节　普通混凝土配合比设计 ………………………………… 170

　　一、混凝土配合比设计原理 ………………………………… 170

　　二、混凝土配合比设计的步骤 ……………………………… 170

复习思考题 ………………………………………………………… 181

第七章　其他种类混凝土 …………………………………… 185

本章导读 …………………………………………………………… 185

思政小课堂 ………………………………………………………… 185

第一节　其他种类混凝土概述 …………………………………… 187

　　一、新型混凝土的产生背景 ………………………………… 187

　　二、新型混凝土的发展方向 ………………………………… 187

　　三、新型混凝土的应用场景 ………………………………… 188

第二节　高性能混凝土 …………………………………………… 190

　　一、高性能混凝土的基本概念 ……………………………… 190

　　二、高性能混凝土的特点 …………………………………… 190

　　三、高性能混凝土的配制 …………………………………… 192

　　四、高性能混凝土的工程应用 ……………………………… 193

第三节　超高性能混凝土 ………………………………………… 194

　　一、超高性能混凝土的基本概念 …………………………… 194

　　二、超高性能混凝土的特点 ………………………………… 195

　　三、超高性能混凝土的配制 ………………………………… 196

　　四、超高性能混凝土的工程应用 …………………………… 197

第四节　超韧性混凝土 …………………………………………… 198

　　一、超韧性混凝土的基本概念 ……………………………… 198

　　二、超韧性混凝土的特点 …………………………………… 199

　　三、超韧性混凝土的配制 …………………………………… 200

　　四、超韧性混凝土的工程应用 ……………………………… 200

第五节　自密实混凝土 …………………………………………… 201

　　一、自密实混凝土的基本概念 ……………………………… 201

V

二、自密实混凝土的特点 ·· 201
　　三、自密实混凝土的配制 ·· 202
　　四、自密实混凝土在高速铁路工程中的应用 ····························· 204
第六节　清水混凝土 ··· 205
　　一、清水混凝土的基本概念 ·· 205
　　二、清水混凝土的特点 ··· 205
　　三、清水混凝土的配制 ··· 205
　　四、清水混凝土在工程中的应用 ··· 207
复习思考题 ··· 208

第八章　道砟 ·· 209

本章导读 ··· 209
思政小课堂 ·· 209
第一节　道砟概述 ·· 210
　　一、道砟的定义 ·· 210
　　二、道砟的作用 ·· 211
　　三、道砟的分类 ·· 212
第二节　道砟的来源与制备 ·· 213
　　一、道砟的材料来源 ·· 213
　　二、道砟的生产制备 ·· 214
第三节　道砟的物理性质 ··· 215
　　一、道砟的密度和压实密度 ··· 215
　　二、道砟的力学性质 ·· 216
　　三、道砟的级配 ·· 219
　　四、道砟的渗水性能 ·· 221
　　五、道砟抗大气腐蚀性能 ·· 222
　　六、道砟颗粒形状及清洁度 ··· 223
第四节　道砟的标准与选用 ·· 223
复习思考题 ·· 224

第九章　钢材与铝合金 ·· 225

本章导读 ··· 225
思政小课堂 ·· 225
第一节　钢的生产、分类、晶体组织及化学成分 ····························· 227
　　一、生产方法对钢材性能的影响 ······································· 227
　　二、钢的分类 ··· 229

三、钢材的晶体组织 ……………………………………………… 230
　　四、化学成分对钢性质的影响 …………………………………… 234
第二节　钢材的技术性质 …………………………………………… 236
　　一、钢材的力学性能 ……………………………………………… 236
　　二、钢材的工艺性能 ……………………………………………… 241
第三节　钢材的加工处理 …………………………………………… 242
　　一、冷加工强化 …………………………………………………… 242
　　二、时效处理 ……………………………………………………… 243
　　三、热处理 ………………………………………………………… 244
第四节　建筑钢材的标准与选用 …………………………………… 245
　　一、钢结构用钢 …………………………………………………… 245
　　二、钢筋混凝土结构用钢 ………………………………………… 250
第五节　高性能钢材 ………………………………………………… 259
　　一、不锈钢 ………………………………………………………… 259
　　二、钢轨钢 ………………………………………………………… 271
　　三、桥梁用钢 ……………………………………………………… 276
第六节　建筑钢材的锈蚀及其防止措施 …………………………… 284
　　一、钢材的锈蚀 …………………………………………………… 284
　　二、防止钢材锈蚀的措施 ………………………………………… 285
第七节　铝及铝合金 ………………………………………………… 286
　　一、铝的性质 ……………………………………………………… 286
　　二、铝合金 ………………………………………………………… 286
　　三、包覆铝 ………………………………………………………… 287
　　四、铝及铝合金的表面处理 ……………………………………… 287
　　五、常用铝合金制品 ……………………………………………… 287
　复习思考题 …………………………………………………………… 289

第十章　沥青与防水材料 …………………………………………… 290
　本章导读 ……………………………………………………………… 290
　思政小课堂 …………………………………………………………… 290
　第一节　沥　青 ……………………………………………………… 291
　　一、石油沥青 ……………………………………………………… 292
　　二、煤沥青 ………………………………………………………… 297
　　三、改性沥青 ……………………………………………………… 299
　　四、乳化沥青 ……………………………………………………… 301

第二节　沥青混合料 304
　　　　一、沥青混合料概述 304
　　　　二、沥青砂浆 309
　　　　三、水泥乳化沥青砂浆 310
　　第三节　防水材料 314
　　　　一、防水材料概述 314
　　　　二、防水材料类型与特点 317
　　　　三、防水材料基本性能要求 328
　　复习思考题 330

第十一章　智慧建造材料 331
　本章导读 331
　思政小课堂 331
　第一节　智慧建造材料概述 332
　　　　一、智慧材料基本概念 332
　　　　二、智慧建造材料应用 333
　第二节　典型智慧材料介绍 334
　　　　一、压电材料 334
　　　　二、磁致伸缩材料 335
　　　　三、电流变液 335
　　　　四、电致变色材料 337
　　　　五、热响应材料 338
　　　　六、热释电材料 339
　　　　七、石墨纤维 339
　　　　八、智能砖 339
　第三节　新型智慧建造材料及其性能 340
　　　　一、自感知混凝土 340
　　　　二、自修复混凝土 344
　　　　三、形状记忆合金 348
　　　　四、3D打印混凝土 349
　复习思考题 352

参考文献 353

第一章 绪 论

一、轨道交通土建材料概述

铁路是国家重要基础设施和交通运输的大动脉，世界各国都高度重视铁路交通的发展。特别是进入 21 世纪以来，我国在高速铁路、重载铁路、城市轨道交通和磁悬浮交通四大领域发展迅猛，取得了举世瞩目的重大成就。轨道交通的迅猛发展，缩短了人们的时空距离，改善了人们的生活方式，极大地促进了社会进步和经济发展。

轨道交通的发展，不仅带动了信息、材料、能源、制造等领域高新技术的进步与发展，还促进了制造业、建筑业、农业、能源工业、旅游业等行业的繁荣发展；同样，这些领域和行业的理论创新和技术进步也促进了铁路的大发展。当前，不仅轨道交通延续着半个世纪以来的高速化、重载化、电气化的技术革新之路，而且新时代的绿色、环保、智能、可持续等社会经济发展理念，使公众对轨道交通安全、舒适、环保、可靠的期望不断提高，迫使铁路运输部门必须持续吸收和利用高新科技成果，不断提高轨道交通工程建设与运营水平。其中，轨道交通土建材料的发展，有力地支撑了我国轨道交通的高速发展。

轨道交通土建材料隶属于土木工程材料。土木工程材料可以分为广义土木工程材料和狭义土木工程材料。广义的土木工程材料指构成土木工程的材料总和，包括结构材料、围护材料、装饰材料，以及各种功能材料（如防水、保温隔热、隔声吸声、透光反光材料）、门窗材料、小五金材料等。狭义的土木工程材料是指直接构成土木工程实体的材料。轨道交通土建材料主要是指用于轨道交通基础设施建设的各种土木工程材料。

土木工程材料是随着社会科技的进步而不断发展的。我们的祖先最早就是从利用自然界材料建造赖以生活的住所开始，才有了后来的古罗马建筑、埃及金字塔、中国万里长城。人类在土木工程的建造中发现（发明）了许多现在仍被广泛使用的土木工程材料，如石灰、石膏、波特兰水泥、钢铁、减水剂、碳纤维等；也正是由于出现了钢筋混凝土、高强合金钢、高强纤维等，我们今天的建筑相比以往才发生了如此巨大的变化。例如：波兰建成了 65 m 高的钢筋混凝土世纪大厅；德国采用玻璃纤维增强水泥建造了联邦园艺展览厅的双曲抛物面屋顶，直径 31 m，厚 1 cm，质量才 25 t；还有我国已建成通车的

苏通长江公路大桥，全长 8 206 m，主跨 1 088 m，是一座双塔斜拉桥。这些都说明材料的发展对土木工程的发展贡献是多么巨大。

现代土建工程中采用的钢材强度已达 1 800 MPa，甚至超过 2 000 MPa；碳纤维强度可达 2 000 ~ 4 000 MPa；而混凝土材料强度在很多建筑中已用到 100 ~ 150 MPa；水泥基纤维复合材料性能更优异，通过选材及合理设计配比，可以配制出远高于普通混凝土强度、几乎无渗透、极高耐久性的超高性能混凝土（UHPC）制品，或配制出高延性的（伸长率达到3%及以上）具有开裂自修复性能的工程设计的水泥基材料（ECC）材料。不断应用新型材料，才可能有结构的创新和发展。可以这样认为：如果说轨道交通土建工程的发展可以折射出社会的进步，那么轨道交通土建工程材料的发展对社会的促进作用则功不可没。

随着现代社会的发展，人们对土木建筑工程，如桥梁、隧道、高层建筑、城市交通网、地下铁路、大型标志性建筑、大型水利工程、海港工程等，提出了更高的要求，除了高强轻质外，还要求高寿命（100 ~ 500 年）、低能耗、绿色环保。

从成本上考虑，一项土建工程，材料所占工程造价的比例是最高的（根据工程性质的不同，比例在 50% ~ 80% 范围内变化）。因此，合理、正确地选用材料，是降低工程造价的关键，否则会由于材料选用不当甚至严重失误而导致重大工程事故。

由于轨道交通工程对材料的要求较高，这些材料通常需要具备良好的力学性能、耐久性、稳定性和可靠性。常见的轨道交通土建材料包括：

（1）混凝土和钢筋混凝土：用于路基、桥梁、隧道、站台等结构主体建设的最基本材料。钢筋混凝土因其具有较高的抗压强度和耐久性而被广泛使用。

（2）钢材：用于制造轨道、建造桥梁、支撑隧道等。钢材提供必要的拉伸强度和抗弯能力。

（3）石材和砌体：在一些特定的结构或装饰性部分，如站台墙面、隧道出入口等，会使用石材或砌体材料。

（4）防水和排水材料：为了确保地下结构的干燥，需要使用各种防水和排水材料，如防水板、排水管等。

（5）轨道专用材料：如轨道钢、扣件、橡胶垫等，这些材料直接与列车和轨道的接触有关，对确保行车安全和舒适性至关重要。

（6）填充材料：如道砟（铁路石），用于铺设轨道基础层，以及用于隧道周围土壤的注浆加固等。

（7）装饰和功能性材料：如用于车站内部装修的瓷砖、石材、玻璃、铝材等，以及用于照明的灯具、用于信息显示的发光二极管（LED）屏幕等。

（8）复合材料：随着材料科学的发展，一些新型复合材料也被应用于轨道交通土建工程中，如碳纤维增强复合材料等，用于提高结构的性能和减轻重量。

这些材料的选择和应用都需要符合国家相关标准和行业规范，以确保轨道交通工程的安全、可靠和耐久。在我国，这些材料和建设标准还必须符合国家关于绿色环保和可持续发展的要求。

二、我国轨道交通土建材料的发展

轨道交通土建材料随着土木工程材料的发展也快速发展，新中国成立初期，我国水泥年产量仅 66 万吨，钢产量几乎为零。改革开放后，我国土木工程和建材业得到了迅速发展：1996 年我国钢产量突破 1 亿吨，跃居世界第一位，2014 年以后钢产量占全世界的 47%~49%；1985 年我国水泥年产量就达到了 1.5 亿吨，居世界第一，2014 年以后我国水泥产量占世界产量的 50% 左右。我国是名副其实的土木工程材料大国。当然，我国的土木工程材料产业发展得益于蓬勃发展的建筑业，但基建投资的迅速发展，使一些生产还停留在高能耗、低效率、高污染状态。要改善现状，必须建立健全相关法律，并与国际接轨。

随着科学技术的发展，材料的研究与开发利用已成为国民经济的支柱产业，并相应产生了一门新的学科 —— 材料科学。它是运用物理、化学、力学的基本理论，通过电子显微镜、X 射线、红外光谱仪及其他现代测试手段，研究材料组成、内部结构和构造对性能的影响以及相互作用的一门科学。它的产生为材料的研制、生产和应用提供了广泛的理论依据，也为新产品的产生奠定了理论基础。随着土木工程的发展，人们对未来的轨道交通土建材料提出了以下要求：

（1）高耐久性：有高的预期寿命。
（2）高性能：要求综合性能优良，如结构材料轻质、高强且具有高抗震性。
（3）承受动荷载：轨道交通土建结构材料主要承受动荷载。
（4）多功能化：既是围护材料，还具有良好的保温、隔热、隔声等功能。如声屏障墙可起到隔声、装饰、吸热、防辐射等作用。
（5）低碳、绿色环保：材料从生产、施工到使用多个环节都保持低碳排放、低能耗、低污染，不影响生态环境。
（6）智能化：某些轨道交通土建工程重要部位的材料在发生破坏前具备自救功能，或发出警示信号等。

三、轨道交通土建材料的分类

轨道交通土建材料品种繁多，由于使用和生产的目的不同，分类方法也就不同，如按化学成分可分为无机材料、有机材料和复合材料，见表 1.1。

表 1.1 轨道交通土建材料按化学成分分类

轨道交通土建材料	无机材料	金属材料	黑色金属：钢、铁 有色金属：铝及铝合金、铜及铜合金
		非金属材料	天然石材：石灰岩、大理石、花岗岩、砂岩
			陶瓷与玻璃：砖、瓦、玻璃、陶瓷
			无机胶凝材料：石膏、石灰、轻烧氧化镁（菱苦土）、水玻璃、水泥
			混凝土与砂浆：混凝土、砂浆、硅酸盐制品

续表

		植物材料	木材、竹材、纤维制品
轨道交通土建材料	有机材料	高分子材料	塑料：聚乙烯、聚氯乙烯、工程塑料
			涂料：聚乙烯醇、丙烯酸酯、聚氨酯
			胶黏剂：环氧类、聚酯酸乙烯、丙烯酸酯
			密封膏：聚硫橡胶
		沥青材料	石油沥青、煤沥青
	复合材料	金属与非金属：钢筋混凝土、钢丝网水泥、钢纤维混凝土	
		有机与无机：聚合物混凝土、沥青混凝土、纤维增强塑料	

若按材料在工程中的功能划分，则轨道交通土建材料可分为承重材料、防水材料、隔热保温材料、吸声材料、装饰材料和防护材料等；若按用途则可分为结构材料、墙体材料、屋面材料、地面材料、装饰材料等。

四、轨道交通土建材料的标准与工程建设规范

为了确保轨道交通土建工程质量的百年大计，必须从材料的生产、运输、保管、施工、验收等方面全方位监控，而监控的依据就是规范。目前，我国已制定了各种轨道交通土建材料的技术标准，这些标准包括产品的规格、分类、技术要求、检验方法、验收方法、验收标准、包装标志、运输和储存等要求。

按照这些标准，企业就可以进行生产质量控制，也可以依此评定产品质量合格与否，并为需求方对产品质量进行验收提供了依据。

我国轨道交通土建材料标准分为国家标准、部委行业标准、地方标准和企业标准。国家标准和部委行业标准是全国通用标准。

世界各国对轨道交通土建材料均有各自的国家标准，如美国的 ASTM 标准、德国的 DIN 标准、英国的 BS 标准、日本的 JIS 标准等。另外，世界范围内还统一使用 ISO 国际标准。

我国常用的标准有：

（1）国家标准：有强制性标准（代号 GB）、推荐标准（代号 GB/T）。

（2）部委行业标准：有建筑工业标准（代号 JG）、建材行业标准（代号 JC）、冶金行业标准（代号 YB）、交通行业标准（代号 JT）、铁道行业标准（代号 TB）等。轨道交通土建材料主要应用铁道行业标准。

（3）地方标准（代号 DB）和企业标准（代号 QB）。

标准表示方法一般由标准名称、代号、编号和批准年份等组成。例如，国家标准《建设用砂》（推荐性）为 GB/T 14684—2022，国家标准《通用硅酸盐水泥》（强制性）为 GB 175—2023。对强制性标准，任何技术（或产品）不得低于其规定的要求；对推荐

性国家标准，也可执行其他标准。地方标准和企业标准所制定的技术要求应高于国家标准。

五、本课程的目的和要求

轨道交通土建材料学主要服务于轨道交通土建材料及土木工程材料相关课程，该课程是针对土木类及相关专业开设的专业基础课。它是从工程实用的角度去研究材料的原料和生产、成分和组成、结构和构造、环境条件等对材料性能的影响以及其相互关系的一门应用科学。作为未来的轨道交通土建工程技术人员，轨道交通土建材料的一些基本知识是必须具备的，这样才能在今后从事专业技术工作时，合理选择和使用轨道交通土建材料。

虽然轨道交通土建材料种类、品种、规格繁多，但常用的轨道交通土建材料品种并不多。学习常用的、有代表性的轨道交通土建材料的知识，可以为今后在工作中了解和运用其他土木工程材料打下基础。

轨道交通土建材料课程是土木、建筑类专业教学计划中开设较早的专业基础课。就专业培养目标及建立课程知识体系而言，学习本课程的目的在于合理地应用各种轨道交通土建材料，而应用的前提条件是熟练掌握各种材料的性能。学好轨道交通土建材料课程必须抓住材料的性能这个"中心"。但我们孤立地去死记这些性能实际上是很困难的。只有通过学习材料的组成、结构、构造和其性能的内在联系，以及影响这些性能的因素，才有可能从本质上去认识它、掌握它。

此外，在学习轨道交通土建材料课程时，可把相关内容分为三个层次：

第一层次是轨道交通土建材料基础知识。所谓基础知识，是指在轨道交通土建工程中与轨道交通土建材料有关的术语，如标准试件、标准强度、强度等级、屈服强度（R_{eL}）、材料牌号、材料技术指标等。

第二层次是轨道交通土建材料的基本性质。它包括材料的生产工艺，材料的组成、结构、构造和性能的关系及其影响因素。这一层次要求学生重点掌握，并能运用已有的理论知识对上述关系进行分析。

第三层次是有关轨道交通土建材料的基本技能。这一层次要求学生能够结合工程实际，正确选用材料，而且可根据工程实际情况对材料进行改性，设计计算材料配比、材料强度、耐久性等。

上述三个层次也是本门课程考核的重点。

在学习中，通常可以通过对比法找出轨道交通土建材料的共性和各自的特性。此外，要抓住轨道交通土建材料中的典型材料、通用材料，举一反三，紧密联系工程实际问题，在学习中寻求答案，这样有助于增强学习的兴趣和提高学习的效率。

本课程是一门实践性很强的课程，为了配合理论教学，还开设了必要的轨道交通土建材料试验。试验是本课程的重要教学环节，通过试验可验证所学的基础理论，熟悉材

料检验方法。掌握一定的试验技能，对培养分析和判断问题的能力、试验工作能力以及严谨的科学态度十分有益，也可为今后从事既有材料的改性、新材料的研制以及材料方面的科学研究打下基础。

复习思考题

1. 轨道交通土建材料与轨道交通土建工程建设的关系如何？
2. 轨道交通土建材料可以分为哪些种类？
3. 轨道交通土建材料具有什么样的发展趋势？
4. 结合自己的专业，谈谈本课程的重点内容有哪些。

第二章
轨道交通土建材料的基本性质

// 本章导读 //

本章共6节，基本要求为：
（1）了解常见交通土建材料的内部构造。
（2）理解轨道交通土建材料的基本物理性质。
（3）掌握材料的力学行为及相关的性能指标。
（4）了解材料的耐久性及其提升方法。
（5）了解材料的工程应用，培养环保意识和社会责任感。

本章的难点是理解材料的内部结构特征如何影响其物理性质和力学行为。该知识点需要学习者具备扎实的物理学和化学基础知识，并能够将这些知识应用于材料科学的具体情境中。建议学习者在学习本章之前先熟悉相关的物理学和化学知识，如原子结构、晶体结构等。

// 思政小课堂 //

长城的耐久性

长城是人类文明史上最伟大的工程之一，已屹立2 000余年。"万里长城永不倒"不仅是对其耐久性的赞誉，更是中华民族的气节、意志和勇气的象征。为何长城能在如此漫长的时光中保持稳固？其设计与选材功不可没。长城墙体的形状和结构设计合理，能够抵御外部风、雨、雪等自然环境的侵蚀和破坏。墙体以耐久的大型石块和砖石相间堆叠而成，并以特殊的黏结材料将其黏合成坚固的整体。北京建筑大学的研究表明，延庆和怀柔两地长城部分灰浆中添加了糯米，使得硬化后灰浆体中的碳酸钙晶粒尺寸变小，从而有效提高其致密性。这是古代灰浆具备优异耐久性的重要原因之一。

第一节 轨道交通土建材料概况

轨道交通土建材料种类繁多,包括但不限于胶凝材料、混凝土、钢材及沥青等。这些材料在轨道交通建设中各有其独特的应用。例如:混凝土因其具有良好的可塑性、耐久性和经济性,在轨道交通的轨道基础、桥梁、隧道等结构中得到了广泛应用;而钢材则因其具有高强度、良好的塑性和韧性,在轨道交通的桥梁、车站等承重结构中扮演着重要角色。

在轨道交通工程中,土建材料的基本性质包括物理性质、力学性质、耐久性等,这些性质直接影响到材料的使用性能和寿命。密度、吸水率、热导率等物理性质,决定了材料在使用过程中的稳定性和热工性能;强度、硬度、韧性等力学性质,则关系到材料的承载能力和抵抗变形的能力;而耐久性则决定了材料在长期使用过程中的稳定性和使用寿命。

随着科技的不断进步和创新、协调、绿色、开放、共享的新发展理念的深入人心,轨道交通土建材料也在不断创新和发展。新型材料如超高性能混凝土、自修复混凝土等不断涌现,为轨道交通建设提供了更多选择。这些新型材料不仅具有优异的性能,而且更加环保、节能,符合当前社会的新发展需求。同时,对轨道交通土建材料的研究和应用也面临着诸多挑战。如何提高材料的耐久性、降低维护成本、实现资源的有效利用等,都是当前研究的热点问题。此外,轨道交通工程规模的不断扩大和复杂化,对土建材料的性能要求也越来越高,这需要科研人员和工程师们不断探索和创新。

本章将详细介绍轨道交通土建材料的各项基本性质,包括物理性质、力学行为以及耐久性等方面。通过深入了解这些性质,我们可以更好地选择和使用材料,确保轨道交通工程的安全性和经济性。同时,本章还将涉及材料的工程应用,探讨如何在实际工程中发挥材料的最大效用,实现工程建设的可持续性发展。

在学习本章内容时,建议读者重点关注以下几个方面:一是理解材料内部结构与性能之间的关系,这是选材和用材的基础;二是掌握材料的基本物理性质和力学行为,以便在实际工程中准确评估材料的使用性能;三是了解材料的耐久性及其影响因素,为轨道交通工程的长期稳定运行提供保障;四是关注新型土建材料的发展动态和应用前景,以适应未来轨道交通建设的需要。

第二节 材料的内部结构特征

一、材料的组成

通过显微镜探索材料的微观世界时,会发现一个神奇的景象:在放大到约300万倍之后，可以在宏观下看似致密的材料中观察到散布的微观粒子。这些微观粒子被称为原子，是构成物质世界的基本单元。尽管它们个体微小，但每一个原子都拥有独特的属性和能量状态，这些属性和状态在微观层面上相互作用，共同影响着材料的整体性质。原子之间的相互作用力，如同一张看不见的网，将每一个原子紧密地联系在一起，形成了我们所观察到的各种材料。原子的种类和空间结构分布，对材料的宏观性质起着决定性的作用。本小节将从两个方面来探讨轨道交通土建材料的组成：化学组成和矿物组成。

（一）化学组成

材料的化学组成是指构成材料的化学元素和化合物的种类和含量。了解其化学组成有助于预测和控制材料的性能，以及在不同环境条件下的行为。例如，钢材主要由铁（Fe）元素组成，同时还含有一定量的碳（C）、硅（Si）、锰（Mn）、磷（P）、硫（S）等元素。这些元素的含量和分布对钢材的力学性能、焊接性能、耐腐蚀性能等有着重要影响。许多无机非金属土建材料，如水泥、石灰、石膏等，都可以看作各种氧化物的集合体。这些氧化物通常以硅酸盐、铝酸盐、铁酸盐等形式存在。例如，水泥熟料的化学组成可以简化为氧化钙（CaO）、二氧化硅（SiO_2）、氧化铝（Al_2O_3）和氧化铁（Fe_2O_3）等主要氧化物的组合。这些氧化物的比例和相互作用，决定了水泥的性能和用途。在轨道交通土建材料的生产中，通过不同的工艺对材料的化学元素组成进行精确控制，是确保其性能的关键。

需要注意的是，大多数建筑材料的化学构成相当复杂，通常难以用单一的化合物来准确描述。这种复杂性也导致我们难以直接建立化学组成与材料性能之间的明确关系。某些材料可能具有相同的化学组成，但它们的性质却大相径庭。例如，金刚石和石墨虽然都由碳元素组成，但其内部结构和排列方式不同，导致它们的物理性质截然不同。同样，有机高分子材料中存在的同分异构现象也进一步表明：相同的化学式可能对应着性质迥异的材料。

（二）矿物组成

矿物是指具有相对固定的化学成分及结构特征的原子组织结构，包括天然矿物和人造矿物。材料的矿物组成是指构成材料的各种矿物的种类及其含量。在无机非金属材料中，每一种矿物都拥有其独特的物理和化学性质。这些性质包括硬度、熔点、溶解性及其与腐蚀介质的反应活性等。当这些矿物以不同比例组合在一起时，会对材料的整体性质产生显著影响。大理石主要由白云石、方解石和少量石英组成，而白云石和方解石主要分别由 $CaMg(CO_3)_2$ 和 $CaCO_3$ 构成，这些矿物对酸的反应活性较高，因此大理石通常不耐酸腐蚀；而花岗岩则主要由长石、石英和少量云母组成，这些矿物的耐酸性较好，但石英在高温下会发生晶型转变，产生不均匀体积变化引起开裂，从而导致其耐火性较差。

二、材料的结构

材料的结构深刻影响着其物理、化学和力学性质。所谓材料的结构,指的是那些用肉眼或常规放大镜难以直接观察到的材料内部组织状态,可分为微观结构和亚微观结构。随着现代科技的发展,研究人员能够通过先进的检测手段,如电子显微镜和X射线衍射等,来观察、分析和研究材料的微观结构。正因为研究人员对材料的结构有了更深入的了解,新材料才如雨后春笋般涌现,例如聚合物、胶黏剂、复合材料、土工织物、各式涂料及其他人造材料等,它们在传统交通土建材料面前展现出强大的竞争力。此外,通过改变分子结构或加入添加剂,传统交通土建材料的经济性和性能也可得到改善。例如:高效减水剂为生产更高强度的混凝土奠定了基础;轻质合成骨料则让混凝土结构变得更加轻盈,从而缩小了构件的截面尺寸;而将高分子聚合物与沥青结合,可赋予沥青路面更长的使用寿命。

(一)微观结构

材料的微观结构,即材料在原子、分子层次的内部组织状态,是决定其宏观性能的关键因素。根据内部组织和构成,常见交通土建材料的微观结构可分为晶体结构、玻璃体结构和胶体结构。

1. 晶体结构

晶体结构,作为材料的微观组织形态之一,指的是物质内部原子、离子或分子在三维空间中有规则地周期性排列的结构。这种结构的稳定性与有序性,使得晶体材料具有独特的物理和化学性质。晶体结构通常由单位晶胞来描述,单位晶胞是晶体结构中最小的重复单元。在建筑领域,许多常见的材料都具有晶体结构。以钢材为例,多数晶体材料实际上是由无数的微小晶粒杂乱堆积而成的,这种结构使得材料在宏观上表现出大致各向同性的性能。同时,由于晶体结构的稳定性,这些材料通常具有固定的熔点和稳定的化学性质。

晶界面的性质对材料的宏观性能也有着重要影响。晶界面是材料中微小晶粒之间的接触面,其界面性质和面积在很大程度上决定着材料的宏观性质。通过细化晶粒可以增加晶界面积,进而提高材料的内聚力和宏观力学性质。这也是现代冶金工艺中常采用热处理等手段来改善钢材性能的原因。

除了钢材之外,许多其他建筑材料也具有晶体结构,并且其晶体结构对材料的宏观性能产生着显著影响。以下是一些典型建筑材料的晶体结构介绍:

石英砂:石英是一种非常常见的矿物,其化学成分为二氧化硅(SiO_2)。在石英砂中,每个硅原子都与4个氧原子通过共价键紧密连接,形成了一种连续的三维网络结构。这种结构使得石英砂具有高硬度、高熔点和高化学稳定性等特点,因此在建筑材料中应用广泛,如用于制造玻璃、陶瓷和耐火材料等。

云母：云母是一种具有层状结构的硅酸盐矿物，其晶体结构由硅氧四面体层和金属阳离子层交替排列而成。这种层状结构使得云母具有良好的绝缘性、耐高温性和耐腐蚀性等特点。在建筑中，云母常被用作电气绝缘材料和防火材料。

石棉：石棉是一种具有纤维状结构的硅酸盐矿物，其晶体结构由长链状的硅氧四面体和金属阳离子组成。这种结构使得石棉纤维具有很高的韧性和耐火性。在建筑中，石棉曾被广泛用作防火、隔声和隔热材料，但由于其对健康有危害，现已逐渐被其他材料替代。

2. 玻璃体结构

与晶体结构截然不同，玻璃体结构内部原子排布没有有序性，而是呈现出一种无序、非晶态的结构特征。因此，玻璃体结构材料没有固定的熔点，只会在一定温度下出现软化现象，且具有化学不稳定性。玻璃体结构内部的无序状态使其展示出一些独特的性质。例如，玻璃体结构的非晶硅可用于制造太阳能电池，因为它对光的吸收效率比晶体硅更高。

当晶体材料熔融后，物质内部的原子或分子处于无序状态。如果经历缓慢冷却，质点有机会重新排列，进而形成晶体结构，这一过程称为再结晶。然而，当熔融物急速冷却时，液相的黏度会急剧增加，质点无法及时回归到原先的位置就已经凝固，质点的无序状态被"冻结"下来，从而在常温下保留了其高温时的组织状态，形成了玻璃体结构。这种急速冷却的过程使得玻璃体中的质点处于高度不稳定的位置，拥有较高的能量，因此，玻璃体材料具有较高的内部能量。

无机非金属玻璃体材料在某些条件下容易与其他物质发生化学反应。例如，火山灰、粉煤灰以及粒化高炉矿渣在碱性和硫酸盐环境下能够展现出良好的水硬胶凝性能，因此广泛应用于建筑材料中。然而，如果混凝土中使用的天然岩石骨料含有无定型二氧化硅，那么它容易与碱性物质发生反应，生成具有膨胀性的碱-硅酸凝胶，这种化学反应可能导致混凝土出现开裂和破坏。相反，含有结晶态二氧化硅的石英砂在常温下却不会与石灰发生化学反应，表现出了截然不同的化学性质。

3. 胶体结构

胶体结构是由大量微小的固体粒子（直径为 1~100 nm）在介质中稳定分散而形成的。这些固体粒子的尺寸虽小，但它们巨大的内比表面积（如水泥凝胶约 210 m^2/g）和表面能赋予了胶体材料强大的吸附能力和黏结强度。这种结构特点使得胶体材料在常温下可以呈现固态、半固态、液态等多种形式。与晶体和玻璃体不同，胶体既可以呈现为分散相，也可以形成网状结构，这两种形式分别被称为溶胶和凝胶。溶胶是胶体的液态形式，其中固体颗粒悬浮在液体介质中。而当溶胶失水后，它会转变为凝胶，这是一种具有特定强度的网状结构。这种凝胶结构在建筑材料中发挥着至关重要的作用，因为它能够将材料中的晶体或其他固体颗粒黏结成一个整体，从而增强材料的力学性能。

水泥石的高强度，很大程度上源于其水化产物——水泥凝胶的胶体结构。这种结构不仅提供了巨大的内比表面积，还通过脱水或质点的凝聚作用形成凝胶，从而增强了材料的黏结性和强度。值得一提的是，凝胶虽具有固体的特性，但在长期应力作用下，又会表现出类似黏性液体的流动性，导致变形逐渐增加，这是混凝土徐变现象的理论基础。

胶体材料的性能不仅取决于分散相和分散介质的性质，还受到它们之间相互作用和相对含量的影响。以建筑石油沥青为例，当其中的油分（液体分散介质）含量较多时，沥青会展现出较好的流动性和塑性，但其黏性和温度稳定性则可能较差。此外，由于石油沥青和煤沥青的表面张力差异显著，因此它们无法直接混合以形成稳定的胶体结构。

作为一种非晶体材料，胶体在受到外力作用时，其弹性变形和塑性变形并不是截然分开的，而是同时产生可恢复的弹性变形和不可恢复的黏性流动。这种复杂的力学行为使得胶体材料在多种建筑应用中具有独特的优势。

（二）亚微观结构

亚微观结构，也被称为细观结构，是材料科学领域中的一个重要概念。这种结构处于微观和宏观之间，通常可以通过光学显微镜进行观察。光学显微镜的放大倍数在 1 000 倍左右，能够详细地分析材料的亚微观结构。例如：在天然岩石的研究中，通过光学显微镜可以清晰地观察到不同的矿物组织，从而理解岩石的成因和性质；在金属材料领域，通过光学显微镜可以观察到晶粒的粗细以及金相组织，如钢材中的铁素体、珠光体、渗碳体等，这些都是影响金属材料性能的关键因素。

在木材科学中，亚微观结构的观察同样至关重要。木纤维、导管、髓线、树脂道等显微组织的形态和分布，直接影响到木材的力学性能和加工特性。通过对这些组织的细致分析，我们可以更准确地评估木材的质量和使用寿命。对于混凝土材料而言，亚微观结构的分析同样不可或缺。混凝土由粗细骨料、水泥石（包括水泥的水化产物、未水化颗粒以及孔隙等）组成，这些成分的分布、形态和界面结合情况对混凝土的整体性能有着决定性的影响。例如，水泥石中的孔隙结构和数量会直接影响混凝土的强度和耐久性。

材料内部的各种组织性质各异，它们的特征、数量、分布以及界面之间的结合情况共同构成了材料的亚微观结构。这种结构不仅影响着材料的宏观性能，如强度、硬度、韧性等，还关系到材料的化学稳定性、热学性能以及电磁性能等多个方面。因此，深入研究材料的亚微观结构具有极其重要的意义。它不仅有助于理解材料性能的本质，还能为材料的优化设计和制备提供科学依据。通过调整材料的亚微观结构，可以实现材料性能的定制和提升。

三、材料的构造

轨道交通土建材料的构造，是指其在宏观可见层次上的内部组织状态及特定材料单元的组合形式。这种构造不仅影响着材料的外观，更直接关系到材料的物理、力学和化学性能。了解材料的构造，对于正确选择和使用建筑材料具有重要意义。

孔隙构造是极为常见的一种材料构造。孔隙的特征对材料的性能有显著影响。例如，孔隙率、孔径分布、孔的形状以及孔的连通程度等都是决定材料性能的关键因素。一般来说，孔隙率较小的材料，其有效承载面积大，因此具有较高的密实度、强度和耐久性。当孔隙的形状接近球形时，材料的应力集中程度较小，从而强度相对较高。此外，孔径分布也是影响材料性能的重要因素。在孔隙率和孔形状相同的情况下，小孔较多的材料往往性能更优。另外，如果材料中的连通孔较多，则可能会降低材料的耐久性和隔热性能。

除了孔隙构造外，材料的构造还包括层状构造、纤维状构造等多种形式。具有层状构造的材料，如天然岩石和木材，往往表现出各向异性。这意味着材料在不同方向上的性能可能有所不同。例如，木材在纤维方向上的抗弯强度较高，而在垂直于纤维的方向上则相对较低。这种各向异性使得层状构造的材料在某些特定应用中具有独特的优势。

在现代交通土建工程中，单一材料往往难以满足复杂多变的需求。因此，复合材料的应用变得越来越广泛。复合材料是由两种或两种以上不同性质的材料通过物理或化学方法组合而成的新材料。其性能不仅取决于各组成材料的性质，还与它们之间的相互作用和相对含量密切相关。复合材料的构造可以是堆聚状、纤维状、层状或散粒状等多种形式。这些不同的构造形式赋予了复合材料独特的物理和化学性质，使其在现代工程中具有广泛的应用前景。

综上所述，根据建筑材料宏观组织和孔隙状态的不同，可以将建筑材料的构造细分为致密状、多孔状、微孔状、颗粒状、纤维状和层状等多种类型。这些不同类型的构造在建筑材料中都有典型实例。例如：致密状构造的材料如钢材和玻璃等，具有较高的密度和导热性；多孔状构造的材料如加气混凝土和泡沫塑料等，具有较好的保温隔热性和隔声吸声性能；微孔状构造的材料如石膏制品和烧结砖等，通常具有良好的隔声吸声性能和吸水性；颗粒状构造的材料如石子和砂等，可以作为骨料与胶凝材料拌和形成砂浆和混凝土；纤维状构造的材料如木材和玻璃纤维等，通常具有较好的保温和吸声性能；而层状构造的材料如胶合板和复合木地板等，则可以综合各层材料的性能优势。

第三节　材料的物理性质

一、材料与质量有关的性质

（一）材料的密度（ρ）

材料的密度是指材料在绝对密实状态下单位体积的干质量。材料的密度按照式（2.1）进行计算：

$$\rho = \frac{m}{V} \tag{2.1}$$

式中：ρ——材料的密度，g·cm^{-3}；
m——材料在绝对干燥状态下的质量，g；
V——材料在绝对密实状态下的体积，cm^3。

材料在绝对密实状态下的体积是指不包括任何孔隙在内的体积，即构成材料的固体物质体积。土木工程中除了钢材、沥青、玻璃等少数接近于绝对密实的材料外，绝大多数材料内部都含有一定数量的孔隙。因此，在测定有孔隙材料的密度时，应先将材料磨成细粉（粒径小于 0.2 mm），消除内部孔隙，经干燥后称取规定质量，用李氏密度瓶，采用排液法（与试样不起反应的液体）测定其实体体积（即材料的固体物质体积），再由式（2.1）计算得到密度。材料磨得越细，测定的密度值越精确。比如砖、石等块状材料就是用此法测定密度的。

（二）材料的表观密度（ρ_0）

材料在自然状态下单位体积材料的质量称为材料的表观密度（原称容重，道路工程中称为体积密度），按照式（2.2）进行计算。

$$\rho_0 = \frac{m}{V_0} \tag{2.2}$$

式中：ρ_0——材料的表观密度，g·cm^{-3} 或 kg·m^{-3}；
m——材料在自然状态下的质量，g 或 kg；
V_0——材料在自然状态下的体积，cm^3 或 m^3。

材料在自然状态下的体积，是指构成材料的固体物质体积 V 与内部孔隙体积 $V_孔$ 之和（图 2.1），即 $V_0 = V + V_孔$，而孔隙体积又包括开口孔隙体积 $V_开$ 与闭口孔隙体积 $V_闭$。测量该体积时，规则形状的体积，直接测量外形尺寸；不规则形状的体积，采用排水法求得。

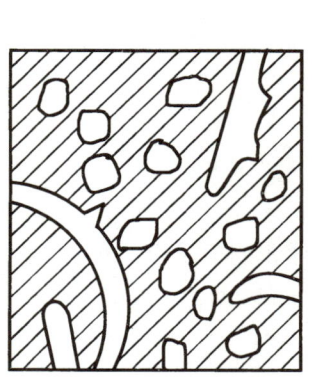
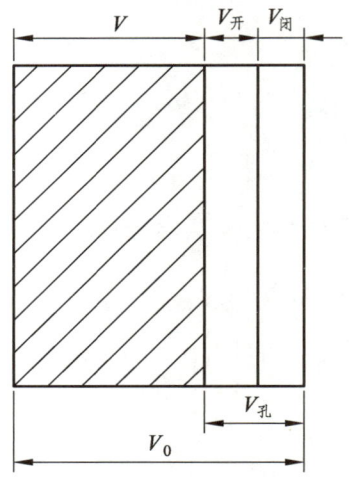

图 2.1 含孔材料体积构成示意图

当材料的孔隙内含有水分时，质量和体积均有所变化，所以测表观密度时，必须注明材料的含水情况。常说的材料的表观密度，一般是指材料在气干状态下的测定值。而干表观密度，则是指材料在绝对干燥状态下的表观密度测定值。

（三）材料的堆积密度（ρ_0'）

散粒材料（粉状或粒状材料）在堆积状态下，单位体积材料的质量称为材料的堆积密度，按照式（2.3）进行计算。

$$\rho_0' = \frac{m}{V_0'} \tag{2.3}$$

式中：ρ_0'——散粒材料的堆积密度，$kg \cdot m^{-3}$；

m——散粒材料在堆积状态下的质量，kg；

V_0'——散粒材料在堆积状态下的体积，m^3。

散粒材料在堆积状态下的体积（即堆积体积）包括构成材料的固体物质体积 V、颗粒内部全部孔隙体积 $V_孔$以及颗粒之间全部空隙体积 $V_空$（图 2.2），即 $V_0' = V + V_孔 + V_空 = V_0 + V_空$。堆积密度又分为两种情况：材料在自然堆积（即松散堆积）时的堆积密度称松堆密度，材料在紧密堆积（如加以振实）时的堆积密度称紧堆密度。工程上所说的堆积密度是指松堆密度而言。测定散粒材料的堆积密度时，采用一定容积的容器来测量，材料的质量是指填充在该容器内的材料质量，堆积体积是指所用容器的容积。

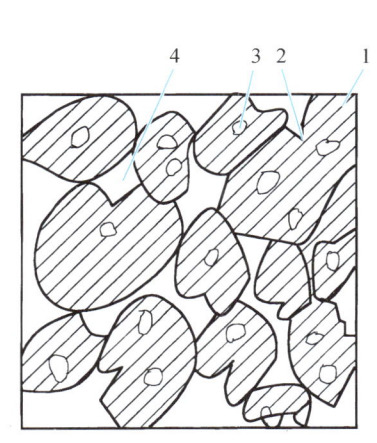
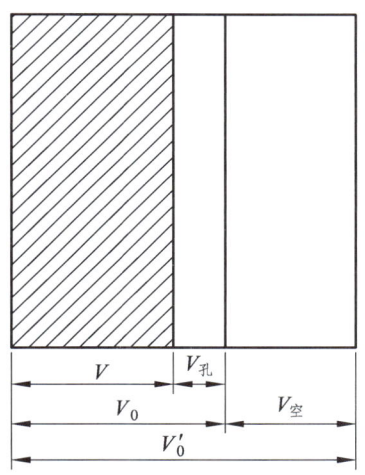

1—颗粒中固体物质；2—颗粒的开口孔隙；3—颗粒的闭口孔隙；4—颗粒间的空隙。

图 2.2 散粒材料体积构成示意图

在土木工程中，材料的密度、表观密度和堆积密度一般用来计算构件的自重，材料的用量、配料，以及确定材料运输和堆放的空间。堆积密度显然要比材料的密度和表观密度小得多。常用土木工程材料的密度、表观密度和堆积密度见表 2.1。

表 2.1　常用土木工程材料的密度、表观密度和堆积密度

材料名称	密度/(g·cm^{-3})	表观密度/(kg·m^{-3})	堆积密度/(kg·m^{-3})
钢	7.85	7 850	—
花岗岩	2.80	2 500～2 900	—
碎石	—	2 650～2 750	1 400～1 700
砂	—	2 630～2 700	1 450～1 700
黏土	2.60	—	1 600～1 800
水泥	3.10	—	1 100～1 300
烧结普通砖	2.70	1 600～1 900	—
烧结空心砖（多孔砖）	2.70	800～1 480	—
红松木	1.55	400～800	—
泡沫塑料	—	20～50	—
玻璃	2.55	—	—
普通混凝土	—	2 100～2 600	—

（四）材料的孔隙率与密实度

1. 材料的孔隙率（P）

材料内部孔隙体积与材料自然状态下体积之比的百分率称为材料的孔隙率，按照式（2.4）进行计算。

$$P = \frac{V_\text{孔}}{V_0} \times 100\% = \frac{V_0 - V}{V_0} \times 100\% = \left(1 - \frac{\rho_0}{\rho}\right) \times 100\% \tag{2.4}$$

2. 材料的开口孔隙率（P_k）与闭口孔隙率（P_b）

开口孔隙率是指材料在实验室（常温和 100 kPa 真空抽气）条件下可被水（或其他液体）进入的孔隙体积与材料的自然状态下体积之比的百分率。材料的开口孔隙率按照式（2.5）进行计算。

$$P_k = \frac{m_1 - m}{V_0 \rho_\text{w}} \times 100\% \tag{2.5}$$

式中：P_k——材料的开口孔隙率，%；

m_1——材料在真空条件下吸水达到饱和面干状态时的质量，g；

m——材料在干燥状态下的质量，g；

ρ_w——水的密度，g·cm^{-3}。

材料的闭口孔隙率按照式（2.6）进行计算。

$$P_b = P - P_k \tag{2.6}$$

式中：P_b——材料的闭口孔隙率，%；

3. 材料的密实度（D）

材料的固体物质体积与自然状态下体积之比的百分率称为材料的密实度，按照式（2.7）进行计算。

$$D = \frac{V}{V_0} \times 100\% = \frac{\rho_0}{\rho} \times 100\% \tag{2.7}$$

材料的密实度与孔隙率之间的关系为：

$$P + D = 1 \tag{2.8}$$

材料孔隙率的大小直接反映材料的密实程度。通常情况下，对同种材料而言，孔隙率越小，则密实程度越高，材料的强度越高。但是，孔隙率相同的材料，孔隙特征（即孔隙构造）可能不同。孔隙特征是指孔的种类（开口孔与闭口孔）、孔径的大小（粗大孔、细小孔和微小孔）及孔的分布是否均匀等。

（五）材料的空隙率与填充率

1. 材料的空隙率（P'）

散粒材料颗粒之间的空隙体积与材料堆积体积之比的百分率称为材料的空隙率，按照式（2.9）进行计算。

$$P' = \frac{V_{空}}{V_0'} \times 100\% = \frac{V_0' - V_0}{V_0'} \times 100\% = \left(1 - \frac{\rho_0'}{\rho_0}\right) \times 100\% \tag{2.9}$$

2. 材料的填充率（D'）

材料在自然状态下的体积与堆积体积之比的百分率称为材料的填充率，按照式（2.10）进行计算。

$$D' = \frac{V_0}{V_0'} \times 100\% = \frac{\rho_0'}{\rho_0} \times 100\% \tag{2.10}$$

材料的空隙率与填充率之间的关系为：

$$P' + D' = 1 \tag{2.11}$$

空隙率和填充率的大小反映了散粒材料颗粒相互填充的程度，用作填充材料的散粒材料的空隙率具有重要的实际意义。如在配制混凝土时，砂石的空隙率作为控制混凝土中骨料级配与砂率计算的重要依据，采用空隙率较小的砂、石材料可达到节约水泥的目的，且可以提高混凝土的密实度，从而提高混凝土的强度和耐久性。

二、材料与水有关的性质

（一）材料的亲水性与憎水性

土木工程材料与水接触时，有的材料能迅速被水湿润或者使水铺散于材料表面，这种材料称为亲水性材料；而另外一种材料不能被水湿润或者使水以球状存在于材料表面，这种材料称为憎水性材料。

材料与水接触时能被水润湿的性质称为亲水性；而材料与水接触时不能被水润湿的性质称为憎水性。

当材料与水接触时，在材料、水和空气三相体系的交点处存在三种界面张力：材料与水的界面张力（$\sigma_{1,2}$）、材料与空气的界面张力（$\sigma_{1,3}$）、水与空气的界面张力（$\sigma_{2,3}$）。沿水滴表面的切线与材料和水接触面的夹角，称为润湿角 θ，如图 2.3。两相界面张力实质上是两相单位接触面上的界面自由能，界面能越小则体系处于越稳定的状态，这就是能量最低原则。

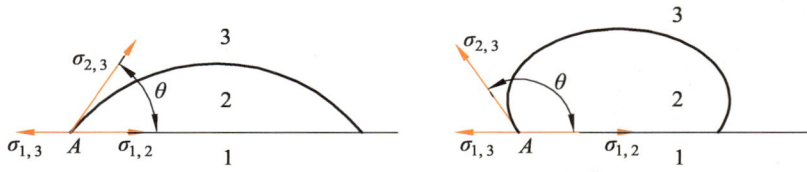

图 2.3　材料润湿示意图

$$\sigma_{1,3} - \sigma_{1,2} - \sigma_{2,3}\cos\theta = 0 \tag{2.12}$$

则可得：

$$\cos\theta = \frac{\sigma_{1,3} - \sigma_{1,2}}{\sigma_{2,3}} \tag{2.13}$$

式中：当 $\theta = 0°$ 时，材料完全被水润湿；当 $0<\theta\leqslant 90°$ 时，材料表面可润湿，材料为亲水性材料；当 $90°<\theta\leqslant 180°$ 时，材料不能被水湿润，材料为憎水性材料。上述概念也适用于其他液体对固体的润湿情况，相应称为亲液材料和憎液材料。

大多数土木工程材料，如石、砂、砖、混凝土、木材等都属于亲水性材料，表面都能被水湿润，并且能通过毛细管作用将水吸入材料的毛细管内部。而沥青、石蜡、油漆等属于憎水性材料，表面不能被水湿润。这种材料一般能阻止水分渗入毛细管内部，能降低材料的吸水性。因此，憎水性材料能用作防水材料。另外，还可以对亲水性材料表面进行处理，来降低亲水性材料的吸水性。但是，防水材料并不都是憎水性材料，现在应用较多的缝隙防水材料是一种遇水膨胀的橡胶材料，这种材料遇水后会吸收水分，导致材料体积膨胀，于是利用膨胀后的体积来堵塞缝隙，达到止水的目的。

（二）材料的吸水性与吸湿性

1. 材料的吸水性

材料在水中（通过毛细孔隙）吸收水分的性质称为吸水性。材料的吸水性大小常用吸水率表示，有两种表示方法。

（1）质量吸水率：材料在没有压力的水中吸水达到饱和面干时，其内部吸收水分的质量占材料干质量的百分率，按照式（2.14）进行计算。

$$W_\text{m} = \frac{m_\text{b} - m}{m} \times 100\% \tag{2.14}$$

式中：W_m——材料的质量吸水率，%；

m_b——常压下材料吸水达到饱和面干状态时的质量，g；

m——材料在干燥状态下的质量，g。

（2）体积吸水率：材料在没有压力的水中吸水达到饱和面干时，其内部吸收水分的体积占材料自然体积的百分率，按照式（2.15）进行计算。

$$W_\text{V} = \frac{m_\text{b} - m}{V_0 \rho_\text{w}} \times 100\% \tag{2.15}$$

式中：W_V——材料的体积吸水率，%；

m_b——常压下材料吸水达到饱和面干状态时的质量，g；

m——材料在干燥状态下的质量，g；

V_0——材料在自然状态下的体积，cm^3；

ρ_w——水的密度，$\text{g} \cdot \text{cm}^{-3}$。

影响材料吸水性（即吸水率大小）的因素：

① 材料的亲水性和憎水性。水在憎水性材料表面会形成水滴流掉，吸水率几乎为零；而亲水性材料能吸水，但吸水率的大小，与孔隙率及孔隙特征有关。

② 材料的孔隙率和孔隙特征。具有细微连通孔隙的材料，孔隙率越大，则吸水率越大；而对于封闭孔隙，水分不易进入，开口粗大孔隙，水分又只能润湿孔壁表面，不能存留在孔内。因此，具有封闭、粗大孔隙的材料，吸水率低。

土木工程材料的吸水率差别很大，如花岗岩的质量吸水率只有 0.5%～1.0%，混凝土的质量吸水率为 2%～5%，烧结普通砖的质量吸水率为 8%～20%，木材的质量吸水率可超过 100%。

2. 材料的吸湿性

材料在潮湿空气中吸附水分的性质称为吸湿性。材料的吸湿性大小用含水率来表示。含水率是指材料内部所含水的质量占材料干质量的百分率，可按照式（2.16）进行计算。

$$W_\text{h} = \frac{m_\text{h} - m}{m} \times 100\% \tag{2.16}$$

式中：W_h——材料的含水率，%；

m_h——材料在吸湿状态下的质量，g；

m——材料在干燥状态下的质量，g。

材料含水率的大小，除了与材料本身的特性（比如具有微小开口的材料吸湿性强）有关外，还与周围环境的温、湿度有关，气温越低、相对湿度越大，材料的含水率也就越大。

干材料在空气中会吸水变湿，而湿材料会失水变干；不管是吸水，还是失水，最终材料中的水分总会与外界环境的湿度达到一个平衡状态，这时材料处于气干状态，此时的含水率称为平衡含水率。即，在一定的温度和湿度条件下，材料中所含水分与周围空气湿度达到平衡时的含水率称为平衡含水率。

材料的含水率，是表明材料目前含水状态的量，环境温度越低、湿度越大，含水率越大，含水率的最大值就是质量吸水率。而质量吸水率是表明材料能吸水的最大能力。因此，含水率有多个值，而质量吸水率只有一个值。总有：$W_m \geq W_h$。

（三）材料的耐水性

材料长期在水的作用下不破坏，强度也不显著降低的性质称为耐水性。材料的耐水性用软化系数表示，材料在饱和水状态下的抗压强度与材料在干燥状态下的抗压强度的比值，就是软化系数，按照式（2.17）计算。

$$K_R = \frac{f_b}{f} \tag{2.17}$$

式中：K_R——材料的软化系数；

f_b——材料在吸水饱和状态下的强度，MPa；

f——材料在干燥状态下的强度，MPa。

软化系数的大小表明了材料在浸水饱和后强度降低的程度，K_R 值越小，说明材料吸水饱和后强度降低越多，耐水性越差。一般来说，材料被水浸湿后，强度均有所降低。这是因为水分被材料的微粒表面吸附，形成水膜而削弱了微粒间的结合力。

材料的软化系数在 0~1 之间。经常位于水中或受潮严重的重要结构物的材料，软化系数不宜小于 0.85；受潮较轻或次要结构物的材料，软化系数不宜小于 0.75。软化系数大于 0.85 的材料，通常认为是耐水的材料，称为耐水性材料。

（四）材料的抗渗性

材料抵抗压力水渗透的性质称为抗渗性。另外，材料抵抗其他液体渗透的性质，也属于抗渗性。材料的渗透性通常用渗透系数表示，其物理意义是指一定厚度的材料，在单位压力水头作用下，单位时间内透过单位面积的水量，可按照式（2.18）计算。

$$K = \frac{Qd}{HAt} \tag{2.18}$$

式中：K——材料的渗透系数，$m \cdot s^{-1}$；

d——材料的厚度，m；

t——渗水时间，s；
Q——渗透水量，m^3；
A——渗透面积，m^2；
H——静水压力水头，m。

渗透系数越小，材料的抗渗性就越好。对于混凝土和砂浆材料，抗渗性常用抗渗等级表示。抗渗等级以规定的试件，在标准试验条件下所能承受的最大水压力来确定，抗渗等级越高，表明材料的抗渗性越好。

材料的抗渗性与材料的孔隙率和孔隙特征有关。孔隙率低而且孔隙封闭的材料，抗渗性好；孔隙率大而且孔隙连通的材料，抗渗性差。

对水工及地下建筑物，要求材料具有一定的抗渗性；对于防水材料，要求具有更高的抗渗性。

（五）材料的抗冻性

材料的抗冻性是指材料在吸水饱和状态下，能经受多次冻融循环而不破坏，同时强度也不严重降低的性质。

材料的抗冻性，用抗冻等级表示。材料抗冻等级一般是指以规定的试件，在规定的试验条件下，其强度降低和质量损失或动弹性模量和质量损失（混凝土快冻法）不超过规定值时，所能经受的冻融循环次数，用符号 Fn 表示，其中，n 为最大冻融循环次数。

材料受冻融破坏主要是其孔隙中的水分结冰造成的，水结冰时体积膨胀约9%，若材料孔隙中充满水，则水结冰膨胀对孔壁产生很大的冻胀应力及渗透压力，当此应力超过材料的抗拉强度时，孔壁产生局部开裂。随着冻融循环次数的增多，材料的受冻破坏加重。

影响材料抗冻性的因素：

（1）材料的孔隙率和孔隙特征。孔隙率小而且是封闭孔的材料，抗冻性好，因为封闭孔对冰胀力具有一定的缓冲作用。极细的孔隙虽然能充水饱和，但孔壁对水的吸附力极大，水的冰点很低，在一般负温条件下不会结冰；粗大孔隙一般水分不易充满其中，对冻胀破坏可起缓冲作用；毛细孔既易充满水分，又能结冰，所以最易产生冻胀破坏。

（2）材料的吸水饱和程度。吸水饱和程度越高，水结冰产生的冰胀力越大，材料越容易被冻坏。如果孔隙充水不多，远未达到饱和，有足够的自由空间，则即使冻胀也不致产生破坏应力。

（3）材料抵抗冻胀应力的能力，即材料的强度。若材料的变形能力大、强度高、软化系数大，则材料的抗冻性能好。一般认为，软化系数小于0.80的材料，其抗冻性较差。

就外界条件来说，材料受冻破坏的程度与冻融温度、结冰速度及冻融频繁程度等因素有关，温度越低、降温越快、冻融越频繁，则受冻破坏越严重。

三、材料与热有关的性质

(一) 材料的导热性

材料传导热量的性质称为导热性。两种材料相互接触且温度不同，或者当材料两侧面存在温度差时，热量会从温度较高的一侧向温度较低的一侧传导，这个传递过程称为导热。材料导热性用导热系数来表示，其物理意义为：厚度为 1 m 的材料，当其相对两侧温度差为 1 K 时，在 1 s 时间内通过 1 m^2 面积的热量，按照式（2.19）计算。

$$\lambda = \frac{Qd}{(T_2 - T_1)At} \qquad (2.19)$$

式中：λ——导热系数，$W\cdot(m\cdot K)^{-1}$；

Q——传导的热量，J；

d——材料的厚度，m；

$T_2 - T_1$——材料两侧温度差，K；

A——热传导面积，m^2；

t——热传导时间，s。

导热系数越小，说明材料的导热性能越差，但保温隔热性能越好。各种土木工程材料的导热系数差别很大，大致在 $0.029 \sim 3.5\ W\cdot(m\cdot K)^{-1}$ 之间变化，如泡沫塑料 $\lambda = 0.035\ W\cdot(m\cdot K)^{-1}$，而花岗岩 $\lambda = 3.5\ W\cdot(m\cdot K)^{-1}$。工程中通常把 $\lambda < 0.23\ W\cdot(m\cdot K)^{-1}$ 的材料称为绝热材料。

影响材料导热性的因素主要有以下几个方面：

（1）材料的物质组成与结构。一般来说，金属材料、无机材料、晶体材料的导热系数分别大于非金属材料、有机材料、非晶体材料，固体、液体、气体的导热系数依次减小。而宏观结构呈纤维状或层状的材料，其导热系数与纤维或层的方向有关，如木材顺纹导热系数为横纹导热系数的 3 倍。

（2）材料的孔隙率及孔隙特征。在含孔材料中，热是通过固体骨架和孔隙中的空气传递的，空气的导热系数很小，为 $0.023\ W\cdot(m\cdot K)^{-1}$，而构成固体骨架的物质均具有较大的导热系数。因此，材料的孔隙率越大，即空气越多，导热系数就越小，保温隔热性能越好；粗大、连通孔隙的材料，导热性强，而细小、封闭孔隙由于减少或降低了对流传热，导热性能差，保温隔热性能好。因此，保温隔热材料要求孔隙率大且细小孔、封闭孔多。

对于纤维状材料，材料的导热性还与压实程度有关。当压实达到某一表观密度时，其导热系数最小，该表观密度称为最佳表观密度；当小于最佳表观密度时，材料内空隙过大，由于空气对流作用，导热系数将会提高。

（3）含水率（湿度）。材料受潮后，导热性能提高，保温隔热性能变差，这是因为水的导热系数要比空气大得多。特别是材料受冻后，保温隔热性能急剧下降，这主要是由于冰的导热系数是空气导热系数的近 100 倍。因此，保温隔热材料要防潮、防冻。

（4）导热时的温度。多数材料（金属除外）的导热系数随温度升高而增大。所以，绝热材料在低温下的使用效果更佳。

（二）材料的热容量

热容量是指材料在受热或冷却时吸收或放出热量的能力，按照式（2.20）计算。

$$Q = cm(T_2 - T_1) \tag{2.20}$$

式中：Q——材料吸收或放出的热量，J；

c——材料的比热容，$J \cdot (g \cdot K)^{-1}$；

m——材料的质量，g；

T_1——材料受热或冷却前的温度，K；

T_2——材料受热或冷却后的温度，K。

材料的热容量为比热容与材料质量、温度差的乘积。比热容的物理意义是单位质量的材料升高或降低单位温度时吸收或放出的热量。不同材料的比热容不同；即使是同一种材料，由于所处物态不同，比热容也不同。例如，水的比热容为 $4.19 \, J \cdot (g \cdot K)^{-1}$，而冰的比热容为 $2.1 \, J \cdot (g \cdot K)^{-1}$。比热容大的材料，能在热流变动或采暖设备供热不均匀时，缓和室内的温度波动，即调节室内小气候，因此，材料的比热容对保持建筑物内部的温度稳定有着很大的意义。

材料的导热系数和热容量是设计建筑物围护结构（墙体、屋盖）进行热工计算时的重要参数，设计时应选用导热系数小而热容量大的土木工程材料，有利于保持建筑物室内温度的稳定。同时，导热系数也是工业窑炉热工计算和确定冷藏绝热层厚度的重要依据。几种典型材料的热工性能指标见表 2.2。

表 2.2　几种典型材料的热工性能指标

材料	导热系数/$[W \cdot (m \cdot K)^{-1}]$	比热容/$[J \cdot (g \cdot K)^{-1}]$
铜	350	0.38
钢	58	0.47
花岗岩	3.5	0.92
普通混凝土	1.6	0.86
烧结普通砖	0.65	0.85
松木（横纹）	0.15	1.63
泡沫塑料	0.03	1.30
冰	2.20	2.05
水	0.58	4.19
静止空气	0.023	1.00

（三）材料的热变形性

材料在温度变化时产生体积变化的性质称为热变形性。多数材料在温度升高时体积膨胀，在温度下降时体积收缩。温度变形在单向尺寸上的变化称为线膨胀或线收缩，一般用线膨胀系数来衡量，线膨胀系数按照式（2.21）来计算。

$$\alpha = \frac{\Delta L}{L(T_2 - T_1)} \tag{2.21}$$

式中：α——材料的线膨胀系数，K^{-1} 或 $℃^{-1}$；

ΔL——材料的线膨胀或线收缩量，m；

L——材料的初始长度，m；

T_1——材料受热或冷却前的温度，K；

T_2——材料受热或冷却后的温度，K。

线膨胀系数是计算材料因温度变化而引起的结构变形和内部温度应力等的重要参数。复合材料中各组成材料应具有大致相同的热膨胀性，否则会因温度的变化而导致各组成材料间联结的破坏。常用材料的线膨胀系数如下：钢筋，$(10.0 \sim 12.0) \times 10^{-6}\ ℃^{-1}$；混凝土，$(5.8 \sim 12.6) \times 10^{-6}\ ℃^{-1}$；骨料岩石，$(6.3 \sim 12.4) \times 10^{-6}\ ℃^{-1}$。

第四节　材料的力学行为

一、材料的理论强度

材料的理论强度，指的是在没有外部缺陷影响的理想情况下，材料内部原子间所能承受的最大应力。材料的理论强度取决于相邻原子之间的相互作用。因此，难以从孤立原子的模型推导材料的理论强度。我们可以从描述原子间相互作用的最基本的双原子理论出发，来探讨材料内部原子间的力学行为及其理论强度。在双原子理论中，两个原子之间的相互作用力主要由它们之间的势能决定，这种势能随原子间距离的变化而变化。

具体来说，一方面，当两个原子靠得很近时，它们之间会存在斥力，这是由于原子的电子云重叠，导致电子之间产生相互排斥。随着原子间距离的增大，这种斥力逐渐减小。另一方面，当距离适中时，原子之间会出现引力作用，这是由于原子间电子云的相互吸引；但当原子间的距离继续增大时，这种引力也逐渐减弱。在某一特定的距离下，原子间斥力和引力达到平衡，这是势能最低的稳定状态，这一距离称为原子间平衡距离。

正如汤姆逊用"葡萄干布丁"来描述他所提出的原子模型一样，双原子模型可以近似想象为泳池中套在"8"字形双人游泳圈（交叠的电子云）内的两个人（原子核）。若两人距离过近，由于游泳圈的限制，会在他们之间产生斥力；若两人相互远离，又会因为游泳圈的作用产生相互间的吸引力；若有强大的外部作用迫使两人间距离一直增大，最终可能导致"8"字形游泳圈中间的连接处撕裂，从而使两人完全分离。

基于双原子理论，英国工程师艾伦·阿诺德·格里菲斯（Alan Arnold Griffith）及匈牙利学者埃贡·奥罗万（Egon Orowan）等先后提出了计算材料理论抗拉强度的近似方法。当晶体材料在外部应力作用下断裂，且断裂方向与所施加的应力方向垂直时，这一现象称为解理。奥罗万模型首先建立了材料理论强度、材料弹性模量、原子间平衡距离与外力解理材料所作的功之间的联系。由能量守恒定律可知，外力所作的功等于材料解理处所产生的两个新表面的表面能。表面能是对在材料中产生新表面时分子键断裂能量的量化，可由已知表面张力的液体与材料的接触角推算。根据奥罗万模型，材料的理论强度可由材料弹性模量、原子间平衡距离及材料的表面能密度确定。材料的弹性模量和表面能密度越大，原子间平衡距离越小，材料的理论强度越大。

需要注意的是，在实际材料中，由于存在缺陷、杂质和位错等因素，材料的实际强度往往远低于其理论强度。例如，岩石的理论强度可达 10 GPa 左右，然而坚固岩石的实际抗压强度约为 100 MPa，仅有其理论抗压强度的 1% 左右。某些纳米尺度的人工材料由于排除了内部缺陷，其实际强度与理论强度更为接近，如碳纳米管的强度可达 100 ~ 200 GPa，是普通钢材屈服强度的 500 ~ 1 000 倍。目前，在实验室中已制作出了由碳纳米管构成的宏观尺度的高强碳纤维束，其实际抗拉强度可达 80 GPa。这类先进材料可望为建造"太空电梯"等未来交通系统提供支撑。

二、材料的强度和比强度

材料的强度是指其抵抗外力破坏的能力。古人对材料强度已有相当的认识。例如，先秦古籍《韩非子》中就记载了"虞庆为屋"的故事："虞庆将为屋，匠人曰：'材生而涂濡。夫材生则挠，涂濡则重，以挠任重，今虽成，久必坏。'虞庆曰：'材干则直，涂干则轻，今诚得干，日以轻直，虽久必不坏。'匠人诎，作之，成。有间，屋果坏。"

故事大意是：虞庆准备盖房子，工匠告诉他材料还达不到要求，以弯曲的生木去承受很重的湿泥，时间长了房屋必定会破坏。虞庆却说盖成房子后木材和泥都会变干，木材干了就会变直，泥干了就会变轻，即使时间再长也不会毁坏。工匠无言应对，只好按虞庆的意思盖成了房子。没过多久，房子果然倒塌了。这则故事表达的是虞庆本不懂材料及其强度的知识，可他却将泥土与木材的潮湿与干燥说得头头是道，虽然文辞动听过人，但却违背了实际情况，工匠说不过他，只好听他指挥，最终导致了房屋的倒塌。因此，理解材料强度并清晰阐述影响材料强度的因素是土建工程师必须掌握的技能。

（一）强　度

在现代材料科学中，强度通常通过材料破坏或产生过度变形时的应力来衡量，即此时材料内部单位面积上所承受的力。根据外力的性质，强度可以分为抗拉强度、抗压强度、抗弯强度和抗剪强度等。抗拉强度是指材料在拉伸过程中所能承受的最大拉力，抗压强度则是指材料在受到压缩时所能承受的最大压力，抗弯强度和抗剪强度则分别对应材料在受到弯曲和剪切力作用时的抵抗能力。各类强度的测试方法和计算公式见表2.3。

表 2.3 各类强度的测试方法和计算公式

强度类别	测试方法	计算公式	备注
抗压强度（f_y）		$f_y = \dfrac{P}{A}$	
抗拉强度（f_y）		$f_y = \dfrac{P}{A}$	P—破坏荷载，N； A—受荷面积，mm^2； L—试验标距，mm； b—断面宽度，mm； d—断面高度，mm
抗剪强度（f_z）		$f_z = \dfrac{P}{A}$	
抗弯强度（f_w）		$f_w = \dfrac{3}{2} \cdot \dfrac{PL}{bd^2}$	

材料的组成和构造是决定其强度的根本因素。改变材料的化学组成，例如增加建筑钢材的含碳量或加入某些合金元素，可以显著提高其强度。材料的微观结构，对其强度有着至关重要的影响，例如石墨和钻石由于晶体结构和化学键的不同，导致了它们在强度上的显著差异。材料的宏观构造也会改变材料的强度：一般而言，材料孔隙越小，孔隙越接近球形，其强度越高。木材的顺纹方向抗拉强度明显高于横纹方向也是材料的宏观构造影响其强度的典型案例。

除了内部因素外，外部因素如试验条件和方法也对材料强度的测定结果产生影响。试件的形状、尺寸和表面平整度都会影响到测试结果的准确性。例如，试件表面不平整可能导致应力集中，从而降低测得的材料强度。此外，试验机的加荷速度和试验时的温湿度等也是不可忽视的影响因素。因此，在材料强度测试过程中应严格控制各种变量，如试件的准备、试验设备的校准以及试验的环境条件等。

在工程实践中，合理利用不同材料的强度特性是至关重要的。脆性材料如石材、混凝土等因其抗压强度高而常被用于受压结构，木材因其顺纤维方向的抗拉强度高而被广泛应用于梁和桁架等受拉及受弯构件，钢材则因其全面的力学性能而被广泛用于各种结构形式中。

（二）比强度

比强度是一个结合了材料强度和密度的性能指标。它表示单位质量的材料所能承受的最大应力，以材料强度与其表观密度的比值来表示。比强度高的材料在承受相同荷载时，所需的材料质量更小，这在航天、航空和其他对质量有严格要求的应用中尤为重要。例如，铝合金和钛合金就是典型的轻质高强材料，它们具有较高的比强度，因此在航空航天领域得到广泛应用。在这些领域，减轻质量意味着降低能耗和提高效率，因此比强度成为一个非常重要的材料选择指标。随着现代土木工程的发展，轻质高强的结构材料在交通土建领域也越来越受到青睐。这类材料不仅可以减轻结构的自重，增加使用空间和面积，还能节约资源和能源、降低造价并提高其抗震性能。常见交通土建材料的比强度见表2.4。

表2.4　常见交通土建材料的比强度

材料名称	抗压强度/MPa	表观密度/（kg·m^{-3}）	比强度
低碳钢	420	7 850	0.054
铝合金	450	2 800	0.160
普通混凝土	40	2 400	0.017
松　木	35（顺纹）	500	0.070
烧结普通砖	10	1 700	0.006
花岗岩	175	2 550	0.069

三、材料在荷载作用下的变形

材料在受到外部荷载时，会发生形状或尺寸的改变，这种物理现象称为变形。变形不仅仅是材料对外部荷载的直观响应，也是评估材料性能和使用寿命的关键因素。

（一）弹性变形与塑性变形

弹性变形和塑性变形是固体材料在受力过程中常常经历的两种变形阶段。弹性变形指的是材料在受到外力作用后发生的可逆形变，即当外力撤销时，材料的形状及尺寸能够恢复到原始状态。当外力导致的变形超过材料的弹性极限时，材料就会发生塑性变形，即使外力撤销，材料也无法完全恢复到原始状态。塑性变形通常伴随着材料内部微观结构的改变，如晶格的滑移、位错的产生和运动等。在一定的荷载作用下，橡胶的变形是典型的弹性变形，黏土的变形是典型的塑性变形。

（二）应力-应变曲线

在研究材料的变形行为时，应力-应变曲线是一个非常重要的工具。该曲线描述了材料在受力过程中的应力和应变之间的关系。应力是单位面积上所受的力，而应变则描述了单位体积材料的变形量。因此，应力-应变曲线与试件的尺寸无关，是对材料本身变形性能的描述，可以从材料的应力-应变曲线中获得强度等许多有用的性能指标。

不同类型的材料在受力时会展现出不同的应力-应变曲线。例如：玻璃和陶瓷等脆性材料的应力-应变曲线通常近似为直线，且当应力达到一定值时，材料会突然断裂，几乎没有塑性变形阶段，其应力-应变曲线如图 2.4（a）所示。低碳钢应力-应变曲线的初始段也近似直线，但当其应力水平达到一定程度后，其应变会在应力水平基本不变的情况下急剧增加，如图 2.4（b）所示。同为金属材料的铝合金，其应力-应变曲线也在初始的直线段后进入非线性段，然而其非线性段的应力水平还有一定上升，如图 2.4（c）所示。橡胶等弹性体材料是具有卷曲的长分子链结构的高分子聚合物，其应力-应变行为与大部分材料不同，在高应力水平下其抵抗变形的能力反而会增强，表现为应力-应变曲线后部的斜率上升，如图 2.4（d）所示。

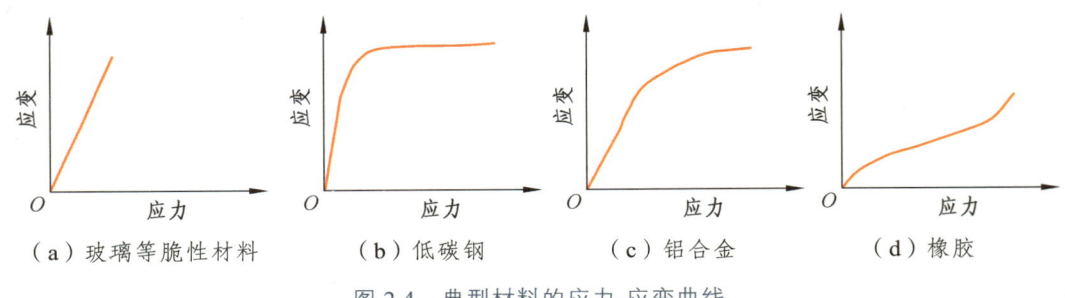

图 2.4 典型材料的应力-应变曲线

（三）弹性模量

弹性模量，也称为杨氏模量，是描述材料在弹性阶段应力与应变关系的物理量。它定义为在弹性范围内，应力与应变之间的比值，即应力-应变曲线中弹性段的斜率。弹性模量反映了材料抵抗变形的能力，是描述材料刚度的重要指标。材料弹性模量 E 可以用公式（2.22）表示：

$$E = \frac{\sigma}{\varepsilon} \tag{2.22}$$

式中：σ 表示应力（单位面积上的力）；ε 表示应变（材料的相对变形量）。

弹性模量的单位是帕斯卡（Pa）或其倍数。弹性模量越大，说明材料在相同应力作用下发生的弹性变形越小，即材料的刚度越高。温度、湿度等环境因素也会对材料的变形产生影响。例如：在高温环境下，钢材的弹性模量会降低，导致在相同荷载下产生更大的变形；而湿度变化可能导致木材的膨胀或收缩变形。

四、材料的韧性和脆性

材料的韧性和脆性描述的是其在受力过程中表现出的两种截然不同的性质。韧性通常指的是材料在外力，特别是动荷载作用下能够吸收能量而不易破坏的能力；而脆性则指的是材料在受力时容易发生断裂、缺乏延展性的特性。韧性材料在断裂前往往会有明显的预兆，例如钢构件受拉破坏前会在局部产生截面明显缩小的"颈缩"现象，这有助于检修人员及时发现问题并在材料断裂前采取措施防止事故发生。脆性材料的延展性很差，对冲击和振动的抵抗能力较弱。这类材料在断裂前往往没有明显的预兆，因此更容易导致事故。混凝土在拉伸荷载作用下是一种典型的脆性材料，一旦达到其抗拉强度就会突然断裂，几乎没有塑性变形阶段。因此，在工程中，混凝土通常需要与韧性较好的钢材料组成钢筋混凝土这一复合材料使用。

评估材料的韧性和脆性通常需要进行一系列力学性能测试。例如，通过拉伸试验可以测定材料的伸长率和断面收缩率等指标，而通过冲击试验则可以测定材料在冲击荷载作用下的性能表现，进一步评估其冲击韧性。在材料的拉伸试验中，试验机对试件作用一个拉力使其断裂并记录整个过程的荷载-位移曲线。由功的定义可知，荷载-位移曲线下的面积就是试验机对试件所作的功。荷载除以试件截面积等于应力，位移除以试件长度等于应变，因此应力-应变曲线下的面积对应试验机所作的功除以试件的体积，即单位体积材料断裂所需要的能量，可作为材料韧性的量化指标，如图 2.5（a）所示。对于需要吸收能量的构件，如桥梁防撞装置、边坡落石防护装置等，应尽量选择韧性较大的材料。需要注意的是，高强度材料不一定是高韧性材料，如图 2.5（b）所示。例如，提高钢材的碳含量可以提高其屈服强度，但同时会降低其延展性，从而导致其韧性降低。

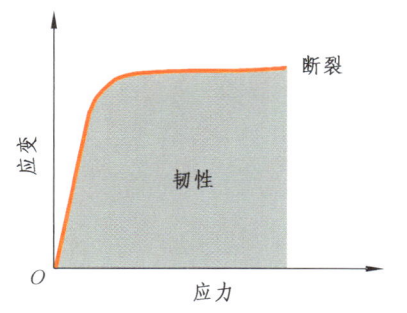

（a）材料应力-应变曲线与韧性间的关系

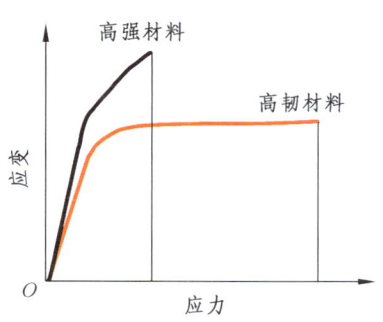

（b）高强度材料与高韧性材料

图 2.5　材料的韧性

五、材料的硬度和耐磨性

硬度是材料抵抗局部塑性变形、压痕或划痕的能力。按测试方法，硬度可分为压痕硬度、冲击硬度、回弹硬度、刻痕硬度等。多数材料的强度和硬度之间存在正相关性。

一般而言，材料的硬度值较高，其抗压强度也相对较高。因此，测定材料的硬度值可以为推测其强度值提供参考。硬度测试属于非破坏性试验，其影响区域仅限于材料表面附近的很小区域，不会影响结构或构件的整体性能。例如，在工程实践中可以通过混凝土的回弹硬度来推算其强度，从而在不破坏结构的前提下评定材料质量。

材料的耐磨性是指材料表面在受到摩擦力、边缘剪切力和冲击力时，能够抵抗磨损的能力。鉴于这一特性，耐磨性好的材料被广泛应用于各种高磨损环境中，如公路路面、大坝的溢流面、机场跑道以及钢轨等。为了提高构件的耐磨性，除了选本身耐磨性较好的材料外，还可以通过合金化、热处理、表面涂层等手段对材料的耐磨性进行优化。材料的耐磨性通常用耐磨硬度或磨耗率来表示，可以通过磨耗试验机测试。对于块体材料，其磨耗率可由试件经试验机磨耗前后的质量差除以其受磨面积计算；对于散粒材料，其磨耗率则由磨耗前后的试件质量差除以其原质量计算。

第五节 材料的耐久性

材料在长期使用过程中，能抵抗各种作用而不破坏，并且能保持原有性能的能力，称为材料的耐久性。

影响耐久性的因素很多，包括物理作用、化学作用及生物作用等。

一、物理作用

物理作用指材料受干湿、冷热、冻融变化等，使材料体积发生收缩与膨胀，或产生内应力而开裂破坏的现象。

二、化学作用

化学作用指材料在大气和环境水中的酸碱盐等溶液的侵蚀下，逐渐发生质变而破坏的现象。

三、生物作用

生物作用指材料在昆虫或菌类等的侵害下，产生虫蛀、腐朽而破坏的现象。

一般土木工程材料，如石材、砖瓦、陶瓷、水泥混凝土、沥青混凝土等，暴露在大气中使用时，主要受到大气的物理作用；金属材料在大气中容易被锈蚀，主要是由化学作用引起的腐蚀；木材、植物等天然材料，主要是因生物作用而腐蚀、腐朽；沥青及高分子材料，在阳光、空气及辐射的作用下，会逐渐老化、变质而破坏。

耐久性是材料的一项综合性质，包括抗冻性、抗渗性、抗风化性、耐腐蚀性、耐磨性、耐老化性等诸方面的内容。材料的强度、耐磨性等也与耐久性有着密切的关系。对材料耐久性最可靠的判断，是在使用条件下进行长期的观测，但这需要较长的时间。通常的做法是：根据试验要求，在实验室中进行有关的快速试验，根据快速试验结果对材料的耐久性作出判断。实验室中的快速试验包括干湿循环、冻融循环、加湿与紫外线干燥循环、碳化、盐溶液浸渍与干燥循环、化学介质浸渍等。

材料的耐久性直接影响土木工程的安全性与经济性。现代土木工程的建设日趋大型化和综合化，且耗资巨大、建设周期长、维修困难。此外，人类对地下、海洋等严酷环境的开发，也要求采用耐久性优良的材料，这对节约工程材料、减少维护费用、保证土木工程长期正常使用等具有十分重要的意义。

第六节　材料的工程应用特性

一、材料的经济性

材料经济性，是指在满足使用性能要求的前提下，以最小的成本选择和使用材料。这里的"成本"不仅包括材料的初始购置成本，还包括其运输、储存、加工、维护以及最终处置等全生命周期内的所有费用。因此，评估材料的经济性需要从多个维度进行综合考虑。

首先，必须考虑原材料供应的便利性和成本。早期的土建材料以土石、木材等天然材料为主，这些材料易于就地取材，并可以利用较为简单的工具进行加工。工业革命后，随着钢铁生产技术的发展，钢材等新材料开始广泛应用于土木工程中。而到了现代，随着材料科学的进步，更多高性能、低成本的新型材料被开发出来，为土木工程建设提供了更多选择。

由于我国具备高效的运输系统，如今在土建工程施工时，可选材料的种类比以往有极大的提升。然而，运输会显著增加材料的成本。因此，选择材料时还需要考虑地理和地区性因素。例如，砂石资源在我国的分布和利用情况就呈现出明显的地域差异。数据显示，2022年全国新设砂石矿权出让成交价格位居全国之首的省份是浙江，其成交价为15.5元/t，而在贵州，其成交价不足1元/t。尽管贵州拥有得天独厚的砂石资源，但由于矿山企业对资源的开发能力和综合利用能力不足，加上运输过程中的成本增加，贵州砂石在省外市场上缺乏竞争力。

在选材时还需考虑施工的便利性、施工成本和施工时间。例如，钢结构的构件可以在车间内制造，然后运输到施工现场，用起重机吊装到位，并用螺栓连接或焊接在一起。相比之下，现浇钢筋混凝土结构需要在施工现场搭建模板、绑扎钢筋、浇筑混凝土并待其凝固，然后拆除模板，其施工过程更加复杂且耗时。

此外，所有材料都会随着时间的推移和使用而劣化。这种劣化既影响结构的维护成本，也影响其使用寿命。而不同材料的劣化速度各不相同。因此，在分析材料的经济性时，除了考虑结构的初始成本外，还应评估包括建成后的运营、维护、拆除费用在内的全生命周期成本。

二、材料的环保性

材料的环保性是一个多维度指标，它涵盖了材料从开采、生产、使用到废弃的全生命周期对环境和用户的各种影响。在全球气候变化以及我国的"双碳"目标背景下，环保建筑材料的重要性愈发凸显。以下将从材料生命周期的不同阶段讨论材料的环保性。

1. 原材料开采、生产、运输和储存的环境影响

材料的开采和生产不仅消耗大量的地球资源，还会对环境产生显著影响。例如，我国每年为生产水泥和混凝土而开采的黏土、石灰石、砂、石等材料高达50亿吨，这导致自然景观的破坏、河床变形、水土流失以及耕地减少等问题。此外，这些过程还消耗大量能源，并排放出二氧化碳、二氧化硫等有害气体和粉尘。水泥行业和石灰产业具有高排碳特征，一部分是由燃煤加热造成的二氧化碳排放，另一部分则是碳酸盐本身受热分解造成的二氧化碳排放。两种因素叠加造成了水泥产业和石灰行业的高排碳特征。

2. 施工过程的环境影响

混凝土浇筑、涂料喷涂等施工过程会产生粉尘、污水、垃圾和噪声等环境污染物。施工扬尘是城市扬尘的主要来源之一。在施工现场，机械设备、破碎机等工具的使用，会产生大量的粉尘，粉尘还会通过空气悬浮传播进一步污染周边环境，是城市大气细颗粒物（PM2.5）污染的主要来源之一。此外，建筑施工噪声及施工过程中产生的垃圾和废弃物也对环境造成了不小的影响。为降低施工过程中的环境影响，可加装水雾降尘装置对施工现场进行湿化以降低扬尘，并利用装配式建筑等先进工艺减少废弃物的产生。

3. 材料使用中的健康和能源消耗问题

某些建筑材料在使用过程中可能会释放有害物质，如苯、甲醛等有害致癌物，对人体健康构成严重威胁。同时，建筑使用过程中的能源消耗也是一个重要问题。住房和城乡建设部印发的《"十四五"建筑节能与绿色建筑发展规划》指出：建筑行业应积极推动节能建筑的发展，采用高效节能技术和设备，降低建筑使用过程中的能源消耗。因此，在选择建筑材料时，应优先考虑节能且健康环保的产品。在此背景下，我国新型的高效保温材料、节能门窗、复合墙板等环保建材的研发和生产能力正在不断提升。

4. 材料废弃时的环境影响及垃圾回收利用

土木工程结构在拆除时会产生大量建筑垃圾，如何有效处理和回收利用这些垃圾成

了一个重要问题。据统计，我国每年产生的建筑垃圾多达 40 亿吨，已经占到城市固体垃圾总量的 30%。这些垃圾如果处理不当，不仅会占用大量土地，还会对环境造成长期污染。为解决这个问题，需要建立完善的建筑垃圾回收利用体系。通过分类回收、资源化利用、再生建筑材料等方式将建筑垃圾变废为宝，实现资源的循环利用。

三、材料的可持续性

材料的可持续性是现代土建工程领域中的一个核心理念。可持续性是指在不损害未来时代满足其需求能力的前提下，满足当前需求的发展方式。在土建行业中，材料的可持续性意味着在材料的开采、生产、使用和废弃过程中，尽量减小对环境的负面影响，同时提高资源的利用效率。

可持续设计不仅仅是一种哲学，更是一种实践方法。为了实现这一概念，需要对材料及工程结构的可持续性采取量化手段。住房和城乡建设部颁发了《绿色建筑评价标准》（GB/T 50378），将绿色建筑由低到高划分为基本级、一星级、二星级、三星级 4 个等级。根据该评价标准，选用高环保材料、高耐久性材料、可再循环材料、可再利用材料及利废建材，均可提高建筑的评分等级。

由美国绿色建筑委员会建立并推行的绿色建筑评估体系（LEED）可在多个方面对工程项目进行评级。根据累计评分，项目将获得认证级、银级、金级或白金级的评定。对于材料和资源的选择，LEED 提供了详细的指导。例如：通过选择本地材料，可以提高 LEED 评分；而选择使用低挥发性有机物（VOC）胶水制造的工程木制品，可以提高室内环境质量方面的 LEED 得分；选择多孔的路面用于停车场，可以改善场地开发的 LEED 得分。

材料的可持续性是建筑行业实现绿色发展的重要基石。遵循可持续设计的原则，可以为保护环境、节约资源、促进经济发展和社会进步做出积极贡献。随着科技的不断进步和人们环保意识的提高，可持续建筑材料将在未来发挥更大的作用，推动土建行业向着更加绿色、环保的方向发展。

复习思考题

1. 描述材料的物理性质、力学性质和耐久性对轨道交通工程的重要性，并举例说明。
2. 材料的化学组成和矿物组成如何影响其宏观性能？请举例说明。
3. 解释材料微观结构中的晶体结构、玻璃体结构和胶体结构，并讨论它们在建筑材料中的应用。
4. 弹性变形和塑性变形在材料力学行为中的区别是什么？举例说明这两种变形在实际工程中的影响。

5. 如何理解材料的比强度概念？为什么比强度在特定工程应用中（如航空航天）尤为重要？

6. 材料的韧性和脆性对结构的安全性有何影响？

7. 如何通过应力-应变曲线评估材料的力学性能？不同材料的应力-应变曲线有何特点？

8. 讨论材料经济性评估时需要考虑的全生命周期成本包括哪些方面？

9. 环保建筑材料如何减少环境污染？举例说明几种环保建筑材料。

10. 可持续建筑材料应具备哪些特点？如何在实际工程中应用这些材料以促进可持续发展？

11. 在土建工程中，如何平衡材料的经济性、环保性和可持续性？

第三章 气硬性胶凝材料

本章导读

本章共 4 节，基本要求为：

（1）掌握建筑用胶凝材料的定义和分类，并着重了解与其他材料相比时胶凝材料的性能特点，掌握气硬性与水硬性胶凝材料在性质与应用上的区别。

（2）理解各种气硬性胶凝材料在水化速度、水化放热、硬化速度、硬化后强度及化学性质等方面的特点，从而掌握各种气硬性胶凝材料在性质和应用上的区别。

（3）了解煅烧条件对石灰、石膏质量的影响，深入了解石灰、石膏两种气硬性胶凝材料的水化、凝结硬化过程及其影响因素，掌握其主要技术性质和工程应用。

（4）了解水玻璃、镁氧水泥的基本技术性质和工程应用。

本章的重点是气硬性胶凝材料的胶凝特性与组成的关系、凝结硬化机理，石灰、石膏和水玻璃的组成与性能特点和应用；难点是如何防止过火石灰、欠火石灰的生成。

思政小课堂

磷石膏的资源化利用

磷石膏除含有大量杂质外，还包括有机磷和无机磷、氟化物和氟、钾、钠等微量金属成分及其他无机物。磷石膏的主要成分是二水硫酸钙（$CaSO_4 \cdot 2H_2O$），含量可达 70%~90%；外观一般是灰白、灰黄等色，呈粉状。随着环保意识的提高和资源综合利用的发展，人们逐渐意识到磷石膏具有很高的资源价值，开始积极探索磷石膏的资源化利用。磷石膏在国际上的资源化途径越来越多，各种建材的制造都可以采用磷石膏，如石膏板、石膏砖、石膏块等。这些材料广泛应用于建筑行业中，可以替代一些传统材料，达到节约资源和环保的目的。

在建筑材料中，凡是自身或与其他物质（如水等）混合后，经过一系列化学变化、物理变化或物理化学变化，能逐渐硬化形成人造石，并且能将散粒材料（如砂、石子等）和块、片状材料（如砖、石块等）胶结成具有强度的整体的材料，称为建筑用胶凝材料。

胶凝材料按其化学组成，可分为有机胶凝材料、无机胶凝材料和复合胶凝材料，按其获得方式可分为天然胶凝材料和人工胶凝材料。目前，在建筑工程中使用量最大的是人工无机胶凝材料。

无机胶凝材料通常是一些粉状的矿物质材料，其加水后可进行水化、凝结硬化而具有胶凝性能。无机胶凝材料按其硬化时的条件可分为气硬性胶凝材料和水硬性胶凝材料。

气硬性胶凝材料只能在空气中硬化，并且只能在空气中保持或发展其强度，如石灰、石膏、水玻璃等；水硬性胶凝材料不仅能在空气中硬化，而且能更好地在水中硬化并保持、发展其强度，如各种水泥。

建筑石膏
（示范课）

第一节 建筑石膏

一、石膏的原料与生产

生产石膏的原料有天然二水石膏（$CaSO_4·2H_2O$）、天然无水石膏（$CaSO_4$）和化工石膏。

天然二水石膏质地较软，故又称为软石膏，是生产石膏胶凝材料的最主要原料。纯净的二水石膏呈透明无色或白色状，但天然二水石膏矿物常含有砂、黏土、碳酸盐矿物以及氧化铁等各种杂质而呈灰色、褐色、赤色、淡黄色等各种颜色。天然二水石膏矿物晶形常呈板状、叶片状、针状和纤维状，有时也可见柱状晶形和燕尾形的双生连晶。天然二水石膏的密度介于 2.20～2.40 g/cm^3 之间，莫氏硬度为 2。

天然无水石膏质地较硬，故又称为硬石膏，其密度为 2.90～3.00 g/cm^3，莫氏硬度为 3～4。硬石膏一般为白色或透明无色，如含有杂质，则呈浅蓝、浅灰或浅红色。

化工石膏是化学工业生产中得到的副产品或废料，其主要化学成分是硫酸钙，也常用作生产石膏的原料，如磷石膏、氟石膏、芒硝石膏等。

石膏胶凝材料的主要生产工序是原料破碎、加热和熟料磨细。

在较低加热温度（120～180 ℃）条件下，天然二水石膏脱去 $1\frac{1}{2}$ 个结晶水而成为半水石膏，这种半水石膏通常称为低温煅烧石膏。

低温煅烧的半水石膏因加热时环境压力不同，得到的品种也不同：当二水石膏在蒸压条件下加热时脱出的结晶水为液体，得到的产品为 α 型半水石膏；当二水石膏在缺少水蒸气的干燥（常压）条件下加热时脱出的结晶水为水蒸气，得到的产品为 β 型半水石膏。加热化学反应式如下：

$$CaSO_4 \cdot 2H_2O \xrightarrow{125\,°C\ 0.13\,MPa} \alpha\text{-}CaSO_4 \cdot \frac{1}{2}H_2O + 1\frac{1}{2}H_2O$$

$$CaSO_4 \cdot 2H_2O \xrightarrow{107\sim170\,°C} \beta\text{-}CaSO_4 \cdot \frac{1}{2}H_2O + 1\frac{1}{2}H_2O$$

α型半水石膏又称为高强石膏，它的原材料为杂质含量较少的天然二水石膏。由于α型半水石膏晶粒较粗大，在水中的分散度较小，用其制备成标准稠度的净浆时需水量较小，故其浆体硬化后孔隙率较低，从而强度较高。

β型半水石膏又称为普通建筑石膏，是建筑上应用最多的石膏品种。β型半水石膏的晶粒较细小，在水中的分散度较大，需水量较大，硬化时水化产物不能充分地占据浆体的原充水空间，因此其硬化浆体孔隙率较大，强度较低。

二、煅烧温度和石膏变种

随着煅烧温度的增高，石膏成品的组成、结构将发生改变，从而形成不同的石膏变种。在石膏胶凝材料生产中，可以通过控制煅烧温度来得到更多的石膏品种。

在不同的煅烧温度下，石膏的变种可分为可溶性硬石膏（$CaSO_4\text{Ⅲ}$）、不溶性硬石膏（$CaSO_4\text{Ⅱ}$）和高温煅烧石膏（$CaSO_4\text{Ⅰ}+CaO$）三种。

当煅烧温度升至 230～360 ℃时，形成可溶性硬石膏。该石膏变种已无结晶水，但此时石膏晶体仍基本保持了原来半水石膏的结晶格子形式。水分子的丧失使可溶性硬石膏的结构比较疏松，它的标准稠度需水量比半水石膏高 25%～30%，所以硬化后强度较低。在石膏生产中，应尽量避免出现可溶性硬石膏这一石膏变种。

当煅烧温度升至 500～750 ℃时，可得到不溶性硬石膏变种。此时石膏晶体已不再是原半水石膏的结晶格子形式，结构比较致密，因而难溶于水。由于溶解度较小，不溶性硬石膏水化反应能力降低很多，在没有激发剂存在的情况下，不溶性硬石膏几乎不能发生水化反应。生产中常将不溶性硬石膏磨成细粉并加入石灰等激发剂，使其具备一定的水硬胶凝性能，这种掺有激发剂的不溶性硬石膏磨细物称为硬石膏水泥或无水石膏水泥。

当煅烧温度达到 800～1 100 ℃时，形成高温煅烧石膏变种。高温煅烧石膏中除了完全脱水的无水石膏外，还有因部分 $CaSO_4$ 发生分解而得到的游离 CaO。此石膏变种仍较好地保持了硬石膏的结晶格子形式，且由于分解出部分三氧化硫而导致其结构较疏松，因而不加激发剂，也具有水化、硬化的能力。这一石膏变种凝结较缓慢，但耐水性、耐磨性较好，适用于制作地板，故又称地板石膏。

三、建筑石膏的水化、凝结与硬化

1. 建筑石膏的水化

建筑石膏加水后会立即与水进行化学反应生成二水石膏。其反应式为

$$CaSO_4 \cdot \frac{1}{2}H_2O + 1\frac{1}{2}H_2O \longrightarrow CaSO_4 \cdot 2H_2O$$

化学反应研究的主要对象是反应方向和反应速度，用溶解-结晶理论可以解释石膏化学反应的方向问题。

半水石膏加水后迅速溶解，很快形成半水石膏的饱和溶液。由于二水石膏具有比半水石膏小得多的溶解度，该溶液对二水石膏来说是高度过饱和的，所以很快析出二水石膏晶体。二水石膏晶体的析出使溶液的浓度降低，破坏了原有的溶解平衡，此时半水石膏会进一步溶解以补偿由于二水石膏析晶而在液相中减小的离子浓度。如此不断地进行半水石膏的溶解和二水石膏的析晶，直到半水石膏完全水化为止。

半水石膏的溶解度与同条件下二水石膏的平衡溶解度之比称为石膏溶液的过饱和度。石膏的反应速度实质上取决于溶液的过饱和度，过饱和度越大，水化反应速度越快。工程上常采用掺外加剂的方法来改变半水石膏的溶解度，以此来控制石膏溶液的过饱和度和水化速度，从而满足施工需要。

2. 建筑石膏的凝结与硬化

石膏的凝结硬化过程是物理或物理化学变化的过程，通常可采用一些重要的物理量参数，如流动性、放热量、强度等和时间参数的关系来进行研究。

研究结果表明石膏浆体在不同的龄期具有不同的结构特征，根据这些结构特征可以将石膏浆体的凝结和硬化过程分为下述三个阶段：

第一阶段，相应于石膏浆体的悬浮体结构形成。石膏加水后由于水的溶解作用和分散作用，细微的固体粒子悬浮在水中，此时水为连续相，固体为分散相。过饱和溶液中有晶体析出但数量较少，浆体由于快速溶解而有显著的放热现象，此时浆体具有良好的流动性和可塑性。此阶段持续时间较短。

第二阶段，相应于凝聚体结构的形成。在这一阶段，随着水化的进行，虽然水化产物在半水石膏固体粒子表面不断析出，固相尺寸和比例不断增大，但因固体粒子之间仍未直接接触，彼此之间存在一层水膜，粒子通过水膜以分子力相互作用，故这种结构无实质性的强度并具有触变复原的特性。在此阶段，浆体的流动性和可塑性随时间的增加而逐渐降低。

第三阶段，相应于结晶结构网的形成和发展。在这个阶段，由于晶核的大量形成、长大以及晶体之间互相接触连生，逐渐在整个浆体中形成结晶结构网。固相成为连续相，水成为分散相，此时浆体已具有强度并随时间的增长而增长，直至水化条件终结，强度才停止发展，并不再具有触变复原性。此阶段持续时间较长。

建筑石膏的凝结硬化过程如图3.1。

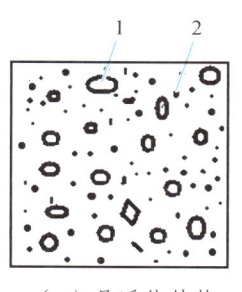 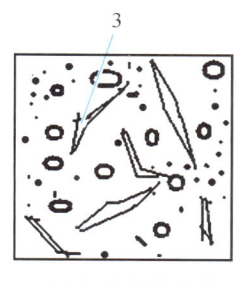 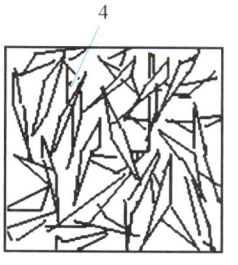

（a）悬浮体结构　　　　（b）凝聚体结构　　　　（c）结晶结构网

1—半水石膏；2—二水石膏胶体微粒；3—二水石膏晶体；4—交错的晶体。

图 3.1　建筑石膏凝结硬化过程示意图

四、建筑石膏的性质

通常所指的建筑石膏为 β 型半水石膏磨细而成的白色粉末材料，密度为 2.50～2.70 g/cm³，堆积密度为 800～1 450 kg/m³。

国家标准《建筑石膏》（GB/T 9776—2022）规定：建筑石膏按 2 h 湿折强度分为 4.0、3.0、2.0 三个等级，见表 3.1。

表 3.1　建筑石膏物理力学性能［《建筑石膏》（GB/T 9776—2022）］

等级	凝结时间/min		强度/MPa			
			2 h 湿强度		干强度	
	初凝	终凝	抗折	抗压	抗折	抗压
4.0	≥3	≤30	≥4.0	≥8.0	≥7.0	≥15.0
3.0			≥3.0	≥6.0	≥5.0	≥12.0
2.0			≥2.0	≥4.0	≥4.0	≥8.0

与水泥等相比，石膏具有以下特性：

1. 凝结硬化快、强度低

建筑石膏一般在加水后 30 min 左右即可完全凝结，在室内自然干燥条件下，一星期左右能完全硬化。为满足施工操作的要求，往往需掺加适量缓凝剂，如可掺 0.1%～0.2%的动物胶（需经石灰处理过）或 1%亚硫酸纸浆废液，也可掺 0.1%～0.5%的硼砂或柠檬酸等。建筑石膏强度低，见表 3.1。

2. 硬化后体积微膨胀

石膏浆体在凝结硬化初期会产生体积微膨胀（膨胀率为 0.05%～0.15%），这使得石膏制品表面光滑细腻、尺寸精确、轮廓清晰、形体饱满，而且干燥时不开裂，有利于制造复杂图案花形的石膏装饰制品。

3. 孔隙率高

建筑石膏水化的理论需水量为 18.6%，但为满足施工要求的可塑性，实际加水量约为 60%～80%。石膏凝结后，多余水分蒸发，在石膏硬化体内留下大量孔隙，孔隙率可高达 40%～60%，因而建筑石膏制品的表观密度小（800～1 000 kg/m³）、强度低。石膏制品的热容量大，其大量的孔隙可以随着室内温度的变化，吸收和放出水分，以此来调节室内温度和湿度，因此具有一定的调温调湿功能。当空气湿度较大时，石膏制品可通过毛细孔隙吸收水分；当空气湿度较小时，石膏制品又可将吸收的水分释放出来，以维持湿度的平衡。石膏制品孔隙率高，且均为微细的毛细孔，故导热系数小〔0.121～0.205 W·(m·K)$^{-1}$〕，隔热保温性与吸声性亦好。

4. 防火性好

建筑石膏硬化后的主要成分是二水石膏，而制品的大量孔隙中也会存在一些自由水分。遇火时，首先孔隙中的自由水蒸发，继而二水石膏中结晶水吸收热量也大量蒸发，在制品表面形成水蒸气幕，隔绝空气，可有效地阻止火势的蔓延；同时，又因其导热系数小，传热慢，故防火性好。制品厚度越大，防火性能越好。

五、建筑石膏的应用

建筑石膏原料丰富、分布广泛、生产工艺简单、价格便宜、无污染并具有上述许多优良的性能，是现代建筑中一种非常重要的材料。建筑石膏主要应用于室内装修、装饰、隔断、吊顶、保温隔热、吸声及防火等方面，一般做成石膏抹面灰浆、石膏装饰制品、石膏板制品后施工和安装。另外，建筑石膏在建筑工程的其他方面也有广泛的用途。

1. 制备石膏砂浆与粉刷石膏

由于具有优良特性，建筑石膏常被用于室内高级抹灰和粉刷。建筑石膏加水、砂及缓凝剂拌和成石膏砂浆，可用于室内抹灰。石膏粉刷层表面坚硬、光滑细腻，不起灰，便于进行再装饰，如粘墙纸、刷涂料等。

由于具有"呼吸"作用，建筑石膏能调节室内空气湿度，提高舒适度。建筑石膏加水拌和成石膏浆体，可作为室内粉刷涂料，这时应加缓凝剂，以保证有足够的施工时间。

2. 制作石膏装饰制品

在建筑石膏中加入水、少量的纤维增强材料和胶料后，拌和均匀制成石膏浆体，利用石膏硬化时体积膨胀的性质，可成型制成各种石膏雕塑、饰面板及建筑装饰零件，如石膏角线、线板、角花、灯圈、罗马柱、雕塑等艺术装饰石膏制品（图 3.2）。

图 3.2　石膏装饰制品

3. 制作各种石膏板制品

建筑石膏是制作各种石膏板材的主要原料。石膏板是一种质量轻、强度较高、绝热、吸声、防火、可锯可钉的建筑板材，是当前着重发展的新型轻质板材。石膏板广泛地应用于各种建筑物的内隔墙、墙体覆面板、天花板和各种装饰板。

在石膏板的生产制作过程中，为了获得更多优良的性能，通常加入一些其他材料和外加剂。制造石膏板时加入锯末、膨胀珍珠岩、膨胀蛭石、陶粒、膨胀矿渣等轻质多孔材料，或加入泡沫剂、加气剂等，可减小其表观密度并提高保温性、隔声性；在石膏板中加入纸筋、麻刀、石棉、玻璃纤维等增强材料，或在石膏板表面粘贴纸板，可以提高其抗裂性、抗弯强度并减小脆性；在石膏板中加入水泥、粉煤灰、粒化矿渣以及各种有机防水剂，可以提高其耐水性。加入沥青质防水剂并在板面包覆防水纸或乙烯树脂的石膏板，不仅可以用于室内，也可以用于室外，甚至可用于浴室的墙板。

我国目前生产的石膏板，主要有纸面石膏板、石膏空心条板、石膏装饰板和纤维石膏板等。

纸面石膏板以建筑石膏作芯材，两面用纸护面而成，主要用于内墙、隔墙和天花板处，安装时需先架设龙骨。

石膏空心条板以建筑石膏为主要原料，加入纤维等材料并采用类似于混凝土空心板的生产工艺制成。石膏空心条板孔数为 7~9 个，孔洞率为 30%~40%，不需设置龙骨，施工方便，主要用于内墙和隔墙。

石膏装饰板的主要原料为建筑石膏、少量的矿物短纤维和胶料。石膏装饰板是具有多种图案和花饰的正方形板材，边长为 300~900 mm，有平板、多孔板、印花板、压花板、浮雕板等，造型美观多样，主要用于公共建筑的墙面装饰和天花板等。

纤维石膏板是以建筑石膏、纸浆、玻璃或矿棉短纤维为原料制成的无纸面石膏板。这种石膏板的抗弯强度和弹性模量都高于纸面石膏板，可用于内墙和隔墙，也可代替木材制作家具。

另外，石膏板制品还有石膏蜂窝板、穿孔石膏板、防潮石膏板、石膏矿棉复合板等，可分别用作绝热板、吸声板，以及墙面、顶棚、地面基层板材料。

4. 石膏的其他用途

石膏除了广泛地应用于建筑装修、装饰工程外，还大量地应用于建筑工程中的其他方面。例如，加入泡沫剂或加气剂可制成多孔石膏砌块制品，用作建筑物的填充墙材料，能改善绝热、隔声等性能，并能降低建筑物自重。

在硅酸盐水泥生产中必须加入石膏作为缓凝剂；石膏可生产无熟料水泥，如石膏矿渣无熟料水泥等；石膏也可制造硫铝酸盐膨胀水泥和自应力水泥；石膏还可生产各种硅酸盐制品和用作混凝土的早强剂等。高温煅烧石膏可做成无缝地板、人造大理石、地面砖以及墙板和代替白水泥用于建筑装修。

建筑石膏在运输和储存过程中应防止受潮，储存期一般不宜超过 3 个月，超过 3 个月后，其强度可降低 30%。

第二节 建筑石灰

一、石灰的原料与生产

制造石灰的原料是以碳酸钙为主要成分的天然岩石，如石灰石、白云石、白垩、大理石碎块等，另外还可利用电石渣（主要成分为氢氧化钙）等工业废渣来生产石灰。

将主要成分为碳酸钙的原料，在适当的温度下进行煅烧，分解出二氧化碳，即可得到以氧化钙为主要成分的气硬性胶凝材料——生石灰。其反应式为

$$CaCO_3 \xrightarrow{1\,000\sim1\,200\,°C} CaO + CO_2 \uparrow$$

碳酸钙的分解过程是可逆的，为了使反应向正方向进行，在石灰煅烧过程中必须适当提高煅烧温度并及时排出二氧化碳气体。

天然石灰原料中常含有黏土等杂质，当黏土杂质含量超过 8% 时，由于固相反应生成较多的水硬性矿物，如 β 型硅酸二钙等，会使石灰性质发生变化，即由气硬性石灰转向水硬性石灰，因此在石灰生产中应控制黏土杂质的含量。

另外，石灰原料中还常含有碳酸镁成分，在石灰煅烧时会形成氧化镁。生石灰根据其中氧化镁的含量不同可分为钙质生石灰（氧化镁含量不大于 5%）和镁质生石灰（氧化镁含量大于 5%）。

碳酸钙分解时，失去原质量 44% 的二氧化碳气体，而煅烧石灰的表观体积仅比石灰石表观体积减小 10%～15%，因此生石灰具有多孔结构。

在常压下，碳酸钙的理论分解温度为 898 °C，实际生产中煅烧温度受到原材料种类、结构、致密程度、料块尺寸、杂质含量以及窑体热损失等诸多因素的影响，实际煅烧温度应显著高于理论温度，一般控制在 1 000～1 200 °C 或者更高一些。

控制适宜的煅烧温度和煅烧时间是获得优质生石灰的必要条件。

在煅烧温度过低、煅烧时间不充分的情况下，碳酸钙不能完全分解，将生成欠火石灰。欠火石灰会降低生石灰的产浆量，使生石灰的胶凝性能变差。在煅烧温度过高、煅烧时间过长的情况下，则生成过火石灰。过火石灰结构致密，具有较小的内比表面积，晶粒粗大，此时氧化钙处于烧结状态，其表面常被原料中易熔黏土杂质熔化时所形成的玻璃釉状物包覆，因此过火石灰的消解很慢。过火石灰用于工程中时会发生质量事故，在正常煅烧石灰硬化以后过火石灰才缓慢地吸湿消解，放出热量并产生体积膨胀，引起石灰硬化浆体的隆起和开裂。

石灰原料中所含的菱镁矿杂质，其分解温度比碳酸钙低很多，在煅烧过程中氧化镁处于过烧状态，从而影响石灰的质量。故当原料中菱镁矿含量较多时，应在保证碳酸钙充分分解的前提下尽量降低煅烧温度。对于硅酸盐制品，为避免引起体积安定性不良，应限制原料中菱镁矿的含量。

二、石灰的消解

建筑工地上使用石灰时，通常将生石灰加水，使之消解为氢氧化钙，即熟石灰后再施工，这个过程称为石灰的消解或熟化。其反应式为

$$CaO + H_2O \longrightarrow Ca(OH)_2 + 64.9 \text{ kJ/mol}$$

生石灰熟化时放出大量的热量，其最初 1 h 的放热量是半水石膏的 10 倍和普通硅酸盐水泥的 9 倍；生石灰熟化时体积膨胀 1~2.5 倍。对于石灰水化时的上述特征，在使用过程中必须予以特别的重视。

在生石灰的消解过程中应注意温度的控制：温度过低时消解速度较慢；温度过高时又会引起可逆反应，使氢氧化钙重新分解，从而影响消解质量。生石灰在消解过程中的体积膨胀会产生 14 MPa 以上的膨胀压力，当使用生石灰来制作石灰制品和硅酸盐制品时，如果不设法抑制或消除生石灰的这种有害膨胀，就会使制品发生破坏性的体积变形。因此，在建筑工程中采用熟石灰施工不失为一种安全可靠的方法。

生石灰消解的理论用水量为其质量的 32%，由于石灰消解时温度较高，水分蒸发较多，为了保证氧化钙的充分水化，实际的用水量明显地多于理论用水量。

根据用水量的不同，可将生石灰消解成消石灰粉和石灰膏两种熟石灰。

加入适量的水（生石灰质量的 60%~80%）可得到消石灰粉，具体的加水量按实际情况以经验确定，加入的水分应保证生石灰充分消解又不致过湿成团。消解过程在密闭的容器中进行较佳，此时既可减少热量损失和水分蒸发，又能防止碳化。工地上常采用分层喷淋法生产消石灰粉。将生石灰碎块平铺于不能吸水的平地上，每层厚约 20 cm，用水喷淋一次，然后上面再铺一层生石灰，接着再喷淋一次，直至 5~7 层为止；最后用砂或土予以覆盖，以保持温度、防止水分蒸发，使石灰充分消解，同时又可阻止碳化作用。在此条件下静置 14 d 以上即可取出使用。消石灰粉用于拌制石灰土（石灰、黏土）

和三合土（石灰、黏土、碎砖或砂石、炉渣等骨料），应用于道路基层、建筑物基础、地面等工程中。

加入大量的水可制得消石灰膏。石灰膏的制备是将生石灰在化灰池或熟化机中加水搅拌，先消解成稀薄乳状的石灰浆，然后经滤网过滤去除未消解颗粒或杂质后流入储灰池。石灰浆的表面应覆盖一层水，以隔绝空气防止石灰浆碳化。在此条件下静置 14 d 以上后，除去上层水分取出储灰池中沉淀物即石灰膏施工。石灰膏用于调制石灰砂浆或水泥石灰混合砂浆，应用于工业与民用建筑的砌筑工程和抹灰工程中。

上述两种熟石灰消解时静置 14 d 以上的过程称为石灰的陈伏。石灰陈伏的目的是消除过火石灰的危害，得到质地较软、可塑性较好的熟石灰。在陈伏过程中应注意防止石灰的碳化。

建筑工程中采用熟石灰施工主要是为了避免生石灰水化时的放热和体积膨胀所带来的破坏。但熟石灰的硬化速度较慢，强度较低。用球磨机将块状生石灰磨细而得到的粉末状产品称为磨细生石灰粉。磨细生石灰水化时放热均匀且无明显的体积膨胀，因此磨细生石灰可不经消解，加入适量的水（一般占石灰质量的 100%~150%）拌匀后即可使用。这时熟化和硬化成为一个连续的过程，由于磨得很细，过火石灰的体积膨胀危害得到了很好的抑制，因此磨细生石灰使用时不需陈伏。与一般使用方法相比，磨细生石灰制品具有较快的硬化速度和较高的强度。目前，磨细生石灰工艺不仅大量地应用于建筑材料工业生产中，而且也越来越多地直接应用于建筑工程中。

三、石灰浆的硬化

气硬性石灰在空气中的硬化是通过结晶和碳化两个同时进行的过程来完成的。

1. 结晶过程

石灰浆体在干燥环境中，其自由水逐渐蒸发或被基层材料所吸收，将引起氢氧化钙溶液的过饱和，从而产生结晶过程。氢氧化钙晶粒随结晶的进行不断长大并彼此靠近，最后交错结合在一起，形成一个整体。另外，石灰浆体由于失水收缩产生毛细管压力，使石灰粒子互相紧密靠拢而获得强度。

2. 碳化过程

石灰浆体表面的氢氧化钙与空气中的二氧化碳反应，生成实际上不溶于水的碳酸钙晶体，释放出的水分则被逐渐蒸发，此过程称为碳化。其反应式为

$$Ca(OH)_2 + CO_2 + nH_2O \longrightarrow CaCO_3 + (n+1)H_2O$$

上述反应只有在有水存在的情况下才能进行。

由于生成碳酸钙时体积有所膨胀且碳酸钙的强度明显高于氢氧化钙，因此碳化后石灰浆体的密实度和强度均有明显的提高。由于空气中二氧化碳的浓度很小，按体积计算

仅占整个空气的 0.03%，并且石灰浆体表面已形成致密的碳化层，使二氧化碳很难再深入其内部，因此碳化的过程更加缓慢；同时，已形成的碳化层也阻止了浆体内部水分的蒸发，使氢氧化钙的结晶速度减缓。因而石灰浆体的硬化是非常缓慢的。

值得注意的是，上述是指石灰浆在空气中凝结硬化，而生石灰在用于生产硅酸盐制品以及应用于消石灰粉中时的硬化与上述不同，生石灰生产硅酸盐制品等是将本身的氢氧化钙与环境中具有较强活性的二氧化硅、三氧化二铝等反应而凝结硬化成为水硬性胶凝材料，参见后面的掺混合材料水泥的水化、硬化。

四、建筑石灰的技术要求与性质

1. 石灰的技术要求

建筑石灰根据成品加工方法的不同可分为块状的建筑生石灰、磨细的建筑生石灰粉、建筑消石灰粉和建筑消石灰膏。

建筑生石灰为块状和磨细粉状，其颜色随成分不同而异：纯净的为白色，含杂质时呈灰色、浅黄色等。过火石灰色泽暗淡呈灰黑色，欠火石灰其断面中部色彩深于边缘色彩。

生石灰的密度取决于原料成分和煅烧条件，通常为 3.10 ~ 3.40 g/cm³；堆积密度取决于原料成分、煅烧品质、装料紧密程度及粒块尺寸等，通常为 600 ~ 1 100 kg/m³。消石灰粉的密度约为 2.10 g/cm³，堆积密度为 400 ~ 700 kg/m³。

建筑石灰的质量好坏主要取决于有效物质（CaO + MgO）的含量和杂质的含量。有效物质是石灰中能够和水发生水化反应的物质，它的含量反映了石灰的胶凝能力，有效物质越多，产浆量越高。按行业标准《建筑生石灰》（JC/T 479—2013），建筑生石灰中 MgO 含量超过 5% 的为镁质石灰，不超的为钙质石灰。欠火石灰和各种杂质则无胶凝能力。过火石灰的存在会影响体积安定性。石灰粉的细度越大，施工性能越好，硬化速度越快，质量也越好。块状生石灰中细颗粒含量越多质量越差。建筑消石灰粉还有游离水含量的限制和体积安定性合格的要求。

2. 石灰浆的特性

（1）保水性好。

生石灰消解为石灰浆时生成的氢氧化钙颗粒极细小（粒径约 1 μm），呈胶体分散状态，比表面积大，对水的吸附能力强，表面能吸附一层较厚的水膜，因而保水性好，水分不易泌出，并且水膜使颗粒间的摩擦力减小，故可塑性也好。在水泥砂浆中加入石灰浆使可塑性显著提高，且克服了水泥砂浆保水性差的缺点。

（2）硬化慢、强度低。

由于石灰浆体在硬化过程中的结晶作用和碳化作用都极为缓慢，所以强度低。如 1∶3 配比的石灰砂浆，其 28 d 的抗压强度只有 0.2 ~ 0.5 MPa。

（3）硬化时体积收缩大。

石灰浆体在干燥硬化过程中蒸发出大量的游离水，由于毛细水的丧失产生毛细管压力，毛细孔孔径缩小，从而引起硬化浆体体积收缩。石灰浆体的硬化收缩变形较大，会导致已硬化的浆体局部开裂破坏。因此，石灰不宜单独使用，通常在其中掺入砂、纸筋、草秸、麻刀等来减小体积收缩变形。

（4）硬化后耐水性差。

由于石灰浆体硬化慢、强度低，在石灰硬化体中，大部分仍然是尚未碳化的$Ca(OH)_2$，$Ca(OH)_2$微溶于水，当已硬化的石灰浆体受潮时，耐水性极差，软化系数接近于零，强度丧失，引起溃散，故石灰不宜用于潮湿环境及易受水浸泡的部位。

五、建筑石灰的应用

石灰作为一种传统的建筑材料，其几千年的使用历史足以印证人类对这种材料的信任和依赖。至今，石灰仍然作为重要的建筑材料广泛地应用于各类建筑工程和建筑材料工业生产中。

1. 配制石灰砂浆和灰浆

采用石灰膏作为原材料可配制石灰砂浆和石灰水泥混合砂浆，其施工和易性较好，广泛应用于工业与民用建筑的砌筑和抹灰工程中。石灰砂浆应用于吸水性较强的基层（如普通黏土砖）时，应事先将基底润湿，以免石灰砂浆脱水过速而成为干粉，丧失胶凝能力。

在建筑工程中，常用石灰膏或消石灰粉与其他不同材料加水拌和均匀而获得各种灰浆，如石灰麻刀灰浆、石灰纸筋灰浆等，用于建筑抹面工程。

用石灰膏或消石灰粉掺入大量水可配制成石灰乳涂料。可在涂料中加入碱性颜料，以获得各种色彩；加入少量水泥、粒化高炉矿渣或粉煤灰可提高其耐水性；调入干酪素、氯化钙或明矾，可减少涂层的粉化现象。石灰乳涂料可用于装饰要求不高的室内粉刷。

2. 配制石灰土和三合土

消石灰粉在建筑工程中广泛用于配制石灰土和三合土。石灰土为消石灰粉与细粒黏土均匀拌和而成，质量比为 1∶2～1∶4；三合土为消石灰粉、黏土、砂和石子或炉渣等混合而成，质量比为 1∶2∶3。石灰土和三合土的施工方法是加入适量的水，通过分层击打、夯实或碾压密实使结构层具有较高的密实度。石灰土和三合土结构层具有一定的水硬胶凝性能，石灰稳定土的作用机理尚待继续研究。其原因可能是在强力夯打和振动碾压的作用下，黏土微粒表面被部分活化，此时黏土表面少量的活性氧化硅和氧化铝与石灰进行化学反应，生成了水硬性的水化硅酸钙和水化铝酸钙，将黏土颗粒胶结起来。另外，石灰中的少量黏土杂质经煅烧后也具有一定的活性，炉渣等中也存在一些活性成分，因此石灰土结构层的强度和耐水性得以提高。石灰土和三合土广泛地应用于建筑物基础、垫层、堤坝、公路基层和各种地面工程中。

3. 生产硅酸盐制品

硅酸盐制品是以石灰和硅质材料（如石英砂、煤矸石、粉煤灰、矿渣等）为主要原料，加水拌和成型后，经蒸汽养护或蒸压养护得到的成品。钙质材料与硅质材料经水热合成后，其胶凝物质主要是水化硅酸钙盐类，故统称为硅酸盐制品。常用的有各种粉煤灰砖及砌块、炉渣砖和矿渣砖及砌块、蒸压灰砂砖及砌块、蒸压灰砂混凝土空心板、加气混凝土等。

4. 制造碳化制品

用磨细生石灰与砂子、尾矿粉或石粉配料，加入少量石膏经加水拌和压制成型制得碳化砖坯体；用磨细生石灰、纤维填料（如玻璃纤维）和轻质骨料（如矿渣）经成型后得到碳化板坯体。上述两种坯体利用石灰窑所产生的二氧化碳废气进行人工碳化后，即得到轻质的碳化砖和碳化板制品。石灰制品经碳化后强度将大幅提高，如灰砂制品经碳化后强度可提高 4~5 倍。碳化石灰空心板的表观密度为 700~800 kg/m³（当孔洞率为 34%~39% 时），抗弯强度为 3~5 MPa，抗压强度为 5~15 MPa，导热系数小于 0.2 W/(m·K)，可锯、可刨、可钉，所以这种材料适宜用作非承重的内墙隔板、天花板等。

5. 生产无熟料水泥

将石灰和活性的玻璃体矿物质材料（活性的天然硅质材料或工业废料），按适当比例混合磨细或分别磨细后再均匀混合，制得的非煅烧水硬性胶凝材料称为无熟料水泥。如石灰矿渣水泥、石灰粉煤灰水泥、石灰烧黏土水泥、石灰烧煤矸石水泥、石灰沸石岩水泥、石灰页岩灰水泥等。

无熟料水泥的共同特性是强度较低，特别是早期强度较低、水化热较低，对于软水、矿物水等有较强的抵抗能力。无熟料水泥适用于大体积混凝土工程、蒸汽养护的各种混凝土制品、水中混凝土和地下混凝土工程；不宜用于强度要求高，特别是早期强度要求高的工程，不宜在低温条件下施工。

第三节 水玻璃

一、水玻璃的生产

水玻璃的生产方法可分为两种：湿法和干法。湿法生产水玻璃时，是将苛性钠溶液和石英砂置于压蒸锅（0.2~0.3 MPa）内，用蒸汽加热，并持续搅拌，使其直接反应形成液体水玻璃。干法，又分为碳酸钠法、硫酸钠法、氯化钠法。其中，碳酸钠法用得最多，也最理想。碳酸钠法是将石英砂和碳酸钠磨细拌匀，置于熔炉内于 1 300~1 400 ℃ 下熔化，经冷却后生成固体水玻璃，然后置于水中加热溶解得到液体水玻璃的。

液体水玻璃可以与水按任意比例混合成不同浓度的溶液。同一模数的液体水玻璃，其浓度越高，则密度越大，硬化速度越快，黏结力越强，耐热性和耐酸性越高。但水玻璃的浓度太高，则黏度太大而不利于施工操作，难以保证施工质量。当液体水玻璃浓度太小或太大时，可用加热浓缩或加水稀释的方法来调整。固体水玻璃的溶解度则与模数有关，模数越高越难溶于水。水玻璃的模数一般为 1.5～3.5，而土木工程中常用的水玻璃模数为 2.6～3.0，密度为 1.36～1.50 g/cm^3。

二、水玻璃的硬化

液体水玻璃在空气中会吸收二氧化碳，生成无定型的硅酸凝胶，并逐渐脱水而硬化。其反应式为

$$Na_2O \cdot nSiO_2 + CO_2 + mH_2O \longrightarrow Na_2CO_3 + nSiO_2 \cdot mH_2O$$

$$nSiO_2 \cdot mH_2O \longrightarrow nSiO_2 + mH_2O$$

但空气中 CO_2 较少，水玻璃在自然条件下凝结与硬化速度也缓慢，同时其硬化体耐水性也较差。为加速硬化和提高耐水性，施工中常掺入硬化剂，使硅胶析出速度大大加快，从而加速了水玻璃的凝结硬化。常用硬化剂为氟硅酸钠（Na_2SiF_6），其与水玻璃的反应式为

$$2Na_2O \cdot nSiO_2 + mH_2O + Na_2SiF_6 \longrightarrow (2n+1)SiO_2 \cdot mH_2O + 6NaF$$

生成物硅酸凝胶再干燥脱水转变成固体 SiO_2。氟硅酸钠的适宜掺量，一般情况下占水玻璃质量的 12%～15%。若掺量少于 12%，则其凝结硬化慢、强度低，并且存在没参加反应的水玻璃，当遇水时，残余水玻璃易溶于水；若其掺量超过 15%，则凝硬化快，造成施工困难，水玻璃硬化后的早期强度高而后期强度降低。加入氟硅酸钠后，水玻璃的初凝时间可缩短到 30～60 min，终凝时间可缩短到 240～360 min，7 d 基本上即可达到最高强度。

除了氟硅酸钠外，一些缩合磷酸盐、无机酸、金属氧化物和可溶性的金属盐、有机化合物也可作为水玻璃的硬化剂，促进水玻璃凝结硬化，并提高其强度和耐水性。

三、水玻璃的性质与应用

水玻璃是一种气硬性胶凝材料，其最终强度取决于无定型硅酸凝胶物质在干燥环境中脱水硬化的程度。部分硬化剂，如氟化钠、氟硅酸钠等可溶性盐在水玻璃凝胶硬化后，仍有少量残留，且碱金属离子以游离态存在于其中，遇水和碱均易溶解，所以硬化矿物耐水性和耐碱性较差。而部分硬化剂，如缩合磷酸铝、磷酸硅等本身难溶于水，在与水玻璃用量搭配适宜的情况下能很好地包裹碱金属离子，从而使硬化矿物具有良好的耐水性和耐碱性。

液体水玻璃在拉伸时能形成细丝，说明水玻璃具有相当强的胶黏性，且液体水玻璃还容易渗入基体材料的孔隙中，硬化后析出的硅酸凝胶有堵塞毛细孔隙而防止水渗透的作用，从而具有优良的黏结强度。水玻璃溶液的胶黏性随着模数及浓度的不同而在很大范围内变动，其中模数为 3.0～3.3 时，胶黏性能最强。

水玻璃不燃烧，在高温下硅酸凝胶干燥得更快，形成二氧化硅空间网状骨架，强度并不降低，甚至有所增加，因此具有良好的耐热性。水玻璃硬化后的主要成分为 SiO_2，在强氧化性酸中具有较高的稳定性，因此能抵抗大多数无机酸和有机酸的作用。正因为水玻璃具有上述性质，所以它在轨道交通工程中应用广泛。

1. 注浆材料和灌浆材料

将模数为 2.5～3.0 的液体水玻璃和氯化钙溶液交替灌入地基土中，两种溶液发生化学反应，析出硅酸胶体，将土壤颗粒包裹并填实其空隙。硅酸凝胶因吸收地下水而经常处于膨胀状态，阻止水分渗透并利于土体固结，可加固路基并提高其承载力。

采用水泥浆和水玻璃为主要组分的双液浆材料，具备较好的流动度和较短的胶凝时间，既能满足注浆需求，又能达到较好的加固效果，可在轨道交通的隧道加固工程中发挥作用。

2. 防水剂

以水玻璃为基料，加入两种、三种或四种矾配制而成的防水剂，称为二矾、三矾或四矾防水剂。例如，四矾防水剂是以蓝矾（硫酸铜）、明矾（甲铝矾）、红矾（重铬酸钾）和紫矾（铬矾）溶于热水中，降温后，投入水玻璃溶液中，搅拌均匀而成。这种防水剂凝结迅速，一般不超过 1 min，适宜与水泥浆调和，堵塞漏洞、缝隙等局部抢险；又因为其凝结过快，不宜调配水泥防水砂浆用作屋面或地面的刚性防水层。以水玻璃为基料，掺入 1% 的硫酸铜和微量荧光粉配成的快燥精，又称二矾防水剂，也属此类材料。改变防水剂在水泥中的掺量，其凝结时间可在 1～30 min 内任意调节。

3. 表面浸渍涂料和建筑涂料

用水玻璃涂刷建筑材料表面，浸渍多孔材料，可提高材料的密实度、强度和抵抗风化的能力，增强材料的耐久性。用水玻璃浸渍或涂刷黏土砖或硅酸盐制品时，水玻璃与二氧化碳作用生成硅胶，再与材料中的氢氧化钙作用生成硅酸钙凝胶体，填充在孔隙中，使材料致密。在调制液体水玻璃时，可加入耐碱颜料和填料，兼有饰面效果。

4. 耐酸砂浆和混凝土

采用模数不低于 3.3 的水玻璃、氟硅酸钠硬化剂和磨细的耐酸填料（一般采用石英岩、熔融辉绿岩、陶瓷碎片）可配制水玻璃耐酸胶泥，在其中加入耐酸粗、细骨料即可配制成耐酸砂浆和耐酸混凝土。水玻璃耐酸材料广泛应用于防腐工程中。

5. 耐热砂浆和混凝土

若选用耐热的砂、石骨料，则可配制耐热混凝土。以水玻璃为胶结材料，以膨胀珍珠岩或膨胀蛭石为骨料，加入一定量的赤泥或氟硅酸钠，经配料、搅拌、成型、干燥、焙烧而成的制品，是良好的保温绝热材料。

第四节 镁氧水泥

镁氧水泥是以轻烧氧化镁为主要成分的气硬性胶凝材料，该材料不宜用纯水而需用调和剂调制，常用的调和剂为氯化镁溶液。镁氧水泥又称镁质胶凝材料、氯氧镁水泥或镁质水泥，俗称菱苦土，呈现为白色或浅黄色的粉末。

一、镁氧水泥的生产

轻烧氧化镁通常以天然菱镁矿（主要成分为 $MgCO_3$）为主要原料，经高温煅烧后获得。碳酸镁一般在 400 ℃ 时开始分解，在 600~650 ℃ 时分解反应剧烈进行，实际煅烧温度为 700~850 ℃。其反应式为

$$MgCO_3 \xrightarrow{\text{煅烧}} MgO + CO_2 \uparrow$$

氯化镁由盐卤液经干燥处理制得，为白色粉末或浅黄色至深棕色固体。

二、镁氧水泥的硬化

轻烧氧化镁与水拌和时，其水化、凝结和硬化机理与石灰相似，反应式如下：

$$MgO + H_2O \longrightarrow Mg(OH)_2$$

但此反应凝结硬化速度慢、体积收缩大，且内部结构松散，强度很低，因此，不宜直接加水拌和。采用轻烧氧化镁与氯化镁溶液拌和时，其硬化后的主要产物为氧氯化镁（$xMgO \cdot yMgCl_2 \cdot H_2O$）与 $Mg(OH)_2$，反应式为：

$$xMgO + yMgCl_2 \cdot 6H_2O \longrightarrow xMgO \cdot yMgCl_2 \cdot zH_2O$$

$$MgO + H_2O \longrightarrow Mg(OH)_2$$

水化产物从溶液中析出、凝聚和结晶，使浆体凝结硬化。提高温度，可使硬化过程加快。硬化后强度最高可达 40~60 MPa，但吸湿性大、耐水性差。

三、镁氧水泥的性能与应用

轻烧氧化镁与植物纤维能很好黏结,而且碱性较弱,不会腐蚀纤维。在土木工程中常用来制造菱苦土木屑地面、木屑板和木丝板。

镁氧水泥是一种气硬性胶凝材料,其吸湿性大,耐水性差,易泛霜、变形。另外,它含有氯离子且碱性较低,钢筋易锈蚀,故其制品中不宜配置钢筋。

但掺加某些外加剂(如磷酸或磷酸盐、水溶性树脂等),可提高镁氧水泥的耐水性。用硫酸镁、硫酸亚铁溶液代替氯化镁溶液作调和剂,可以降低胶结料的吸湿性、提高耐水性,但其强度不如用氯化镁溶液的高。为提高镁氧水泥的耐水性,可掺入适量的活性混合材料,如磨细碎砖或粉煤灰等。在制品中掺加适量的滑石粉、石英砂、石屑等可提高强度和耐磨性,但会降低隔热性和增大表观密度;加入泡沫剂可制成轻质多孔的镁氧水泥保温隔热制品;在生产时加入碱性颜料可得到不同色彩的制品。另外,镁氧水泥可提高固化软土的强度,但耐水性较差;采用磷石膏改性镁氧水泥则可有效提升镁氧水泥固化软土的耐水性,可用于加固软土路基。

复习思考题

1. 什么叫作建筑胶凝材料和气硬性胶凝材料?
2. 不同煅烧条件下石膏的品种有哪些?不同的石膏品种的组成和结构如何?各自性能如何?
3. 简述半水石膏的水化、凝结硬化过程。
4. 什么叫作石膏浆体的悬浮体结构、凝聚结构和结晶结构?
5. 建筑石膏的性能有哪些特点?与其应用的关系如何?
6. 为什么说石膏是一种很好的室内装饰材料?
7. 煅烧温度和煅烧时间对生石灰的质量有何影响?
8. 工地上熟化石灰的方法有哪些?为何要采用熟石灰进行施工?
9. 什么叫作石灰的陈伏?有何目的?
10. 用磨细生石灰代替熟石灰进行施工有何优点?为何要将生石灰磨细?
11. 建筑石灰有哪些用途?与其性能有何联系?
12. 水玻璃的模数、溶液密度对其性能有何影响?
13. 水玻璃在建筑工程中的应用主要有哪些?与其性质有何联系?
14. 为什么菱苦土在使用时不能用水拌和?
15. 镁氧水泥在建筑上的应用主要有哪些?
16. 无机气硬性胶凝材料共同的缺点是什么?其原因有哪些?如何进行改善?

第四章 水 泥

本章导读

本章共5节，基本要求为：

（1）了解硅酸盐水泥的生产、成分、性质和应用。

（2）理解水泥的凝结硬化理论以及影响因素。

（3）熟练掌握通用水泥的熟料矿物成分、技术性质、质量标准与应用范围。

（4）了解特性水泥、专用水泥及其他系列水泥的基本要求和应用。

本章的难点是通用硅酸盐水泥性质与应用之间的关系。建议通过学习掌握通用水泥的基本技术性质和质量要求，学会根据工程要求合理选择水泥品种和等级。

思政小课堂

水泥作为水硬性胶凝材料，在土木工程中的作用不言而喻。

水泥的发展历史可以追溯到18世纪，当时人们开始利用天然的水泥岩（黏土含量为20%~25%的石灰石）煅烧、磨细生产天然水泥，后来利用石灰石和一定量的黏土磨细、煅烧生产水硬性的石灰。直到1824年，英国建筑工人阿斯普丁（Aspdin）申请了生产波特兰水泥（Portland Cement，我国称为硅酸盐水泥）的专利，并于1825—1843年大规模地用于修建泰晤士河的隧道工程中，水泥才得到日益普遍的应用和发展。

我国从1876年开始生产水泥，1985年我国水泥产量达到1.5亿吨，跃居世界第一。2014年，我国水泥产量达到最高峰——24.76亿吨，约占全球水泥产量的58%。之后一直在23亿~24亿吨左右徘徊，2021年我国水泥产量为23.63亿吨。2023年，全国规模以上企业累计水泥产量约20.23亿吨，连续38年位居全球第一。我国水泥产量占全球产量的50%以上，年二氧化碳排放量超12亿吨。水泥在生产过程中会对环境产生气、水及噪声等污染，其中主要的还是排放的粉尘及有害气体对大气的污染。因此，水泥产量在彰显着我国土木工程建设的需求和发展的同时，同样带来了一系列的问题，这些问题恰恰与我们的绿色低碳环保减排是相悖的。近些年，我国在结构性调整和减少烟尘排放方面取得了重要进展，不少新型干法生产线的粉尘治理已达到国际先进水平，部分先进立窑也基本做到了无烟无尘。但是，当前我国水泥工业的结构性矛盾仍十分突出，从总体上看，环境污染依然比较严重。2020年，我国水泥碳排12.3亿吨，占建材行业碳排总量的84.3%，占全国碳排总量的比例约为13.5%。如何更好地实现水泥绿色低碳转型，是水泥行业需要面对和思考的关键问题。2024年1月，国家推出了《关于推进实施水泥行业超低排放的意见》，水泥行业点燃绿色低碳发展新"引擎"。

第五章辅助胶凝材料也是助力行业向绿色低碳方向发展的重要路径。"十四五"期间，水泥工业如何做好提质增效、节能减排，是水泥行业需要面对的关键问题。

凡磨成细粉末状，加入适量水后成为塑性浆体，既能在水中硬化，又能将砂、石等散状材料或纤维材料胶结在一起的水硬性胶凝材料，通称为水泥。

水泥是最重要的建筑材料，广泛用于工业、农业、水利、交通、城市建设、海港和国防建设中，已成为任何建筑工程都不可缺少的建筑材料。

水泥的发展很快，为满足各种土木工程的需要，水泥的品种已发展到200余种。按照组成水泥的矿物成分不同，水泥可分为硅酸盐类水泥、铝酸盐类水泥、硫铝酸盐类水泥等；按照其用途和性能不同，水泥可分为通用水泥、专用水泥、特性水泥三大类。通用水泥是以硅酸盐水泥熟料和适量的石膏，以及规定的混合材料制成的水硬性胶凝材料。通用硅酸盐水泥按照其组分（混合材料的品种和掺量等）分为硅酸盐水泥、普通硅酸盐水泥、矿渣硅酸盐水泥、火山灰硅酸盐水泥、粉煤灰硅酸盐水泥和复合硅酸盐水泥。专用水泥是指具有专门用途的水泥，如道路硅酸盐水泥、砌筑水泥、油井水泥等。特性水泥是指某种性能比较突出的水泥，如快硬硅酸盐水泥、低热水泥、抗硫酸盐水泥等。

水泥的品种虽然很多，但是在常用的水泥中，硅酸盐水泥是最基本的。因此，本章以硅酸盐水泥为主要内容，在其基础上对其他几种常用水泥作简要介绍。

第一节 硅酸盐水泥

凡由硅酸盐水泥熟料、0%~<5%的石灰石或粒化高炉矿渣、适量石膏磨细制成的水硬性胶凝材料，称为硅酸盐水泥。硅酸盐水泥分为两种类型：不掺加混合材料的称为Ⅰ型硅酸盐水泥，代号为P·Ⅰ；在硅酸盐水泥粉磨时掺加小于水泥质量5%的石灰石或粒化高炉矿渣混合材料的称为Ⅱ型硅酸盐水泥，代号为P·Ⅱ。

一、生产简介与矿物组成

硅酸盐水泥的原材料主要是石灰质原料和黏土质原料。石灰质原料主要提供 CaO，可以采用石灰石、白垩、石灰质凝灰岩和泥灰岩等。黏土质原料主要提供 SiO_2 和 Al_2O_3 及少量的 Fe_2O_3，当 Fe_2O_3 不能满足配合料的成分要求时，需要校正原料铁粉或铁矿石来提供。有时也需要硅质校正原料，如砂岩、粉砂岩等补充 SiO_2。

以几种原材料按一定比例混合后磨细制成生料，然后将生料送入回转窑或立窑煅烧，煅烧后得到以硅酸钙为主要成分的水泥熟料，再与适量石膏共同磨细，最后得到硅酸盐水泥成品。概括地讲，硅酸盐水泥的主要生产工艺过程为"两磨"（磨细生料、磨细水泥）、"一烧"（生料煅烧成熟料）。

硅酸盐水泥的生产工艺流程如图 4.1 所示。

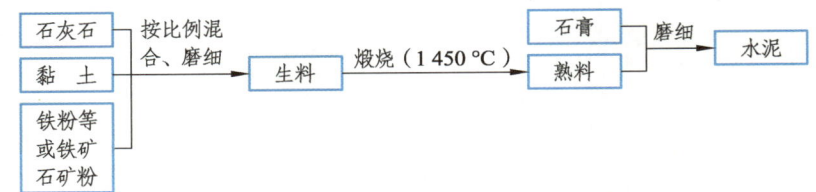

图 4.1　硅酸盐水泥的生产工艺流程

煅烧是水泥生产的主要过程，生料要经历干燥（100～200 °C）、预热（300～500 °C）、分解（500～900 °C 黏土脱水分解成为 SiO_2 和 Al_2O_3，后期石灰石分解为 CaO 和 CO_2）、烧成（1 000～1 200 °C 生成铝酸三钙、铁铝酸四钙和硅酸二钙，1 300～1 450 °C 生成硅酸三钙）和冷却几个阶段。

水泥熟料中的主要矿物成分为硅酸三钙（$3CaO \cdot SiO_2$，简写式为 C_3S）、硅酸二钙（$2CaO \cdot SiO_2$，简写式为 C_2S）、铝酸三钙（$3CaO \cdot Al_2O_3$，简写式为 C_3A）和铁铝酸四钙（$4CaO \cdot Al_2O_3 \cdot Fe_2O_3$，简写式为 C_4AF），以及少量有害的游离氧化钙（CaO）、氧化镁（MgO）、氧化钾（K_2O）、氧化钠（Na_2O）与三氧化硫（SO_3）等成分。

不同矿物成分具有不同的性质，硅酸盐水泥熟料中主要矿物成分的特性见表 4.1。

表 4.1　硅酸盐水泥熟料中主要矿物成分的特性

矿物组成	$3CaO \cdot SiO_2$ （C_3S）	$2CaO \cdot SiO_2$ （C_2S）	$3CaO \cdot Al_2O_3$ （C_3A）	$4CaO \cdot Al_2O_3 \cdot Fe_2O_3$ （C_4AF）
水化速度	快	慢	最快	快
水化热	多	少	最多	中
强度	高	早期低 后期高	低	低*
收缩	中	中	大	小
抗硫酸盐腐蚀性	中	最好	差	好
含量范围/%	37～60	15～37	7～15	10～18

*注：有资料显示 $4CaO \cdot Al_2O_3 \cdot Fe_2O_3$ 的强度为中等。

水泥熟料中各种矿物成分的相对含量变化时，水泥的性质也随之改变。由此可以生产出不同性质的水泥。例如：提高 C_3S 的含量，可制成高强度水泥；提高 C_3S 和 C_3A 的总含量，可制得快硬早强水泥；降低 C_3A 和 C_3S 的含量，则可制得低水化热的水泥（如中热水泥等）。

二、硅酸盐水泥的水化、凝结与硬化

水泥加水拌和后形成具有可塑性的水泥浆，经过一定的时间，水泥浆体逐渐变稠失去塑性，但还不具备强度，这一过程称为水泥的凝结。凝结过程又分为初凝和终凝两个阶段。随着时间的延续，强度逐渐增加，形成坚硬的水泥石，这个过程称为水泥的硬化。凝结与硬化，是人为划分的两个阶段，实际上它们是水泥浆体中发生的一种连续而复杂的物理化学变化过程。

（一）硅酸盐水泥的水化

熟料矿物与水进行的化学反应简称为水化反应。当水泥颗粒与水接触后，其表面的熟料矿物成分开始发生水化反应，生成水化产物并放出一定热量。

1. 硅酸三钙

在常温下，C_3S 水化反应可大致用下列方程式表示：

$$2(3CaO \cdot SiO_2) + 6H_2O \longrightarrow 3CaO \cdot 2SiO_2 \cdot 3H_2O + 3Ca(OH)_2$$

生成的产物水化硅酸钙（$3CaO \cdot 2SiO_2 \cdot 3H_2O$）中 CaO 含量/$SiO_2$ 含量（称为钙硅比）的真实比例和结合水量、水化条件及水化龄期等有关。水化硅酸钙几乎不溶于水，而以胶体微粒析出，并逐渐凝聚成为凝胶，通常将这些成分不固定的水化硅酸钙称为 C-S-H 凝胶。

C-S-H 凝胶尺寸很小，具有巨大的内比表面积，凝胶粒子间存在范德瓦耳斯力和化学结合键，由它构成的网状结构具有很高的强度，所以硅酸盐水泥的强度主要是由 C-S-H 凝胶提供的。

水化生成的 $Ca(OH)_2$，在溶液中的浓度很快达到过饱和，以六方晶体析出。$Ca(OH)_2$ 的强度、耐水性和耐久性都很差。

2. 硅酸二钙

C_2S 水化反应速度慢，放热量小，虽然水化产物与硅酸三钙相同，但数量不同，因此硅酸二钙早期强度低，但后期强度高。其水化反应方程式为

$$2(2CaO \cdot SiO_2) + 4H_2O \longrightarrow 3CaO \cdot 2SiO_2 \cdot 3H_2O + Ca(OH)_2$$

3. 铝酸三钙

C_3A 水化反应迅速，水化放热量很大，生成水化铝酸三钙。其水化反应方程式为

$$3CaO \cdot Al_2O_3 + 6H_2O \longrightarrow 3CaO \cdot Al_2O_3 \cdot 6H_2O$$

水化铝酸三钙为立方晶体。

在液相中氢氧化钙浓度达到饱和时，铝酸三钙还发生如下水化反应：

$$3CaO \cdot Al_2O_3 + Ca(OH)_2 + 12H_2O \longrightarrow 4CaO \cdot Al_2O_3 \cdot 13H_2O$$

水化铝酸四钙为六方片状晶体。在氢氧化钙浓度达到饱和时，其数量迅速增加，使得水泥浆体加水后迅速凝结，来不及施工。因此，在硅酸盐水泥生产中，通常加入2%～3%的石膏，调节水泥的凝结时间。水泥中的石膏迅速溶解，与水化铝酸钙发生反应，生成针状晶体的高硫型水化硫铝酸钙（$3CaO \cdot Al_2O_3 \cdot 3CaSO_4 \cdot 31H_2O$，又称钙矾石），沉积在水泥颗粒表面，形成了保护膜，延缓了水泥的凝结时间。当石膏耗尽时，铝酸三钙还会与钙矾石反应生成单硫型水化硫铝酸钙（$3CaO \cdot Al_2O_3 \cdot CaSO_4 \cdot 12H_2O$）。

4. 铁铝酸四钙

C_4AF 与水反应，生成立方晶体的水化铝酸三钙和胶体状的水化铁酸一钙。

$$4CaO \cdot Al_2O_3 \cdot Fe_2O_3 + 7H_2O \longrightarrow 3CaO \cdot Al_2O_3 \cdot 6H_2O + CaO \cdot Fe_2O_3 \cdot H_2O$$

在有氢氧化钙或石膏存在时，C_4AF 将进一步水化生成水化铝酸钙和水化铁酸钙的固溶体或水化硫铝酸钙和水化硫铁酸钙的固溶体。

5. 石　膏

硅酸盐水泥熟料加水拌和，由于铝酸三钙的迅速水化，水泥浆快速凝结，导致无法正常施工。在水泥生产中，加入适量石膏作为调凝剂，可使水泥浆凝结时间满足施工要求。石膏参与的水化反应如下：

$$3CaO \cdot Al_2O_3 \cdot 6H_2O + 3(CaSO_4 \cdot 2H_2O) + 19H_2O \longrightarrow 3CaO \cdot Al_2O_3 \cdot 3CaSO_4 \cdot 31H_2O$$

高硫型水化硫铝酸钙晶体（钙矾石）

石膏消耗完后，进一步发生下列反应：

$$3CaO \cdot Al_2O_3 \cdot 3CaSO_4 \cdot 31H_2O + 2(3CaO \cdot Al_2O_3 \cdot 6H_2O) + H_2O \longrightarrow 3(3CaO \cdot Al_2O_3) \cdot CaSO_4 \cdot 12H_2O$$

低硫型水化硫铝酸钙晶体

高硫型水化硫铝钙是难溶于水的针状晶体，它沉淀在熟料颗粒的周围，阻碍了水分的渗入，对水泥凝结起延缓作用。

水化物中 CaO 与酸性氧化物（如 SiO_2 或 Al_2O_3）含量的比值称为碱度，一般情况下硅酸盐水泥水化产生的水化物为高碱性水化物。如果忽略一些次要的和少量的成分，硅酸盐水泥与水作用后，生成的主要水化产物是：水化硅酸钙和水化铁酸钙凝胶，氢氧化钙、水化铝酸钙和水化硫铝酸钙晶体。在完全水化的水泥石中，水化硅酸钙约占 50%，氢氧化钙约占 25%。

（二）硅酸盐水泥的凝结与硬化

硅酸盐水泥的凝结硬化过程，按照水化放热曲线（或水化反应速度）和水泥浆体结构的变化特征分为四个阶段。图 4.2 所示为硅酸盐水泥在水化过程中的放热曲线。

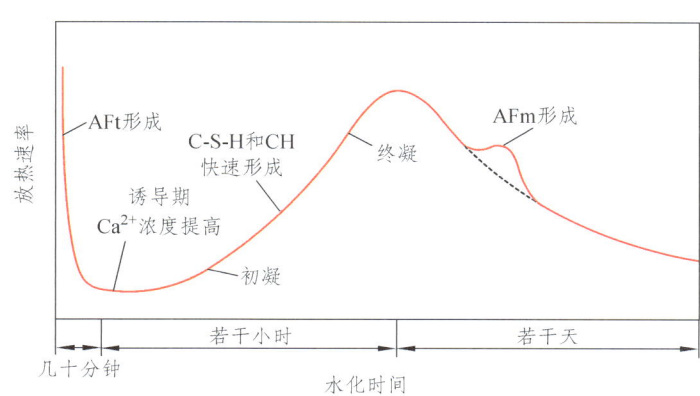

图 4.2　硅酸盐水泥在水化过程中的放热曲线

1. 初始反应期（钙矾石形成期）

硅酸盐水泥加水拌和后，水泥颗粒分散于水中，形成水泥浆，水泥颗粒表面的熟料，特别是 C_3A 迅速水化，在石膏条件下形成钙矾石，并伴随有显著的放热现象，此为水化初始反应期，时间只有 5～10 min。此时，水化产物不是很多，它们相互之间的引力比较小，水泥浆体具有可塑性。由于各种水化产物的溶解度都很小，不断地析出沉淀，初始阶段水化速度很快，来不及扩散，于是在水泥颗粒周围析出胶体和晶体（水化硫铝酸钙、水化硅酸钙和氢氧化钙等），逐渐围绕着水泥颗粒形成一水化物膜层。

2. 潜伏期（诱导期）

水泥颗粒的水化不断进行，使包裹水泥颗粒表面的水化物膜层逐渐增厚。膜层的存在减缓了外部水分向内渗入和水化产物向外扩散的速度，因而减缓了水泥的水化，水化反应和放热速度减慢。在潜伏期，水泥颗粒间的水分可渗入膜层与内部水泥颗粒反应，所产生的水化产物使膜层向内增厚，同时水分渗入膜层内部的速度大于水化产物透过膜层向外扩散的速度，造成膜层内外浓度差，形成了渗透压，最终会导致膜层破裂，水化反应加速，潜伏期结束。因为此段时间水化产物不够多，水泥颗粒仍是分散的，所以水泥的流动性基本不变。此段时间一般持续 30～60 min。

3. 凝结期（C_3S 水化期）

从硅酸盐水泥的水化放热曲线看，放热速度加快，经过一定的时间后，达到最大放热峰值。膜层破裂以后，周围饱和程度较低的溶液与尚未水化的水泥颗粒内核接触，再次使反应速度加快，直至形成新的膜层。

水泥凝胶体膜层的向外增厚以及随后的破裂、扩展，使水泥颗粒之间原来被水所占的空隙逐渐减小，而包有凝胶体的颗粒，则通过凝胶体的扩展而逐渐接近，以至在某些点相接触，并以分子键相连接，构成比较疏松的空间网状凝聚结构。有外界扰动（如振动）时，凝聚结构破坏，撤去外界扰动，结构又能够恢复，这种性质称为水泥的触变性。触变性随水泥凝聚结构的发展将丧失。凝聚结构的形成使得水泥开始失去塑性，此时为水泥的初凝。初凝时间一般为 1~3 h。

随着水化的进行和凝聚结构的发展，固态的水化物不断增加，颗粒间的空间逐渐减小，水化物之间的接触点数量增加，形成结晶体和凝胶体互相贯穿的凝聚-结晶结构，使得水泥完全失去塑性，同时又是强度开始发展的起点，此时为水泥的终凝。终凝时间一般为 3~6 h。

4. 硬化期（结构形成和发展期）

随着水化的不断进行，水泥颗粒之间的空隙逐渐缩小为毛细孔，由于水泥内核的水化，水化产物的数量逐渐增多，并向外扩展填充于毛细孔中，凝胶体间的空隙越来越小，浆体进入硬化阶段而逐渐产生强度。在适宜的温度和湿度条件下，水泥强度可以持续地增长（6 h 至若干年）。

水泥颗粒的水化和凝结硬化是从水泥颗粒表面开始的，随着水化的进行，水泥颗粒内部的水化越来越困难，经过长时间水化后（几年，甚至几十年），多数水泥颗粒仍剩余尚未水化的内核。所以，硬化后的水泥石结构是由水泥凝胶体（胶体与晶体）、未水化的水泥内核以及孔隙组成的，它们在不同时期相对数量的变化，决定着水泥石的性质。

水泥石强度发展的规律是：3~7 d 内强度增长最快，28 d 内强度增长较快，超过 28 d 后强度将继续发展，但非常缓慢。因此，一般把 3 d、28 d 作为其强度等级评定的标准龄期。

（三）水泥石的结构

在水泥水化过程中形成的以水化硅酸钙凝胶为主体，其中分布着氢氧化钙等晶体的结构，通常称为水泥凝胶体。在常温下硬化的水泥石，是由水泥凝胶体、未水化的水泥内核与孔隙所组成。

T. C. 鲍威尔认为，凝胶是由尺寸很小（$1 \times 10^{-7} \sim 1 \times 10^{-5}$ cm）的凝胶微粒（胶粒）与位于胶粒之间（$1 \times 10^{-7} \sim 3 \times 10^{-7}$ cm）的凝胶孔（胶孔）所组成的。

胶孔尺寸仅比水分子尺寸大一个数量级，这个尺寸太小以致不能在胶孔中形成晶核和长成微晶体，因而就不能为水化产物所填充，所以胶孔的孔隙率基本上是个常数，其体积约占凝胶体本身体积的 28%，不随水灰比与水化程度的变化而变化。

水泥水化物，特别是 C-S-H 凝胶具有高度分散性，且其中又包含大量的微细孔隙，所以水泥石有很大的内比表面积，采用水蒸气吸附法测定的内比表面积约为 $2.1 \times 10^5 \, m^2/kg$，与未水化的水泥相比提高了 3 个数量级。这样使水泥具有较高的黏结强度，同时胶粒表面可强烈地吸附一部分水分，此水分与填充胶孔的水分，合称为凝胶水。凝胶水的数量随着凝胶的增多而增大。

毛细孔的孔径大小不一，一般大于 $2 \times 10^{-5} \, cm$。毛细孔中的水分称为毛细水。毛细水的结合力较弱，脱水温度较低，脱水后形成毛细孔。

在水泥浆体硬化过程中，随着水泥水化的进行，水泥石中的水泥凝胶体体积将不断增加，并填充于毛细孔内，使毛细孔体积不断减小，水泥石的结构越来越密实，因而使水泥石的强度不断提高。

拌和水泥浆体时，水与水泥的质量之比称为水灰比。水灰比是影响水泥石结构性质的重要因素。水灰比大时，水化生成的水泥凝胶体不足以堵塞毛细孔，这样不仅会降低水泥石的强度，还会降低它的抗渗性和耐久性。如水灰比为 0.4 时，完全水化时水泥石的孔隙率为 29.3%；而水灰比为 0.7 时，则为 50.3%。但对于毛细孔，前者为 2.2%，后者为 31.0%。因此，后者的强度和耐久性均很低。

（四）影响水泥水化和凝结硬化的主要因素

影响水泥水化和凝结硬化的直接因素是矿物组成。此外，水泥的水化和凝结硬化还与水泥细度、拌和用水量、养护条件和养护龄期等有关。

1. 水泥细度

水泥颗粒的粗细直接影响到水泥的水化和凝结硬化。因为水化是从水泥颗粒表面开始，逐渐深入内部的。水泥颗粒越细，与水的接触表面积越大，整体水化反应速度越快，凝结硬化也越快。

2. 拌和用水量

为使水泥制品能够成型，水泥浆体应具有一定的塑性和流动性，所加入的水一般要远远超过水化的理论需水量。多余的水在水泥石中形成较多的毛细孔和缺陷，影响水泥的凝结硬化和水泥石的强度。

3. 养护条件

保持适宜的环境温度和湿度，促使水泥性能发展的措施，称为养护。提高环境温度，可以促进水泥水化，加速凝结硬化，早期强度发展比较快；但温度太高（超过 40 ℃），将对后期强度产生不利的影响。温度降低时，水化反应减慢，当日平均温度低于 5 ℃ 时，硬化速度严重降低，必须按照冬季施工进行蓄热养护，才能保证水泥制品强度的正常发展。当水结冰时，水化停止，而且由于体积膨胀，还会破坏水泥石的结构。

潮湿环境下的水泥石能够保持足够的水分进行水化和凝结硬化，使水泥石强度不断增长。环境干燥时，水分将很快地蒸发，水泥浆体中缺乏水泥水化所需要的水分，水化不能正常进行，强度也不能正常发展。同时，水泥制品失水过快，可能导致其出现收缩裂缝。

4. 养护龄期

水泥的水化和凝结硬化在一个较长时间内是一个不断进行的过程。早期水化速度快，强度发展也比较快，以后逐渐减慢。养护龄期越长，强度发展越充分。

5. 其他因素

在水泥中添加少量物质，能使水泥的某些性质发生显著改变，称为水泥的外加剂。其中一些外加剂能显著改变水泥的凝结硬化性能，如缓凝剂可延缓水泥的凝结时间，速凝剂可加速水泥的凝结，早强剂可提高水泥混凝土的早期强度。一般来说，混合材料的加入使得水泥的早期强度降低，但后期强度提高，凝结时间稍微延长。不同品种水泥的强度发展速度不同。

三、硅酸盐水泥的技术性质

（一）细　度

细度是指粉体材料的粗细程度。通常用筛分析的方法或比表面积的方法来测定。筛分析法以 45 μm 方孔筛的筛余率表示，比表面积法是以 1 kg 质量材料所具有的总表面积（m^2/kg）来表示。

一般认为，粒径小于 40 μm 的水泥颗粒才具有较高的活性，大于 100 μm 时，则几乎接近惰性。水泥颗粒越细，其比表面积越大，与水的接触面越大，水化反应进行得越快、越充分，凝结硬化越快，早期强度越高；成本也较高，越易吸收空气中水分而受潮，不利于储存；特别是在空气中硬化收缩性加大，降低了水泥制品的抗裂性能。铁路标准《铁路混凝土工程施工质量验收标准》（TB 10424—2018）中规定硅酸盐水泥、普通硅酸盐水泥比表面积应在 300 ~ 350 m^2/kg，超出范围则不合格。

国家标准《通用硅酸盐水泥》（GB 175—2023）规定：硅酸盐水泥比表面积应不低于 300 m^2/kg 且不高于 400 m^2/kg，普通硅酸盐水泥、矿渣硅酸盐水泥、粉煤灰硅酸盐水泥、火山灰质硅酸盐水泥、复合硅酸盐水泥的细度以 45 μm 方孔筛筛余表示，应不低于 5%。

水泥细度
（试验）

（二）凝结时间

水泥的凝结时间分为初凝和终凝。初凝时间是指从水泥加水拌和起到水泥浆开始失去塑性所需的时间；终凝时间是指从水泥加水拌和时起到水泥浆完全失去可塑性，并开始具有强度（但还没有强度）的时间。水泥初凝时，凝聚结构形成，水泥浆开始失去塑性，若在水泥初凝后还施工，不但由于水泥浆体塑性降低不利于施工成型，而且还将影响水泥内部结构的形成，降低强度。所以，为使混凝土和砂浆有足够的时间进行搅拌、运输、浇筑、振捣、成型或砌筑，水泥的初凝时间不能太短；当施工结束以后，则要求混凝土尽快硬化，并具有强度，因此水泥的终凝时间不能太长。

水泥凝结时间，是以标准稠度的水泥净浆，在规定的温度和湿度条件下，用凝结时间测定仪来测定的。

国家标准规定：硅酸盐水泥的初凝时间不得早于 45 min，终凝时间不得迟于 390 min。

（三）体积安定性

水泥体积安定性是指水泥在凝结硬化过程中体积变化是否均匀。如果水泥在硬化过程中产生不均匀的体积变化，即安定性不良。使用安定性不良的水泥，水泥制品表面将鼓包、起层、产生膨胀性的龟裂等，强度降低，甚至引起严重的工程质量事故。

水泥体积安定性不良是由于熟料中含有过多的游离氧化钙、游离氧化镁或掺入的石膏过量等。

熟料中所含的游离 CaO 和 MgO 均属过烧，水化速度很慢，在已硬化的水泥石中继续与水反应，体积膨胀，引起不均匀的体积变化，在水泥石中产生膨胀应力，降低了水泥石强度，造成水泥石龟裂、弯曲、崩溃等现象。其反应式为

$$CaO + H_2O \Longrightarrow Ca(OH)_2$$

$$MgO + H_2O \Longrightarrow Mg(OH)_2$$

若水泥生产中掺入的石膏过多，则在水泥硬化以后，石膏还会继续与水化铝酸钙起反应，生成水化硫铝酸钙，体积约增大 1.5 倍，同样会引起水泥石开裂。

国家标准规定用沸煮法来检验水泥的体积安定性。测试方法为雷氏法，也可以用试饼法检验，当有争议时以雷氏法为准。试饼法是用标准稠度的水泥净浆做成试饼，经恒沸 3 h 以后，用肉眼观察未发现裂纹，用直尺检查没有弯曲，则安定性合格；反之，为不合格。雷氏法是通过测定雷氏夹中的水泥浆经沸煮 3 h 后的膨胀值来判断的，当两个试件沸煮后的膨胀值的平均值不大于 5.0 mm 时，该水泥安定性合格；反之，为不合格。沸煮法起加速氧化钙水化的作用，所以只能检验游离的 CaO 过多引起的水泥体积安定性不良。

游离 MgO 的水化作用比游离 CaO 更加缓慢，必须用压蒸方法才能检验出它是否有危害作用。

石膏的危害则需长期浸在常温水中才能发现。

因为 MgO 和石膏的危害作用不便于快速检验，国家标准规定：水泥出厂时，硅酸盐水泥中 MgO 的含量不得超过 5.0%，如经压蒸安定性检验合格，允许放宽到 6.0%。硅酸盐水泥中 SO_3 的含量不得超过 3.5%。

体积安定性不合格的水泥不得在工程中使用。但某些体积安定性不良的水泥在放置一段时间后，由于水泥中游离 CaO 吸收空气中的水分而水化，变得合格。

（四）强　度

水泥的强度主要取决于水泥熟料矿物组成和相对含量以及水泥的细度，另外还与用水量、试验方法、养护条件、养护时间有关。

水泥强度一般是指水泥胶砂试件单位面积上所能承受的最大外力。根据外力作用方式的不同，水泥的强度分为抗压强度、抗折强度、抗拉强度等，这些强度之间既有内在的联系，又有很大的区别。水泥的抗压强度最高，一般是抗拉强度的 8~20 倍，实际建筑结构中主要是利用水泥的抗压强度。

国家标准《水泥胶砂强度检验方法（ISO 法）》（GB/T 17671—2021）规定：水泥的强度用胶砂试件检验。将水泥和中国 ISO 标准砂按 1∶3，水灰比为 0.5 的比例，以规定的方法搅拌制成标准试件（尺寸为 40 mm×40 mm×160 mm），在标准条件下［(20±1)℃ 的水中］养护至 3 d 和 28 d，测定两个龄期的抗折强度和抗压强度。根据测定的结果，将硅酸盐水泥分为 42.5、42.5R、52.5、52.5R、62.5、62.5R 六个强度等级，其中带 R 的为早强型水泥。各强度等级的水泥，各龄期的强度不得低于表 4.2 中的数值。

水泥胶砂强度（试验）

表 4.2　各强度等级硅酸盐水泥各龄期的强度值（GB 175—2023）

强度等级	抗压强度/MPa		抗折强度/MPa	
	3 d	28 d	3 d	28 d
42.5	≥17.0	≥42.5	≥4.0	≥6.5
42.5R	≥22.0		≥4.5	
52.5	≥22.0	≥52.5	≥4.5	≥7.0
52.5R	≥27.0		≥5.0	
62.5	≥27.0	≥62.5	≥5.0	≥8.0
62.5R	≥32.0		≥5.5	

（五）其他技术性质

1. 水化热

水泥的水化是放热反应，放出的热量称为水化热。水泥的放热过程可以持续很长时间，但大部分热量是在早期放出，放热对混凝土结构影响最大的也是在早期，特别是在最初 3 d 或 7 d 内。硅酸盐水泥水化热很大，当用硅酸盐水泥来浇筑大型基础、桥梁墩台、水利工程等大体积混凝土构筑物时，由于混凝土本身是热的不良导体，水化热积蓄在混凝土内部不易发散，使混凝土内部温度急剧上升，内外温差可达到 50~60 ℃，产生很大的温度应力，导致混凝土开裂，严重影响了混凝土结构的完整性和耐久性。因此，大体积混凝土中一般要严格控制水泥的水化热，有时还应对混凝土结构物采用相应的温控施工措施，如原材料降温、使用冰水、埋冷凝水管及测温和特殊养护等。

水化热和放热速率与水泥矿物成分及水泥细度有关。各熟料矿物在不同龄期放出的水化热可参见表 4.3。由表可看出：C_3A 和 C_3S 的水化热最大，放热速率也快；C_4AF 水化热中等；C_2S 水化热最小，放热速度也最慢。由于硅酸盐水泥的水化热很大，因此不能用于大体积混凝土中。

表 4.3 各熟料矿物在不同龄期放出的水化热　　　　　　　　　　单位：J/g

矿物名称	凝结硬化时间					完全水化
	3 d	7 d	28 d	90 d	180 d	
C_3S	406	460	485	519	565	669
C_2S	63	105	167	184	209	331
C_3A	590	661	874	929	1 025	1 063
C_4AF	92	251	377	414	—	569

2. 标准稠度用水量

标准稠度用水量（试验）

在测定水泥的凝结时间、体积安定性等时，为避免出现误差并使结果具有可比性，必须在规定的水泥标准稠度下试验。所谓标准稠度，是采用按规定的方法拌制的水泥净浆，在水泥标准稠度测定仪上，当标准试杆沉入净浆并能稳定在距底板（6±1）mm 时的稠度。其拌和用水量为水泥的标准稠度用水量，按照此时水与水泥质量的百分比计。

水泥的标准调度用水量主要与水泥的细度及其矿物成分等有关。硅酸盐水泥的标准稠度用水量一般在 21%~28%。

3. 不溶物和烧失量

不溶物是指水泥经酸和碱处理后，不能被溶解的残余物。它是水泥中非活性组分的反映，主要由生料、混合材和石膏中的杂质产生。国家标准规定：Ⅰ型硅酸盐水泥中的不溶物不得超过 0.75%，Ⅱ型不得超过 1.50%。

烧失量是指水泥经高温灼烧以后的质量损失率。Ⅰ型硅酸盐水泥的烧失量不得大于 3.0%，Ⅱ型不得大于 3.5%。

4. 碱含量

硅酸盐水泥除含主要矿物成分以外，还含有少量 Na_2O、K_2O 等。水泥中的碱含量按 $w(Na_2O) + 0.658w(K_2O)$ 的计算值来表示。当用于混凝土中的水泥碱含量过高，同时骨料具有一定的碱活性时，会发生有害的碱-骨料反应。因此，国家标准规定：当买方要求提供低碱水泥时，由买卖双方协商确定。

5. 氯离子

氯离子含量过高会导致钢筋锈蚀，而钢筋锈蚀是混凝土破坏的重要形式之一，因此国家标准规定：硅酸盐水泥中的氯离子含量不得大于 0.06%，当买方有更低要求时，买卖双方协商确定。

国家标准规定：通用性水泥的组分、化学指标、凝结时间、安定性、强度、细度均合格，则为合格品，其中任意一项不合格的则为不合格品。

四、水泥石的耐腐蚀性

硅酸盐水泥硬化以后在通常的使用条件下，其强度在几年甚至几十年中仍有提高，并且有较好的耐久性。但在某些腐蚀性介质作用下，其强度下降，起层剥落，严重时会引起整个工程结构的破坏。

引起水泥石腐蚀的原因有很多，下面介绍几种典型的腐蚀。

（一）软水腐蚀（溶出性侵蚀）

软水是不含或仅含少量钙、镁可溶性盐的水，如雨水、雪水、蒸馏水以及含重碳酸盐很少的河水和湖水等。当水泥石长期与软水接触时，水泥石中的某些水化物按照溶解度的大小，依次缓慢地被溶解。在静止的和无压力的水中，水泥石周围的水很快被溶出的 $Ca(OH)_2$ 所饱和，溶出停止，影响的部位仅限于水泥石的表面，对水泥石性能基本无不良的影响。但在流动水、压力水中，水流不断地将溶出的 $Ca(OH)_2$ 带走，降低周围 $Ca(OH)_2$ 的浓度。水泥石中水化产物都必须在一定的石灰浓度的液相中才能稳定存在，低于此极限石灰浓度时，水化产物将会发生逐步分解。各主要水化产物稳定存在时所必需的极限石灰（CaO）浓度是：氢氧化钙约为 1.3 g/L，水化硅酸三钙稍大于 1.2 g/L，水化铁铝酸四钙约为 1.06 g/L，水化硫铝酸钙约为 0.045 g/L。

各种水化产物与水作用时，$Ca(OH)_2$ 由于溶解度最大，首先被溶出。在水量不多或无水压的情况下，由于周围的水被溶出的 $Ca(OH)_2$ 所饱和，溶出作用很快中止。但在大量水或流动水中，$Ca(OH)_2$ 会不断溶出，特别是当水泥石渗透性较大而又受压力水作用时，水不仅能渗入内部，而且还能产生渗流作用，将 $Ca(OH)_2$ 溶解并摄滤出来。因此，这不仅减小了水泥石的密实度，影响其强度，而且由于液相中 $Ca(OH)_2$ 的浓度降低，还会使一些高碱性水化产物向低碱性转变或溶解。于是水泥石的结构会相继受到破坏，强度不断降低，裂隙不断扩展，渗漏更加严重，最后可能导致整体破坏。

当环境水的水质较硬，环境水中重碳酸盐能与水泥石中的 $Ca(OH)_2$ 起作用，生成几乎不溶于水的 $CaCO_3$。其反应式为

$$Ca(OH)_2 + Ca(HCO_3)_2 = 2CaCO_3 + 2H_2O$$

生成的碳酸钙积聚在已硬化水泥石的孔隙内，可阻滞外界水的浸入和内部的氢氧化钙向外扩散，所以硬水不会对水泥石产生腐蚀。

（二）硫酸盐腐蚀

一些湖水、海水、沼泽水、地下水以及某些工业污水中，常含钠、钾、铵等的硫酸盐，水泥石在其中将发生硫酸盐腐蚀。以硫酸钠为例，硫酸钠（如 10 个结晶水的芒硝）与氢氧化钙反应生成二水石膏，即

$$Na_2SO_4 \cdot 10H_2O + Ca(OH)_2 = CaSO_4 \cdot 2H_2O + 2NaOH + 8H_2O$$

然后二水石膏与水化铝酸钙反应生成高硫型的水化硫铝酸钙，即

$$3CaO \cdot Al_2O_3 \cdot 6H_2O + 3(CaSO_4 \cdot 2H_2O) + 19H_2O = 3CaO \cdot Al_2O_3 \cdot 3CaSO_4 \cdot 31H_2O$$

生成的高硫型水化硫铝酸钙含有大量结晶水，体积增加到 1.5 倍，由于是在已经硬化的水泥石中发生上述反应，因此，对水泥石的破坏作用很大。高硫型水化硫铝酸钙呈针状晶体，俗称"水泥杆菌"。

当水中硫酸盐浓度较高时，硫酸钙会在毛细孔中直接结晶成二水石膏，体积增大，同样会引起水泥石的破坏。

（三）镁盐的腐蚀

海水及地下水中，含有大量的镁盐，主要是硫酸镁和氯化镁。它们与水泥石中的氢氧化钙发生如下反应：

$$MgCl_2 + Ca(OH)_2 = CaCl_2 + Mg(OH)_2$$

$$MgSO_4 + Ca(OH)_2 + 2H_2O = CaSO_4 \cdot 2H_2O + Mg(OH)_2$$

生成的氢氧化镁松软而无胶凝能力，氯化钙易溶于水；生成的二水石膏则引起硫酸盐腐蚀。因此，硫酸镁对水泥石起着镁盐和硫酸盐双重腐蚀的作用。

（四）碳酸腐蚀

工业污水、地下水中，常溶解有一定量的二氧化碳，它对水泥石的腐蚀作用如下：
首先，弱碳酸与水泥石中的氢氧化钙反应生成碳酸钙：

$$Ca(OH)_2 + CO_2 + H_2O = CaCO_3 + 2H_2O$$

然后，与弱碳酸作用生成碳酸氢钙（这是一个可逆反应）：

$$CaCO_3 + CO_2 + H_2O \rightleftharpoons Ca(HCO_3)_2$$

生成的碳酸氢钙易溶于水。当水中含有较多的碳酸，并超过平衡浓度时，反应向右进行。因此，水泥石中固体的氢氧化钙不断地转变为易溶的重碳酸钙而溶失。氢氧化钙浓度的降低还会导致水泥石中其他水泥水化物的分解，使腐蚀作用进一步加剧。

（五）一般酸类腐蚀

工业废水、地下水、沼泽水中常含有无机酸和有机酸；工业窑炉的烟气中常含有二氧化硫，遇水后生成亚硫酸。各种酸类对水泥石有不同程度的腐蚀作用，它们与水泥石中的氢氧化钙起中和反应，生成的化合物或者易溶于水，或者体积膨胀，在水泥石中形成孔洞或膨胀压力。腐蚀作用较强的无机酸有盐酸、氢氟酸、硝酸、硫酸，有机酸有醋酸、蚁酸和乳酸。

例如，盐酸与水泥石中的氢氧化钙起反应：

$$2HCl + Ca(OH)_2 \rightleftharpoons CaCl_2 + 2H_2O$$

生成的氯化钙易溶于水。硫酸与水泥石中的氢氧化钙起反应：

$$H_2SO_4 + Ca(OH)_2 \rightleftharpoons CaSO_4 \cdot 2H_2O$$

生成的二水石膏能与水泥石中的水化铝酸钙作用，生成高硫型的水化硫铝酸钙或直接在水泥石孔隙中结晶产生膨胀压力。

（六）盐类循环结晶腐蚀

海水及某些土壤中含有较多的无机盐，位于其中的水泥制品将产生由干湿循环引起的循环结晶腐蚀作用。在反复的干湿循环作用下，即使不发生明显的化学反应，渗入水泥制品孔隙中的盐类不断地溶解结晶也会导致严重的破坏。表 4.4 给出文克勒（E. M. Winkler）计算的常见盐类的结晶压力。

表 4.4 常见盐类的结晶压力

盐的化学式	密度 /(g·cm^{-3})	摩尔体积 /(cm^3·mol^{-1})	压力/atm* （过饱和度为2）	
			8 ℃	50 ℃
CaSO$_4$·2H$_2$O	2.32	55	282	334
MgSO$_4$·12H$_2$O	1.45	232	67	80
MgSO$_4$·7H$_2$O	1.68	147	105	125
Na$_2$SO$_4$·10H$_2$O	1.46	220	72	83
NaCl	2.17	28	554	654

*注：1 atm = 101 325 Pa。

海水中含有大量的无机盐,而长期处于海水浪溅区中的混凝土结构,最易发生破坏,破坏的原因之一就是海水中的混凝土在干湿循环条件下受到海盐的循环结晶腐蚀。无机盐含量大的盐碱土壤中的混凝土结构,如电线杆等,受腐蚀最严重的部位均在地表附近,此处同样是干湿循环下盐类循环结晶最严重的部位。

(七)水泥石腐蚀的根本原因和防止措施

1. 引起水泥石腐蚀的根本原因

(1)水泥石中含有氢氧化钙、水化铝酸钙等不耐腐蚀的水化产物。

(2)水泥石本身不密实,有很多毛细孔,腐蚀性介质容易通过毛细孔深入水泥石内部,加速腐蚀的进程或引起盐类的循环结晶腐蚀。

实际的腐蚀往往是一个极为复杂的过程,可能是几种类型作用同时存在,互相影响。促使腐蚀发展的因素还有较高的温度、较快的水流速、干湿循环等。

2. 防止水泥石腐蚀的措施

(1)根据工程所处的环境特点,选择适宜的水泥品种。硅酸盐水泥的水化产物中氢氧化钙和水化铝酸钙含量都较高,因此耐腐蚀性差。在有腐蚀性介质的环境中应优先考虑采用掺混合材料的硅酸盐水泥或特种水泥。

(2)提高水泥石的密实度。水泥石密实度越高,抗渗能力越强,腐蚀介质越难进入。有些工程因为混凝土不够密实,在腐蚀的环境中过早地破坏。提高水泥石的密实度,可以有效地延缓各类腐蚀作用。降低水灰比、掺加减水剂、改进施工方法等可提高水泥石的密实度。

3. 表面防护处理

在腐蚀作用较强时,可采用表面涂层或表面加保护层的方法,如采用各种防腐涂料、玻璃、陶瓷、塑料、沥青防腐层等。

五、硅酸盐水泥的特性与应用

(1)硅酸盐水泥凝结正常,硬化快,早期强度与后期强度均高,适用于重要结构的高强混凝土和预应力混凝土工程。

(2)耐冻性、耐磨性好,适用于冬季施工以及严寒地区遭受反复冻融的工程。

(3)水化过程放热量大,不宜用于大体积混凝土工程。

(4)耐腐蚀性差。硅酸盐水泥水化产物中,$Ca(OH)_2$的含量较多,耐软水腐蚀和耐化学腐蚀性较差,不适用于受流动的或有水压的软水作用的工程,也不适用于受海水及其他腐蚀介质作用的工程。

(5)耐热性差。硅酸盐水泥石受热达 200~300 ℃时,水化物开始脱水,强度开始下降。当温度达到 500~600 ℃时,氢氧化钙分解,强度明显下降;当温度达到 700~

1 000 ℃时，强度降低更多，甚至完全破坏。因此，硅酸盐水泥不适用于耐热要求较高的工程。

（6）抗碳化性好，干缩小。水泥中的$Ca(OH)_2$与空气中的CO_2的作用称为碳化。由于水泥石中的$Ca(OH)_2$含量多，抗碳化性好，因此，用硅酸盐水泥配制的混凝土对钢筋避免生锈的保护作用强。硅酸盐水泥的干燥收缩小，不易产生干缩裂纹，适用于干燥的环境中。

水泥储运方式主要有散装和袋装。散装水泥从出厂、运输、储存到使用，直接通过专用工具进行。散装水泥污染少，节约人力物力，具有较好的经济和社会效益。我国水泥目前多采用50 kg包装袋的形式，但正大力提倡和发展散装水泥。

水泥在运输和保管时，不得混入杂物。不同品种、强度等级及出厂日期的水泥，应分别储存，并加以标识，不得混杂。散装水泥应分库存放。袋装水泥堆放时应考虑防水防潮，堆置高度一般不超过10袋，每平方米可堆放1 t左右。使用时应考虑先存先用的原则，水泥在存放过程中会吸收空气中的水蒸气和二氧化碳，发生水化和碳化，使水泥结块，强度降低。一般情况下，袋装水泥储存3个月后强度降低10%～20%，6个月后降低15%～30%，一年后降低25%～40%。因此，水泥的存放期为3个月，超过3个月应重新试验，确定其强度。

第二节　掺混合材的硅酸盐水泥

掺混合材的硅酸盐水泥是由硅酸盐熟料，掺入适量的混合材料和石膏共同磨细制成的水硬性胶凝材料。掺混合材的硅酸盐水泥种类较多，主要有普通硅酸盐水泥、矿渣硅酸盐水泥、火山灰质硅酸盐水泥、粉煤灰硅酸盐水泥、复合硅酸盐水泥等。

一、混合材料

在水泥生产过程中，掺入的天然或人工矿物材料，称为水泥混合材料。

加入混合材料，可以在水泥生产过程中节约能源，综合利用工业废料，降低成本，同时能够改善水泥的某些性能。有些混合材料具有一定的水硬性或火山灰性，常温下能与氢氧化钙和水发生水化反应，生成水硬性的水化物，并能够逐渐凝结硬化产生强度，属于这类的混合材料有粒化高炉矿渣、火山灰质混合材料和粉煤灰等。有些混合材料则为具有一定细度的惰性填料，一般不具备化学活性或者只有比较弱的化学活性，主要起填充作用，掺入硅酸盐水泥中主要起调节水泥强度等级、降低水化热等作用，属于这类的混合材料有磨细石英砂、石灰石、黏土、慢冷矿渣及其他与水泥矿物成分不起反应的工业废渣等。本节仅介绍三类常用的混合材料，分别是粒化高炉矿渣、火山灰质混合材料及粉煤灰。

（一）常用混合材料

1. 粒化高炉矿渣

高炉炼铁时，浮在铁水表面的熔融矿渣，经过水淬急冷成粒后即为粒化高炉矿渣。淬冷的目的在于阻止结晶，形成化学不稳定的玻璃体，具有潜在化学能，即潜在活性。如果熔融的矿渣自然缓慢冷却，凝固后成为完全结晶的块状矿渣，则活性很低，属于非活性混合材料。

粒化高炉矿渣的主要化学成分为 CaO（38%～46%）、SiO_2（26%～42%）和 Al_2O_3（7%～20%），另外还有少量的 MgO、FeO、MnO、TiO_2 等。可见，矿渣的主要成分与硅酸盐水泥中的氧化物基本相同，只是氧化物之间的比例不同而已。影响矿渣活性的因素主要有两个：一是化学成分，活性组分主要指氧化钙、氧化铝、氧化镁；二是玻璃体的含量，矿渣是结晶和玻璃相的聚合体，前者是惰性组分，而后者是活性组分，矿渣中玻璃体占 90%左右，而且玻璃相的组分越多，矿渣的潜在活性就越强。

国家标准《用于水泥中的粒化高炉矿渣》（GB/T 203—2008）规定：矿渣玻璃体含量应不低于 70%。

2. 火山灰质混合材料

火山喷发时，随同熔岩一起喷发的大量碎屑沉积在地面或水中的松软物质，称为火山灰。由于火山喷出物在空气中急冷，火山灰中含有一定量的玻璃体，它的主要成分为 SiO_2 和 Al_2O_3。火山灰质的混合材料是泛指以活性 SiO_2 和活性 Al_2O_3 为主要成分的活性混合材料。它的应用是从火山灰开始的，故而得名，其实并不仅限于火山灰。火山灰质混合材料按照其成因，分为天然的和人工的两大类。天然的有火山灰、凝灰岩、浮石、沸石岩、硅藻土、硅藻石和蛋白石等，人工的有烧页岩、烧黏土、煤渣、煤矸石、硅灰等。

火山灰质混合材料结构上的特点是疏松多孔，内比表面积大，易吸水，但由于品种多，其活性也有较大的差别。

3. 粉煤灰

粉煤灰是从燃煤火力发电厂的烟道气体中收集的粉尘，又称为飞灰（Fly Ash），主要成分为 SiO_2（40%～65%）和 Al_2O_3（15%～40%）。从火山灰质混合材料泛指的定义讲，粉煤灰属于火山灰质混合材，但粉煤灰一般为呈玻璃态的实心或空心的球状颗粒，表面结构致密，性质与其他的火山灰质混合材有所不同，是一种产量很大的工业废料，所以单独列出。

粉煤灰的颗粒大小与形状对其活性有很大的影响，颗粒越细，密实球体形玻璃体含量越高，活性越高，标准稠度需水量越低。

（二）常用混合材料的水化

粒化高炉矿渣、火山灰质混合材料和粉煤灰属于活性混合材料，它们与水拌和后，不发生水化及凝结硬化(仅粒化高炉矿渣有微弱的水化反应)。但在氢氧化钙饱和溶液中，常温下会发生显著的水化反应：

$$x\,Ca(OH)_2 + SiO_2 + m\,H_2O \longrightarrow x\,CaO \cdot SiO_2 \cdot (x+m)\,H_2O$$

$$y\,Ca(OH)_2 + Al_2O_3 + n\,H_2O \longrightarrow y\,CaO \cdot Al_2O_3 \cdot (y+n)\,H_2O$$

生成的水化硅酸钙和水化铝酸钙是具有水硬性的水化物。式中，x、y 值取决于混合材料的种类、石灰和活性 SiO_2 及活性 Al_2O_3 之间的比例、环境温度以及作用的时间等。对于掺常用混合材料的硅酸盐水泥，x、y 值一般为 1 或稍大于 1，即生成的水化物的碱度降低（与硅酸盐水泥水化物相比），为低碱性的水化物。

活性 SiO_2 和 $Ca(OH)_2$ 相互作用形成无定形水化硅酸钙，再经过较长一段时间后，逐渐地转变为凝胶或微晶体。

活性 Al_2O_3 与 $Ca(OH)_2$ 作用形成水化铝酸钙。当液相中有石膏存在时，水化铝酸钙与石膏反应生成水化硫铝酸钙。

可以看出，氢氧化钙和石膏的存在使活性混合材料的潜在活性得以发挥。它们起着激发水化、促进凝结硬化的作用，故称为活性混合材料的激发剂。常用的激发剂有碱性激发剂（如石灰）和硫酸盐激发剂（如石膏）两类。

掺活性混合材料的水泥与水拌和后，首先是水泥熟料水化，然后是水泥熟料的水化物 $Ca(OH)_2$ 与活性混合材料中的 SiO_2 及 Al_2O_3 进行水化反应（一般称为二次水化反应）。因此，掺混合材料的硅酸盐水泥水化速度减慢，水化热降低，早期强度降低。

二、普通硅酸盐水泥

（一）定义及组成

凡由硅酸盐水泥熟料、6%~<20% 主要混合材料、0%~<5% 替代混合材料及适量石膏磨细制成的水硬性胶凝材料，称为普通硅酸盐水泥（简称普通水泥，Ordinary Portland Cement），代号为 P·O，其中主要混合材料由粒化高炉矿渣/矿渣粉、粉煤灰、火山灰质混合材料组成，替代混合材料为石灰石。

（二）技术要求

国家标准《通用硅酸盐水泥》（GB 175—2023）对普通水泥的技术要求如下：

（1）细度。以 45 μm 方孔筛筛余表示，应不低于 5%。

（2）凝结时间。初凝时间不得早于 45 min，终凝时间不得迟于 600 min。

（3）强度。强度等级按照 3 d 和 28 d 龄期的抗压强度和抗折强度来划分，共分为 42.5、42.5R、52.5、52.5R、62.5、62.5R 六个强度等级。普通硅酸盐水泥不同强度等级要求同表 4.2 所规定数值。

（4）体积安定性、氧化镁含量、三氧化硫含量、氯离子含量、碱含量要求等同硅酸盐水泥，烧失量不得大于5.0%。

（三）性能与使用

普通水泥是在硅酸盐水泥熟料的基础上掺入20%以内的混合材料，虽然掺入的数量不多，但扩大了强度等级范围，对硅酸盐水泥的性能有一定的改善，更利于工程的选用。与硅酸盐水泥相比，普通水泥早期硬化稍慢，水化热略有降低，强度稍有下降，抗冻性、耐磨性、抗碳化性能略有降低，耐腐蚀性能稍有改善。普通水泥比硅酸盐水泥应用范围更广，目前是我国最常用的一种水泥，广泛用于各种工程建设中。

三、矿渣硅酸盐水泥、火山灰质硅酸盐水泥、粉煤灰硅酸盐水泥及复合硅酸盐水泥

（一）定义及组成

凡由硅酸盐水泥熟料、粒化高炉矿渣/矿渣粉、替代混合材料及适量石膏磨细制成的水硬性胶凝材料称为矿渣硅酸盐水泥（简称矿渣水泥，Portland Blastfurnace-slag Cement），代号为P·S。水泥中的粒化高炉矿渣掺加量按照质量百分比计为21%~<70%。矿渣硅酸盐水泥分为混合材料掺量为21%~<50%（P·S·A）和掺量为51%~<70%（P·S·B）两种。其中，替代混合材料为粉煤灰或火山灰、石灰石。替代后P·S·A矿渣硅酸盐水泥中粒化高炉矿渣/矿渣粉含量（质量分数）不小于水泥质量的21%，P·S·B矿渣硅酸盐水泥中粒化高炉矿渣/矿渣粉含量（质量分数）不小于水泥质量的51%。

凡由硅酸盐水泥熟料、火山灰质混合材料、替代混合材料及适量石膏磨细制成的水硬性胶凝材料称为火山灰质硅酸盐水泥（简称火山灰水泥，Portland Pozzolana Cement），代号为P·P。水泥中火山灰质混合材料掺量按质量百分比计为21%~<40%。替代混合材料为石灰石，替代后火山灰质硅酸盐水泥中火山灰质混合材料含量（质量分数）不小于水泥质量的21%。

凡由硅酸盐水泥熟料、粉煤灰、替代混合材料及适量石膏磨细制成的水硬性胶凝材料称为粉煤灰硅酸盐水泥（简称粉煤灰水泥，Portland Fly-ash Cement），代号为P·F。水泥中粉煤灰的掺量按质量百分比计为21%~<40%。替代混合材料为石灰石，替代后粉煤灰硅酸盐水泥中粉煤灰含量（质量分数）不小于水泥质量的21%。

复合硅酸盐水泥（代号为P·C）是由三种及三种以上混合材料共同掺入水泥中形成的，其混合材料掺量为21%~<50%。混合材料为粒化高炉矿渣/矿渣粉、粉煤灰、火山灰质混合材料、石灰石或砂岩。其中，石灰石含量（质量分数）不大于水泥质量的15%。

（二）技术要求

（1）氧化镁。P·S·A型、P·P型、P·F型及P·C型水泥中氧化镁的含量（质量

分数）不得超过 6.0%。如果水泥中氧化镁含量（质量分数）大于 6.0%，则需进行水泥压蒸安定性试验并合格。

（2）三氧化硫。矿渣水泥中三氧化硫的含量不得超过 4.0%，火山灰水泥、粉煤灰水泥及复合硅酸盐水泥中三氧化硫的含量不得超过 3.5%。

（3）细度、凝结时间、体积安定性、氯离子含量、碱含量要求等同普通硅酸盐水泥。

（4）强度。强度等级按规定龄期的抗压强度和抗折强度来划分，矿渣硅酸盐水泥、火山灰质硅酸盐水泥、粉煤灰硅酸盐水泥共分为 32.5、32.5R、42.5、42.5R、52.5、52.5R 六个强度等级，复合硅酸盐水泥共分为 42.5、42.5R、52.5、52.5R 四个强度等级，各强度等级水泥的各龄期抗压强度和抗折强度应符合表 4.5 的要求。在《通用硅酸盐水泥》（GB 175—2023）中，对于同一强度等级的不同品种水泥，各龄期抗压强度和抗折强度要求是完全相同的。

表 4.5　矿渣水泥、火山灰水泥、粉煤灰水泥、复合硅酸盐水泥各强度等级的强度要求
（GB 175—2023）

品种	强度等级	抗压强度/MPa		抗折强度/MPa	
		3 d	28 d	3 d	28 d
矿渣硅酸盐水泥 火山灰质硅酸盐水泥 粉煤灰硅酸盐水泥	32.5	≥12.0	≥32.5	≥3.0	≥5.5
	32.5R	≥17.0		≥4.0	
	42.5	≥17.0	≥42.5	≥4.0	≥6.5
	42.5R	≥22.0		≥4.5	
	52.5	≥22.0	≥52.5	≥4.5	≥7.0
	52.5R	≥27.0		≥5.0	
复合硅酸盐水泥	42.5	≥17.0	≥42.5	≥4.0	≥6.5
	42.5R	≥22.0		≥4.5	
	52.5	≥22.0	≥52.5	≥4.5	≥7.0
	52.5R	≥27.0		≥5.0	

（三）性能与应用

矿渣水泥、火山灰水泥、粉煤灰水泥及复合硅酸盐水泥都是在硅酸盐水泥熟料基础上掺入较多的活性混合材料，再加上适量石膏共同磨细制成的。由于活性混合材料的掺量较多，且活性混合材料的化学成分基本相同（主要是活性氧化硅和活性氧化铝），因此它们的大多数性质和应用相同或相近，即这三种水泥在许多情况下可替代使用。但与硅酸盐水泥或普通水泥相比，它们有明显的不同。又由于不同混合材料结构上的不同，它们又具有各自的特性，这些性质决定了它们使用上的特点和应用。下面我们从这 4 种掺混合材料的水泥的共性和个性两个方面来阐述它们的性质。

1. 掺活性混合材料的硅酸盐水泥的共性

（1）强度早期低，后期发展快。由于水泥中掺入了大量活性混合材料，水泥中矿物 C_3S 和 C_3A 的含量降低，水化速度慢，早期强度低；但随着水化的进行，混合材料中的活性 SiO_2 与 $Ca(OH)_2$ 不断地作用，生成比硅酸盐水泥更多的水化硅酸钙，使得后期强度发展较快，其强度甚至超过同强度等级的硅酸盐水泥。

（2）水化热小。水泥熟料含量少，早期水化热小且放热缓慢。因此，4 种掺活性混合材料的硅酸盐水泥适合于大体积混凝土施工。

（3）对养护温度敏感，适合蒸汽养护。4 种掺活性混合材料水泥在环境温度降低时，水化速度明显减弱，强度发展慢，因此，不适合用于冬季施工现浇的工程。提高养护温度能够有效地促进活性混合材料的二次水化，提高早期强度，且对后期强度发展无不利的影响。而硅酸盐水泥或普通水泥，蒸汽养护可提高早期强度，但后期强度发展要受到一定影响。通常 28 d 强度要比常温养护条件下的低。

（4）耐腐蚀性较好。由于大量混合材料的掺入和熟料含量少，水化物中的氢氧化钙少，而且二次水化还要进一步消耗氢氧化钙，使水泥石结构中氢氧化钙的含量进一步降低，因此抗腐蚀性好，适合用于有硫酸盐、镁盐、软水等腐蚀作用的环境，如水利、海港、码头、隧道等混凝土工程。但当腐蚀介质的浓度较高或耐腐蚀要求高时，还应采取其他相应的防腐蚀的措施或选用其他特种水泥。

（5）抗冻性、耐磨性差。矿渣和粉煤灰保水性差，泌水后形成连通的孔隙，火山灰需水量大，硬化后内部孔隙率大，因此，它们的抗冻性、耐磨性差。

（6）抗碳化性差。水化后氢氧化钙的含量很低，故抗碳化性差。因此，它们不适合用于二氧化碳含量高的工业厂房等。

2. 掺较多活性混合材料的硅酸盐水泥的特性

（1）矿渣水泥。矿渣为玻璃态的物质，难于磨细，对水的吸附能力差，故矿渣水泥保水性差，泌水性大。在混凝土施工中由于泌水而形成毛细管通道及水囊，水分的蒸发又容易引起干缩，影响混凝土的抗渗性、抗冻性及耐磨性等。由于矿渣本身耐热性好，矿渣水泥硬化后氢氧化钙的含量又比较低，因此，矿渣水泥的耐热性比较好。

（2）火山灰水泥。火山灰质混合材料的结构特点是疏松多孔、内比表面积大。火山灰水泥的特点是易吸水、泌水性小。在潮湿的条件下养护，火山灰水泥可以形成较多的水化产物，水泥石结构比较致密，从而具有较高的抗渗性和耐水性。如处于干燥环境中，由于保水性高，所吸收的水分大量地蒸发，体积收缩大，易产生裂缝。因此，火山灰水泥不宜用于长期处于干燥环境和水位变化区的混凝土工程中。

（3）粉煤灰水泥。粉煤灰与其他天然火山灰相比，结构比较致密，内比表面积小，有很多球形颗粒，吸水能力弱，所以粉煤灰水泥需水量较低，干缩性较小，抗裂性较好，尤其适用于大体积水工混凝土以及地下和海港工程等。

（4）复合水泥的特性还与混合材料的品种和掺量有关。复合水泥在以矿渣为主要混

合材时,其性能与矿渣水泥接近;而当以火山灰质材料为主要混合材时,则接近火山灰水泥的性能。因此,在复合水泥包装袋上应标明主要混合材的名称。

为了便于识别,硅酸盐水泥和普通水泥包装袋上要求用红字印刷,矿渣水泥包装袋上要求采用绿字印刷,火山灰水泥、粉煤灰水泥和复合水泥则要求采用黑字印刷。

硅酸盐水泥、普通水泥、矿渣水泥、火山灰水泥、粉煤灰水泥和复合水泥是建设工程中的通用水泥,它们的主要性质与应用见表4.6。

表4.6 6种常用水泥的性质及应用

项目		硅酸盐水泥	普通水泥	矿渣水泥	火山灰水泥	粉煤灰水泥	复合水泥
主要成分		硅酸盐水泥熟料,0%~<5%混合材料,适量石膏	硅酸盐水泥熟料,6%~<20% 主要混合材料,0%~<5%替代混合材料,适量石膏	硅酸盐水泥熟料,21%~<70%粒化高炉矿渣/矿渣粉,0%~<8%粉煤灰或火山灰、石灰石,适量石膏	硅酸盐水泥熟料,21%~<40%火山灰质混合材料,0%~<5%石灰石,适量石膏	硅酸盐水泥熟料,21%~<40%粉煤灰,0%~<5%石灰石,适量石膏	硅酸盐水泥熟料,21%~<50%三种及三种以上混合材料,适量石膏
性质		①早期、后期强度高;②抗冻性、耐磨性好;③水化热大;④耐腐蚀性差;⑤耐热性差;⑥抗碳化性好	①早期强度较高;②抗冻性、耐磨性较好;③水化热较大;④耐腐蚀性较差;⑤耐热性较差;⑥抗碳化性好	①水化热小;②对温度敏感,适合蒸汽养护;③耐腐蚀性好;④抗碳化性较差；①早期强度低,后期强度高;②抗冻性较差；①泌水性大、抗渗性差；②耐热性较好;③干缩较大	①保水性好、抗渗性好;②干缩大;③耐磨性差	①干缩小、抗裂性好;②耐磨性差	与混合材料的品种及掺量有关
应用	优先使用	早期强度要求高的混凝土、有耐磨要求的混凝土、严寒地区反复遭受冻融作用的混凝土、抗碳化性能要求高的混凝土、掺混合材料的混凝土		水下混凝土、海港混凝土、大体积混凝土、耐腐蚀性要求较高的混凝土、高温下养护的混凝土			
		高强度混凝土	普通气候及干燥环境中的混凝土、有抗渗要求的混凝土、受干湿循环作用的混凝土	有耐热要求的混凝土	有抗渗要求的混凝土	—	—
	可以使用	一般工程	高强度混凝土、水下混凝土、高温养护混凝土、耐热混凝土;在就地取材困难时,是多数工程最后的备选水泥	普通气候环境中的混凝土	抗冻性要求较高的混凝土、有耐磨性要求的混凝土	—	—

续表

项目		硅酸盐水泥	普通水泥	矿渣水泥	火山灰水泥	粉煤灰水泥	复合水泥
应用	不宜或不得使用	大体积混凝土、易受腐蚀的混凝土		掺混合材料的混凝土、低温或冬季施工的混凝土、抗碳化性要求高的混凝土			
				早期强度要求高的混凝土、抗冻性要求高的混凝土			—
		耐热混凝土、高温养护混凝土	—	抗渗性要求高的混凝土	干燥环境中的混凝土、有耐磨要求的混凝土		

第三节 专用水泥和特性水泥

专用水泥是以其主要用途来命名的，特性水泥是以其主要性能来命名的。这两类水泥的品种比较多，本节仅介绍工程中常用的品种。

一、道路硅酸盐水泥

在各种公路路面建筑中，以水泥混凝土路面最为优良。水泥混凝土路面不易损坏，使用年限长，是沥青路面的好几倍，并且具有路面阻力小、抗油类腐蚀性强、雨天不打滑等优点。道路硅酸盐水泥是为适应我国水泥混凝土路面的需要而发展起来的。随着我国公路建设的迅速发展，道路水泥的需求量与日俱增。

由道路硅酸盐水泥熟料、0～10% 活性混合材料和适量石膏磨细制成的水硬性胶凝材料，称为道路硅酸盐水泥（简称道路水泥，Portland Cement for Road）。它是在硅酸盐水泥的基础上，通过合理地配制生料、煅烧等来调整水泥熟料的矿物组成比例，以达到增加抗折强度，提升抗冲击性能、耐磨性能、抗冻性和疲劳性能等目的。

国家标准《道路硅酸盐水泥》（GB/T 13693—2017）有如下要求：

1. 化学成分

（1）氧化镁。水泥中氧化镁的含量（质量分数）不得超过 5.0%。如果水泥压蒸试验合格，则水泥中氧化镁的含量（质量分数）允许放宽至 6.0%。

（2）三氧化硫。水泥中三氧化硫的含量不得超过 3.5%。

（3）烧失量。水泥的烧失量不得大于 3.0%。

（4）氯离子。氯离子的含量不得大于 0.06%。

（5）游离氧化钙。游离氧化钙的含量不应大于 1.0%。

（6）碱含量。用户提出要求时，由供需双方商定。用户要求提供低碱水泥时，水泥中的碱含量不得大于 0.6%。

2. 矿物组成

(1) 铝酸三钙。熟料中的铝酸三钙含量不得大于 5.0%。

(2) 铁铝酸四钙。熟料中铁铝酸四钙的含量不得小于 15.0%。

3. 物理力学性质

(1) 细度。比表面积为 300~450 m²/kg。

(2) 凝结时间。初凝时间不得早于 1.5 h，终凝时间不得迟于 12 h。

(3) 安定性。沸煮法必须合格。

(4) 干缩性。干缩率不得大于 0.10%。

(5) 耐磨性。28 d 磨耗量应不大于 3.00 kg/m²。

(6) 分级。道路硅酸盐水泥，代号为 P·R，按照 28 d 抗折强度分为 7.5 和 8.5 两个等级，各龄期的强度应符合表 4.7 的规定。

表 4.7 道路水泥的等级与各龄期的强度要求（GB/T 13693—2017）

强度等级	抗折强度/MPa		抗压强度/MPa	
	3 d	28 d	3 d	28 d
7.5	≥4.0	≥7.5	≥21.0	≥42.5
8.5	≥5.0	≥8.5	≥26.0	≥52.5

道路水泥具有早强和高抗折强度的特性，这为保证道路混凝土达到设计强度提供了一定的条件。另外，道路水泥还具有耐磨性好、干缩小、抗冲击性和抗冻性好，有一定的抗硫酸盐腐蚀性能等优点，适用于道路路面、机场跑道、城市广场等工程。

二、白色硅酸盐水泥

一般硅酸盐水泥呈灰或灰褐色，这主要是由水泥熟料中的氧化铁和其他着色物质（如氧化锰、氧化钛等）所引起的，普通硅酸盐水泥中的氧化铁含量为 3%~4%。白色硅酸盐水泥则要严格控制氧化铁的含量，一般应低于水泥质量的 0.5%。此外，其他有色金属氧化物，如氧化锰、氧化钛、氧化铝的含量也要加以控制。

白色硅酸盐水泥（简称白水泥，White Portland Cement）的生产与硅酸盐水泥基本相同。由于原料中氧化铁的含量少，生成硅酸三钙的温度提高，煅烧的温度要提高到 1 550 ℃ 左右。为了保证白度，煅烧时应采用天然气、煤气或重油作为燃料。粉磨时不能直接用锈钢板和钢球，而应采用白色花岗岩或高强陶瓷衬板，用烧结瓷球等作为研磨体。因此，白水泥的生产成本较高，价格较贵。

白水泥按照 3 d 和 28 d 的抗折强度和抗压强度分为 32.5、42.5、52.5 三个等级，见表 4.8。白度是白水泥的主要技术指标之一，通常以与氧化镁标准版的反射率的比值（%）来表示。白色硅酸盐水泥按照白度分为 1 级和 2 级，代号分别为 P·W-1 和 P·W-2，1 级白度

（P·W-1）不小于89，2级白度（P·W-2）不小于87。其他技术要求与普通水泥接近。

表 4.8　白水泥强度要求 [《白色硅酸盐水泥》（GB/T 2015—2017）]

强度等级	抗压强度/MPa		抗折强度/MPa	
	3 d	28 d	3 d	28 d
32.5	≥12.0	≥32.5	≥3.0	≥6.0
42.5	≥17.0	≥42.5	≥3.5	≥6.5
52.5	≥22.0	≥52.5	≥4.0	≥7.0

白色硅酸盐水泥熟料与适量的石膏和耐碱矿物颜料共同磨细，可制成彩色硅酸盐水泥，简称为彩色水泥（Colored Portland Cement）。常用的颜料有氧化铁（红、黄、褐、黑色）、二氧化锰（黑、褐色）、氧化铬（绿色）、赭石（褐色）和炭黑（黑色）等。也可将颜料直接与白水泥粉末混合拌匀，配制彩色水泥砂浆和混凝土。后一种方法简便易行，颜色可以调节，但有时色彩不匀，有差异。

白色和彩色水泥与其他天然的和人造的装饰材料相比，具有耐久性好、价格较低和能够使装饰工程机械化等优点，主要用于建筑内外装饰的砂浆和混凝土，如水磨石、水刷石、斩假石、人造大理石等。

三、中热硅酸盐水泥和低热硅酸盐水泥

硅酸盐水泥水化时放出大量的热，不适合用于大体积混凝土工程的施工。掺活性混合材料的硅酸盐水泥，水化热减小，但没有明确的定量规定，而且掺入较多的活性混合材以后，有些性能（如抗冻性、耐磨性）变差。

《中热硅酸盐水泥、低热硅酸盐水泥》（GB/T 200—2017）对两种水泥的定义如下：

以适当成分的硅酸盐水泥熟料，加入适量的石膏，磨细制成的具有中等水化热的水硬性胶凝材料，称为中热硅酸盐水泥（简称中热水泥，Moderate Heat Portland Cement），代号为 P·MH。

以适当成分的硅酸盐水泥熟料，加入适量的石膏，磨细制成的具有低水化热的水硬性胶凝材料，称为低热硅酸盐水泥（简称低热水泥，Low Heat Portland Cement），代号为 P·LH。

为了降低水泥的水化热和放热速度，必须降低熟料中 C_3A 和 C_3S 的含量，相应地提高 C_4AF 和 C_2S 的含量。但是，C_3S 也不宜过少，否则水泥强度的发展过慢。因此，应着重减少 C_3A 的含量，相应地提高 C_4AF 的含量。国家标准对两种水泥熟料的矿物组成的规定见表4.9。

表 4.9 中热水泥、低热水泥品质要求（GB/T 200—2017）

品　种		中热水泥		低热水泥	
C$_3$S 含量		≤55.0%		—	
C$_3$A 含量		≤6.0%		≤6.0%	
C$_2$S 含量		—		≥40.0%	
水化热 /（kJ·kg^{-1}）	32.5	—	—	≤197（3 d）	≤230（7 d）
	42.5	≤251（3 d）	≤293（7 d）	≤230（3 d）	≤260（7 d）

两种水泥的氧化镁、三氧化硫、安定性、碱含量要求同普通水泥。细度用比表面积表示，其值应不小于 250 m²/kg。凝结时间中初凝不得早于 60 min，终凝应不迟于 12 h。中热水泥的强度等级为 42.5，低热水泥的强度等级为 32.5 和 42.5。水泥各龄期的抗压强度和抗折强度应符合表 4.10 的规定。

表 4.10 中热水泥、低热水泥强度要求（GB/T 200—2017）

品　种	强度等级	抗压强度/MPa			抗折强度/MPa		
		3 d	7 d	28 d	3 d	7 d	28 d
中热水泥	42.5	≥12.0	≥22.0	≥42.5	≥3.0	≥4.5	≥6.5
低热水泥	32.5	—	≥10.0	≥32.5	—	≥3.0	≥5.5
	42.5	—	≥13.0	≥42.5	—	≥3.5	≥6.5

中热水泥水化热较低，抗冻性与耐磨性较高；低热水泥水化热更低，早期强度低，抗冻性差；中热水泥和低热水泥适用于大体积水工建筑物水位变动区的覆面层及大坝溢流面，以及其他要求低水化热、高抗冻性和耐磨性的工程。此外，它们具有一定的抗硫酸盐侵蚀能力，可用于低硫酸盐侵蚀的工程。

四、抗硫酸盐水泥

抗硫酸盐硅酸盐水泥（简称抗硫酸盐水泥），主要用于受硫酸盐侵蚀的海港、水利、地下、隧道、引水、道路和桥梁基础等工程，按其抗硫酸盐侵蚀的程度分为中抗硫酸盐硅酸盐水泥和高抗硫酸盐硅酸盐水泥两类。

以适当成分的硅酸盐水泥熟料，加入适量石膏，磨细制成的具有抵抗中等浓度硫酸根离子侵蚀的水硬性胶凝材料，称为中抗硫酸盐硅酸盐水泥（简称中抗硫酸盐水泥，Moderate Sulfate Resistance Portland Cement），代号为 P·MSR。

以适当成分的硅酸盐水泥熟料，加入适量石膏，磨细制成的具有抵抗较高浓度硫酸根离子侵蚀的水硬性胶凝材料,称为高抗硫酸盐硅酸盐水泥(简称高抗硫酸盐水泥,High Sulfate Resistance Portland Cement),代号为 P·HSR。

硅酸盐水泥熟料中最易受硫酸盐腐蚀的成分是 C_3A,其次是 C_3S,因此应控制抗硫酸盐水泥的 C_3A 和 C_3S 的含量,但 C_3S 的含量不能太低,否则会影响水泥强度的发展速度。C_3A 和 C_3S 的含量限制见表 4.11。

表 4.11　抗硫酸盐水泥矿物成分要求 [《抗硫酸盐硅酸盐水泥》(GB/T 748—2023)]

名　称	中抗硫酸盐水泥	高抗硫酸盐水泥
C_3S/%	≤ 55.0	≤ 50.0
C_3A/%	≤ 5.0	≤ 3.0

抗硫酸盐水泥的氧化镁含量、安定性、凝结时间、碱含量要求等同普通水泥。同时规定三氧化硫含量不大于 2.5%,比表面积不小于 280 m^2/kg,烧失量不大于 3.0%,不溶物不大于 1.50%。抗硫酸盐水泥的强度等级为 42.5,水泥各龄期的抗压强度和抗折强度应不低于表 4.12 中的数值。

表 4.12　抗硫酸盐水泥强度要求 [《抗硫酸盐硅酸盐水泥》(GB/T 748—2023)]

水泥强度等级	抗压强度/MPa		抗折强度/MPa	
	3 d	28 d	3 d	28 d
42.5	15.0	42.5	3.0	6.5

抗硫酸盐水泥应对其抗蚀能力进行评定。在硫酸盐溶液中,中抗硫酸盐水泥 14 d 线性膨胀率应不大于 0.060%,高抗硫酸盐水泥 14 d 线性膨胀率应不大于 0.040%。

第四节　铝酸盐水泥

凡以铝酸钙为主的铝酸盐水泥熟料,磨细制成的水硬性胶凝材料称为铝酸盐水泥(Aluminate Cements),代号为 CA。

一、铝酸盐水泥的分类和矿物组成

铝酸盐水泥生产原材料为铝矾土和石灰石,通过调整原材料的比例,改变水泥的矿物组成和比例,可得到不同性质的铝酸盐水泥。铝酸盐水泥按照 Al_2O_3 的含量百分数分为 4 类:CA50,50% ≤ $w(Al_2O_3)$ < 60%;CA60,60% ≤ $w(Al_2O_3)$ < 68%;CA70,68% ≤ $w(Al_2O_3)$ < 77%;CA80,77% ≤ $w(Al_2O_3)$。

铝酸盐水泥主要熟料矿物成分为铝酸一钙(CA)、二铝酸一钙(CA_2)和少量的七铝酸十二钙（$C_{12}A_7$）、硅酸二钙（C_2S）及硅铝酸二钙（C_2AS）等。在铝酸盐水泥中随着 Al_2O_3 含量的提高，即 $w(CaO)/w(Al_2O_3)$ 降低，矿物成分 CA 逐渐降低，CA_2 逐渐提高。CA50 中 Al_2O_3 含量最低，主要矿物成分为 CA，CA 含量约占水泥质量的 70%；CA80 中 Al_2O_3 含量最高，主要矿物成分为 CA_2，其含量占水泥质量的 60%~70%。

铝酸一钙（CA），是低 Al_2O_3 含量的铝酸盐水泥，如 CA50（原为高铝水泥）的最主要矿物成分，具有很高的水硬活性，特性是凝结正常，硬化速度快，是铝酸盐水泥主要的强度来源。但 CA 含量过高的水泥，强度发展主要在早期，后期强度提高不显著。因此，CA50 是一种快硬、早强和高强的水泥。

在 Al_2O_3 含量高的水泥中，二铝酸一钙（CA_2）的含量高。CA_2 水化硬化慢，早期强度低，但后期强度不断提高。品质优良的铝酸盐水泥一般以 CA 和 CA_2 为主。铝酸盐水泥随着 CA_2 的提高，耐火性能提高。CA80 是一种高耐火性的水泥。

二、铝酸盐水泥的水化和硬化

铝酸盐水泥的水化和硬化主要是铝酸一钙（CA）和二铝酸一钙（CA_2）的水化和水化物结晶。其水化产物随温度的不同而不同。

1. 铝酸一钙的水化

当温度低于 20 ℃时，其主要的反应式为

$$CaO \cdot Al_2O_3 + 10H_2O \longrightarrow CaO \cdot Al_2O_3 \cdot 10H_2O$$

生成物为水化铝酸一钙（CAH_{10}）。

当温度为 20~30 ℃时，其主要的反应式为

$$2(CaO \cdot Al_2O_3) + 11H_2O \longrightarrow 2CaO \cdot Al_2O_3 \cdot 8H_2O + Al_2O_3 \cdot 3H_2O$$

生成物为水化铝酸二钙（C_2AH_8）和氢氧化铝。

当温度高于 30 ℃时，其主要的反应式为

$$3(CaO \cdot Al_2O_3) + 12H_2O \longrightarrow 3CaO \cdot Al_2O_3 \cdot 6H_2O + 2(Al_2O_3 \cdot 3H_2O)$$

生成物为水化铝酸三钙（C_3AH_6）和氢氧化铝。

2. 二铝酸一钙的水化

当温度低于 20 ℃时，其主要的反应式为

$$2(CaO \cdot 2Al_2O_3) + 26H_2O \longrightarrow 2(CaO \cdot Al_2O_3 \cdot 10H_2O) + 2(Al_2O_3 \cdot 3H_2O)$$

当温度为 20~30 ℃时，其主要的反应式为

$$2(CaO \cdot 2Al_2O_3) + 17H_2O \longrightarrow 2CaO \cdot Al_2O_3 \cdot 8H_2O + 3(Al_2O_3 \cdot 3H_2O)$$

当温度高于 30 ℃ 时,其主要的反应式为

$$3(CaO \cdot 2Al_2O_3) + 21H_2O \longrightarrow 3CaO \cdot Al_2O_3 \cdot 6H_2O + 5(Al_2O_3 \cdot 3H_2O)$$

水化产物 CAH_{10} 和 C_2AH_8 为针状或板状结晶,能相互交织成坚固的结晶合成体,析出的氢氧化铝凝胶难溶于水,填充于晶体骨架的空隙中,形成致密的结构,使水泥石获得很高的强度。铝酸一钙(CA)水化反应集中在早期,5～7 d 后水化物的数量很少增加;二铝酸一钙(CA_2)水化反应集中在后期,使得后期的强度能够增长。

CAH_{10} 和 C_2AH_8 是亚稳定相,随时间增长,会逐渐转化为比较稳定的 C_3AH_6,转化过程随着温度的升高而加快。转化结果使水泥石内析出大量的游离水,增大了孔隙体积,使强度降低。在长期的湿热环境中,水泥石强度明显降低,甚至引起结构的破坏。

三、铝酸盐水泥的技术要求

1. 化学成分

水泥的化学成分按照水泥的质量百分比计应符合表 4.13 的要求。

表 4.13 铝酸盐水泥的化学成分要求[《铝酸盐水泥》(GB/T 201—2015)](%)

类型	Al_2O_3 含量	SiO_2 含量	Fe_2O_3 含量	碱含量 [$w(Na_2O) + 0.658w(K_2O)$]	S(全硫)含量	Cl^- 含量
CA50	≥50 且 <60	≤9.0	≤3.0	≤0.50	≤0.2	≤0.06
CA60	≥60 且 <68	≤5.0	≤2.0	≤0.40	≤0.1	
CA70	≥68 且 <77	≤1.0	≤0.7			
CA80	≥77	≤0.5	≤0.5			

2. 物理性能

(1)细度。比表面积不小于 300 m^2/kg 或 0.045 mm 筛上的筛余不大于 20%,由供需双方商定。

(2)凝结时间应符合表 4.14 的要求。

表 4.14 铝酸盐水泥的凝结时间要求(GB/T 201—2015)

类型		初凝时间/min	终凝时间/min
CA50		≥30	≤360
CA60	CA60-Ⅰ	≥30	≤360
	CA60-Ⅱ	≥60	≤1 080
CA70		≥30	≤360
CA80		≥30	≤360

（3）强度。各类型的铝酸盐水泥各龄期的抗压强度和抗折强度不得低于表 4.15 中的数值。

表 4.15 铝酸盐水泥胶砂强度要求（GB/T 201—2015）

类型		抗压强度/MPa				抗折强度/MPa			
		6 h	1 d	3 d	28 d	6 h	1 d	3 d	28 d
CA50	CA50-Ⅰ	≥20*	≥40	≥50	—	≥3*	≥5.5	≥6.5	—
	CA50-Ⅱ		≥50	≥60			≥6.5	≥7.5	
	CA50-Ⅲ		≥60	≥70			≥7.5	≥8.5	
	CA50-Ⅳ		≥70	≥80			≥8.5	≥9.5	
CA60	CA60-Ⅰ	—	≥65	≥85	—	—	≥7.0	≥10.0	—
	CA60-Ⅱ	—	≥20	≥45	≥85	—	≥2.5	≥5.0	≥10.0
CA70		—	≥30	≥40	—	—	≥5.0	≥6.0	—
CA80		—	≥25	≥30	—	—	≥4.0	≥5.0	—

*注：当用户需要时，生产厂应提供结果和测定方法。

四、铝酸盐水泥的性能特点与应用

（1）CA50 快硬早强，早期强度增长快，24 h 即可达到极限强度的 80% 左右，故宜用于紧急抢修工程和早期强度要求高的工程。CA50 水化热大，且集中在早期放出。因此，CA50 铝酸盐水泥适合于冬季施工，不适合于最小断面尺寸超过 45 cm 的构件及大体积混凝土的施工。另外，CA50 常用于配制膨胀水泥、自应力水泥和化学建材的添加剂等。

但 CA50 铝酸盐水泥后期强度可能会下降，尤其是在高于 30 ℃ 的湿热环境下，强度下降更快，甚至会引起结构的破坏。因此，结构工程中使用铝酸盐水泥应慎重。

（2）CA60 水泥熟料一般以 CA 和 CA_2 为主，CA 能够迅速提高早期强度，CA_2 在后期能够保证强度的发展，因此具有较高的早期强度和后期强度。CA60 水化热较高，适合于冬季施工和紧急抢修工程以及早期强度要求高的工程。由于含有一定的 CA_2，有较高的耐火性能，CA60 也常用于配制耐火混凝土。同样，CA60 也不能用于湿热环境下的工程。

（3）CA70 和 CA80 属于低钙铝酸盐水泥，主要成分为二铝酸一钙，具有良好的耐高温性能，可以用来配制耐火混凝土，广泛地用作各种高温炉衬的内衬，特别是用于耐火砖砌筑比较困难的结构炉体。由于游离的 $\alpha\text{-}Al_2O_3$ 晶体熔点高（2 040 ℃），因此，规范允许在磨制 Al_2O_3 含量大于 68% 的水泥（即 CA70 和 CA80 水泥）中掺入适量的 $\alpha\text{-}Al_2O_3$ 粉，以提高水泥的耐火性。

另外，铝酸盐水泥具有较好的抗硫酸盐侵蚀能力。这是因为其主要成分为低钙铝酸盐，游离的氧化钙极少，水泥石结构比较致密，故适合于有抗硫酸盐侵蚀要求的工程。

在高温（1 200～1 300 ℃）下，铝酸盐水泥石中脱水产物与磨细耐火骨料发生化学反应，逐渐转变成"陶瓷胶结料"，使得耐火混凝土强度提高，甚至超过加热前所具有的水硬性胶结强度。因此，铝酸盐水泥具有一定的耐高温性能，并且随着 Al_2O_3 含量的提高，该性能越来越突出。

铝酸盐水泥不耐碱，铝酸盐水泥与碱性溶液接触，甚至混凝土骨料内含有少量碱性化合物时，都会引起不断的侵蚀，故不能用于接触碱溶液的工程。

铝酸盐水泥最适宜的硬化温度为 15 ℃ 左右，一般施工时环境温度不得超过 25 ℃，否则会产生晶型转变，强度降低。铝酸盐水泥水化热集中于早期释放，从硬化开始应立即浇水养护，一般不宜浇筑大体积混凝土。

铝酸盐水泥使用时还应注意：

（1）在施工过程中，不得与硅酸盐水泥、石灰等能析出氢氧化钙的胶凝物质混合，否则将产生瞬凝，以至无法施工，且强度降低。

（2）铝酸盐水泥混凝土后期强度下降较大，应以最低稳定强度设计。最低稳定强度值以试体脱模后放入（50±2）℃ 水中养护，取龄期为 7 d 和 14 d 的强度值低者来确定。

（3）若采用蒸汽养护加速混凝土的硬化，则养护温度不高于 50 ℃。

（4）不能与未硬化的硅酸盐水泥混凝土接触使用；可以与具有脱模强度的硅酸盐水泥混凝土接触使用，但在接茬处不应长期处于潮湿状态。

第五节　硫铝酸盐水泥

以适当成分的生料，经煅烧所得以无水硫铝酸钙和硅酸二钙为主要矿物成分的水泥熟料，掺加不同量的石灰石、适量石膏共同磨细制成，具有水硬性的胶凝材料称为硫铝酸盐水泥。硫铝酸盐水泥分为快硬硫铝酸盐水泥、低碱度硫铝酸盐水泥、自应力硫铝酸盐水泥。

一、硫铝酸盐水泥的分类和矿物组成

硫铝酸盐水泥与硅酸盐水泥和铝酸盐水泥最根本的区别在于其熟料矿物主要是无水硫铝酸钙（$3CaO \cdot 3Al_2O_3 \cdot CaSO_4$）、硅酸二钙（$2CaO \cdot SiO_2$）和铁相。在硫铝酸盐水泥熟料中，除上述 3 种主要矿物外，一般尚存在少量游离石膏（游离 $CaSO_4$）、方镁石（MgO）和钙钛矿（$CaO \cdot TiO_2$）等，煅烧不太正常或配料不当时，还有少量钙黄长石（$2CaO \cdot Al_2O_3 \cdot SiO_2$）、硫硅酸钙（$4CaO \cdot 2SiO_2 \cdot CaSO_4$）、游离石灰（游离 CaO）和铝酸钙（$12CaO \cdot 7Al_2O_3$、$CaO \cdot Al_2O_3$）。

二、硫铝酸盐水泥的水化和硬化

快硬和自应力硫铝酸盐水泥都是由含无水硫铝酸钙（$3CaO \cdot 3Al_2O_3 \cdot CaSO_4$）和硅酸二钙（$2CaO \cdot SiO_2$）等矿物的熟料与 $CaSO_4 \cdot 2H_2O$（石膏）或 $CaSO_4$（无水石膏）混合而成的，两类硫铝酸盐水泥在组成上的区别仅是石膏掺量的不同，所以研究这些水泥的水化过程，实质上就是研究 $3CaO \cdot 3Al_2O_3 \cdot CaSO_4 - 2CaO \cdot SiO_2 - CaSO_4 \cdot 2H_2O - H_2O$ 四元系统中所发生的化学变化。低碱度硫铝酸盐水泥的组成除硫铝酸盐水泥熟料和石膏外，还掺含 $CaCO_3$ 的石灰石，所以该水泥的水化就是 $3CaO \cdot 3Al_2O_3 \cdot CaSO_4 - 2CaO \cdot SiO_2 - CaSO_4 \cdot 2H_2O - CaCO_3 - H_2O$ 五元系统内所发生的化学反应。

在 $3CaO \cdot 3Al_2O_3 \cdot CaSO_4 - 2CaO \cdot SiO_2 - CaSO_4 \cdot 2H_2O - H_2O$ 系统中首先发生如下两种化学反应：

$$3CaO \cdot 3Al_2O_3 \cdot CaSO_4 + 2(CaSO_4 \cdot 2H_2O) + 34H_2O \longrightarrow$$
$$3CaO \cdot Al_2O_3 \cdot 3CaSO_4 \cdot 32H_2O + 2(Al_2O_3 \cdot 3H_2O)(gel)$$

$$2CaO \cdot SiO_2 + 2H_2O \longrightarrow CaO\text{-}SiO_2\text{-}H_2O（Ⅰ）+ Ca(OH)_2$$

在石膏含量充足的条件下，尤其是在 $Ca(OH)_2$ 溶液中，接着水化生成物之间发生以下反应：

$$Al_2O_3 \cdot 3H_2O (gel) + 3Ca(OH)_2 + 3(CaSO_4 \cdot 2H_2O) + 20H_2O \longrightarrow$$
$$3CaO \cdot Al_2O_3 \cdot 3CaSO_4 \cdot 32H_2O$$

在石膏含量不足的条件下，很容易发生下列反应：

$$3CaO \cdot 3Al_2O_3 \cdot CaSO_4 + 18H_2O \longrightarrow$$
$$3CaO \cdot Al_2O_3 \cdot CaSO_4 \cdot 12H_2O + 2(Al_2O_3 \cdot 3H_2O)(gel)$$

$$3CaO \cdot Al_2O_3 \cdot 3CaSO_4 \cdot 32H_2O \longrightarrow$$
$$3CaO \cdot Al_2O_3 \cdot CaSO_4 \cdot 12H_2O + 2(CaSO_4 \cdot 2H_2O) + 16H_2O$$

从上述反应式可以看出普通硫铝酸盐水泥各品种，除低碱硫铝酸盐水泥外，其水化产物均为 $3CaO \cdot Al_2O_3 \cdot 3CaSO_4 \cdot 32H_2O$、$CaO\text{-}SiO_2\text{-}H_2O$（Ⅰ）和 $Al_2O_3 \cdot 3H_2O$（gel）。在石膏不足和反应达不到平衡的条件下，还有 $3CaO \cdot Al_2O_3 \cdot CaSO_4 \cdot 12H_2O$ 生成。由于水泥浆体中熟料水化反应很难达到平衡，所以在一般情况下，水泥石中除前述 3 种水化产物外，常有少量 $3CaO \cdot Al_2O_3 \cdot CaSO_4 \cdot 12H_2O$ 存在。$2CaO \cdot SiO_2$ 水化后产生的 $Ca(OH)_2$ 会与其他水化产物发生二次反应，形成新的化合物，因此普通硫铝酸盐水泥水化产物中不存在 $Ca(OH)_2$ 析晶。

水化产物中的 $3CaO \cdot Al_2O_3 \cdot 3CaSO_4 \cdot 32H_2O$（AFt）属六方晶系，一般呈针状晶形，其晶体外形与形成条件密切相关，在饱和石灰溶液中形成速度较快，往往为细针状晶体。而在低浓度石灰溶液中形成速度较慢，一般都呈较粗的长柱状晶体；$3CaO \cdot Al_2O_3 \cdot CaSO_4 \cdot 12H_2O$（AFm）属假六方晶系，呈六方片状。水化产物 Al_2O_3（aq）在光学显微镜下呈点滴状无色均质体；水化硅酸钙是水泥化学中研究的重要矿物群，在水泥浆体中常见的水化硅酸钙凝胶有两种，它们分别是 $CaO\text{-}SiO_2\text{-}H_2O$（Ⅰ）和 $CaO\text{-}SiO_2\text{-}H_2O$（Ⅱ）。$CaO\text{-}SiO_2\text{-}H_2O$（Ⅰ）仅在质量浓度为 0.05 g/L 到接近饱和的石灰溶液中形成，其钙硅比为 0.8~1.5，一般认为含 1.0~2.5 mol 的 H_2O 且呈层状，在电子显微镜下观察呈薄状碎片；$CaO\text{-}SiO_2\text{-}H_2O$（Ⅱ）只在石灰饱和溶液中形成，其钙硅比为 1.5~2.0，含 2 mol 的 H_2O，在电子显微镜下呈纤维状或纤维结构的薄片。

三、硫铝酸盐水泥的种类

硫铝酸盐水泥分为快硬硫铝酸盐水泥、低碱度硫铝酸盐水泥、自应力硫铝酸盐水泥。

（一）快硬硫铝酸盐水泥

快硬硫铝酸盐水泥是指以适当成分的生料，经煅烧所得以无水硫铝酸钙和硅酸二钙为主要矿物成分的水泥熟料，掺加不超过 15% 的石灰石、适量石膏共同磨细制成，具有早期高强度的水硬性胶凝材料，代号为 R·SAC。

（1）比表面积：不低于 350 m^2/kg。

（2）凝结时间：初凝不早于 25 min，终凝不迟于 3 h。

（3）强度指标：以 3 d 抗压强度分为 42.5、52.5、62.5、72.5 四个强度等级，具体数值列于表 4.16。

表 4.16 硫铝酸盐水泥强度要求[《硫铝酸盐水泥》(GB 20472—2006)]

强度等级	抗压强度/MPa			抗折强度/MPa		
	1 d	7 d	28 d	1 d	7 d	28 d
42.5	30.0	42.5	45.0	6.0	6.5	7.0
52.5	40.0	52.5	55.0	6.5	7.0	7.5
62.5	50.0	62.5	65.0	7.0	7.5	8.0
72.5	55.0	72.5	75.0	7.5	8.0	8.5

快硬硫铝酸盐水泥最重要的特点就是，早期具有很高的强度，但后期强度发展较慢；同时，快硬硫铝酸盐水泥水化放热总量较小，且放热峰均集中在 1 d 龄期内，最高峰在 12 h 内。快硬硫铝酸盐水泥具有非常优异的抗冻融性能，快硬硫铝酸盐水泥混凝土塑性状态受冻后不损失强度的特点给冬季施工带来了很大方便。

（二）低碱度硫铝酸盐水泥

低碱度硫铝酸盐水泥是由适当成分的硫铝酸盐水泥熟料和较多量石灰石、适量石膏共同磨细制成，具有碱度低的水硬性胶凝材料，代号为 L·SAC。其中，石灰石掺料不应小于水泥质量的 15%，且不大于水泥质量的 35%。

低碱度硫铝酸盐水泥在《硫铝酸盐水泥》(GB 20472—2006)标准中规定有如下性能指标：

(1) 比表面积：不低于 400 m^2/kg。

(2) 凝结时间：初凝不早于 25 min，终凝不迟于 3 h。

(3) 碱度：加水后 1 h 的 pH 不大于 10.5。

(4) 强度指标：以 7 d 抗压强度分为 32.5、42.5 和 52.5 三个强度等级，具体数值列于表 4.17。

表 4.17 低碱度硫铝酸盐水泥强度要求 (GB 20472—2006)

强度等级	抗压强度/MPa		抗折强度/MPa	
	1 d	7 d	1 d	7 d
32.5	25.0	32.5	3.5	5.0
42.5	30.0	42.5	4.0	5.5
52.5	40.0	52.5	4.5	6.0

低碱度硫铝酸盐水泥强度能在龄期 1 d 内大部分发挥出来，并达到较高的数值，基本保持了快硬硫铝酸盐水泥的强度特征，同时对玻璃纤维增强混凝土（GRC）制品生产十分有利。低碱度硫铝酸盐水泥自由膨胀率较小，且膨胀稳定性较好，能在短时间内停止膨胀，不存在后期膨胀的危险性，同时低碱度硫铝酸盐水泥胀缩率低。

(三) 自应力硫铝酸盐水泥

自应力硫铝酸盐水泥是指以适当成分的生料，经煅烧所得的以无水硫铝酸盐和硅酸二钙为主要矿物成分的熟料，加入适量的石膏，磨细制成的具有膨胀性的水硬性胶凝材料，代号为 S·SAC。

(1) 比表面积：不低于 370 m^2/kg。

(2) 凝结时间：初凝不早于 40 min，终凝不迟于 4 h。

(3) 自由膨胀率：7 d 不应大于 1.30%，28 d 不应大于 1.75%。

(4) 水泥中碱含量 [$w(Na_2O) + 0.658w(K_2O)$]：应小于 0.5%。

(5) 28 d 自应力增进率 (MPa/d)：不应大于 0.010。

(6) 强度指标：以 28 d 自应力值分为 3.0、3.5、4.0、4.5 四个自应力等级，具体数值列于表 4.18。

表 4.18 自应力硫铝酸盐水泥各级别各龄期自应力值 (GB 20472—2006)

级别	7 d 不小于/MPa	28 d	
		不小于/MPa	不大于/MPa
3.0	2.0	3.0	4.0
3.5	2.5	3.5	4.5
4.0	3.0	4.0	5.0
4.5	3.5	4.5	5.5

复习思考题

1. 生产硅酸盐水泥的主要原料有哪些？
2. 试述硅酸盐水泥的主要矿物成分及其对水泥性能的影响。
3. 简述硅酸盐水泥的水化过程和它的主要水化产物。水泥石的结构如何？
4. 现有甲、乙两种硅酸盐水泥熟料，其矿物组成及百分比含量见表4.19。如用来配制硅酸盐水泥，试比较两种水泥在性能上、应用上有何差异。

表 4.19　矿物组成及百分比含量（%）

组　别	C_3S	C_2S	C_3A	C_4AF
甲	53	21	10	13
乙	45	30	7	15

5. 硅酸盐水泥有哪些主要技术指标？这些技术指标在工程应用上有何意义？
6. 在硅酸盐水泥检验中，哪些性能不符合要求时，该水泥属于不合格品？哪些性能不符合要求时，该水泥属于废品？怎样处理不合格品和废品？
7. 在下列工程中选择适宜的水泥品种：
（1）现浇混凝土梁、板、柱，冬季施工。
（2）高层建筑基础底板（具有大体积混凝土特性和抗渗要求）。
（3）南方受海水侵蚀的钢筋混凝土工程。
（4）炼铁炉基础。
（5）高强度预应力混凝土梁。
（6）东北某大桥的沉井基础及桥梁墩台。
8. 硅酸盐水泥石腐蚀的类型主要有哪几种？产生腐蚀的主要原因是什么？防止腐蚀的措施有哪些？
9. 什么是活性混合材料和非活性混合材料？掺入硅酸盐水泥中能起到什么作用？
10. 为什么掺较多活性混合材的硅酸盐水泥早期强度比较低，后期强度发展比较快，长期强度甚至超过同等级的硅酸盐水泥？
11. 与普通水泥相比较，矿渣水泥、火山灰水泥和粉煤灰水泥在性能上有哪些不同？并分析这四种水泥的适用和禁用范围。
12. 试述道路硅酸盐水泥、白色硅酸盐水泥、快硬硅酸盐水泥、中热硅酸盐水泥、抗硫酸盐水泥的熟料成分、特性和应用。
13. 硅酸盐水泥水化过程、硅酸盐膨胀水泥的膨胀过程、水泥石硫酸盐腐蚀过程中都有水化硫铝酸钙生成，其作用在三种条件下有何不同？
14. 铝酸盐水泥有何特点？应用时需要注意哪些问题？
15. 水泥强度检验为什么要用标准砂和规定的水灰比？试件为什么要在标准条件下养护？

第五章 辅助胶凝材料

本章导读

本章共5节，基本要求为：
（1）理解辅助胶凝材料的作用和意义。
（2）熟悉常用辅助胶凝材料的掺量要求、化学成分及物理性质。
（3）熟练掌握粉煤灰、粒化高炉矿渣及硅灰在混凝土中的作用机理及技术要求。
（4）了解其他辅助胶凝材料的作用机理及技术要求。

本章的难点是常用辅助胶凝材料的作用机理及技术要求。建议通过学习掌握常用辅助胶凝材料的作用机理和用途，清楚规范规定的技术要求，能够合理选用辅助胶凝材料。

思政小课堂

基于不同工程需求，辅助胶凝材料应用于不同领域或方向，给现代混凝土带来变革，使得混凝土组分由传统的四元增至六元甚至更多，尤其是在配制高性能混凝土、绿色混凝土方面，辅助胶凝材料已经成为混凝土必需的第六组分。无论是在大体积混凝土工程，如上海环球金融中心、中国尊等代表性建筑及三峡大坝、二滩水电站等水电工程中，还是海洋腐蚀环境工程，如港珠澳大桥、杭州湾跨海大桥、汕头湾海底隧道等海洋工程中，抑或是在超高性能混凝土（UHPC）或自密实混凝土工程方面，辅助胶凝材料带来的价值不言而喻。更值得一提的是，辅助胶凝材料也是助力行业向低碳绿色方向发展的重要路径，合理掺加辅助胶凝材料，可减少水泥的用量，减少水泥生产带来的污染和碳排放，提高结构耐久性，为节能减排做出重大贡献。

杭州湾跨海大桥（示范课）

第五章　辅助胶凝材料

辅助胶凝材料指除水泥熟料外用于水泥或混凝土中，起辅助胶凝作用的粉末状无机矿物材料。辅助胶凝材料可在水泥出厂前与水泥熟料预混，制得大掺量混合材的水泥，如第三章所介绍的矿渣硅酸盐水泥、粉煤灰硅酸盐水泥、火山灰质硅酸盐水泥，称为混合材料；此外，也可在生产水泥混凝土时掺入，在混凝土拌和过程中加入时，称为矿物掺合料或矿物外加剂。值得一提的是，相对于辅助胶凝材料在水泥中的应用，混凝土用辅助胶凝材料（或矿物掺合料）更注重就地取材，可选用的品种也更多，比如钢渣粉、磷渣粉等固废都可以应用。此外，混凝土材料的发展以及施工技术的进步，对现代混凝土性能要求也越来越严格，包括工作性、耐久性及体积稳定性等。为了达到混凝土的这些性能要求，混凝土中所选用辅助胶凝材料的性能要求也更具体，有时候需要采用超细辅助胶凝材料以及采用复合掺合料（活性和非活性类）。本章主要从辅助胶凝材料作为矿物掺合料使用的角度进行介绍，所以表述中也称为矿物掺合料。

辅助胶凝材料的应用广泛性及应用价值不言而喻，基于不同需求而应用于不同领域或方向，主要包括以下几个方面：

（1）为了降低水化热，在大体积混凝土中掺入大量辅助胶凝材料。比如上海环球金融中心，双掺粉煤灰和矿粉，总掺量占胶凝材料总量的30%以上。又如宜宾临港长江大桥承台混凝土，掺入了约40%的粉煤灰。

（2）为了提高腐蚀环境中混凝土的耐久性，在混凝土中掺加大量辅助胶凝材料。比如在海工混凝土（如港珠澳大桥承台、杭州湾跨海大桥、汕头湾海底隧道）中双掺粉煤灰和矿粉，掺量超过50%。

（3）为了实现最紧密堆积和组分高活性，在超高性能混凝土（UHPC）及超高韧性混凝土（STC）配制中掺加大量辅助胶凝材料。在《活性粉末混凝土》（GB/T 31387—2015）中，活性粉末混凝土是指以水泥和矿物掺合料等活性粉末材料、细骨料、外加剂、高强度微细钢纤维和/或有机合成纤维、水等原料生产的超高强增韧混凝土。在《超高性能混凝土（UHPC）技术要求》（T/CECS 10107—2020）中，超高性能混凝土是指由水泥、矿物掺合料、骨料、纤维、外加剂和水等原材料制成的具有超高力学性能、超高抗渗性能的高韧性水泥基复合材料。在《高韧性混凝土组合桥面结构技术指南》（T/CHTS 10036—2021）中，高韧性混凝土是指由水泥、矿物掺合料、细集料、钢纤维（体积含量不低于2.0%）、纳米二氧化硅或纳米碳酸钙、外加剂等材料，或由上述材料制成的干混料，加水拌和凝结硬化后形成的，抗弯拉强度在22 MPa以上的高强高韧性水泥基复合材料。在相关规范的概念中，胶凝材料组成中都明确包含了辅助胶凝材料。

（4）为了改善工作性，在自密实混凝土中掺入大量辅助胶凝材料。比如广西荔玉高速平南三桥采用了中承式钢管混凝土拱桥，管内自密实混凝土掺入了粉煤灰和微珠以及硅灰。粉煤灰和微珠主要用于提高流动性，硅灰掺入提高密实性。

（5）掺入大量的辅助胶凝材料，也是低碳环保、节能减排的需求。我国水泥产量高，在世界水泥产量中占比超过50%。水泥产量高在彰显着土木工程建设发展的同时，也带来了一系列的问题，如水泥生产带来的污染问题，水泥用量过多引起的混凝土耐久性问题。"十四五"期间如何做好提质增效和节能减排是水泥行业面对的关键问题。

第一节　辅助胶凝材料概述

随着水泥混凝土自身的发展以及绿色低碳大方向的指引,混凝土组分已由传统的四元增至六元甚至更多,尤其是在配制高性能混凝土、绿色混凝土方面,辅助胶凝材料已经成为混凝土必需的第六组分。粉煤灰、粒化高炉矿渣及硅灰等已广泛应用于不同混凝土工程中,不仅获得了良好的经济效益和环境效应,而且还改善了混凝土的多种性能,产生了显著的技术效益。《普通混凝土配合比设计规程》(JGJ 55—2011)水胶比计算公式,给出了粉煤灰影响系数和粒化高炉矿渣粉影响系数,就是基于实际工程中普遍掺加粉煤灰和粒化高炉矿渣粉等矿物掺合料的技术发展情况考虑的。

辅助胶凝材料是在混凝土拌和时直接掺入混凝土中的矿物材料。其在混凝土中的掺量应通过试验确定,一般不低于5%,最大掺量可参照《普通混凝土配合比设计规程》(JGJ 55—2011)要求确定。采用硅酸盐水泥或普通硅酸盐时,钢筋混凝土中矿物掺合料最大掺量宜符合表 5.1 的规定,同时应满足其他几点要求:

(1)当采用其他通用硅酸盐水泥时,宜将水泥混合材掺量20%以上的混合材量计入矿物掺合料。

(2)复合掺合料各组分的掺量不宜超过单掺时的最大掺量。

(3)在混合使用两种或两种以上矿物掺合料时,矿物掺合料总掺量应符合表 5.1 中复合掺合料的规定。预应力混凝土中矿物掺合料最大掺量宜符合表 5.2 的规定,其他几点要求同表 5.1 所述。此外,对基础大体积混凝土,粉煤灰、粒化高炉矿渣粉和复合掺合料的最大掺量可增加 5%,采用掺量大于 30%的 C 类粉煤灰的混凝土应以实际使用的水泥和粉煤灰掺量进行安定性检验。

表 5.1　钢筋混凝土中矿物掺合料最大掺量

矿物掺合料种类	水胶比	最大掺量/%	
		采用硅酸盐水泥时	采用普通硅酸盐水泥时
粉煤灰	≤0.40	45	35
	>0.40	40	30
粒化高炉矿渣粉	≤0.40	65	55
	>0.40	55	45
钢渣粉	—	30	20
磷渣粉	—	30	20
硅灰	—	10	10
复合掺合料	≤0.40	65	55
	>0.40	55	45

表 5.2　预应力混凝土中矿物掺合料最大掺量

矿物掺合料种类	水胶比	最大掺量/%	
		采用硅酸盐水泥时	采用普通硅酸盐水泥时
粉煤灰	≤0.40	35	30
	>0.40	25	20
粒化高炉矿渣粉	≤0.40	55	45
	>0.40	45	35
钢渣粉	—	20	10
磷渣粉	—	20	10
硅灰	—	10	10
复合掺合料	≤0.40	55	45
	>0.40	45	35

辅助胶凝材料是在混凝土拌和时直接掺入混凝土中的矿物材料。其掺量一般在 5%～30%（也有超过 30% 的）。掺合料主要有以下作用：

（1）降低水泥用量，水化热也随之降低。

（2）改善混凝土的保水性（和易性）。

（3）降低能耗，保护环境和资源再利用。

（4）提高混凝土耐久性（抗冻、抗渗、抑制碱-骨料反应和硫酸盐腐蚀等）。

辅助胶凝材料一般可分为两类：一类是具有一定水硬性或火山灰性的活性材料；另一类则为具有一定细度的惰性填料，如石灰石粉、石英粉等，惰性填料主要起促进成核和调节水泥浆稠度的作用，一般不具备化学活性或者只具有比较弱的化学活性，多用于自密实混凝土。

本书重点介绍第一类，包括粉煤灰、粒化高炉矿渣粉、硅灰等，但由于石灰石粉应用越来越广泛，所以也对石灰石粉进行一定叙述。常用的活性辅助胶凝材料的化学成分见表 5.3，其物理性质见表 5.4。

表 5.3　活性掺合料的化学成分

氧化物	粉煤灰/%		磨细矿渣/%	硅粉/%	水泥/%
	低钙	高钙			
SiO_2	48	40	36	97	20
Al_2O_3	27	18	9	2	5
Fe_2O_3	9	8	1	0.1	4
MgO	2	4	11	0.1	1
CaO	3	20	40		64
Na_2O	1				0.2
K_2O	4				0.5

表 5.4 活性掺合料的物理性质

物理性质	粉煤灰	磨细矿渣	硅 粉	水 泥
密度/(g·cm^{-3})	2.10	2.90	2.20	3.15
粒径范围/μm	10~150	3~100	0.01~0.5	0.5~100
比表面积/(m^2·kg^{-1})	350	400	15 000	350

　　活性辅助胶凝材料又包括火山灰质材料和水硬性材料。常见活性辅助胶凝材料有粉煤灰、磨细的粒化高炉矿渣、硅灰以及各种天然火山灰质材料,如火山灰、煅烧黏土或页岩、偏高岭土、硅藻土、稻壳灰 RHA(Rice Husk Ash)等。火山灰质材料实质上是某种硅质或硅铝质材料,它们单独与水拌和时几乎不具备胶凝性,但磨细后,在常温且有水存在的条件下,可与生石灰或氢氧化钙发生化学反应,生成具有水硬性的水化产物。因此,通常将这类材料磨细后掺入水泥或水泥混凝土中,如粉煤灰、微硅粉等。需注意的是,磨细的粒状高炉渣、高钙粉煤灰本身就含有较多的氧化钙,因而它们自身就具有一定的水硬性,亦即它们在磨细时能直接与水反应自行硬化并获得强度。当然,它们与水泥混合时水化反应会大大加速。因此,这类材料也常与硅酸盐水泥混合使用,并且能大量地替代水泥,这也是在相关规范中粒化高炉矿渣粉比粉煤灰容许的最大掺量更高的原因。常用几种辅助胶凝材料化学活性见表 5.5。

表 5.5 几种辅助胶凝材料的化学反应活性

SCMs 类型	火山灰性	水硬性	氧化钙含量
硅灰	+++++		低(<1%)
偏高岭土	++++		
低钙粉煤灰(F类)	++++		↓
高钙粉煤灰(C类)	+++	++	
粒化高炉矿渣	+	++++	高(<30%)

第二节　粉煤灰

　　掺合料中以粉煤灰在工程中应用最多。粉煤灰是从火力发电厂煤粉炉排放的烟道气体中收集起来的细粉末。水泥和混凝土中粉煤灰的比表面积通常在 300~400 m^2/kg,粉煤灰的颗粒粒径分布在 0.1~100 μm,其中以粒径在 10~30 μm 的颗粒居多。粉煤灰根据燃煤品种分为 F 类和 C 类:F 类灰是由无烟煤或烟煤煅烧收集的粉煤灰,其氧化钙含量不大于 10%,又称低钙粉煤灰;C 类灰是由褐煤或次烟煤煅烧收集的粉煤灰,其氧化钙含量一般大于或等于 10%,是一种既含有一定数量水硬性晶体矿物又含有潜在活性物质的材料，又称高钙粉煤灰。我国绝大多数电厂排放的粉煤灰为低钙灰。与普通粉煤灰相比，高钙粉煤灰粒径更小，用作水泥混合材料或混凝土掺合料具有减水效果好、早期强度发展快等优点，但它含有一定量的游离氧化钙，如果使用不当，用作水泥混合材料及混凝土掺合料时可能会造成体积安定性不良等一系列后果。

粉煤灰由于其本身的化学成分、结构和颗粒形状特征，在混凝土中可以产生三种效应，总称为"粉煤灰效应"。

（1）活性效应（也称为火山灰效应）。粉煤灰中所含的 SiO_2 和 Al_2O_3 具有活性，与水泥水化生成的 $Ca(OH)_2$ 反应，生成类似水泥水化产物中的水化硅酸钙和水化铝酸钙。粉煤灰可以作为胶凝材料的一部分而发挥增强作用，特别是对后期强度。

（2）颗粒形态效应。粉煤灰颗粒绝大多数为玻璃微珠（图 5.1、图 5.2），也包含少量的渣状颗粒、钝角颗粒、碎屑和黏聚颗粒。玻璃微珠表面光滑而致密，掺入混凝土中可起到"滚珠轴承"作用，能减小骨料间的内摩擦力，使得混凝土和易性增大（泵送混凝土中尤为显著），便于施工，发挥减水作用。

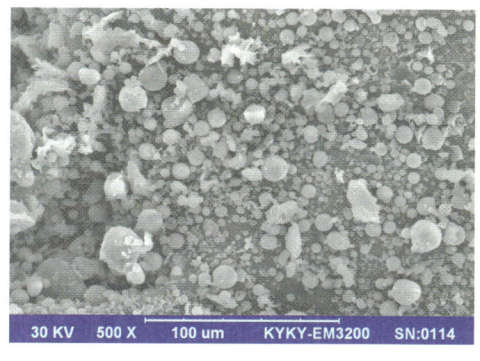
（a）500×

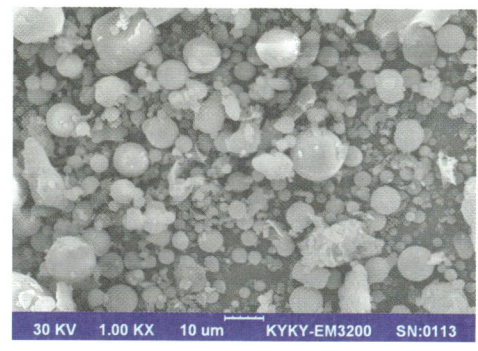
（b）1 000×

图 5.1　某Ⅱ级粉煤灰扫描电子显微镜（SEM）图

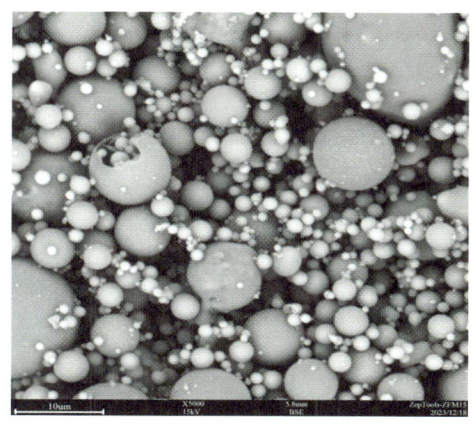
（a）1号样

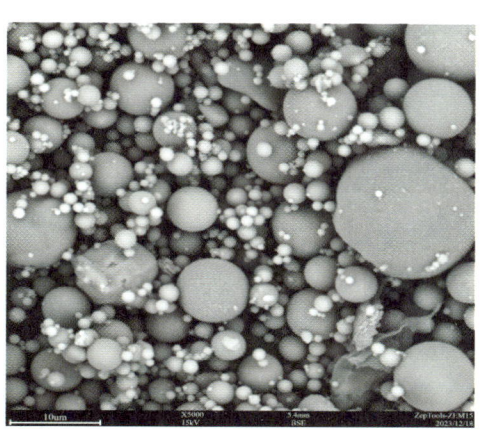
（b）2号样

图 5.2　某Ⅰ级粉煤灰 SEM 图

（3）微细料效应。粉煤灰粒径细微，总体上比水泥颗粒还细，微细颗粒分散在水泥浆内，填充孔隙和毛细孔，改善了混凝土的孔结构并增大了其密实度。微骨料效应使得混凝土更加密实。它们在商品混凝土、大体积混凝土、高耐久性混凝土中被广泛应用。

基于三种效应引申的其他效应：由于粉煤灰可以改善混凝土拌合物的和易性，故可以减小单位体积用水量，减少硬化后的干缩，提高混凝土的抗裂性能及后期强度；由于"二次水化反应"消耗了氢氧化钙，减小了混凝土中氢氧化钙的含量，提高了混凝土抗腐蚀性；较大掺量粉煤灰还能降低混凝土早期水化热，减少温度裂缝。

《粉煤灰混凝土应用技术规范》（GB/T 50146—2014）根据细度、烧失量、需水量比3项指标将粉煤灰分为Ⅰ、Ⅱ、Ⅲ三个等级，各等级的技术要求见表 5.6。《用于水泥和混凝土中的粉煤灰》（GB/T 1596—2017）也是根据细度、烧失量、需水量比3项指标将粉煤灰分为Ⅰ、Ⅱ、Ⅲ三个等级，各等级的理化性能要求见表 5.7。Ⅰ级最好，适用于重要工程；Ⅱ级次之，适用于一般工程；Ⅲ级只能用于次要或维护工程。

表 5.6 混凝土中用粉煤灰技术要求

项目		技术要求		
		Ⅰ级	Ⅱ级	Ⅲ级
细度（45 μm 方孔筛筛余）/%	F 类粉煤灰	≤12.0	≤25.0	≤45.0
	C 类粉煤灰			
需水量比/%	F 类粉煤灰	≤95.0	≤105.0	≤115.0
	C 类粉煤灰			
烧失量/%	F 类粉煤灰	≤5.0	≤8.0	≤15.0
	C 类粉煤灰			
含水量/%	F 类粉煤灰	≤1.0		
	C 类粉煤灰			
三氧化硫/%	F 类粉煤灰	≤3.0		
	C 类粉煤灰			
游离氧化钙/%	F 类粉煤灰	≤1.0		
	C 类粉煤灰	≤4.0		
安定性（雷氏夹沸煮后增加距离）/mm	C 类粉煤灰	≤5.0		

表 5.7 拌制砂浆和混凝土用粉煤灰理化性能要求

项目		理化性能要求		
		Ⅰ级	Ⅱ级	Ⅲ级
细度（45 μm 方孔筛筛余）/%	F 类粉煤灰	≤12.0	≤30.0	≤45.0
	C 类粉煤灰			
需水量比/%	F 类粉煤灰	≤95.0	≤105.0	≤115.0
	C 类粉煤灰			
烧失量/%	F 类粉煤灰	≤5.0	≤8.0	≤10.0
	C 类粉煤灰			
含水量/%	F 类粉煤灰	≤1.0		
	C 类粉煤灰			
三氧化硫/%	F 类粉煤灰	≤3.0		
	C 类粉煤灰			
游离氧化钙/%	F 类粉煤灰	≤1.0		
	C 类粉煤灰	≤4.0		
二氧化硅（SiO_2）、三氧化二铝（Al_2O_3）和三氧化二铁（Fe_2O_3）总质量分数/%	F 类粉煤灰	≥70.0		
	C 类粉煤灰	≥50.0		
安定性（雷氏法）/mm	C 类粉煤灰	≤5.0		

根据《铁路混凝土》（TB/T 3275—2018），铁路工程混凝土用粉煤灰，应选择颜色均匀、不含有油污等杂质的 F 类产品，且与水泥和水混合时不应有明显刺激性气体放出。工程案例中出现的在拌和或浇筑掺有粉煤灰的混凝土过程中，部分混凝土会发出一股刺激性的难闻氨味，特别是在混凝土搅拌过程中，刺激性的氨味会更大的现象，原因在于燃煤火电厂为达到大气环保要求，主要用选择性催化还原法（SCR）干法脱硝技术以防治氮氧化物（NO_x）等排放造成的污染。SCR 法是以氨 NH_3 作为还原剂，催化剂在 200～450 ℃ 的温度范围作用下，NO_x 被还原为 N 和 H_2O 的化学反应过程。正常情况下的脱硝粉煤灰与传统粉煤灰没有明显的区别，应用于混凝土中也不会对混凝土性能产生较大的不利影响。但当脱硝过程出现问题，粉煤灰中含有的脱硝副产物 NH_4HSO_4 和 $(NH_4)_2SO_4$ 含量较高时，生产的混凝土就会现凝结时间延长、产生刺激性气体、强度下降等问题。铁路工程用粉煤灰性能应满足表 5.8 所示的要求。当采用干法或半干法脱硫工艺排出的粉煤灰时，应检测半水亚硫酸钙（$CaSO_3 \cdot 1/2H_2O$）含量，碱含量用于计算混凝土的总碱含量。粉煤灰的烧失量对混凝土的性能影响很大，采用烧失量大的粉煤灰配制的混凝土工作性差、强度效应差以及耐久性差，应重点控制含量。另外，粉煤灰中未燃烧颗粒对外加剂具有很强的吸附作用，尤其是对引气剂，因此在严重冻融环境下更应严格控制粉煤灰中的烧失量，一般不宜大于 3.0%。

表 5.8 粉煤灰的性能

序号	项目	技术要求	
		Ⅰ 级	Ⅱ 级
1	细度（45 μm 方孔筛筛余）/%	≤12.0	≤30.0
2	需水量比/%	≤95.0	≤105.0
3	烧失量/%	≤5.0	≤8.0
4	氯离子含量/%	≤0.02%	
5	含水量/%	≤1.0	
6	三氧化硫含量/%	≤3.0	
7	半水亚硫酸根含量/%	≤3.0	
8	氧化钙含量/%	≤10.0	
9	游离氧化钙含量/%	≤1.0	
10	二氧化硅、三氧化二铝和三氧化二铁总含量/%	≥70.0	
11	密度/(g·cm^{-3})	≤2.6	
12	活性指数/%	28 d	≥70.0
13	碱含量/%	—	

为保证铁路混凝土结构在设计使用年限内满足使用要求，针对普通混凝土施工的铁路混凝土结构在碳化环境、氯盐环境、化学侵蚀环境、盐类结晶破坏环境、冻融破坏环境和磨蚀环境等常见环境作用下的耐久性设计，《铁路混凝土结构耐久性设计规范》（TB 10005—2010）对辅助胶凝材料也有相应的规定，对于粉煤灰性能要求按照混凝土等级进行了区分，见表 5.9。同样，该规范也规定对于严重冻融环境下更应严格控制粉煤灰中的烧失量，一般不宜大于 3.0%。此外，由于硫酸根离子、CaO 与 C_3A 等发生反应会生成钙矾石（AFt），钙矾石体积膨胀会导致混凝土的破坏，因此在硫酸盐侵蚀作用下，应选择氧化钙含量低的粉煤灰。

表 5.9 粉煤灰的性能

序号	项目	技术要求	
		C50 及以上混凝土	C50 以下混凝土
1	细度/%	≤12.0	≤25.0
2	需水量比/%	≤95	≤105
3	烧失量/%	≤5.0	≤8.0
4	Cl^- 含量/%	≤0.02	
5	含水量/%	≤1.0	
6	SO_3 含量/%	≤3.0	
7	CaO 含量/%	≤10	
8	游离 CaO 含量/%	≤1.0	

除传统的粉煤灰外，这里简单介绍一下粉煤灰深加工的产物——微珠。微珠是一种全球状、连续粒径分布、超细、实心、超细粉煤灰硅铝酸盐精细沉珠。随着超高性能混凝土（UHPC）和超高韧性混凝土（STC）的发展，在这类超低水胶比或超高工作性要求的混凝土中，微珠得到越来越多的应用。

微珠颗粒的粒径分布主要在 0.1～5 μm 之间，平均粒径≤1.2 μm，比表面积高达 10.00 m^2/g。在电子显微镜下观察，微珠呈现全实心球状，如图 5.3 所示。微珠能够提高滚珠效应，显著降低混凝土的黏度，改善混凝土的和易性及泵送性，增加流动性，减少流空时间，加快扩展速度，降低泵送压力，还可以降低混凝土的需水比；优化混凝土的级配，改善孔隙尺寸结构，提高混凝土的密实性、耐久性、抗腐蚀性等特性，为配制高强、高性能、超高泵送等特殊混凝土提供有效的掺合料选择。微珠某样品化学成分检测结果见表 5.10。

（a）10 000×　　　　　　　　　　（b）100 000×

图 5.3　微珠 SEM 图

表 5.10　化学成分（近似值）

序　号	检　测　结　果/%				
	SiO_2	Al_2O_3	Fe_2O_3	CaO	碱含量
1	55.9	22.1	2.6	3.6	0.2

第三节　粒化高炉矿渣

《通用硅酸盐水泥》（GB 175—2023）对矿渣硅酸盐水泥中的主要混合材料是以"粒化高炉矿渣/矿渣粉"这种形式给出的，因此辅助胶凝材料可以是粒化高炉矿渣，也可以是粒化高炉矿渣粉。粒化高炉矿渣是在高炉冶炼生铁时，所得以硅铝酸盐为主要成分的熔融物，经淬冷成粒后，具有潜在水硬性的材料，简称矿渣。粒化高炉矿渣粉是以粒化高炉矿渣为主要原料，可掺加少量天然石膏，磨制成的具有一定细度的粉体，简称矿渣粉。

高炉矿渣主要化学成分为 CaO、SiO_2、Al_2O_3，少量的 MgO、Fe_2O_3 及其他杂质。水淬矿渣中玻璃体含量高达 85%，储有大量化学潜能。矿渣中含有钙镁铝黄长石和很少量的硅酸一钙和硅酸二钙等晶体，具有微弱的自身水硬性。尽管粒化高炉矿渣具有一定的水硬性，但还需进一步粉磨至与水泥相似的细度，才具有足够的反应活性。因此，通常将粒化高炉矿渣经干燥、磨细后得到表面积大于 300 m^2/kg 的矿渣粉，用于水泥和混凝土中。超细磨的矿渣粉比表面积可达 600~1 000 m^2/kg，具有较好的填充效应。图 5.4 所示为矿渣原料的电镜照片，由图可以看出，矿渣粉多为不规则且表面粗糙的颗粒，这主要是因为矿渣是通过机械粉磨得到的，大部分颗粒大小在 10 μm 左右，也存在一些较大颗粒（20 μm）。需要注意的是，炼钢过程中产生的钢渣，与磨碎的粒状高炉炉渣不同，一般不适合用作混凝土中的胶结材料。

图 5.4　矿渣粉 SEM 图

磨细矿渣粉用作水泥混凝土矿物掺合料，能够改善或提高混凝土的综合性能，这已成为混凝土学界和工程界的共识。关于矿渣在水泥混凝土中的作用机理，可以归纳为火山灰活性效应、胶凝效应和微集料效应。

（1）火山灰活性效应。磨细的矿渣粉中玻璃形态的 SiO_2 和 Al_2O_3，经过机械粉磨激活，在混凝土内部的碱性环境中，能与水泥水化产物 $Ca(OH)_2$（CH）发生二次水化反应。在矿渣表面形成具有胶凝性能的水化硅酸钙、水化铝酸钙等胶凝物质。二次反应促进了水泥的进一步水化，CH 晶体不断溶解，C-S-H 凝胶不断沉积。因此，该过程减少了 CH 晶体在界面过渡区的富集，打乱了 CH 晶体在界面过渡区的取向性，同时又可以降低 CH 晶体的尺寸，使水泥石与骨料界面黏结强度及水泥浆体的孔结构得到改善，提高了混凝土密实性，这样不仅有利于混凝土力学性能的提高，而且对混凝土某些耐久性也起到了很好的改善作用。水泥在水化过程中，会有结晶态的矿物生成和转化，而矿渣作为矿物掺合料加入，会对水化产物的特征产生影响。

（2）胶凝效应。除玻璃体外，磨细矿渣粉中还存在一定数量低钙型的水泥熟料矿物C_2S、CS，这些矿物可以直接与水发生水化反应，生成水硬性水化产物，凝结硬化而产生强度。这一反应是一次水化反应过程，不需要其他物质的存在。因此，磨细高炉矿渣粉具有胶凝性。

（3）微集料效应。由于磨细矿渣粉在颗粒组成和颗粒形态上没有明显优势，不同于粉煤灰球状颗粒的形态效应，因此，通常未表现出非常好的填充行为。在水泥水化过程中，参加水化的微细矿渣粉颗粒均匀分散于孔隙和胶凝体系中，起着填充毛细孔及孔隙裂缝的作用，使胶凝材料具有更好的颗粒级配，形成了密实充填结构和细观层次的自紧密堆积体系，进一步优化了胶凝结构，改善了与粗、细骨料之间的界面黏结性能和混凝土的微观结构，从而改善混凝土宏观综合性能。

粒化高炉矿渣活性用质量系数 K 表示：

$$K = w（CaO + MgO + Al_2O_3）/w（SiO_2 + MnO + TiO_2）$$

K 越大，粒化高炉矿渣的活性越高，《用于水泥中的粒化高炉矿渣》（GB/T 203—2008）规定 K 不得小于 1.2，对于其他指标也作了规定，见表 5.11。其中：对于以钒钛磁铁矿为原料在高炉冶炼生铁时所得的矿渣，二氧化钛的质量分数可以放宽到 10%；在高炉冶炼锰铁时所得的矿渣，氧化亚锰的质量分数可以放宽到 15%。

表 5.11　矿渣的性能要求

项　目	技　术　指　标
质量系数（K）	≥1.2
二氧化钛的质量分数/%	≤2.0
氧化亚锰的质量分数/%	≤2.0
氟化物的质量分数（以 F 计）/%	≤2.0
硫化物的质量分数（以 S 计）/%	≤3.0
堆积密度/（kg·m^{-3}）	≤1.2×10^3
最大粒度/mm	≤50
大于 10 mm 颗粒的质量分数/%	≤8
玻璃体的质量分数/%	≥70

《用于水泥、砂浆和混凝土中的粒化高炉矿渣粉》（GB/T 18046—2017）依据矿渣 28 d 的活性指数是否达到 105%、95% 和 75% 将其分为 S105、S95 和 S75 三级，同时比表面积也需达到相应的要求，见表 5.12。

表 5.12 矿渣粉的技术要求

项 目		级 别		
		S105	S95	S75
密度/(g·cm^{-3})		≥2.8		
比表面积/(m^2·kg^{-1})		≥500	≥400	≥300
活性指数/%	7 d	≥95	≥70	≥55
	28 d	≥105	≥95	≥75
流动度比/%		≥95		
初凝时间比/%		≤200		
含水量(质量分数)/%		≤1.0		
三氧化硫(质量分数)/%		≤4.0		
氯离子(质量分数)/%		≤0.06		
烧失量(质量分数)/%		≤1.0		
不溶物(质量分数)/%		≤3.0		
玻璃体含量(质量分数)/%		≥85		
放射性		I_{Ra}≤1.0 且 I_γ≤1.0		

同样,《铁路混凝土》(TB/T 3275—2018/XG 1—2020)对矿渣粉性能也有具体规定,见表 5.13,其中碱含量用于计算混凝土中总碱含量。

表 5.13 矿渣粉的性能

序号	项 目		技 术 要 求		
			S75	S95	S105
1	密度/(g·cm^{-3})		≥2.8		
2	比表面积/(m^2·kg^{-1})		≥300	≥400	≥500
3	流动度比/%		≥95		
4	烧失量/%		≤1.0		
5	氧化镁含量/%		≤14.0		
6	三氧化硫含量/%		≤4.0		
7	氯离子含量/%		≤0.06		
8	含水量/%		≤1.0		
9	活性指数/%	7 d	≥55	≥70	≥95
		28 d	≥75	≥95	≥105
10	碱含量/%		—		
11	初凝时间比/%		≤200		
12	不溶物/%		≤3.0		

同样，为保证铁路混凝土结构在设计使用年限内满足使用要求，《铁路混凝土结构耐久性设计规范》（TB 10005—2010）规定磨细矿渣粉应符合表 5.14 的要求。磨细矿渣粉越细，活性越高，用其配制混凝土的收缩也随之增加，从减少混凝土收缩开裂方面考虑，规定磨细矿渣粉的比表面积不宜超过 500 m^2/kg，最好不超过 450 m^2/kg，这里规定比表面积范围为 350~500 m^2/kg。

表 5.14 磨细矿渣粉的性能

序号	项 目	技 术 要 求
1	密度/（g·cm^{-3}）	≥2.8
2	比表面积/（m^2·kg^{-1}）	350~500
3	流动度比/%	≥95
4	烧失量/%	≤3.0
5	MgO 含量/%	≤14.0
6	SO_3 含量/%	≤4.0
7	Cl^- 含量/%	≤0.06
8	含水量/%	≤1.0
9	7 d 活性指数/%	≥75
	28 d 活性指数/%	≥95

第四节 硅 灰

除粉煤灰、粒化高炉矿渣外，硅灰（硅粉）应用也较多。硅灰是冶炼硅铁合金或硅钢过程中，在排烟道中收集的一种极细的玻璃珠，其颜色呈浅灰至深灰。硅灰中无定形 SiO_2 的含量在 90% 以上，因而是一种火山灰活性极强的掺合料。硅灰在形成过程中，因相变受到表面张力的作用，形成了无定形的圆球状颗粒，且表面较为光滑。硅灰球非常细小，很少单独存在，许多个颗粒通过静电聚集在一起，形成絮状结构或团聚体结构。分散的硅灰颗粒球形形貌可以通过扫描电子显微镜观察到，如图 5.5 所示。

采用扫描电子显微镜观察发现，硅灰颗粒极细，主要是 0.5 μm 以下、大小不均的球形颗粒，平均粒径为 0.1~0.2 μm，是水泥颗粒粒径的 1/100~1/50，比表面积为 20 000~25 000 m^2/kg。在掺合料中，硅灰细度最高，比表面积最大，活性也最高，其改善混凝土性能的能力最优，其中的 SiO_2 在水化早期就可与 $Ca(OH)_2$ 发生反应，是硅灰具有很高火山灰活性的原因之一，对混凝土早期强度和后期强度的发展都非常有利。硅灰与水泥和粉煤灰、磨细矿渣粉等粉体材料之间有很好的填充密实效应，从物理层面上使混凝土的密实性提高、孔隙率降低，同时使孔结构细化，从而显著提高混凝土的强度和耐久性。

因此，在配制混凝土时，通常将硅灰与粉煤灰、磨细矿渣粉等其他矿物掺合料采用"双掺"或者"三掺"的方式掺入，在提高混凝土强度和耐久性同时，控制生产成本。由于硅灰比表面积大，需水量也很大，所以在掺入的同时必须掺入高效或高性能减水剂，同时掺用硅灰和高效减水剂可配制出 100 MPa 以上的高强混凝土，比如现在的 UHPC、STC 等材料，设计中都需要掺加硅灰。硅灰掺量一般为 5%～10%，配制超高强混凝土时，掺量可达 20%～30%。

（a）硅灰团聚体的颗粒形貌

（b）硅灰的颗粒形貌

图 5.5　硅灰 SEM 图[①]

《砂浆和混凝土用硅灰》（GB/T 27690—2023）规定了硅灰的性能指标，见表 5.15，表中抑制碱-骨料反应性（14 d 膨胀率降低值）和抗氯离子渗透性（28 d 电通量之比）为选择性试验项目，由供需双方协商决定。

表 5.15　砂浆和混凝土用硅灰的性能指标

项　目		性　能　指　标	
		SF85	SF90
二氧化硅含量/%		≥85.0	≥90.0
含水率/%		≤3.0	≤2.0
烧失量/%		≤6.0	≤3.0
细度	45 μm 方孔筛筛余/%	≤8.0	≤5.0
	比表面积/（m²·kg⁻¹）	≥15 000	≥18 000
需水量比/%		≤125	
活性指数/%		≥105	
放射性		I_{Ra}≤1.0 且 I_γ≤1.0	
抑制碱-骨料反应性（14 d 膨胀率降低值）/%		≥35	
抗氯离子渗透性（28 d 电通量之比）/%		≤40	

---

① 获得爱思唯尔（Elsevier）的许可使用。来自：Jo, et al. ,2007. Construction and Building Materials, 21：1352(Fig. 1).

《铁路混凝土》（TB/T 3275—2018）对硅灰性能的要求见表 5.16。

表 5.16　硅灰的性能

序号	项　　目	技　术　要　求
1	烧失量/%	≤4.0
2	比表面积/（m²·kg⁻¹）	≥18 000
3	需水量比/%	≤125
4	活性指数/%　　28 d	≥85
5	氯离子含量/%	≤0.02
6	二氧化硅含量/%	≥85
7	含水量/%	≤3.0
8	碱含量/%	≤1.5
9	三氧化硫含量*/%	—

*注：三氧化硫含量用于混凝土总三氧化硫的计算。

《铁路混凝土结构耐久性设计规范》（TB 10005—2010）规定的硅灰的技术要求见表 5.17。在水胶比不变的情况下，掺入硅灰可以明显提高混凝土的强度、抗化学腐蚀性和耐磨性，但由于硅灰活性高，不利于减小温度变形，并且增大了混凝土的自收缩，因此，当有特殊需要需使用硅灰时，硅灰宜与其他矿物掺合料同时掺用，其掺量不宜过大，一般不超过胶凝材料的 8%。

表 5.17　硅灰的性能

序号	项　　目	技　术　要　求
1	烧失量/%	≤6.0
2	比表面积/（m²·kg⁻¹）	≥18 000
3	需水量比/%	≤125
4	28 d 活性指数/%	≥85
5	CT 含量/%	≤0.02
6	SiO₂ 含量/%	≥85
8	含水率/%	≤3.0

第五节　其他辅助胶凝材料

除了粉煤灰、粒化高炉矿渣粉及硅灰外，沸石粉、偏高岭土的应用也越来越多，它们对混凝土的作用机理与前述粉煤灰、硅灰是一致的，所不同的是，它们的细度、成分、颗粒表面特征不同，其效果可能会有差别，最好通过试验来确定。此外，由于石灰石粉应用越来越广泛，所以本节对石灰石粉作一定介绍。

一、沸石粉

沸石粉是天然的沸石岩磨细而成的。与粉煤灰、磨细矿渣粉、硅灰等矿物掺合料不同，沸石粉是一种含多孔结构的天然火山灰质硅铝酸盐微晶矿物，而粉煤灰、磨细矿渣粉及硅灰等则是一些玻璃态的工业废渣。

天然沸石粉的化学组成因产地不同有所差异。一般来说，SiO_2 含量约为 61%~73%，Al_2O_3 含量约为 11%~15%，Fe_2O_3 含量约为 0.8%~1.5%，CaO 含量约为 1.5%~3.8%，MgO 含量约为 0.4%~0.8%，K_2O 含量约为 0.8%~2.9%，Na_2O 含量约为 0.5%~2.5%，烧失量约为 2%~15%。可以看出，天然沸石粉的化学成分以 SiO_2 和 Al_2O_3 为主，二者之和占 4/5 以上。其中，可溶性 SiO_2 和 Al_2O_3 分别不低于 10%和 8%，是天然沸石粉的主要活性成分；而碱性氧化物较少，特别是碱土金属氧化物很少。因此，天然沸石粉属于火山灰质材料。

天然沸石粉在混凝土中的作用机理可以归结为三大效应，即火山灰活性效应、填充密实效应和抑制碱骨料反应效应。

（1）火山灰活性效应。沸石粉含有一定量的活性二氧化硅和三氧化二铝，同粉煤灰类似，沸石粉本身没有水化能力，但在水泥水化析出的氢氧化钙激发下活性就能表现出来，生成水化硅酸钙凝胶（CSH）和水化铝酸钙晶体（CAH）。同时，沸石粉的内比表面积很大，能迅速吸收 $Ca(OH)_2$ 发生上述二次水化反应，使硬化后的混凝土微观结构得以改善，并促进了硅酸盐水泥的进一步水化。这不仅有利于混凝土力学性能的提高，也改善了混凝土的耐久性。

（2）填充密实效应。天然沸石粉与偏高岭土、粉煤灰等其他矿物掺合料一样属于微米级颗粒，在混凝土中可起这种细颗粒的作用。天然沸石粉的填充行为取决于它的细度，一般来说，天然沸石粉表现出较好的填充行为，能使硬化混凝土结构致密，这也是它常常用于高强混凝土中的一个重要原因。

（3）抑制碱-骨料反应效应。天然沸石粉对碱-骨料反应的抑制作用与其较强的吸附作用、离子交换作用和二次水化作用密切相关。首先，掺入超细沸石粉替代部分水泥，使混凝土总体系中的水泥数量减少，也相应降低了混凝土中的碱含量；其次，天然沸石粉具有离子交换性和离子交换选择性，使得混凝土中的 Na⁺、K⁺比较容易进入沸石结构之中，而 Ca^{2+} 则被交换出来，降低了 Na⁺或 K⁺的浓度；再次，沸石粉的晶体结构中包藏的活性硅和活性铝可与水泥水化产物 Ca(OH)$_2$ 发生二次水化反应，生成 CSH 凝胶，也能吸收一定量的碱离子；最后，沸石粉强大的吸附特性将混凝土中的游离钠或游离钾吸附到其特有的晶体孔穴和通道中去，进一步降低了游离钠或游离钾的浓度。上述因素的综合作用，有效抑制了碱-骨料反应的危害。

《混凝土和砂浆用天然沸石粉》（JG/T 566—2018）按照吸铵值、细度和活性指数将沸石粉划分为Ⅰ级、Ⅱ级和Ⅲ级共三个等级，具体技术要求见表 5.18。其中，吸铵值是沸石粉特有的理化性质，它反映了沸石岩中沸石含量的多少或者纯度。而沸石的含量与沸石粉的活性密切相关。吸铵值越大，沸石的纯度越高，则其活性指数越大，对钾、钠离子和氯离子的吸附能力也越强。因为沸石中的碱金属和碱土金属很容易被铵离子所交换，所以可以采用铵离子交换试验来测定其吸铵值。

表 5.18 沸石粉的技术要求

项 目		Ⅰ级	Ⅱ级	Ⅲ级
吸铵值/（mmol/100 g）		≥130	≥100	≥90
细度（45μm 筛余）（质量分数）/%		≤12	≤30	≤45
活性指数/%	7 d	≥90	≥85	≥80
	28 d	≥90	≥85	≥80
需水量比/%		≤115		
含水量（质量分数）/%		≤5.0		
氯离子含量（质量分数）/%		≤0.06		
硫化物及硫酸盐含量（按 SO$_3$ 质量计）（质量分数）/%		≤1.0		
放射性		应符合《建筑材料放射性核素限量》（GB 6566）的规定		

二、偏高岭土

偏高岭土（Metakaslin，MK）是以高岭土（Kadin，主要矿物成分为 Al$_2$O$_3$·2SiO$_2$·2H$_2$O）为原料，在适当温度（540～900 ℃）下轻烧脱水形成无水硅酸铝（偏高岭石 Al$_2$O$_3$·2SiO$_2$），再经粉磨制得的白色粉末。同粉煤灰、硅灰、天然火山灰等一样，偏高岭土属于具有火山灰活性一类的矿物掺合料。这类材料所含 CaO 极少，但含有大量的活性 SiO$_2$ 和 Al$_2$O$_3$，特别是 Al$_2$O$_3$ 含量较高。由于偏高岭土具有极高的火山灰活性，故有超级火山灰（Super-Pozzolan）之称。

多数专家学者研究认为，制备偏高岭土的煅烧温度以 600～900 ℃为宜。高岭土煅烧过程的主要反应方程式如下：

$$Al_2O_3 \cdot 2SiO_2 \cdot 2H_2O(高岭土) \xrightarrow{400\sim650\text{℃}} Al_2O_3 \cdot SiO_2(偏高岭土) + 2H_2O$$

$$Al_2O_3 \cdot 2SiO_2(偏高岭土) \xrightarrow{500\sim900\text{℃}} Al_2O_3(无定形) + 2SiO_2(无定形)$$

偏高岭土在混凝土中的作用机理与硅灰相似，包括加速水泥水化反应效应、填充密实效应、火山灰活性效应和抑制碱-骨料反应效应。

（1）加速水泥水化反应效应。偏高岭土是介稳态的无定形硅铝化合物，在碱激发下，硅铝化合物由解聚到再聚合，形成一种硅铝酸盐网络结构。偏高岭土掺入混凝土中，其活性 SiO_2 和 Al_2O_3 能够迅速与硅酸盐水泥的水化产物 $Ca(OH)_2$ 发生二次水化反应（火山灰反应），使液相中的 $Ca(OH)_2$ 浓度迅速降低，从而促进了水泥的进一步水化。

（2）填充密实效应。混凝土在微观结构上是非匀质体，可视为连续级配的颗粒堆积体系，粗骨料的间隙由细集料填充，细集料的间隙由水泥颗粒填充，水泥颗粒的间隙则要由更细的颗粒来填充。通常水泥颗粒的平均粒径为 20~30 μm，小于 10 μm 的粒子不足，而偏高岭土颗粒粒径绝大多数都在 16 μm 以下，平均粒径为水泥的 1/10，正好能填充于水泥颗粒的空隙间，纯粹从物理填充性方面提高了混凝土的密实度。

（3）火山灰活性效应。在拌制混凝土时，偏高岭土微细颗粒迅速溶解，迅速吸收部分水泥水化产生的、对强度不利的 $Ca(OH)_2$，与之发生二次水化反应，生成托勃莫来石（CSH-1）凝胶体和水化钙铝黄长石（C_2ASH_8）、少量水化铝酸钙 C_4AH_{13} 晶体及钙矾石（AFt）晶体，从而改善了浆体与集料间的界面结构。这不仅有利于混凝土力学性能的提高，也改善了混凝土的耐久性。

（4）抑制碱-骨料反应效应。一方面，由于掺入偏高岭土而形成的二次水化产物对碱离子的络合作用降低了溶液的 pH；另一方面，二次水化产物包裹了混凝土孔溶液中的 K^+、Na^+，同时由于偏高岭土本身内部结构为多孔结构，这一特性使得偏高岭土具有强烈的吸附性，能吸附溶液中的钾、钠离子，进一步降低了孔溶液的 pH，从而有效抑制了碱-骨料反应。

法国学者缪拉（M.Murat）研究偏高岭土、氢氧化钙和水的反应时发现，随着偏高岭土 $Al_2O_3 \cdot 2SiO_2$（简式 AS_2）与 $Ca(OH)_2$（简式 CH）比率和反应温度的不同，会生成不同的二次水化产物，主要反应式如下：

$$AS_2/CH = 0.5,\quad AS_2 + 6CH + 9H \longrightarrow C_4AH_{13} + 2CSH$$
$$AS_2/CH = 0.6,\quad AS_2 + 5CH + 3H \longrightarrow C_3AH_6 + 2CSH$$
$$AS_2/CH = 1.0,\quad AS_2 + 3CH + 6H \longrightarrow C_2ASH_8 + CSH$$

埃及塔哈（A.S.Taha）等人研究了偏高岭土与石灰、石膏及水的反应，结果表明：当石膏掺量为 5%~10% 时，生成 C_2ASH_8，试块强度随石膏掺量增加而增加；当石膏掺量为 15%~20% 时，阻止了 C_2ASH_8 的形成，而使钙矾石含量增加，这时试块 7 d 内强度不断增长，但之后又会下降。

高强高性能混凝土使用偏高岭土时，在《高强高性能混凝土用矿物外加剂》

（GB/T 18736—2017）中给出了技术要求规定，这些技术要求主要包括化学性能、物理性能和胶砂性能，见表5.19。同时，这里也给出了其他矿物掺合料包括磨细矿渣、粉煤灰、磨细天然沸石及硅灰应用于高强高性能混凝土时的技术要求。

表5.19　矿物外加剂的技术要求（GB/T 18736—2017）

试验项目		指标					
		磨细矿渣		粉煤灰	磨细天然沸石	硅灰	偏高岭土
		Ⅰ	Ⅱ				
化学性能	MgO（质量分数）/%	≤14.0	—	—	—	—	≤4.0
	SO_3（质量分数）/%	≤4.0		≤3.0	—	—	≤1.0
	烧失量（质量分数）/%	≤3.0		≤5.0	—	≤6.0	≤4.0
	Cl^-（质量分数）/%	≤0.06		≤0.06	≤0.06	≤0.10	≤0.06
	SiO_2（质量分数）/%	—	—	—	—	≥85	≥50
	Al_2O_3（质量分数）/%	—	—	—	—	—	≥35
	游离氧化钙（质量分数）/%	—	—	≤1.0	—	—	≤1.0
物理性能	吸铵值/（mmol·kg^{-1}）	—	—	—	≥1 000	—	—
	比表面积/（m^2·kg^{-1}）	≥600	≥400	—	—	≥15 000	—
	0.045 mm筛筛余	—	—	≤25	≤5.0	≤5.0	≤5.0
	含水率/%	≤1.0		≤1.0	—	≤3.0	≤1.0
胶砂性能	需水量比/%	≤115	≤105	≤100	≤115	≤125	≤120
	活性指数/%	3 d	≥80	—	—	—	≥90	≥85
		7 d	≥100	≥75	—	—	≥95	≥90
		28 d	≥110	≥100	≥70	≥95	≥115	≥105

三、石灰石粉

石灰石粉由石灰岩磨细加工而得。石灰岩属沉积岩类，俗称"青石"，是一种在海、湖盆地中生成的沉积岩。石灰岩强度较低，很容易将其磨细加工成石灰石粉，粉磨能耗和加工成本较低，经济上可行。石灰石粉（Limestone Powder，LP）的主要化学成分是$CaCO_3$，还有少量SiO_2、Al_2O_3、MgO、Fe_2O_3等，此外石灰石粉中还含有微量的Na_2O和S。

石灰石粉是一种容易得到且廉价的材料，骨料的加工过程中也会带来大量石粉，如果不加以利用，不仅要占用场地堆放，而且会对环境造成污染。如果能将其稍作加工，作为辅助胶凝材料使用，替代日益紧缺的粉煤灰和价格相对昂贵的硅灰或矿渣，对于解决实际工程中的原材料紧缺问题、降低工程造价和保护环境等将具有重大的现实意义，将有效推动混凝土的可持续性发展，是绿色建材的重要发展方向之一。

《通用硅酸盐水泥》（GB 175—2023）中允许加入一定量的石灰石粉作为混合材料，在 P·Ⅱ型硅酸盐水泥中，允许加入 0～<5%的石灰石粉；在普通硅酸盐水泥（P·O）中，替代混合材料为 0～<5%的石灰石粉；在矿渣硅酸盐水泥（P·S）中，0～<8%的替代混合材料可以为石灰石粉；在粉煤灰硅酸盐水泥（P·F）及火山灰质硅酸盐水泥（P·P）中，替代混合材料为 0～<5%的石灰石粉；在复合硅酸盐水泥（P·C）中，石灰石粉也属于构成混合材料的其中一种材料。美国标准《混凝土外加剂及其使用指南》(*Admixtures for Concrete and Guide for Use of Admixtures in Concrete*)（ACI212.1R-81）也指出石灰石粉可以用作混凝土的辅助胶凝材料。传统观点认为，磨细石灰石粉是一种惰性材料，细度很小，可与水泥等共同组成复合胶凝材料用于混凝土中，补充混凝土中缺少的细颗粒，减少泌水和离析，改善混凝土的和易性，特别是在配制低强度自密实混凝土方面具有广阔的应用前景。

随着研究的深入，近年来的研究成果认为当石灰石粉细到一定程度时，也具有一定的水化活性。因此，总结起来石灰石粉在混凝土中的作用机理主要包括：填充效应、晶核效应和活性效应。在水化早期（28 d 之前）以填充效应和晶核效应为主，而在后期（180 d）则以填充效应和活性效应为主。

（1）填充效应。填充效应是石灰石粉在水泥基复合胶凝体系或者在混凝土中的最大作用效应。相关研究表明，石灰石粉的填充效应表现为石灰石粉对水泥基浆体和浆体-骨料界面过渡区中孔隙的填充作用。磨细的石灰石粉的粒径通常不大于 10μm，其颗粒粒径比水泥颗粒粒径小，细小的石灰石粉填充在水泥颗粒之间，不仅改善了胶凝材料的颗粒级配，同时具有良好的分散作用，对水泥的"絮凝结构"有着解絮作用；并且，超细石灰石粉的需水量低，因而可以减少混凝土拌合物的用水量。另外，细小的石灰石粉还可以填充在浆体-骨料界面的空隙中，使水泥石结构和界面结构更为致密，提高了水泥石强度和界面强度。

（2）晶核效应。石灰石粉在水泥水化硬化浆体中多以方解石的形式存在，水泥浆体在水化的过程中，不仅以未水化的熟料颗粒为晶核生长，而且以粒状方解石为中心产生聚合生长。石灰石粉颗粒作为一个个成核的场所，诱导溶解状态中的 C-S-H 遇到固相粒子，并增加其在这些粒子上接着沉淀的概率，这种作用在水化早龄期阶段是显著的，即产生所谓的"晶核效应"。尤其是当石灰石粉磨得较细时，这种作用更加明显。晶核效应加速了 C_3S 的水化反应，促进了水泥早期强度的发展，使水泥石与骨料之间的过渡区得以改善，而过渡区的强度又是混凝土强度的决定性因素，因此对混凝土具有增强作用。

（3）活性效应。过去，大多数的研究认为石灰石粉属于惰性材料，之所以能在混凝土中起积极作用，主要是因为它具有微骨料效应。文俊强的相关 X 射线衍射（XRD）分析发现，在水化早期阶段（28 d 以前），石灰石粉并未参与水泥的水化反应，水化程度较低，没有新的水化产物生成。SEM 照片也显示此时的石灰石粉颗粒表面完整，没有侵蚀迹象。两种分析结果均说明石灰石粉在水泥水化早期不具备水化活性。然而，随着水泥水化反应的不断进行，在水化中、后期（7~180 d）的 XRD 照片中可以发现单碳水化铝酸盐（$3CaO \cdot Al_2O_3 \cdot CaCO_3 \cdot 11H_2O$）和三碳水化铝酸盐（$3CaO \cdot Al_2O_3 \cdot CaCO_3 \cdot 32H_2O$），以单碳水化铝酸盐为主。单碳水化铝酸钙形貌呈层片状结构，不规则排列。

在水化中后期，石灰石粉与水泥熟料矿物成分 C_3A 或者水化产物水化铝酸钙发生了如下反应：

$$CaCO_3 + C_3A + 11H_2O = 3CaO \cdot Al_2O_3 \cdot CaCO_3 \cdot 11H_2O$$

或

$$CaCO_3 + C_3AH_6 + 5H_2O = 3CaO \cdot Al_2O_3 \cdot CaCO_3 \cdot 11H_2O$$

或

$$3CaCO_3 + C_3A + 32H_2O = 3CaO \cdot Al_2O_3 \cdot 3CaCO_3 \cdot 32H_2O$$

或

$$3CaCO_3 + C_3AH_6 + 26H_2O = 3CaO \cdot Al_2O_3 \cdot CaCO_3 \cdot 32H_2O$$

生成的水化碳铝酸盐可以与其他水化产物相互搭接，使水泥石结构更加致密，从而提高了混凝土的强度和耐久性。

在水泥-石灰石粉胶凝体系中，由于水泥中的 C_3A 数量较少，并且 C_3A 早期与其他矿物之间的反应有可能延缓或阻碍水化碳铝酸钙的反应和生成。总的来说，水泥浆体中水化碳铝酸钙的生成数量较少，XRD 图谱中的衍射峰比较弱，且没有随着水化龄期的增长产生明显变化，所以石灰石粉的活性效应相对较弱。

对于石灰石粉的三种效应而言，不能将三者绝对地分开，只要在水泥基材料中掺入石灰石粉，三者便同时作用于水泥基材料，只是它们对于水泥基材料性能的贡献程度可能有所不同。对于使用普通硅酸盐水泥的混凝土来说，由于 C_3A 含量较少，石灰石粉对水泥胶砂早期强度的贡献主要是填充效应和晶核效应起主导作用，活性效应可以忽略；但对于水泥胶砂的后期强度，此时活性效应不能忽略。而对于使用铝酸盐水泥的混凝土来说，由于 C_3A 含量较高，石灰石粉对水泥胶砂强度的贡献是填充效应和活性效应起主导作用，晶核效应则处于次要地位。

《用于水泥、砂浆和混凝土中的石灰石粉》（GB/T 35164—2017）按亚甲蓝值（MB 值）将石灰石粉分为三个等级——Ⅰ级、Ⅱ级、Ⅲ级，按 45 μm 方孔筛分为 A 型和 B 型，具体技术要求见表 5.20。碱含量为选择性指标，按 $w(Na_2O) + 0.658w(K_2O)$ 计算值表示，当石灰石粉应用过程中需要限制碱含量时，由供需双方协商确定。

表 5.20　用于水泥、砂浆和混凝土中的石灰石粉技术要求

序号	项目		技术要求
1	亚甲蓝值（MB 值）/（g/kg）	Ⅰ级	≤0.5
		Ⅱ级	≤1.0
		Ⅲ级	≤1.4
2	45 μm 方孔筛筛余/%	A 型	≤15
		B 型	≤45

序号	项目		技术要求
3	流动度比/%		≥95
4	碳酸钙含量/%		≥75
5	抗压强度比/%	7 d	≥60
		28 d	≥60
6	含水量/%		≤1.0
7	总有机碳含量（TOC）/%		≤0.5

《石灰石粉混凝土》（GB/T 30190—2013）和《石灰石粉在混凝土中应用技术规程》（JGJ/T 318—2014）对石灰石粉的技术要求相同，具体见表5.21。

表5.21 石灰石粉技术要求

序号	项目		技术要求
1	碳酸钙含量/%		≥75
2	细度（45 μm方孔筛筛余）/%		≤15
3	活性指数/%	7 d	≥60
		28 d	≥60
4	流动度比/%		≥100
5	含水量/%		≤1.0
6	亚甲蓝值/（g/kg）		≤1.4

《铁路混凝土》（TB/T 3275—2018）对石灰石粉的技术要求见表5.22，其中MB值比《石灰石粉混凝土》（GB/T 30190—2013）规定得更严格。碱含量用于计算混凝土的总碱含量。

表5.22 石灰石粉的性能

序号	项目		技术要求
1	细度（45 μm方孔筛筛余）/%		≤15
2	碳酸钙含量/%		≥75
3	MB值/（g/kg）		≤1.0
4	含水量/%		≤1.0
5	流动度比/%		≥100
6	抗压强度比/%	7 d	≥60
		28 d	≥60
7	碱含量/%		—

规定碳酸钙含量不小于75%，主要是为了明确区分石灰石粉与其他石粉。因为某些岩石粉性能与石灰石粉有较大区别，比如对水和外加剂的吸附。石灰石易于粉磨加工，细度指标是从平衡石灰石粉性能和生产能耗两方面综合考虑确定的。石灰石粉的活性指数，也称为抗压强度比，不同标准和文献中叫法不同。活性指数的规定并非认为石灰石粉具有明显的活性，该指标也不是反映石灰石粉本质特性的技术指标，但该指标作为混凝土质量控制的指标是必要的。石灰石粉对于水和外加剂的吸附性较小，因而表现出一定的减水作用。流动度比是衡量石灰石粉在混凝土中应用减水效应的指标，指标越高，石灰石粉的减水效应越明显，对混凝土拌合物的和易性改善作用越明显。亚甲蓝值是反映石灰石粉吸附性的指标，该值是石灰石能否用于混凝土并发挥减水效应的重要技术指标。

复习思考题

1. 简述粉煤灰的特点及其在水泥混凝土中的作用机理。
2. 简述粒化高炉矿渣粉的特点及其在水泥混凝土中的作用机理。
3. 简述硅灰的特点及其在水泥混凝土中的作用机理。
4. 简述沸石粉的特点及其在水泥混凝土中的作用机理。
5. 简述偏高岭土的特点及其在水泥混凝土中的作用机理。
6. 简述石灰石粉的特点及其作用机理。

第六章
普通水泥混凝土

// 本章导读 //

本章共 8 节，基本要求为：

（1）了解普通混凝土的定义、组成材料及其作用、其对原材料的基本要求；以粉煤灰为重点，熟悉掺合料对混凝土性能的改善作用及工程应用。

（2）掌握减水剂的作用机理、技术经济效果和常用品种。

（3）掌握混凝土和易性的定义、技术指标、主要影响因素，坍落度选择原则和方法。

（4）掌握混凝土受压破坏机理、混凝土强度等级、强度主要影响因素、水灰比公式，熟悉混凝土的其他强度以及变形性质，掌握混凝土耐久性定义及主要影响因素。

（5）掌握混凝土按强度进行设计的耐久性控制方法，熟悉钢筋混凝土按耐久性进行设计的方法及要点，掌握混凝土强度统计的主要参数、配制强度公式，了解混凝土强度的验收评定方法。

（6）掌握混凝土初步配合比、基准配合比、实验室配合比、施工配合比的设计顺序。掌握混凝土配合比的三大参数，即单位用水量、水灰比、砂率的初步确定，以及实验室调整的原理及方法。

本章的重点是根据施工需求确定混凝土的配置强度、混凝土配合比的计算及调整；难点是领会混凝土的组成、配合比、施工及养护与混凝土技术性质、质量间的关系，具体有混凝土外加剂作用机理与效果的解释，新拌混凝土和易性与组成的关系，混凝土受力破坏过程和组成、界面结构的影响，混凝土技术性质的影响因素和质量控制，混凝土的环境行为与服役性能及其在工程中的应用。

// 思政小课堂 //

大型工程建设案例——北盘江特大桥

沪昆高铁北盘江特大桥是沪昆高速铁路全线建设难度最大的桥梁。沪昆高速铁路连接上海与昆明,是"八纵八横"高速铁路主通道,是中国东西向线路里程最长、速度等级最高、经过省份最多的高速铁路。沪昆高速铁路开通后,上海到昆明的列车行程由34 h缩短至8 h左右,既缩短东西部的交通时间,也拉近沿途百姓的心理距离,大大促进了长江以南、东、中、西部地区经济互联互补,带动沿线区域经济协调发展,促进社会公平。

面向西部山区高速铁路建设的国家重大需求,经过多年科技攻关,创新了艰险山区高速铁路特大跨度混凝土拱桥的建造与运维关键技术,解决了高铁桥梁"特大跨度-高平顺性"的尖锐矛盾,克服了山区恶劣环境带来的诸多难题,实现高铁混凝土拱桥从270 m到445 m的巨大跨越。沪昆高铁北盘江特大桥代表钢筋混凝土拱桥建造的世界最高水平,是跨度最大的高铁桥梁。

大型工程建设案例——高原铁路

高原铁路面临高原高寒、大温差、大风干燥、高地应力、高地热等严酷环境特点,以及原材料匮乏、现行标准依据不足、施工建设难度大、养护维修难等问题。攻克复杂严酷环境下关键工程材料设计理论与耐久性提升技术,建立相应的耐久性设计方法,突破复杂艰险山区地缘性材料资源化利用技术瓶颈,提出复杂严酷环境下现浇结构耐久混凝土性能调控与应用成套技术,实现严酷服役环境下混凝土预制构件高性能化与智能制造,为高原铁路建设与长寿命保障提供理论支持与技术支撑;这些都需要我们一起来攻克。

混凝土是由胶结材将骨料胶结硬化而成的人造石材。混凝土按胶结材种类可分为水泥混凝土、沥青混凝土、硅酸盐混凝土、聚合物混凝土、水玻璃混凝土、石灰混凝土、石膏混凝土、硫黄混凝土等多种,按用途可分为普通混凝土、防水混凝土、防辐射混凝土、耐酸混凝土、装饰混凝土、耐火混凝土、膨胀混凝土等。水泥混凝土按表观密度则可分为重混凝土($\rho_0 > 2\ 800\ kg/m^3$)、普通混凝土($\rho_0 = 2\ 000 \sim 2\ 800\ kg/m^3$)和轻混凝土($\rho_0 < 1\ 950\ kg/m^3$),按施工工艺可分为普通混凝土、泵送混凝土、喷射混凝土、真空脱水混凝土、碾压混凝土、压力灌浆混凝土、离心混凝土、挤压成型混凝土、3D打印混凝土等,按性能可分为普通混凝土、高性能混凝土、高耐久混凝土、多功能混凝土和智能化混凝土等。

水泥混凝土具有许多优点:

(1)原材料来源丰富,造价低。混凝土中砂、石体积占比为60%~85%,砂石就地取材,混凝土生产能耗低,成本低。

(2)混凝土拌合物具有很好的可塑性,可以浇筑成任意形状、尺寸的结构、构件,使得混凝土结构整体性好、抗震性能好。

(3)适应性强。变换配合比可以配制出满足不同工程要求的混凝土。

(4)抗压强度高。一般强度为15~60 MPa,高强度达到80~100 MPa,甚至更高。

(5)耐久性良好。混凝土在一般环境下不需要维护保养,维修费用低。

(6)耐火性好。混凝土耐火性远比钢材、木材、塑料好,耐数小时的火灾高温仍保持较好的力学性能,有利于火灾救援。

混凝土缺点是:

(1)自重大,比强度低。普通混凝土表观密度一般在2 400 kg/m³左右。

(2)脆性大,变形能力小、易开裂,抗拉强度低。抗拉强度只有抗压强度的1/8~1/20。

（3）施工及养护对混凝土的性能、质量影响大。

水泥混凝土自问世 100 多年来，世界许多研究者经过不懈的努力，使得混凝土基本理论及性能改进发生了多次飞跃。1916 年，艾布拉姆斯（D. A. Abrams）提出的混凝土强度水灰比理论及 1925 年吕瑟（Lyse）发表的恒用水量法则，直到现在仍然在指导我们的施工；20 世纪中叶出现的减水剂、引气剂等外加剂在改善混凝土性能方面做出了突出贡献；20 世纪末，在以耐久性设计为主的结构设计理念促进下出现的高性能混凝土和高耐久性混凝土使得混凝土材料发生了根本性的质变。我国的混凝土用量在 2010 年后，一直在 50 亿立方米以上，占世界混凝土用量的 50%以上，2014 年达到最高峰 58%，近些年稍有下降，但仍保持在很高的水平。混凝土材料是世界各国建筑工程、水利工程、交通工程等土木工程中最基础、用量最大的结构材料。

第一节　普通混凝土组成材料及其作用

对普通混凝土而言，工程对其基本要求是：结构承载所要求的强度；施工所要求的和易性；长期使用所要求的耐久性。而混凝土质量好坏在很大程度上取决于原材料质量及其施工工艺、施工质量。

普通混凝土是由水泥与水作为胶结材，砂、石作为骨料，有时还加入适量的掺合料（包括粉煤灰、粒化高炉矿渣粉、火山灰质活性材料等）、外加剂，经凝结硬化而成的人造石，硬化后的宏观组织构造如图 6.1 所示。

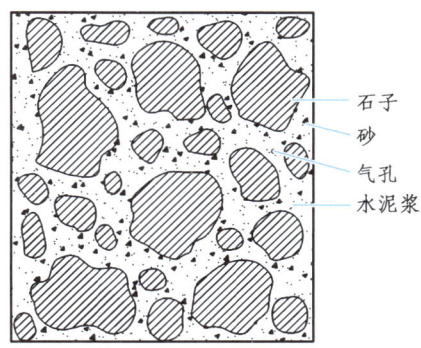

图 6.1　混凝土的宏观组织构造

混凝土硬化前后，水泥浆分别起流动、增塑、保水、胶结、提供强度等作用；砂、石起填充和减少收缩变形，降低成本的作用。从硬化后的混凝土构造可以看出，水泥浆填充砂的空隙并把砂拨开，而水泥砂浆又填充了石子的空隙并把石子拨开，最终形成均匀、密实、坚固的整体。在后面讲述中，如不特指，所述混凝土均指这种普通混凝土。

一、水泥及拌和用水

水泥在混凝土结构中起了很重要的作用，其技术要求在前面有关章节中已有详细叙述，但在选用上应遵循以下几个原则：

（1）应根据工程性质、耐久性等级、部位、施工工艺、环境等级（温度、湿度、有害物、有害离子浓度、干湿交替性等）等合理选用水泥品种类型。

（2）水泥强度应根据混凝土强度设计等级选用，避免用低强度等级水泥配制高强度等级混凝土，同样，避免用高强度等级水泥配制低强度等级混凝土。若只考虑强度要求，使用过高强度等级水泥配制混凝土，可能出现水泥用量过低，而影响耐久性；反之，则水泥用量太大，不经济且混凝土抗裂性降低。因此，一般选择水泥强度等级值为混凝土强度等级值的 1.0~1.5 倍为宜，高强混凝土可降低到 0.7~1.0 倍。

（3）混凝土用水的基本要求是：不影响混凝土的凝结硬化和耐久性，不会引发钢筋锈蚀。《混凝土用水标准》（JGJ 63—2006）规定的混凝土用水中的有害物（离子）含量（限值）见表 6.1。

表 6.1　混凝土用水中有害物质含量限值（JGJ 63—2006）

项　目	预应力混凝土	钢筋混凝土	素混凝土
pH	≥ 5.0	≥ 4.5	≥ 4.5
不溶物/(mg·L^{-1})	≤ 2 000	≤ 2 000	≤ 5 000
可溶物/(mg·L^{-1})	≤ 2 000	≤ 5 000	≤ 10 000
氯化物（以 Cl$^-$ 计）/(mg·L^{-1})	≤ 500	≤ 1 200	≤ 3 500
硫酸盐（以 SO$_4^{2-}$ 计）/(mg·L^{-1})	≤ 600	≤ 2 700	≤ 2 700
碱含量 [$w(Na_2O) + 0.658 w(K_2O)$] /(mg·L^{-1})	≤ 1 500	≤ 1 500	≤ 1 500

凡是饮用水和清洁的天然水一般都能够满足 JGJ 63 的要求，常作为混凝土拌和用水，而海水、工业污水不得直接用作拌和用水，必须经过适当处理后符合规范要求方可使用。

二、骨　料

普通混凝土用骨料按粒径大小分为两类。一类是粗骨料，粒径大于 4.75 mm；另一类是细骨料，粒径小于 4.75 mm。骨料按照技术要求分为Ⅰ类、Ⅱ类和Ⅲ类。Ⅰ类骨料用于强度等级大于或等于 C60 的混凝土，Ⅱ类骨料用于 C30~C55 的混凝土；Ⅲ类骨料用于 C25 及以下的混凝土。

（一）细骨料

细骨料技术指标包括颗粒级配、含泥量（石粉含量）、泥块含量、有害物质、坚固性、压碎指标、片状颗粒含量。细骨料有天然砂、机制砂。天然砂包括河砂、湖砂、山砂、净化处理的海砂，但不包括软质、风化的颗粒。其中：河砂分布广，质量稳定，含泥量相对较小；而山砂含泥量较高，资源分布少。机制砂是以岩石、卵石、矿山废石和尾矿等为原料，经除土处理，由机械破碎、整形、筛分、粉控等工艺制成粒径小于 4.75 mm 的颗粒，不包括软质、风化的颗粒。由于近些年大规模的土木工程建设，河砂资源大幅减少，同时为了环保及保护河流中桥梁等结构工程而被限制过度开采，河砂用量大幅减小，在细骨料中河砂应用占比已经不到 20%，细骨料以机制砂为主。机制砂和天然砂（特别是细砂）按一定比例混合取得更好的颗粒搭配，工程中也常用，这种砂称为混合砂。混合砂的技术要求按照机制砂评定。

1. 细骨料的级配和粗细程度

为了保证砂浆流动性，便于振捣密实，降低填充砂空隙的水泥浆用量，要让不同粒径的砂颗粒按一定比例搭配，使得砂堆积密度大、空隙率小，所需填充的胶凝材料浆体较少，并将它们胶结成密实的整体。因此，砂的颗粒级配和粗细程度极为重要。

（1）砂的颗粒级配。砂的颗粒级配是指不同粒径砂粒数量搭配的比例关系。级配好的砂理论上的特征是：空隙率小，比表面积小。有的研究者提出砂中还应含有一定数量的细颗粒。空隙率小可使得填充其间的胶凝材料浆体少；要求比表面积小是因为水泥浆必须包裹住每个骨料，而且要有一定厚度的胶凝材料浆体，保证混凝土施工所需要的流动性，砂的比表面积大则所需胶凝材料浆体多。胶凝材料浆体需要量增加提高了混凝土的成本，同时凝结硬化过程中的变形增加，降低了混凝土的抗裂性。

砂的级配采用筛分方法测定。现行标准《建设用砂》（GB/T 14684—2022）采用方孔筛。筛孔尺寸为 4.75 mm、2.36 mm、1.18 mm、0.60 mm、0.30 mm、0.15 mm，将取样材料按照四分法缩取 500 g 干砂，由粗到细依次过筛，称得各筛上残留质量 g_i，并计算各筛上的分计筛余百分率 a_1、a_2、…、a_6（$a_i = g_i/500$）及累计筛余率 A_1、A_2、…、A_6（$A_n = a_1 + a_2 + \cdots + a_n$）。累计筛余率与分计筛余率的关系见表 6.2。

砂的颗粒级配（试验）

表 6.2 分计筛余率与累计筛余率的关系

方筛孔尺寸/mm	分计筛余率/%	累计筛余率/%
4.75	a_1	$A_1 = a_1$
2.36	a_2	$A_2 = a_1 + a_2$
1.18	a_3	$A_3 = a_1 + a_2 + a_3$
0.60	a_4	$A_4 = a_1 + a_2 + a_3 + a_4$
0.30	a_5	$A_5 = a_1 + a_2 + a_3 + a_4 + a_5$
0.15	a_6	$A_6 = a_1 + a_2 + a_3 + a_4 + a_5 + a_6$

按照累计筛余率结果，砂可分为三个级配区，见表 6.3。砂的实际颗粒级配与表中所列数据相比，除 4.75 mm 和 0.60 mm 筛孔外，可以略有超出，但超出总量应小于 5%。若以累计筛余百分率为纵坐标，以筛孔尺寸为横坐标，根据表 6.3 的规定数值可以画出天然砂的 1、2、3 三个级配区上下限的筛分曲线（图 6.2）。

表 6.3　砂的颗粒级配区（GB/T 14684—2022）

砂的分类	天然砂			机制砂（混合砂）		
级配区	1 区	2 区	3 区	1 区	2 区	3 区
方筛孔尺寸/mm	累计筛余/%					
4.75	10～0	10～0	10～0	5～0	5～0	5～0
2.36	35～5	25～0	15～0	35～5	25～0	15～0
1.18	65～35	50～10	25～0	65～35	50～10	25～0
0.60	85～71	70～41	40～16	85～71	70～41	40～16
0.30	95～80	92～70	85～55	95～80	92～70	85～55
0.15	100～90	100～90	100～90	97～85	94～80	94～75

配制混凝土时宜优先选用 2 区砂；当采用 1 区砂时，应适当提高砂率；当采用 3 区砂时，宜适当降低砂率。

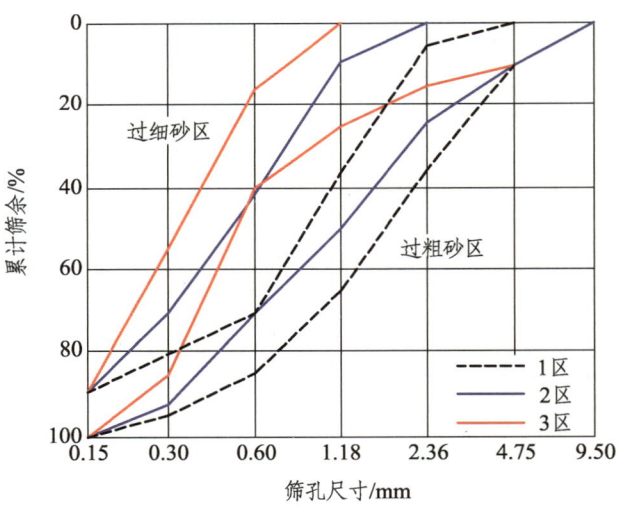

图 6.2　天然砂的级配区曲线

国家标准《建设用砂》（GB/T 14684—2022）根据砂的质量要求将其分为Ⅰ、Ⅱ、Ⅲ三类，只有 2 区砂为Ⅰ类，其余均为Ⅱ或Ⅲ类。由于累计筛余不能控制分计筛余的颗粒多少，而造成级配变化，国家标准又对Ⅰ类砂的分计筛余进行了控制，见表 6.4。

表 6.4　Ⅰ类砂分计筛余（GB/T 14684—2022）

方筛孔尺寸/mm	4.75[a]	2.36	1.18	0.60	0.30	0.15[b]	筛底[c]
分计筛余/%	0～10	10～15	10～25	20～31	20～30	5～15	0～20

注：[a] 机制砂 4.75 mm 筛的分计筛余不应大于 5%；
　　[b] MB 值>1.4 的机制砂 0.15 mm 筛和筛底的分计筛余之和不应大于 25%；
　　[c] 天然砂筛底（0.15 mm 筛下颗粒）不应大于 10%。

表 6.4 中的 MB 值采用亚甲蓝法测试，是判定机制砂吸附性能的指标。机制砂中含泥量多，MB 值大，因此，要求 MB 值低。机制砂石粉中的泥粉量少，石粉质量好。

与河砂相比，机制砂具有颗粒粒级比例变化大、颗粒不规则以及石粉含量较高等特点。机制砂质量受到母岩性能以及所用生产设备、生产工艺的影响，我国不同地区、不同行业的机制砂质量差别较大。

（2）砂的粗细程度。砂的粗细程度采用细度模数表示，细度模数按下式计算：

$$M_x = \frac{(A_2 + A_3 + A_4 + A_5 + A_6) - 5A_1}{100 - A_1}$$

细度模数越大，表示砂越粗。砂按细度模数分为粗、中、细三种规格，粗砂为 3.7～3.1，中砂为 3.0～2.3，细砂为 2.2～1.6。配制混凝土时宜优先选用中砂。应当注意的是级配区间与细度模数是从两个不同方面反映砂的颗粒大小情况的，但不能把它们等同起来。细度模数并不能反映其级配的优劣，细度模数相同的砂，级配可能很不相同。

2. 颗粒形状与表面特征

河砂、湖砂、海砂经水冲刷，颗粒表面较为光滑、少棱角，配制的混凝土拌合物流动性好，但与水泥的黏结性相对较差。机制砂与山砂表面粗糙、多棱角，与水泥浆黏结性能较好，但混凝土拌合物流动性较差。如果机制砂颗粒针片状、不规则颗粒较多，受力容易折断，混凝土强度低，拌合物施工性能也降低，因此应进行控制。国家标准用压碎指标和片状颗粒指标来控制机制砂的粒型。压碎指标的试验方法是将机制砂筛分成 0.30～0.60 mm、0.60～1.18 mm；1.18～2.36 mm 及 2.36～4.75 mm 四个粒级，加荷 25 kN，低于该粒级下限筛孔径的颗粒为被压碎颗粒，计算压碎颗粒占该粒级的比例作为该粒级的单粒级压碎指标值，取最大单粒级压碎指标值作为该机制砂压碎指标值。国家标准对机制砂压碎指标的要求见表 6.5。

表 6.5　机制砂压碎指标（GB/T 14684—2022）

类别	Ⅰ类	Ⅱ类	Ⅲ类
单粒级最大压碎指标/%	≤20	≤25	≤30

机制砂的片状颗粒是指粒径在 1.18 mm 以上的机制砂颗粒中最小一维尺寸小于该颗粒所属粒级的平均粒径 0.45 倍的颗粒，现行国家标准规定Ⅰ类机制砂的片状颗粒含量应不大于 10%。Ⅱ、Ⅲ类机制砂未作要求。

3. 有害物质与坚固性

细骨料中含有的云母、轻物质，将黏附在砂的表面或夹杂其中，降低黏结强度，从而降低混凝土强度、抗渗性能、抗冻性能。例如，云母含量为 5% 时，混凝土强度降低 3%~8%。有机物、硫化物及硫酸盐影响水泥水化或腐蚀水泥石。氯离子对于钢筋有严重的锈蚀作用，当采用海砂配制钢筋混凝土时，应经过淡水充分冲洗，使海砂中氯离子含量不超过 0.02%。贝壳含量只针对海砂。

砂中如含有云母、轻物质、有机物、硫化物及硫酸盐、氯化物、贝壳，其含量应符合表 6.6 的规定。

表 6.6　有害物质含量（GB/T 14684—2022）

类　　别	Ⅰ类	Ⅱ类	Ⅲ类
云母（按质量计）/%	≤1.0	≤2.0	
轻物质（按质量计）/%	≤1.0		
有机物	合格		
硫化物及硫酸盐（按 SO_3 质量计）/%	≤0.5		
氯化物（以氯离子质量计）/%	≤0.01	≤0.02	≤0.06
贝壳（按质量计）/%	≤3.0	≤5.0	≤8.0

砂的坚固性是指砂在外界物理化学因素作用下抵抗破裂的能力。它采用饱和硫酸钠溶液浸泡法，经 5 次干湿循环后，以其质量损失来评定。国家标准规定 Ⅰ 类、Ⅱ 类砂质量损失不大于 8%，Ⅲ 类砂不大于 10%。

4. 含泥量、泥块含量及石粉含量

含泥量是指天然砂中粒径小于 75 μm 的颗粒含量，机制砂中粒径小于 75 μm 的颗粒含量称为石粉含量。砂中泥块是指原粒径大于 1.18 mm，经浸泡、淘洗等处理后小于 0.60 mm 的颗粒含量。黏土将黏附在砂的表面或夹杂其中，降低黏结强度，从而降低混凝土强度、抗渗性能、抗冻性能，增加混凝土收缩而降低其抗裂性能。不含泥的石粉则不同，它可以调整混凝土施工性能，在混凝土中起微集料作用，合理的石粉含量不会对混凝土性能产生不利的影响。石粉中混有泥对混凝土性能影响大，因此应控制石粉中泥的含量。机制砂中泥粉与石粉混在一起无法区分，所以机制砂中没有含泥量指标，增加了亚甲蓝 MB 值和对应的石粉含量指标。泥含量难于检测，采用亚甲蓝 MB 值来判定机制砂中的吸附性能，进而判定石粉的质量，含泥量多则吸附性大，MB 值大。当 MB 值不大于 1.4 时，石粉质量较好；当 MB 值大于 1.4 时质量较差，石粉含量应严格控制，控制指标与泥含量相当。值得注意的是，MB 值还与岩石品种有关，对有些岩石不敏感，但一般情况下，MB 值低，石粉质量好。

国家标准对 Ⅰ、Ⅱ、Ⅲ 类细骨料含泥量、泥块含量、MB 值、石粉含量等的技术要求，见表 6.7~表 6.9。

表 6.7　河砂含泥量要求（GB/T 14684—2022）

类别	Ⅰ类	Ⅱ类	Ⅲ类
含泥量（按质量计）/%	≤1.0	≤3.0	≤5.0

表 6.8　机制砂石粉含量与 MB 值（GB/T 14684—2022）

类别	MB 值	石粉含量（按质量计）/%
Ⅰ类	MB 值≤0.5	≤15.0
Ⅰ类	0.5<MB 值≤1.0	≤10.0
Ⅰ类	1.0<MB 值≤1.4 或快速试验合格	≤5.0
Ⅰ类	MB 值>1.4 或快速试验不合格	≤1.0[a]
Ⅱ类	MB 值≤1.0	≤15.0
Ⅱ类	1.0<MB 值≤1.4 或快速试验合格	≤10.0
Ⅱ类	MB 值>1.4 或快速法不合格	≤3.0[a]
Ⅲ类	MB 值≤1.4 或快速试验合格	≤15.0
Ⅲ类	MB 值>1.4 或快速法不合格	≤5.0[a]

注：砂浆用砂的石粉含量不作限制。
[a] 根据使用环境和用途，经试验验证，由供需双方协商确定，Ⅰ类砂石粉含量可放宽至≤3.0%，Ⅱ类砂石粉含量可放宽至≤5.0%，Ⅲ类砂石粉含量可放宽至≤7.0%。

表 6.9　细骨料中泥块含量要求（GB/T 14684—2022）

类别	Ⅰ类	Ⅱ类	Ⅲ类
泥块含量（按质量计）/%	≤0.2	≤1.0	≤2.0

（二）粗骨料

1. 粗骨料级配和最大粒径

石子级配分为连续级配和间断级配，连续粒级和单粒粒级的级配累计筛余率应满足表 6.10 的要求。

表 6.10　粗骨料的级配要求（GB/T 14685—2022）

公称粒级/mm	方孔筛孔径/mm										
	2.36	4.75	9.50	16.0	19.0	26.5	31.5	37.5	53.0	63.0	75.0	90
	累计筛余/%										
连续粒级 5~16	95~100	85~100	30~60	0~10	0	—	—	—	—	—	—
连续粒级 5~20	95~100	90~100	40~80	—	0~10	0	—	—	—	—	—
连续粒级 5~25	95~100	90~100	—	30~70	—	0~5	0	—	—	—	—
连续粒级 5~31.5	95~100	90~100	70~90	—	15~45	—	0~5	0	—	—	—
连续粒级 5~40	—	95~100	70~90	—	30~65	—	—	0~5	0	—	—

石的颗粒级配（试验）

续表

公称粒级/mm		方孔筛孔径/mm										
		2.36	4.75	9.50	16.0	19.0	26.5	31.5	37.5	53.0	63.0	75.0	90
		累计筛余/%										
单粒粒级	5~10	95~100	80~100	0~15	0	—	—	—	—	—	—	—	—
	10~16	—	95~100	80~100	0~15	0	—	—	—	—	—	—	—
	10~20	—	95~100	85~100	—	0~15	0	—	—	—	—	—	—
	16~25	—	—	95~100	55~70	25~40	0~10	0	—	—	—	—	—
	16~31.5	—	95~100	—	85~100	—	—	0~10	0	—	—	—	—
	20~40	—	—	95~100	—	80~100	—	—	0~10	0	—	—	—
	25~31.5	—	—	95~100	—	—	80~100	0~10	0	—	—	—	—
	40~80	—	—	—	95~100	—	—	—	70~100	—	30~60	0~10	0

注:"—"表示该孔径累计筛余不作要求;"0"表示该孔径累计筛余为 0。

粗骨料最大粒径指满足级配要求的筛分上限筛孔尺寸。因此,粗骨料最大粒径分别有 9.5 mm、16.0 mm、19.0 mm、26.5 mm、31.5 mm、37.5 mm、53.0 mm、63.0 mm、75.0 mm、90.0 mm。公称粒径为 5~10 mm、5~16 mm、5~20 mm、5~25 mm、5~31.5 mm、5~40 mm 等为常用的连续级配。一般来说,连续级配适宜配制大流动性和塑性混凝土;由单粒级配组合成间断级配适宜配制干硬性混凝土,不宜配制流动性混凝土。不同的单粒级合理地搭配可以组成优质的连续级配,工程上常常采用 2~3 个单粒级搭配而成连续级配。

粗骨料最大粒径增大时,其空隙率减小,比表面积减小,需填充的水泥砂浆少,可节约水泥,所以在条件许可的情况下可适当增大最大粒径。《混凝土结构工程施工质量验收规范》(GB 50204—2015)规定:混凝土用粗骨料最大粒径不得超过结构截面最小尺寸的 1/4,同时不得大于钢筋间最小净间距的 3/4;对于混凝土实心板,粗骨料最大粒径不宜超过板厚的 1/2,且不得大于 53 mm;对泵送混凝土,粗骨料最大粒径与输送管内径之比,碎石不宜大于 1∶3,卵石不宜大于 1∶2.5。混凝土在搅拌时,粒径大于 63 mm 的骨料也不宜直接搅拌。在高强及高性能混凝土中,粗骨料最大粒径也不宜大于 26 mm。

目前,粗骨料应用中 80%以上是碎石,碎石与机制砂同是机械破碎,最大的不同点在于碎石在生产中可以筛分分级,就分计筛余根据工程要求配制成连续级配,这样配制的碎石最大粒径控制得好,空隙率低,级配优良。

2. 骨料形状、表面特征与强度

骨料形状接近球状且表面光滑时,其表面积较小,配制的混凝土流动性好,但与水泥浆黏结力较差;而形状不规则,表面粗糙者,则黏结强度高,但流动性低。当粗骨料形状呈针状(指长度大于该颗粒所属粒级平均粒径的 2.4 倍)或片状(指其厚度小于平均粒径 0.4 倍）时，配制的混凝土因针状导致其受力不均产生应力集中，而片状除产生应力集中外，还会在混凝土成型时产生水囊或水膜，导致耐久性和强度显著降低。国家标准《建设用卵石、碎石》（GB/T 14685—2022）规定的混凝土用粗骨料中针状、片状颗粒含量限值见表 6.11，分为 Ⅰ、Ⅱ、Ⅲ 类。不规则颗粒也有类似的影响，《建设用卵石、碎石》（GB/T 14685—2022）首次把卵石、碎石颗粒的最小一维尺寸小于该颗粒所属粒级的平均粒径 0.5 倍者定义为不规则颗粒，并规定 Ⅰ 类卵石、碎石的不规则颗粒含量应不大于 10%。

表 6.11 针、片状颗粒含量

项目	指标		
	Ⅰ 类	Ⅱ 类	Ⅲ 类
针、片状颗粒（按质量计）	<5%	<8%	<15%

骨料的强度是为了确保混凝土的强度不致因骨料的强度低而显著降低。骨料抗压强度是将母岩制成边长为 50 mm 的立方体（或直径与高度均为 50 mm 的圆柱体），在水饱和状态下测定其抗压强度值。在水饱和状态下，其抗压强度：火成岩应不小于 80 MPa，变质岩应不小于 60 MPa，水成岩应不小于 45 MPa。当用于配制高强度混凝土时，一般要求骨料强度满足不低于混凝土强度等级的 1.2 倍。

碎石强度可用抗压强度或压碎指标表示，卵石的强度常用压碎指标表示。压碎指标是将一定量气干状态的 9.5～19.0 mm 石子装入标准筒内，按规定的加荷速度，加荷至 200 kN，卸荷后称取试样质量 M_0，再用 2.36 mm 孔径的筛子筛除被压碎的细粒，称出残留在筛上的余量 M_1，按下式计算压碎指标：

$$\delta_a = \left(1 - \frac{M_1}{M_0}\right) \times 100\%$$

压碎指标越大，说明骨料抵抗破坏能力越低。国家标准《建设用卵石、碎石》（GB/T 14685—2022）根据其高低将骨料分为 Ⅰ、Ⅱ、Ⅲ 类，见表 6.12。

表 6.12 碎石、卵石的压碎值指标

类别	Ⅰ	Ⅱ	Ⅲ
碎石压碎指标/%	≤10	≤20	≤30
卵石压碎指标/%	≤12	≤14	≤16

3. 粗骨料的其他技术要求

粗骨料除了级配、强度、针片状颗粒含量等技术要求外，还有含泥量和泥块含量、有害物含量及其坚固性指标等。性能技术指标应满足表 6.13 的要求。

表 6.13　石中其他技术指标（GB/T 14685—2022）

项目	指标		
	Ⅰ类	Ⅱ类	Ⅲ类
卵石含泥量（按质量计）/%	≤0.5	≤1.0	≤1.5
碎石含泥量（按质量计）/%	≤0.5	≤1.5	≤2.0
泥块含量（按质量计）/%	≤0.1	≤0.2	≤0.7
有机物（比色法）	合格	合格	合格
硫化物及硫酸盐（按 SO_3 质量计）/%	≤0.5	≤1.0	≤1.0
坚固性质量损失/%	≤5	≤8	≤12
空隙率/%	≤43	≤45	≤47
吸水率/%	≤1.0	≤2.0	≤2.5

三、混凝土外加剂

混凝土外加剂是指掺入水泥砂浆或混凝土中能改善其性能的材料，其掺量不大于水泥质量的 5%（特殊情况除外）。大于 5% 的一般称为掺合料。

掺入不同特性的外加剂可以改善混凝土的性能，如和易性、强度、抗渗性、抗冻性、凝结时间、早期或后期强度、黏性、防锈性、气密性等。许多国家已将外加剂列为混凝土的第五种成分，因为它可以满足人们对混凝土不同性能的需求。外加剂按其功能可分为以下几类：

（1）能改善新拌混凝土流动性能的外加剂，如减水剂、泵送剂、引气剂。

（2）能改变混凝土凝结时间和硬化速度的外加剂，如早强剂、速凝剂、缓凝剂等。

（3）调节含气量的外加剂，如引气剂、加气剂、泡沫剂、消泡剂等。

（3）能改善混凝土耐久性的外加剂，如防水剂、抗冻剂、阻锈剂、减水剂等。

（4）提供某些特殊性能的外加剂，如膨胀剂、着色剂、引气剂、增稠剂、保坍剂、泵送剂等。

目前，工程上常用的外加剂有减水剂、引气剂、缓凝剂和早强剂等。

1. 减水剂

减水剂是指在新拌混凝土坍落度相同的条件下能减少拌和用水，或在不改变混凝土配合比条件下能增加流动性的外加剂。常用减水剂按化学成分可分为木质素系、萘系、树脂系、聚羧酸系等，按其对混凝土的作用效果分为普通减水剂（减水率为 8%～14%）、高效减水剂（减水率为 14%～25%）、高性能减水剂（减水率≥25%），按凝结时间可分为标准型、早强型和缓凝型，根据是否引气可分为引气型和非引气型。

减水剂大都是表面活性物质,其结构是由亲水基团和憎水基团构成,如图 6.3。当表面活性物质溶解于水泥浆体时,亲水基指向水,而憎水基指向空气、油性液体或固体,并在表面作定向排列,降低了水与其他相(固体、油、气)的界面张力。

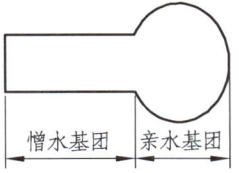

图 6.3 表面活性剂分子结构示意图

水与水泥拌和成浆状体时,由于水泥颗粒间分子引力和静电引力的作用,使水泥浆形成絮凝结构,有部分(一般为 10%~30%)拌合水被包裹在絮凝状水泥浆结构中,如图 6.4(a)。当加入适量减水剂后,其憎水基团定向吸附在水泥颗粒表面,并使之带有相同电荷,在静电斥力作用下,水泥颗粒彼此分开。一方面,絮凝状水泥中的水被释放出来[图 6.4(b)],使水泥浆在不增加用水量的情况下增加了流动性;另一方面,减水剂亲水基团指向水作定向排列,由于极性较强,易与水分子以氢键形成一层稳定的溶剂化水膜[图 6.4(c)],有利于水泥颗粒润滑分散。

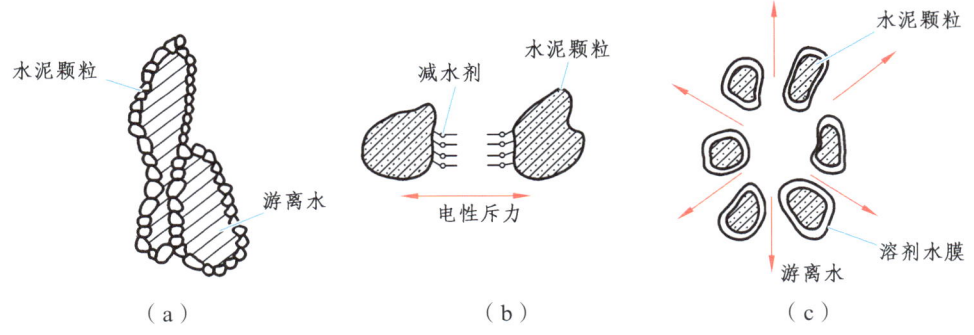

图 6.4 水泥浆的絮凝结构和减水剂作用示意图

由于减水剂有湿润、分散、润滑、塑化等作用,其结果是水泥浆变稀,新拌混凝土流动性增大,并使水泥浆硬化后形成较均匀密实的微晶结构。

在混凝土中掺入减水剂可获得如下技术经济效益:
(1)在保持用水量不变时,可使混凝土拌合物坍落度增大。
(2)在保持坍落度不变时,可使混凝土拌合物用水量减少,强度增加。
(3)在保持坍落度和强度不变时,可节约水泥。
(4)用水量减小,泌水、离析减少,可提高混凝土抗渗性、抗冻性、耐久性。

工程上常用的减水剂有:木钙(M 剂),减水率为 5%~10%,具有引气、缓凝作用(掺量为 0.1%~0.25%);FDN、AF、UNF(萘系)高效减水剂,减水率为 15%~25%,具有早强作用(掺量为 0.5%~1.2%);三聚氰胺、密胺树脂类,掺量为 0.5%~2%,减水率可达 25%~30%;聚羧酸高效减水剂,掺量为 0.5%~1.5%,减水率为 25%~45%。

上述减水剂中,萘系减水剂最大的弱点是导致混凝土坍落度损失大。为了减少损失常常采取与缓凝剂复合使用或采取二次掺入法。而接枝型有机树脂类高效减水剂具有良好的保坍作用，但成本较高。另外，选用含 C_3A 较少的水泥或大掺量粉煤灰均有保持坍落度的作用。聚羧酸减水剂是近些年发展最快的新一代减水剂，其特点是减水率高，结构为梳子型，可以通过改变生产技术参数、工艺得到不同性能的减水剂。由于其减水率高，聚羧酸减水剂尤其适用于高强度混凝土、胶凝材料用量多的混凝土，而对于低强度、贫混凝土则常常出现泌水、离析等问题，降低混凝土施工性能。另外，聚羧酸减水剂对机制砂中的泥粉比较敏感。

2. 引气剂

引气剂是一种掺入混凝土中能引入一定量均匀分布的细小封闭气泡的外加剂。这类气泡具有增加拌合物流动性（滚珠作用）、阻断泌水通道、抑制膨胀等作用。引气剂常用于提高混凝土或砂浆的保水性、抗渗性、抗冻性和综合耐久性。

引气剂也是一种表面活性物质，它与减水剂的最大区别是：引气剂非极性基团吸附力很强，而减水剂是亲水基很强。掺入水泥砂浆后，搅拌时混入的气体在引气剂的吸附作用下形成气泡胶束，如图 6.5 所示，保水性大幅提高，流动性也有所提高。

常用的引气剂有松香酸钠皂、烷基磺酸钠、烷基苯磺酸钠、脂肪醇磺酸钠等。其掺入量为水泥质量的 0.005% ~ 0.012%。在混凝土中引入气体量在 3% ~ 6% 为宜，混凝土每增加 1% 的含气量，其强度损失可达 3% ~ 5%，预应力混凝土和蒸养混凝土应慎用。混凝土含气量达到 4% ~ 6% 时，其抗冻性明显提高，一般可达到 F250 ~ F300。

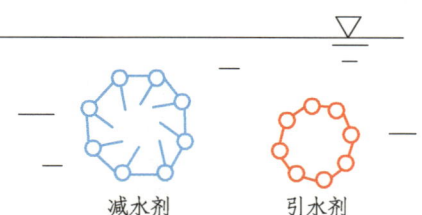

图 6.5　引气剂的吸附作用

3. 缓凝剂和早强剂

缓凝剂是指能延缓水泥混凝土凝结时间的外加剂。对大体积混凝土、泵送混凝土、长距离运输施工的混凝土，都需要掺入缓凝剂来改善其施工性能。

我国工程上应用较多的缓凝剂有木质素磺酸钙、糖钙，它们的掺量一般为水泥质量的 0.1% ~ 0.3%，可延缓混凝土的凝结时间为 2 ~ 4 h。应特别注意的是：当缓凝剂掺量过多或拌和不均匀时，可使混凝土不凝，引发工程质量事故。

此外，柠檬酸、酒石酸、磷酸盐、硼酸盐也可作为缓凝剂来使用，但其掺量很小，远小于减水剂，如柠檬酸、酒石酸合理掺量一般为 0.05% ~ 0.075%，缓凝时间应通过试验来确定。

早强剂是指掺入混凝土中可显著提高其早期强度的外加剂。可促进早强的物质有盐类（如硫酸盐、氯盐、硝酸盐）和某些碱（如碳酸钠）。表面活性物质三乙醇胺也常用作早强剂。

由于早强剂产地广，成本不高，又可加快施工速度，缩短施工周期，从而降低成本，在 20 世纪 80 年代被广泛采用。但工程调查表明，由于许多盐类对混凝土会产生不同程度的腐蚀，目前规范中已作了严格规定，应尽可能少加或不掺盐类早强剂。

三乙醇胺早强剂与盐类早强剂机理不同，它主要是通过分散水泥，提高早期水泥水化程度来获得高强度，同时它还具有密实水泥石的作用。注意其掺量很低，只有水泥质量的 0.05% 左右。

C-S-H 晶核早强剂，是近期研发的一种对于混凝土耐久性无害的早强剂，能够促进 C-S-H 凝胶体的成核，加速水泥中硅酸钙的水化，常常与聚羧酸减水剂复合作用，可达到更好的早强效果。

4. 速凝剂及其他外加剂

速凝剂是一种能使混凝土快速凝结硬化的外加剂。其初凝时间为 3～5 min，终凝时间为 10 min。1 h 即可产生相当高的强度，常用于边坡、隧道喷射混凝土和堵漏工程。

速凝剂是由石灰石、铝矾土和纯碱按一定比例混合粉磨，在 1 200～1 350 ℃ 温度下烧结成铝氧熟料，再将熟料和适量石灰、纯碱混合均匀，磨细而成的。其主要成分是铝酸钠、钠及氧化钙（CaO），其速凝机理是：

（1）使水泥中起缓凝作用的石膏分解（与碳酸钠或氢氧化钠作用，生成硫酸钠），使 C_3A 迅速水化。

（2）速凝剂成分与硫酸钙反应，生成氢氧化钠或硫酸钠，对水泥起促凝作用。

（3）铝酸钠在液相中产生的铝离子也能促进水泥浆的凝结硬化。

由于掺加碱性速凝剂后混凝土后期强度一般会倒缩，现在大力研发并推广无碱速凝剂。目前，常用的无碱速凝剂主要成分为硫酸铝，后期强度不倒缩，可以用于作为隧道永久性结构的一次衬砌工程。

除上述外加剂外，工程上为满足不同性能和功能的要求，常常还掺入水下混凝土所需的黏稠剂、防水所需的防水剂、阻锈所需的阻锈剂、防冻所需的防冻剂等。

四、混凝土掺合料

混凝土掺合料是在混凝土拌和时直接掺入混凝土中的矿物材料。其掺量一般在 5%～30%（也有超过 30% 的）。掺合料主要有以下作用：

（1）降低水泥用量，水化热也随之降低。

（2）改善混凝土的保水性（和易性）。

（3）降低能耗，保护环境和进行资源再利用。

（4）提高混凝土耐久性（抗冻、抗渗，抑制碱-骨料反应和硫酸盐腐蚀等）。

常用的活性掺合料的化学成分见表 6.14，其物理性质见表 6.15。

表 6.14 活性掺合料的化学成分

氧化物	粉煤灰/%		磨细矿渣/%	硅粉/%	水泥/%
	低钙	高钙			
SiO_2	48	40	36	97	20
Al_2O_3	27	18	9	2	5
Fe_2O_3	9	8	1	0.1	4
MgO	2	4	11	0.1	1
CaO	3	20	40		64
Na_2O	1				0.2
K_2O	4				0.5

表 6.15 活性掺合料的物理性质

物理性质	粉煤灰	磨细矿渣	硅粉	水泥
密度/($g \cdot cm^{-3}$)	2.10	2.90	2.20	3.15
粒径范围/μm	10~150	3~100	0.01~0.5	0.5~100
比表面积/($m^2 \cdot kg^{-1}$)	350	400	15 000	350

掺合料中以粉煤灰在工程中应用最多,这是因为粉煤灰有较大活性(火山灰效应),球状颗粒使得混凝土和易性增大(在泵送混凝土中尤为显著),微骨料效应使得混凝土更加密实。它们在商品混凝土、大体积混凝土、高耐久性混凝土中应用广泛。

虽然粉煤灰有好的性能,但如果细度不合格、烧失量、需水量比、三氧化硫含量三项指标对其质量影响大。《粉煤灰混凝土应用技术规范》(GB/T 50146—2015)根据上述指标将粉煤灰分为Ⅰ、Ⅱ、Ⅲ三个等级。Ⅰ级最好,适用于重要工程;Ⅱ级次之,适用于一般工程;Ⅲ级只能用于次要或维护工程。

除粉煤灰外,硅灰(硅粉)应用也较多,硅灰是冶炼硅铁合金或硅钢过程中,在排烟道中收集的一种极细的玻璃珠。在掺合料中,硅灰细度最高,比表面积最大,活性也最高,其改善混凝土性能的能力最优,掺量一般为 5%~10%。由于硅灰比表面积大,需水量也很大,在掺入的同时必须掺入高效或高性能减水剂。

此外,沸石粉、偏高岭土、稻壳灰、人工磨细的超细矿粉的应用也越来越多,它们对混凝土的作用机理与前述粉煤灰、硅灰是一致的,所不同的是,它们的细度、成分、颗粒表面特征不同,其效果可能会有差别,最好通过试验来确定。

应用于高性能混凝土的掺合料还必须满足《高强高性能混凝土用矿物外加剂》(GB/T 18736—2017)的技术要求,这些技术要求主要包括化学性能、物理性能和胶砂性能,见表 6.16。

表 6.16 矿物外加剂的技术要求（GB/T 18736—2017）

试验项目		指标					
		磨细矿渣		粉煤灰	磨细天然沸石	硅灰	偏高岭土
		I	II				
化学性能	MgO/%	≤14.0		—	—	—	≤4.0
	SO_3/%	≤4.0		≤3.0	—	—	≤1.0
	烧失量/%	≤3.0		≤5.0	—	≤6.0	≤4.0
	Cl/%	≤0.06		≤0.06	≤0.06	≤0.10	≤0.06
	SiO_2/%	—		—	—	≥85	≥50
	Al_2O_3/%	—		—	—	—	≥35
	游离氧化钙/%	—		—	≤1.0	—	≤1.0
	吸铵值/($mmol \cdot kg^{-1}$)	—		—	≥1 000	—	—
物理性能	比表面积/($m^2 \cdot kg^{-1}$)	≥600	≥400	—	—	≥15 000	—
	0.045 mm 筛筛余	—		≤25	≤5.0	≤5.0	≤5.0
	含水率/%	≤1.0		≤1.0	—	≤3.0	≤1.0
胶砂性能	需水量比/%	≤115	≤105	≤100	≤115	≤125	≤120
	活性指数 3 d/%	≥80		—	—	≥90	≥85
	活性指数 7 d/%	≥100	≥75	—	—	≥95	≥90
	活性指数 28 d/%	≥110	≥100	≥70	≥95	≥115	≥105

第二节 新拌混凝土和易性

 一、和易性的意义

和易性是指新拌混凝土在施工工艺中，即拌和、运输、灌注、振捣过程中不易分层离析，灌注时容易捣实，成型后混凝土均匀密实这样一种综合工艺特性。它包括三个方面的含义：

（1）流动性，指混凝土拌合物在自身重力作用下或机械振动作用下易于流满（充满）模型的性能。水泥浆稀、多，则拌合物在自身重力作用下或机械振动作用下易于密实成型。

（2）黏聚性，指新拌混凝土在运输、灌注、捣实过程中的抗离析性。黏聚性的大小主要取决于水泥浆多少和配合比是否合理。拌合物在施工过程中，由于各组分密度不同，

混凝土和易性（示范课）

表面特征、惯性大小不同，运动阻力不同，当各组分配合不当时就可能导致粗骨料在振动、流动过程中，从水泥砂浆中分离出来，即产生离析现象。增加水泥浆用量和设计合理的组分比例可以增大其内聚力，阻止离析产生；否则可能导致硬化后混凝土出现蜂窝、麻面等缺陷。

（3）保水性，指新拌混凝土在运输、灌注、捣实过程中抗泌水的性能。泌水过程则是混凝土中的水由内向外迁移的过程，这使得混凝土抗渗性、抗冻性降低。泌水还会在构件表面形成表面疏松层，如果间断灌注，就会在结构中形成浮浆夹层。另外，在粗骨料和钢筋（水平筋）下面易形成水囊或水膜，使水泥与骨料、钢筋黏结力降低。影响保水性的主要因素是混凝土中细颗粒的含量，如水泥用量、砂率、砂的粗细、矿粉掺合料用量等；保水性也与细颗粒的品种有关，相同的细度下粉煤灰、矿渣、火山灰等不同。

二、和易性的测定方法

由于和易性是一项综合工艺性能，如果仅用一种简单方法来评价其优劣是很困难的。人们通过大量工程实践，研制出了多种检测方法。到目前为止，还没有一种方法能够比较全面地反映和易性的三项指标。不同流动性的混凝土拌合物其流动性指标不同，甚至测试方法也不同，流动性及塑性混凝土的流动性（稠度）用坍落度表示，干硬性混凝土的流动性用维勃稠度表示，大流动性混凝土则需要专用测试方法。

1. 坍落度法

将拌好的混凝土分三层装入标准圆锥筒中，并按规定的方式插捣，待装满刮平后，垂直提起坍落筒，量测筒高与坍落后混凝土试体最高点之间的高度差（mm），即为该混凝土拌合物的坍落度值（图6.6）。

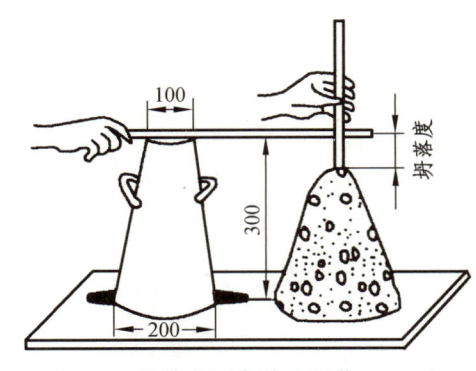

图 6.6　坍落度测定法（单位：mm）

这一方法是目前大多数国家或地区在施工现场广泛采用的方法，它简单快捷。该方法适用于最大粒径≤37.5 mm、坍落度值≥10 mm 的混凝土和易性测定。如果最大粒径超过 37.5 mm，可用筛将 37.5 mm 以上的粗骨料去掉后再测定。

坍落度值反映了混凝土流动性的数值大小。定性观测黏聚性时，可用捣棒在已坍落的混凝土侧面轻轻敲打：若锥体均匀下沉，则表示黏聚性良好；若锥体坍塌或部分崩裂，则表明黏聚性不好。此外，要观察锥体底部是否有大量水析出，并由此判断保水性好坏。综合上述三个方面的因素，可判定其和易性是否合格。

混凝土坍落度检测时，可能出现三种形态：正常型、剪切型和坍塌型。

若锥体四周逐渐下沉,坍落后混凝土各个方向分布均匀,这种坍落形态称为正常型,说明混凝土的黏聚性好,而且坍塌过程越慢说明黏聚性越好。正常坍落状态测出的坍落度值才能真实地反映混凝土的流动性,才是真实的坍落度值。

如果混凝土坍落成一个斜面,即发生了剪切坍落[图6.7(a)],则应重做。如果一再发生剪切坍落,就表明该拌合物黏聚性不足,这时的坍落度值是虚假的。

图6.7(b)(c)所示是提起坍落度桶后出现崩塌,表明混凝土拌合物的黏聚性特别差,有时伴随出现较多的泌水。图6.8所示是正常型坍落度。

(a)剪切　　　　　　　(b)坍塌　　　　　　　(c)坍塌并泌水严重

图6.7　混凝土非正常型坍落度

图6.8　正常型坍落度

坍落度大小可分为五个等级:大流动性(坍落度≥160 mm)、流动性(坍落度为100~150 mm)、塑性(坍落度为50~90 mm)、低塑性(坍落度为10~40 mm)、干硬性(坍落度<10 mm)。对于大流动性混凝土,按照《混凝土质量控制标准》(GB 50164—2011)又细分为160~210 mm及大于等于220 mm两种。大流动性混凝土,流动性较大时可以同时测试坍落扩展度及其他参数。大流动性混凝土根据扩展度又分为6级,见表6.17。大流动性混凝土可能存在分层、离析及泌水情况,影响工程施工质量,因此还需要评定其黏聚性、保水性相对应的参数指标。一般情况下,流动性、塑性混凝土的流动性用坍落度表示,没有扩展度,其黏聚性和保水性只作定性观察。

表 6.17　混凝土拌合物扩展度等级划分　　　　　单位：mm

等级	F1	F2	F3	F4	F5	F6
扩展直径	≤340	350~410	420~480	490~550	560~620	≥630

2. 维勃稠度法

维勃稠度法采用如图 6.9 所示的稠度仪，将坍落筒置于容器 A 内，上部有喂料斗 B 并扣紧。将拌和均匀的混凝土按坍落度方法分层装入筒内，捣实抹平后提起坍落筒，把透明圆盘 C 转到混凝土上面，开启振动台和秒表，至透明圆盘底面与混凝土完全接触时的瞬间停下秒表并关闭振动台。由秒表读出的时间（s）即为维勃稠度值。

事实上，维勃稠度是模拟混凝土在捣实过程中所消耗的能量大小来判定其流动性大小的。试验时还应观察振动台上的混凝土，如果表面渗出的砂浆层很厚，即表明含砂量过多；如果在中央部分出现石子堆积并在容器周边渗出水泥浆，则表明砂量不足或水泥浆过多。

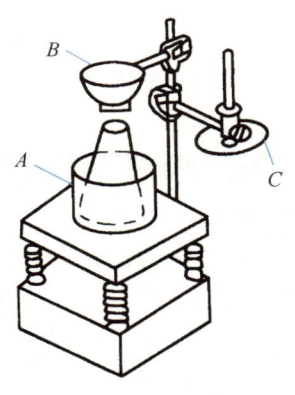

图 6.9　维勃稠度仪

这一方法特别适用于干硬性混凝土，维勃稠度在 3~30 s 时最为敏感。根据《混凝土质量控制标准》（GB 50164—2011），干硬性混凝土分为 5 级：V0（维勃稠度≥31 s）、V1（维勃稠度为 21~30 s）、V2（维勃稠度为 11~20 s）、V3（维勃稠度为 6~10 s）、V4（维勃稠度为 3~5 s）。

三、影响和易性的主要因素

1. 胶凝材料浆体稠度（W/B）和用量

胶凝材料浆体稠度直接影响混凝土流动性。因为增大 W/B，可减小混合料内摩擦力；但 W/B 过大，可能使胶凝材料浆体黏聚性降低，保水性降低，还会出现泌水现象。因此，W/B 应存在一个合理范围值，不宜过大。

增加胶凝材料浆体可使得包裹颗粒的胶凝材料浆体厚度增加，拌合物中颗粒润滑性增大，流动性增加。对于较稀的胶凝材料浆体，过多增加胶凝材料浆体可能会导致泌水和浮浆现象。因此，胶凝材料浆体用量应达到所要求的和易性，不宜多加，以免造成其他不利因素和浪费。

2. 用水量

前述的两个因素中增加 W/B 和增大胶凝材料浆体用量，实质都是增加了混凝土中的用水量。所以，用水量的增减才是影响混凝土流动性最关键的因素。工程实践证明，当混凝土中最大粒径不改变，水泥品种不变，砂石比也不变时，即使水泥用量有适当变化（每立方米混凝土中变化在 50 kg 内），只要用水量不变，则混凝土拌合物坍落度基本保持不变。这就是说，一定的用水量对应一定的坍落度，即恒定用水法则。这样就给混凝土配合比设计带来了诸多方便，即固定了混凝土拌合物中的单位用水量，它的坍落度基本上可以保持（在某一范围）不变。表 6.18 为《普通混凝土配合比设计规程》（JGJ 55—2011）中塑性和干硬性混凝土的单位用水量。表中数据是基于胶凝材料为纯水泥材料、无减水剂而得到的，掺用各种外加剂或掺合料时，用水量应相应调整。

表 6.18 干硬性和塑性混凝土的用水量 单位：kg/m³

拌合物稠度		卵石最大公称粒径/mm				碎石最大公称粒径/mm			
项目	指标	10	20	31.5	40	16	20	31.5	40
维勃稠度 /s	16~20	175	160	—	145	180	170	—	155
	11~15	180	165	—	150	185	175	—	160
	5~10	185	170	—	155	190	180	—	165
坍落度 /mm	10~30	190	170	160	150	200	185	175	165
	35~50	200	180	170	160	210	195	185	175
	55~70	210	190	180	170	220	205	195	185
	75~90	215	195	185	175	230	215	205	195

注：① 表中用水量系采用中砂时的平均取值；采用细砂时，每立方米混凝土用水量可增加 5~10 kg；采用粗砂时，则可减少 5~10 kg。
② 水灰比小于 0.4 或大于 0.8 的混凝土以及采用特殊成型工艺的混凝土用水量应通过试验确定。

3. 浆骨比

浆骨比是指胶凝材料与水组成材料的浆体体积与砂石骨料体积之比。在混凝土拌合物中，浆体赋予流动性与黏聚性。在水胶比一定的前提下，浆骨比增加，即浆体体积增大，混凝土流动性提高。通常调整浆骨比的大小以满足流动性要求，同时又保证黏聚性和保水性。浆骨比不宜太小，否则骨料之间缺少了浆体，混凝土拌合物将出现崩塌，如果用水量较多还会出现分层离析。但是浆体体积增加，会提高混凝土硬化过程中的收缩，且水化热增加，增加混凝土开裂风险，浆骨比太大也会使得混凝土拌合物离析、流浆、黏聚性降低，成本增加。合理的浆骨比是保证混凝土拌合物和易性的重要参数。一般情况下，合理的浆骨比随混凝土拌合物流动性提高而提高，自密实混凝土最高。坍落度在 200 mm 左右的大流动性混凝土，其合理的浆骨比一般在 35∶65 左右。

4. 水泥品种及细度

一方面，由于水泥成分上的差异，早期化学结合水不同，故对水泥浆稠度（W/B 相同）有影响；另一方面，在掺混合材的水泥中，由于混合材颗粒表面形状不同，也会影响混凝土的和易性。例如：粉煤灰水泥，由于粉煤灰是一种球状颗粒，这种球状珠有滚珠作用，使其拌制的混凝土有较高的流动性；而矿渣水泥中的矿渣混合材，由于其吸附水能力较差，容易产生泌水，致使混凝土拌合物保水性不好。另外，水泥细度不同对混凝土保水性、黏聚性也有影响。一般而言，细度增加，流动性变差，而黏聚性、保水性提高。当比表面积在 280 m²/kg 以下时，混凝土拌合物易产生泌水。

5. 砂率

砂率是指砂量与骨料总量的质量之比。当砂率增大时，单位混凝土中固体表面积增加，则水泥浆变稠（固体吸附水增加，自由水减少），反之亦然。当砂率小到砂不足以填充粗骨料空隙时，混凝土拌合物摩阻力增加。故砂率存在一个合理值，该值使得混凝土拌合物流动性达到最大（图 6.10）。如果保持流动性不变，则可使水泥浆用量达到最小。我们把该砂率称为合理砂率（最佳砂率）。工程上估算合理砂率时，可认为砂填充粗骨料空隙后，再把粗骨料拨开一定距离（让砂起滚珠作用），其拨开系数一般取 1.1～1.4，此时的砂率即为合理砂率。合理砂率也可根据以往试验数据查取（如规范中的推荐值）。在选取合理砂率时应注意两个关键问题：

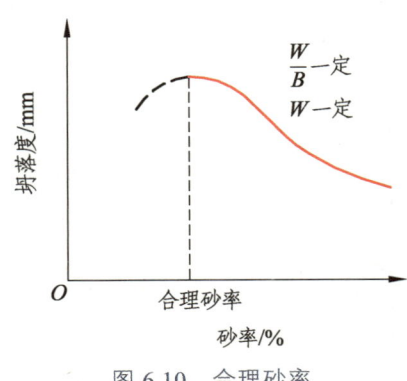

图 6.10 合理砂率

（1）选取合理砂率实际上是为了使混凝土获得最好的和易性。砂的细颗粒总量存在一个合理的固体总表面积。固体总表面积过大（表现为砂率过大），则水泥砂浆由于自由水减少，变得干稠，流动性减小；过小则保水性不好。因此，当砂变粗时，合理砂率应增大；水泥用量大时，砂率应减小；W/B 增大时，砂率应增大。

（2）水泥砂浆总量必须确保在填充粗骨料空隙后要有一定富余，以保持砂浆的润滑和滚珠作用。当粗骨料最大粒径增大时，由于空隙率减小，则砂率应减小。

6. 骨料

骨料对和易性的影响主要表现在表面形状（如碎石和卵石）、级配、最大粒径、砂的粗细方面。一般来说，表面光滑、球状的颗粒和级配好的骨料和易性好。最大粒径增大时，其空隙减少，在不改变水泥砂浆用量时，包裹粗骨料的砂浆厚度增厚，流动性增加。砂较粗时，混凝土易发生泌水（保水性不好）；较细时，砂浆变得干稠，流动性不好。

7. 外加剂

如前所述，外加剂中对和易性有影响的有减水剂、引气剂、泵送剂、速凝剂、黏稠剂等。另外，混凝土掺合料也会对和易性产生影响。

此外，环境温度、湿度也会对和易性产生影响。温度高时，水分蒸发快，和易性降低；湿度较大时，对保持坍落度有利。

四、坍落度经时损失

坍落度随时间延长而减小的现象称为坍落度损失。这是大多数混凝土普遍存在的现象,主要是因为水化过程中消耗水,固体产物增加以及水分蒸发使混凝土变稠。当掺入萘系减水剂后,坍落度损失明显增大。图 6.11 所示为典型的混凝土坍落度随时间变化曲线。一般情况下,聚羧酸减水剂具有很好地保持坍落度的性能,但要注意水泥品种、机制砂等对其适应性的影响。对于工程拟选用的减水剂,应在实验室内测试其保坍效果,以免坍落度损失太快而影响施工。

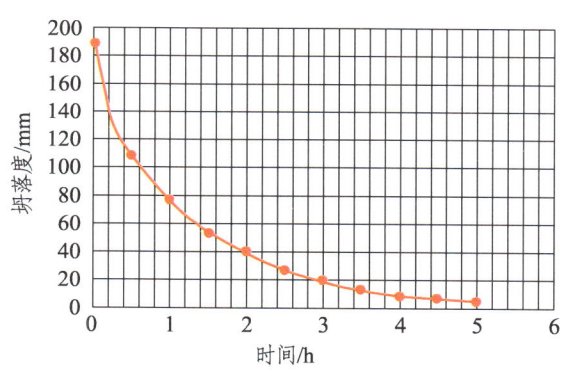

图 6.11　坍落度与拌合物存放时间的关系

五、坍落度选择

为了合理选择混凝土和易性,国家有关规范根据在长期工程中积累的经验,给出了塑性混凝土在不同截面尺寸、钢筋疏密和捣实方法条件下的建议选用值,见表 6.19。选择原则是:在保证混凝土均匀密实成型的前提下,选用较小的坍落度以节约水泥。泵送混凝土施工需要高的流动性,不受此限制。

表 6.19　混凝土浇筑时的坍落度

结　构　种　类	坍落度/mm
基础或地面等的垫层、无配筋的大体积结构(挡土墙、基础等)或配筋稀疏结构	10～30
板、梁和大型及中型截面的柱子等	35～50
配筋密列的结构(薄壁、斗仓、筒仓、细柱等)	55～70
配筋特密结构	75～90
配筋特密不便捣实的结构	100～140

注:① 本表系采用机械振捣混凝土时的坍落度,当采用人工捣实混凝土时其值可适当增大。
　　② 当需要配制大坍落度混凝土时,应掺用外加剂。
　　③ 曲面或斜面结构混凝土的坍落度应根据实际需要另行选定。

第三节 混凝土的微观结构

一、定义及意义

微观结构与性能的关系是现代材料科学的核心。混凝土的微观结构具有高度的多相不均匀性和复杂性,因此,很难建立精确的模型去可靠地预测材料性能。但了解混凝土各组分的微观结构和性能以及它们之间的相互关系,有助于对混凝土性能进行控制。本节阐述了混凝土微观结构中的三相组成,即水化水泥浆体、骨料以及水泥浆体和骨料之间的界面过渡区;讨论了混凝土微观结构与性能的关系对其强度、尺寸稳定性和耐久性能的影响。

固体中各相的类型、数量、体积、形状和分布即构成其微观结构。材料微观结构中粗大的组分很容易从其断面加以观察,但比较细小的组分通常要借助显微镜观察。术语"宏观结构"一般用于人的眼睛可以观察到的粗大的结构,而人肉眼的分辨极限大约为1/5 mm(200 μm)。术语"微观结构"则用于宏观结构中用显微镜放大才可见的部分。

材料领域的进步首先在于认识到了材料内部的微观结构决定材料性能这一原理。换句话说,适当改变材料的微观结构可以使其性能得以改进。虽然混凝土是应用最广泛的结构材料,但其微观结构具有多相不均匀性和高度复杂性。混凝土微观结构与性能的关系至今还未被充分认识。尽管如此,先了解混凝土微观结构的基本构成,对讨论混凝土的强度、弹性、收缩、徐变、开裂和耐久性等重要工程性质的影响因素还是有帮助的。

从混凝土断面(图 6.12)观测可以看到两个容易区分开来的相:一个是具有不同大小和形状的骨料颗粒,一个是由大量不同的水化产物组成的起胶结作用的水化水泥浆体。因此,从宏观上看,混凝土可视为由骨料颗粒分散在水泥浆基体之中所组成的两相材料。

图 6.12 混凝土试件的抛光断面

宏观结构是指人凭肉眼可观察到的材料粗大结构。在混凝土宏观结构中，有两相容易区分开来：形状和尺寸各异的骨料相以及由大量不完全连续的水化水泥浆体构成的黏结中间相。

从微观来看，混凝土的微观结构当然是复杂的。很显然，混凝土微观结构中的两相彼此之间不是均匀分布的，每个相本身也不是均质的。例如，硬化水泥浆体中某些区域看上去像骨料一样致密，而另一些区域则有很多孔。此外，如果几个水泥用量相同而用水量不同的混凝土试件在不同的龄期进行测试，通常可以看到，水化水泥浆体中毛细孔隙的体积随着水灰比的减小或龄期的增长而降低。对于已充分水化的水泥浆体，在模拟材料的行为时，固相和孔隙的不均匀性可以大致忽略。然而，对于存在于混凝土中的水化水泥浆体，微观结构的研究表明这种不均匀性不能忽略。在骨料存在的情况下，处在大颗粒骨料邻位的水化水泥浆体的微观结构通常与系统中浆体或砂浆本体的显微结构有很大不同。事实上，只有将水泥浆体与骨料的界面看作混凝土微观结构的第三相，混凝土在应力作用下的许多行为表现才能得到解释。

由此，混凝土微观结构的独特性可以概括如下：第一，粗骨料邻位的小区域存在界面过渡区。界面过渡区为环绕粗骨料周边的一层薄壳，通常厚度为 10~50 μm，一般比混凝土中的两个主要相，即骨料和水泥浆体本体都要薄弱。因此，界面过渡区对混凝土力学行为的影响远大于其尺寸所反映的影响。第二，三相中的每一相本身也具有多相性。例如，每一颗骨料都可能含有几种矿物，还有微裂缝和孔隙。类似地，不同种类和数量的固相、孔隙及微裂缝不均匀地分布在水化水泥浆体和界面过渡区内。这些在后面还会阐述。第三，不同于其他工程材料，混凝土的微观结构并不是其材料的固有特征，这是因为其微观结构中的两个组分，即水化水泥浆体和界面过渡区是随着时间、环境湿度和温度变化而变化的。

混凝土微观结构的高度不均匀性和其动态特性，使得对预测工程材料行为往往很有用的微观结构与性能关系的理论模型，对混凝土这种材料而言并没有太多实用价值。然而，下面所阐述的一系列有关混凝土三相微观结构重要特征的知识，对理解和控制混凝土这种复合材料的性能是很有必要的。

二、骨料的微观结构

骨料主要影响混凝土的密度、弹性模量和尺寸稳定性。混凝土性能在很大程度上取决于骨料的表观密度和强度。骨料的物理性质比其化学性质更具有决定性。换言之，可以说骨料中的固相化学组成或矿物组成没有物理性质（如孔隙体积、孔径和孔分布）那么重要。

除孔隙率外，粗骨料的形状和表面构造也会影响混凝土的性能。一些种类的骨料颗粒如图 6.13 所示。一般来说，天然卵石呈圆形，具有光滑的表面构造，而碎石则构造粗糙。依据岩石种类和破碎设备的不同，碎石会含有一定量的针片状颗粒，这些针片状颗粒会对混凝土的许多性能产生不利的影响。用浮石做的轻骨料呈高度蜂窝状，同样有棱有角，表面粗糙，但用黏土或页岩做的陶粒轻骨料则通常呈圆形，表面光滑。

（a）卵石　　　　　　　　　　　　　　（b）碎石

（c）轻骨料，多角粗糙　　　　　　　　（d）轻骨料，较圆滑

图6.13　粗骨料颗粒的形状和表面构造

除一些高度多孔且软弱的骨料，如浮石外，骨料的强度通常比混凝土中的其他两相强度要高，因而骨料相一般不会对普通混凝土的强度直接产生影响。但粗骨料的大小和形状会间接影响到混凝土的强度。混凝土骨料尺寸越大，针片状颗粒越多，骨料表面水膜聚水的倾向越大，从而使界面过渡区变弱。

内部泌水趋于聚集在针片状及大颗粒骨料周边；在这些部位，骨料-水泥浆体的界面过渡区薄弱，容易形成微裂缝，这个现象可以解释发生在骨料颗粒表面的剪切-黏结破坏。

三、水化水泥浆体的微观结构

水化水泥浆体在这里指的是由硅酸盐水泥制备的浆体。尽管硅酸盐水泥的组成和性质已在第4章作了详细讨论，但简要概述一下水泥的组成对本节讨论水化水泥浆体的微观结构如何因水泥矿物和水反应而发展是很有必要的。

无水的硅酸盐水泥是一种灰色粉末，由典型粒径在 1~50 μm 的多棱角颗粒所组成。它是由熟料和少量硫酸钙粉磨而成。熟料则是氧化钙、氧化硅、氧化铝和氧化铁在高温下反应生成的几种矿物的不均匀混合物。主要的几种熟料矿物化学组成大致相应为 C_3S、C_2S、C_3A 和 C_4AF。在普通的硅酸盐水泥中，它们的含量范围分别为 45%~60%、15%~30%、6%~12% 和 6%~8%。

当水泥分散到水中后，硫酸钙和钙的高温化合物开始进入溶液，液相很快为各种离子所饱和。在水泥水化的几分钟内，钙、硫酸盐、铝酸盐和氢氧根离子相互作用，首先生成又称为钙矾石的三硫型水化硫铝酸钙针状晶体。几小时后，大片棱柱状的 $Ca(OH)_2$ 晶体和非常细小纤维状的水化硅酸钙开始填充原先被水和渐渐溶解的熟料所占据的空间。几天之后，视水泥中铝硫比的大小，钙矾石可能会变得不稳定并分解转变为六方板片状的单硫型水化硫铝酸钙。六方片状形貌也是铝酸钙水化物的特征，它在硫酸盐不足或高 C_3A 的水泥中形成。图 6.14 是用扫描电镜观察到的铝酸钙溶液和硫酸钙溶液混合后生成物的典型形貌。

图 6.14　铝酸钙和硫酸钙溶液混合形成的典型单硫型硫铝酸钙六方晶体和钙矾石针状晶体 SEM 照片

四、混凝土中的界面过渡区

（一）微结构

由于实验上的困难，有关混凝土界面过渡区的信息很少。但是，根据马索（Maso）

的描述，可以从混凝土浇筑时起过渡区一连串的发展，了解其一些微观结构特性。

首先，新捣实的混凝土中，在大颗粒骨料周围形成水膜，这导致大颗粒骨料周边的水灰比要高于远离的部位（即砂浆本体）。

其次，如同水泥浆本体，由硫酸钙和铝酸钙分解产生的钙、硫酸根、氢氧根以及铝酸根离子，结合生成钙矾石和氢氧化钙。由于高水灰比，这些粗骨料周边的结晶产物为较粗大的晶体，因而形成比水泥浆或砂浆本体更多孔隙的骨架结构。板状的氢氧化钙晶体往往形成择优取向层。

最后，随着水化的发展，结晶差的 C-S-H 和二次生成的较小的钙矾石、氢氧化钙晶体开始填充在大的钙矾石和氢氧化钙晶体构成的骨架间隙里。这有助于提高过渡区的密实度并提高其强度。

图 6.15 所示为混凝土界面过渡区的扫描电镜照片。

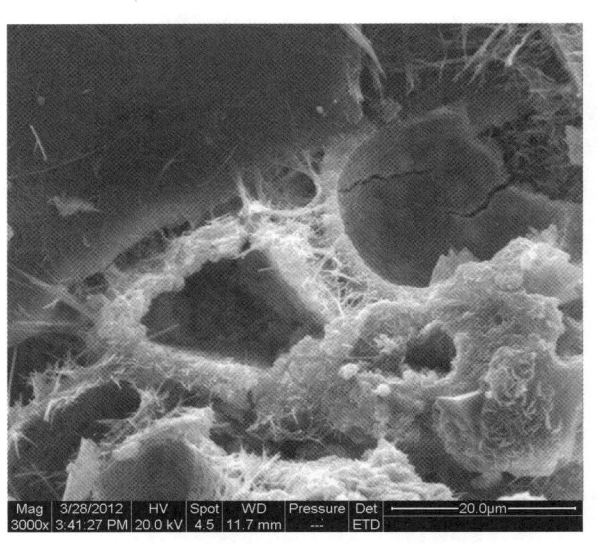

图 6.15　混凝土界面过渡区的扫描电镜照片

（二）强　度

和水化水泥浆体一样，混凝土水化产物和骨料颗粒之间的黏结力也来源于范德瓦耳斯力。因此，过渡区中任一点的强度取决于其中孔的体积和尺寸。即使是低水灰比混凝土，在早期，过渡区中孔的体积和尺寸也要比砂浆本体孔的体积和尺寸大，因此，其强度相对较弱。然而，随着龄期的增长，过渡区的强度可以等于甚至大于砂浆本体的强度。这可能是因为，水泥浆体和骨料间缓慢的化学反应在过渡区的孔隙中形成了新的结晶产物——骨料为硅质时生成了水化硅酸钙，骨料为石灰石时则生成了水化碳铝酸盐。这些反应对强度有所贡献，因为它们会减小过渡区中氢氧化钙的含量。大块的氢氧化钙晶体黏结能力较差，不仅因为其表面积小，相应的范德瓦耳斯力弱，而且因为其形成取向结构的趋势而成为优先劈裂的位置。

除毛细孔体积大和氢氧化钙结晶具有取向性外，混凝土过渡区强度差还有一个主要原因是存在微裂缝。微裂缝的数量取决于很多参数，包括骨料粒径大小和级配、水泥用量、水灰比、新拌混凝土捣实程度、养护条件、环境湿度以及混凝土的温度发展历程。例如，骨料级配差的混凝土捣实时易于离析，因此，粗骨料周围特别是颗粒下方会形成一层厚的水膜。在相同条件下，骨料尺寸越大，水膜越厚。在这种条件下形成的过渡区，在受到骨料和水泥浆体间差异运动引起的拉应力作用时易于开裂。通常这种差异运动在混凝土干燥或冷却时都会发生。换句话说，混凝土在受荷之前，过渡区就已经有微裂缝存在了。显然，短时间的冲击荷载、干燥收缩以及高应力下的持续荷载将增大微裂缝的尺寸和数量。

（三）界面过渡区对混凝土性能的影响

界面过渡区是强度链条中最薄弱的一环，通常被视为混凝土中的强度限制相。这是因为过渡区的存在，使混凝土在比其两个主要组成相的强度低较多的应力水平下就破坏了。由于不需要很高的能量水平就能使已经存在于过渡区的裂缝扩展，即使在极限强度的50%，施加单位应力就可以获得较大的应变增量。这就解释了：混凝土的组成相（即骨料和水化水泥浆体或砂浆）在单轴受压试验破坏前，通常维持弹性，而混凝土本身却呈现非弹性。

当应力增大到极限强度的70%左右时，砂浆基体中大孔的应力集中足以引发砂浆开裂。随着应力增大，基体裂缝逐渐扩展，直至与过渡区的原生裂缝相连。当裂缝成为连续体系时，材料就破坏了。在压力荷载下，基体裂缝的形成和扩展需要相当大的能量；另外，在拉力荷载下，裂缝在小得多的应力水平下就会迅速扩展。这就是为什么混凝土受拉时呈脆性破坏，而受压时则相对强韧。这也是为什么混凝土抗拉强度比抗压强度低得多的原因。

过渡区的微观结构，尤其是孔隙的体积和微裂缝的存在，对混凝土刚度和弹性模量有很大影响。在这种复合材料中，界面过渡区充当着两个组成相，即砂浆基体和粗骨料颗粒之间的桥梁。即使组成相各自的刚度很大，但复合材料的刚度则因断桥（即过渡区的孔隙和微裂缝）无法传递应力而减小。这样，当混凝土暴露于火中时，由于过渡区开裂其弹性模量的下降要比抗压强度的下降快得多。

界面过渡区的特征也同样影响混凝土的耐久性。预应力混凝土和钢筋混凝土构件常因为钢筋腐蚀而失效。钢筋锈蚀的速率受混凝土渗透性影响很大。在钢筋和粗骨料的界面，过渡区存在微裂缝是混凝土比相应的水化水泥浆体或砂浆渗透性更大的首要原因。应该注意到，空气和水的渗入是混凝土中钢筋锈蚀的必要先决条件。

水灰比对混凝土渗透性和强度的影响通常归因于混凝土中水灰比与水化水泥浆体孔隙率之间存在的关系。前面关于过渡区微观结构和性能对混凝土影响的讨论表明，其实从整体上考虑水灰比对整个混凝土拌合物的影响会更为合适。这是因为依据骨料的特性，例如最大粒径和级配的不同，砂浆基体和界面过渡区的水灰比可能会有很大的差异。一一般来说，其他条件不变时，骨料粒径越大，界面过渡区局部水灰比就越大，因而混凝土越弱，渗透性也越大。

五、混凝土中的孔及其结构特征

各种尺寸的孔也是硬化水泥浆体的一个重要组成部分，总孔隙率、孔径及其分布、孔的形态以及孔壁所形成的巨大内表面积，都是硬化水泥浆体的重要结构特征。

（一）内表面积

由于水化产物特别是 C-S-H 凝胶的高度分散性，其中又包含有数量如此众多的微细孔隙，所以硬化水泥浆体具有极大的内表面积，从而构成了对物理力学性质有重大影响的另一结构因素。内比表面积通常采用水蒸气吸附法进行测定。将经过一定方法干燥过的样品在不同蒸气压下，测定其对蒸气平衡时的吸附量；再根据 BET 方程计算出在固相表面上形成单分子吸附层所需的水蒸气量，最后计算出硬化水泥浆体的比表面积。用此法测得硬化水泥浆体的比表面积约为 210 m/g，与未水化的水泥相比，提高达三个数量级。如此巨大的比表面积所具有的表面效应，必然是决定浆体性能的一个重要因素。

（二）孔径分布及总孔隙率

在水化过程中，水化产物的体积要大于熟料矿物的体积。据计算，每 1 cm 的水泥水化后约需占据 2.2 cm 的空间，即约 45%的水化产物处于水泥颗粒原来的周界之内，成为内部水化产物；另有 55%则为外部水化产物，占据着原先充水的空间。这样，随着水化过程的进展，原来充水的空间减少，而没有被水化产物填充的空间，则逐渐被分割成形状极不规则的毛细孔。另外，在 C-S-H 凝胶所占据的空间内还存在着孔，尺寸极为细小，用扫描电镜也难以分辨。表 6.20 中则将凝胶孔分为胶粒间孔、微孔和层间孔三种。

表 6.20　孔的分类方法一例

类别	名称	直径	孔中水的作用	对浆体性能的影响
粗孔	球形大孔	1 000 ~ 15 μm	与一般水相同	强度、渗透性
毛细孔	大毛细孔 小毛细孔	10 ~ 0.05 μm 0.05 ~ 0.01 μm	与一般水相同 产生中等的表面张力	强度、渗透性 强度、渗透性、高湿度下的收缩
凝胶孔	胶粒间孔 微　孔 层间孔	10 ~ 2.5 nm 2.5 ~ 0.5 nm <0.5 nm	产生强的表面张力 强吸附水，不能形成新月形表面结构水	相对湿度60%以下时的收缩 收缩、徐变 收缩、徐变

由表可见，孔的尺寸在极为宽大的范围内变动；即使不计入粗孔，单是毛细孔和凝胶两类的孔径就要从 15 μm，一直小到 0.5 nm 以下，大小相差达 5 个数量级。至于孔分类方法还有很多，看法也不完全一致。将孔分成粗孔、毛细孔和凝胶孔三大类，也同样是比较武断的。实际上孔的分布具有连续性，不可能有任何明确的区分界限；而且从具

有毛细管效应的角度看,属凝胶孔一类的胶粒间孔实际上也是一种小的毛细孔。

一般在水化 24 h 以后,硬化浆体中绝大部分(70%~80%)的孔径已在 100 nm 以下。随着水化过程的进展,孔径小于 10 nm 即凝胶孔的数量由于水化产物的增多而增加,毛细孔则逐渐被填充减小,总的孔隙率则相应降低(图 6.16)。

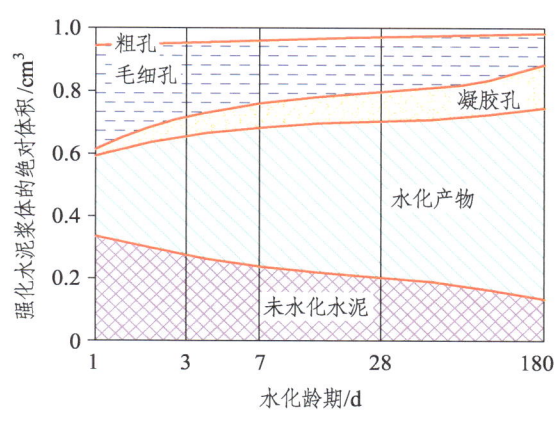

图 6.16 浆体组成体积随龄期变化示意图

第四节 混凝土硬化特性及其强度

一、混凝土的抗压强度

混凝土的抗压强度一般采用圆柱体、棱柱体和立方体抗压强度来评定。我国国家标准《混凝土物理力学性能试验方法标准》(GB/T 50081—2019)规定:采用边长为 150 mm 的立方体试件,在标准养护条件[温度(20±2)℃,相对湿度 95% 以上],养护到 28 d 龄期测得的抗压强度(平均)值称为混凝土立方体抗压强度,并以 f_{cu} 表示。

混凝土抗压强度等级(用 C 表示)是根据混凝土抗压强度标准值($f_{cu,k}$)划分的。混凝土抗压强度标准值是指立方体抗压强度总体分布(一般为正态分布)中的某个值,使得低于该值的百分率不大于 5%(图 6.17)。

混凝土抗压强度标准值,《混凝土结构设计规范》(GB 50010—2010),钢筋混凝土结构分为 C15、C20、C25、C30、C35、C40、C45、C50、C55、C60、C65、C70、C75、C80 共 14 个等级。根据《混凝土质量控制标准》(GB 50164—2011),

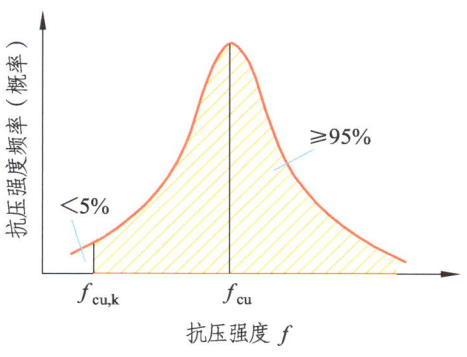

图 6.17 抗压强度分布及标准值

普通混凝土分为 C10、C15、C20、C25、C30、C35、C40、C45、C50、C55、C60、C65、C70、C75、C80、C85、C90、C95、C100 共 19 个等级。例如，C40 表示混凝土立方抗压强度标准值为 40 MPa，即混凝土立方抗压强度大于或等于 40 MPa 的概率为 95%以上。

混凝土强度等级评定时采用标准试件，标准养护条件和 28 d 龄期，主要目的是使检验结果具有可比性，检验材料配比是否合格。虽然标准养护与实际构件混凝土养护条件不一致，但在一定条件下（严格按施工规范施工养护），构件强度与试件强度最终会趋于一致。而在早期评估构件实际强度时，应以与构件同条件养护的试样抗压强度值为准。

二、混凝土受压破坏机理

由于混凝土是由水泥浆、砂、石经混合后凝结硬化而成的，故其结构是多相体、不均匀体。水泥石内部存在毛细孔（多余水形成的），水泥与骨料界面薄弱环节处 CH 作定向排列，泌水形成水囊、干缩裂纹、内部不均匀温度差裂纹等（图 6.18）。混凝土在压应力作用下，上述薄弱环节会进一步发展，又由于混凝土中骨料（特别是粗骨料）与水泥浆的弹性模量不同，在压应力作用下，砂浆与粗骨料界面会产生剪切滑移（图 6.19）。结果粗骨料像楔子似的对砂浆产生劈拉作用。由于水泥砂浆抗拉强度很低，当拉应力和剪切应力超过其极限应力时，内部开裂破坏就会被引发，并逐步扩展，最终导致混凝土破坏。

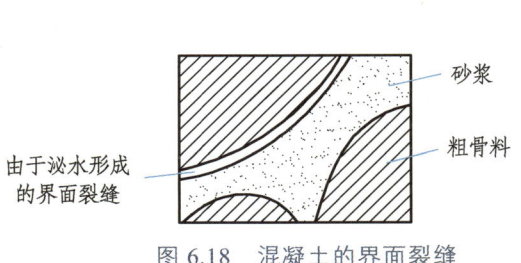

图 6.18 混凝土的界面裂缝　　图 6.19 混凝土受压时的内部应力传递

有学者对混凝土单轴（类似棱柱体单向）受压下混凝土的破坏过程进行试验，研究分析后提出荷载作用下混凝土内部裂缝发展可分为四个阶段：压应力小于极限应力的 30%（称为比例极限）为第Ⅰ阶段，这一阶段，未受荷前就存在的界面裂缝无明显变化，宏观上显示出应力-应变呈直线关系，为弹性变化阶段；随着荷载进一步增加，超过比例极限，压应力增加时界面裂缝的长度、宽度和数量也随之增加，界面借助于摩阻力的作用承担荷载，而水泥砂浆的开裂小得可忽略不计，此时变形增加的速率大于应力增加的速率，曲线偏离直线开始弯向水平方向，相当于 70%～90% 极限应力以下时为第Ⅱ阶段；在界面裂缝继续发展的同时，开始出现贯穿砂浆的裂缝，应力-应变曲线明显趋向水平方向，相当于 70%～100% 极限应力为第Ⅲ阶段；超过极限荷载后连续裂缝急速地发展，随着荷载增加，界面裂缝进一步增加，贯穿砂浆的裂缝逐渐增生，并将邻近的界面裂缝连接起来成为连续裂缝而破损，为第Ⅳ阶段。混凝土不同受力阶段裂缝如图 6.20。

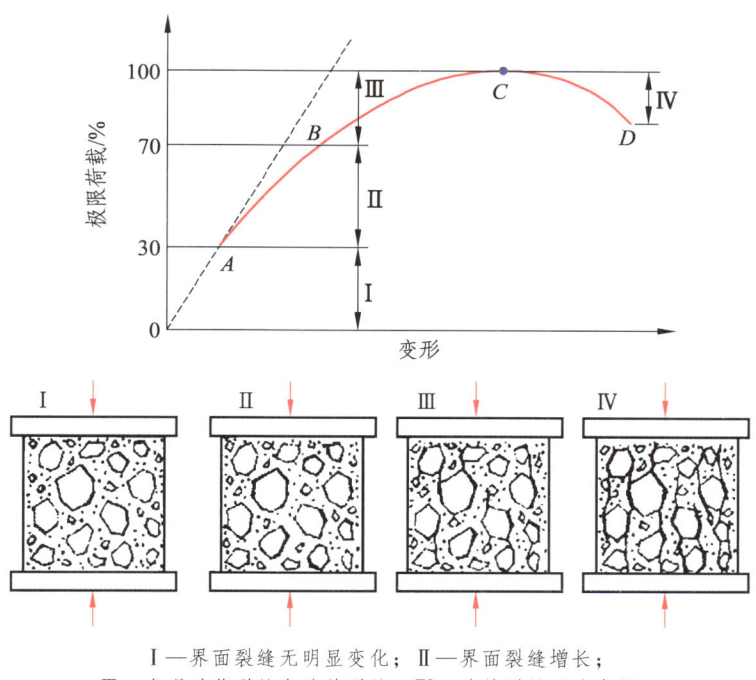

Ⅰ—界面裂缝无明显变化；Ⅱ—界面裂缝增长；
Ⅲ—出现砂浆裂缝和连续裂缝；Ⅳ—连续裂缝迅速发展。

图 6.20　混凝土不同受力阶段裂缝示意图

根据上述分析可知：混凝土受压破坏主要是微裂缝的引发、扩展、贯通，最终破坏的过程。因此，混凝土安全使用范围应是在第二阶段，即稳定阶段。在《混凝土结构设计规范》（GB 50010—2010）（2015 年局部修订）中，混凝土单轴抗压强度设计值一般为标准值的 70%～72%，而且标准值还有 95% 的保证率，因此，结构是安全的。

三、影响混凝土强度的因素

根据上述对单轴受压混凝土破坏过程的分析，我们可以将混凝土破坏的形式归纳为这样几类：一是由于界面薄弱环节引起开裂（黏结力破坏）；二是水泥浆在粗骨料劈裂作用下开裂破坏（水泥砂浆破坏）；三是骨料受力被劈开进而引起砂浆破坏（骨料破坏），此种情况仅仅发生在骨料强度低于砂浆或混凝土整体强度时。第三种情况一般很少发生，

因为现行规范要求骨料强度一般大于混凝土强度,故界面黏结强度和水泥石强度是决定普通混凝土强度最重要的因素。

1. 水泥强度和水胶比

大量试验结果表明:在原材料保持一定的条件下,混凝土在标准条件下养护 28 d 的立方体抗压强度(f_{cu})与水泥实测强度(f_{ce})及水胶比(W/B)之间存在如下关系:

$$f_{cu} = \alpha_a \times f_b \left(\frac{B}{W} - \alpha_b \right)$$

$$f_b = \gamma_f \gamma_s f_{ce}$$

式中:α_a、α_b——与骨料种类等有关的系数[《普通混凝土配合比设计规程》(JGJ 55—2011)],采用卵石时 $\alpha_a = 0.49$、$\alpha_b = 0.13$,采用碎石时 $\alpha_a = 0.53$、$\alpha_b = 0.20$,仅砂浆时 $\alpha_a = 0.29$、$\alpha_b = 0.40$。

f_b——胶砂强度,MPa。

γ_f、γ_s——粉煤灰和粒化高炉矿渣粉影响系数,按表 6.21 选用。

f_{ce} 可以用水泥强度等级 $f_{ce}^b \times \gamma_c$ 计算。γ_c 为水泥强度等级值的富余系数,取 1.1~1.16。系数 α_a、α_b 主要与骨料种类、水泥品种、工艺方法有关,当本地区已有大量统计资料时,最好选用当地统计回归系数值进行计算。

表 6.21 粉煤灰影响系数(γ_f)和粒化高炉矿渣粉影响系数(γ_s)

掺量/%	粉煤灰影响系数 γ_f	粒化高炉矿渣粉影响系数 γ_s
0	1.00	1.00
10	0.85~0.95	1.00
20	0.75~085	0.95~1.00
30	0.65~0.75	0.90~1.00
40	0.55~0.65	0.80~0.90
50	—	0.70~0.85

2. 混凝土龄期与强度的关系

由于混凝土强度发展主要受胶凝材料强度发展的影响,而水泥石密实度是随龄期增大逐渐增大的,密实度提高,强度也随之提高。试验表明,普通硅酸盐水泥配制的混凝土在标准养护条件下,中等强度等级混凝土抗压强度的发展大致与龄期成对数关系,即

$$\frac{f_{28}}{f_n} = \frac{\lg 28}{\lg n}$$

式中:f_{28}——28 d 龄期的混凝土抗压强度,MPa;

f_n——n d 龄期的混凝土抗压强度,MPa,$n \geq 3$。

混凝土强度发展取决于胶凝材料强度发展。对于早强型普通硅酸盐水泥，由 3～7 d 抗压强度推算 28 d 强度会偏大，而掺入大量掺合料的混凝土，推算强度会偏低。水泥细度提高，早龄期强度推算 28 d 强度值偏大。

图 6.21、图 6.22 是典型的混凝土强度随龄期增长过程曲线。

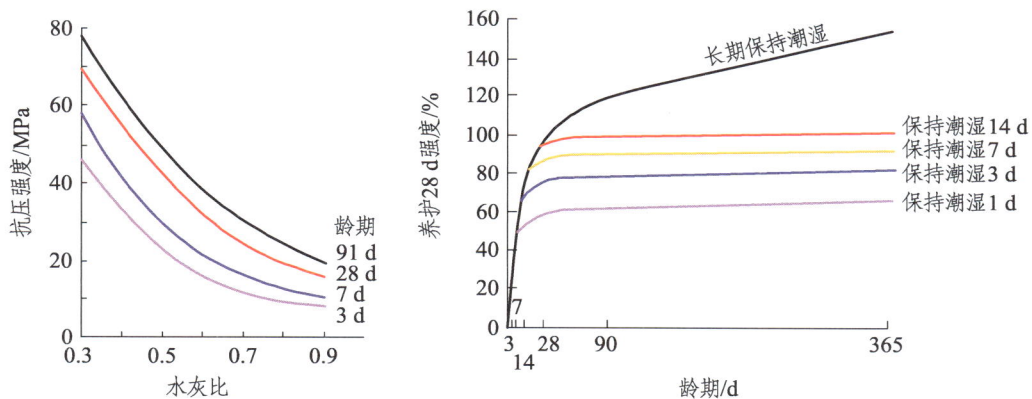

图 6.21　混凝土强度与保湿养护时间的关系　　图 6.22　混凝土强度随龄期的增长过程

3. 养护条件对混凝土强度的影响

由于水泥必须在一定的温度、湿度（毛细孔中含水）条件下才能正常水化凝结硬化，为了获得质量优良的混凝土，在混凝土成型后，必须保持一定的温度和湿度，以保证混凝土强度正常发展。若过早失水干燥，则混凝土就会停止水化，并且还会发生严重的干缩开裂现象，最终使混凝土的耐久性和强度显著降低。国家标准规定：混凝土覆盖洒水养护不得少于 7 d，有抗渗要求的和使用火山灰水泥、粉煤灰水泥及掺缓凝型外加剂的混凝土不得少于 14 d。图 6.23 是在不同温度条件下混凝土强度随龄期发展而发生的变化。

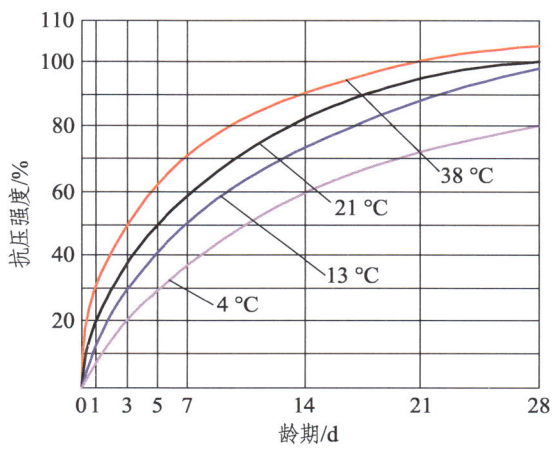

图 6.23　养护温度对混凝土强度的影响

试验表明：混凝土早期强度一般随养护温度提高而提高，这是由于较高温度加速了水泥水化过程。但在过高的养护温度（如大于 40 ℃）下，混凝土最终强度并不一定高，可能还会低于 20 ℃ 养护的试件强度。这是由于过早地形成网状结构对后期强度发展不利。有资料表明，混凝土养护温度大约在 13 ℃ 时可获得最终的最高强度，但在掺入活性混合材时，采用压蒸养护可获得更多结晶网状结构，从而增加混凝土的最终强度。

另外，应尽可能避免混凝土早期受冻。这是因为早期强度低，冻结会导致大量结构膨胀破坏，而且是不可恢复的。当混凝土产生足够强度后，毛细孔减少，即便是在 -5 ℃ 条件下，混凝土中仍有部分水不会结冰而继续水化。因此，冬季施工（规范规定为平均气温连续 5 d 稳定低于 5 ℃ 时）对混凝土适当保温是必要的。

4. 骨料的影响

当骨料的强度远高于混凝土（规范中的要求）时，骨料强度对混凝土强度影响并不大，但骨料表面粗糙程度则影响界面黏结力。当配合比相同时，碎石混凝土强度较高就是这个道理。但在相同和易性条件下，水泥用量也相同时，由于卵石混凝土需水量较小，故可降低水灰比，因此强度也不一定会低于碎石混凝土。普通混凝土选材更偏重于就地取材。在高强混凝土中由于水泥用量较大，碎石则表现出了较高的综合优势，因此，高强度混凝土配制要求只能采用碎石，不能用卵石。

5. 其他影响因素

（1）外加剂。减水剂、早强剂、缓凝剂、速凝剂、引气剂等对混凝土强度都有不同程度的影响，但它们的影响机理是不一样的。一般来说，减水剂本身对强度并无多大影响，它是通过降低水灰比对强度产生较大影响的；早强剂、速凝剂则是通过改变水泥水化进程，并参与水化反应来改变早期强度。通常可以获得较高早期强度的外加剂，对后期强度增长则不利。缓凝剂对早期强度发展不利，但有利于后期强度；引气剂则由于引入气泡而降低了强度。

（2）搅拌和捣实方法。机械搅拌比人工搅拌效率高，而且使得混凝土更加均匀，特别是对低流动性及干硬性混凝土更为显著。搅拌不均的混凝土不但硬化后强度低（孔隙多），而且强度变异性大。采用机械搅拌和振捣时，可以选用较小的坍落度、砂率，使混凝土成本降低，还可以使混凝土其他综合性能（抗裂性、抗离析性、徐变、收缩等）得到改善。如采用高频或多频振动器来振捣，则可进一步排除混凝土拌合物中的气泡，使之更密实，从而获得更高的强度。水灰比逐渐增大或流动性逐渐增大时，机械振动捣实效果就不明显了。

（3）试验条件。试验条件是指在混凝土原材料配合比、养护条件、龄期均一致的条件下，由于试件尺寸、表面平整度、加荷速度等的不同引起混凝土强度的变化。

① 试件尺寸的影响。几乎所有材料都有这样的共性：小试件强度高，而大试件强度低。这是由于大试件容易形成大孔隙，而小试件形成大孔隙的概率相对较低（假定材料或多或少都存在一定量的孔隙或缺陷），而这些孔隙或缺陷往往是导致材料提前破坏的因素。

② 环箍作用（图6.24）。受压试件与承压板之间存在摩擦力，混凝土与钢制承压板的横向变形（泊松比μ）不同，且承压板是局部受压，不受压部分的压板对受压部分会产生约束变形作用，因此上下承压板对试件横向变形起了约束作用。愈接近承压板，这种约束作用愈明显。在距离端面大约 $\frac{\sqrt{3}}{2}a$（a为试件横向尺寸）的范围以外约束作用才会消失。所以，试件在破坏后，其上下部分各有一个较完整的棱锥体，这就是约束作用的结果。环箍效应主要影响立方体试件，它提高立方体试件的承压强度。由于试件尺寸大小对混凝土抗压强度有影响，当使用非标准试件时应乘以一个换算系数。我国规范规定：标准抗压试件为 150 mm×150 mm×150 mm 的立方体，如采用其他尺寸时，所测得的抗压强度应乘以换算系数。边长为 200 mm 的立方体，系数为 1.05；边长为 150 mm 的立方体，系数为 1.00；边长为 100 mm 的立方体，系数为 0.95。

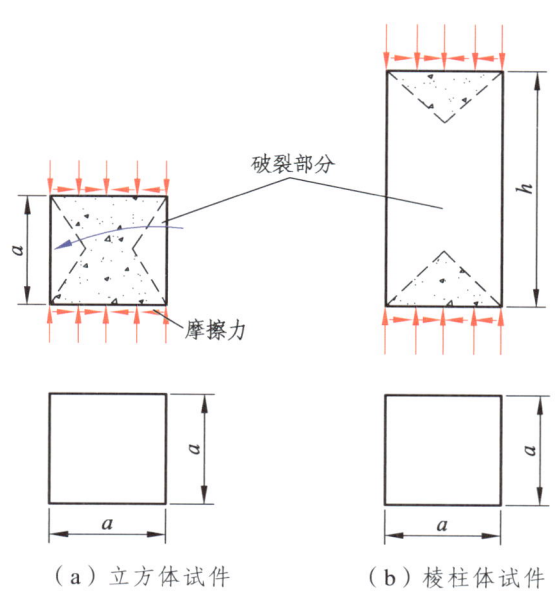

（a）立方体试件　　（b）棱柱体试件

图6.24　混凝土试件的破坏状态

当圆柱体的直径等于棱柱体的边长，且两者高度相等时，圆柱体抗压强度比棱柱体的大（由于受棱柱体转角应力集中的影响）。

③ 加荷速度的影响。混凝土受压破坏是由于混凝土裂缝引发、扩展、连通的结果，这是一个时间、空间的积累过程。当加载速度过快，超过了它们发展的进程时，试件承载力会明显增大。显然这是一个虚假示值。我国规范对混凝土抗压强度的加荷速度规定为 0.3~0.8 MPa/s。当混凝土强度等级低于 C30 时，取 0.3~0.5 MPa/s；高于或等于 C30 时，取 0.5~0.8 MPa/s。如果将加荷速度减至 0.01 MPa/s，或加至 5 MPa/s 时，抗压强度将降低或增高 10% 左右。

④ 试件受压面平整度的影响。试件上下两个承压面必须平整光滑，并与中轴垂直，借以保证试件均匀受力。试件承压面上的凸起、凹陷、掉角等，都将引起应力集中，从而降低试件强度。

四、混凝土的其他力学性能

1. 轴心抗压强度

混凝土在结构中作为受压构件时，常常是以柱状受压，故在构件设计规范中，棱柱体抗压强度（f_{cp}）是非常重要的指标。规范中规定的标准试件尺寸为 150 mm × 150 mm × 300 mm。在规定的成型方法及标准条件下养护 28 d，测得的抗压强度值即为轴心抗压强度值。根据大量试验统计，f_{cp} =（0.7 ~ 0.8）f_{cu}（规范取值为 0.67 ~ 0.63）。轴心抗压强度的标准值 f_{ck} 按照《混凝土结构设计规范》（GB 50010—2010），经过计算确定。

2. 抗拉强度

混凝土的抗拉强度很低，一般只有抗压强度的 1/10 ~ 1/20，混凝土强度等级愈高，其拉压比就愈小。因此，在普通钢筋混凝土结构设计中，通常不考虑混凝土承受的拉应力。但在抗拉强度要求较高的结构，如油库、水塔、路面以及预应力混凝土构件设计中，抗拉强度则是确定混凝土抗裂性的主要指标。随着对钢筋混凝土耐久性研究的日益迫切，对混凝土抗拉强度重要性的认识也在不断提高，因为确保钢筋混凝土不裂是保证混凝土耐久性最基本的技术要求。

测定混凝土轴心抗拉强度难度较大，一是要使荷载作用力线与受拉试件几何轴线尽可能重合，二是要保证试件在均匀受拉区破坏。这两大难题至今仍未很好解决，致使测试值波动很大。目前，国内外采用劈裂抗拉法来测定混凝土的抗拉强度。该法是基于弹性力学原理，当在试件的两个相对表面上作用着均匀分布的线荷载时，就能够在外力作用的竖向平面产生均匀分布的拉应力（图 6.25）。这个均布拉应力按弹性力学计算为

$$f_{ts} = \frac{2P}{\pi a^2} = 0.637 \frac{P}{a^2}$$

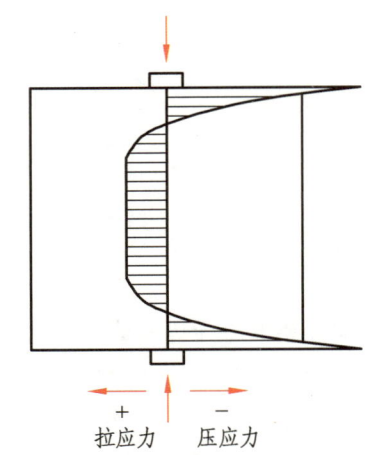

图 6.25 劈拉试验时劈裂面上的应力分布

式中：P ——破坏荷载，N；
a ——立方体试件边长，mm。

我国规范规定：劈拉标准试件为 150 mm × 150 mm × 150 mm 的立方体，采用 ϕ150 mm 的弧形钢垫条，并加柔性纤维垫片加荷。值得注意的是，缺陷对于抗拉性能的影响更显

著，尺寸效应更明显，非标准试件换算成标准立方体劈裂强度时系数与抗压强度不同，如 100 mm×100 mm×100 mm 的立方体劈裂抗拉强度换算成标准立方体劈裂抗拉强度的换算系数为 0.85，这与抗压强度不同。

3. 弯拉强度

弯拉强度也称为抗折强度，是水泥混凝土道路路面或机场跑道用混凝土的主要强度指标，抗压强度作为参考强度指标。弯拉强度以标准方法制备成 150 mm × 150 mm × 600 mm（或 550 mm）的梁式试件，在标准条件下养护至 28 d，按三分点加荷方式测定弯拉强度。

根据《公路水泥混凝土路面设计规范》(JTG D40—2011)，交通荷载等级对混凝土的弯拉强度标准值有明确的要求，交通荷载等级为轻、中等、重及以上对应的混凝土弯拉强度标准值分别不低于 4.0 MPa、4.5 MPa、5.0 MPa。

第五节 混凝土在硬化过程中及硬化后的变形性能

一、混凝土在荷载下的变形

混凝土在荷载下的变形分为在短期荷载和长期荷载下的变形，典型的短期荷载下的应力-应变曲线如图 6.26 所示。由于混凝土是一种多相（水泥、砂、石）体，受压时，初期（应力约为极限强度的 30%）变形为弹性，表现为材料被弹性压缩；当压应力超过一定值后，则塑性和弹性变形共存。

在重复荷载作用下的应力-应变曲线，因作用力的大小不同而有不同的形式。当应力小于 $(0.3\sim0.5)f_{cp}$ 时，每一次卸荷都残留一部分塑性变形 $(\varepsilon_{塑})$，但随着重复次数的增加，$\varepsilon_{塑}$ 的增量逐渐减少，最后曲线稳定于 $A'C'$ 线，它与初始切线大致平行，如图 6.26 所示。若重复应力高于 $(0.5\sim0.7)f_{cp}$，将最终产生疲劳破坏。

1. 混凝土的弹性模量

正如前述，混凝土应力-应变曲线并不是直线，因此混凝土是一种弹塑性并存的材料。在短期荷载作用下，混凝土的应力 σ 与应变 ε 的比值随着应力的增加而减小，并不完全遵循胡克定律。这种特性不仅表现在加载时的应力-应变曲线上，也表现在卸荷时的应力-应变曲线上，如图 6.27 所示。

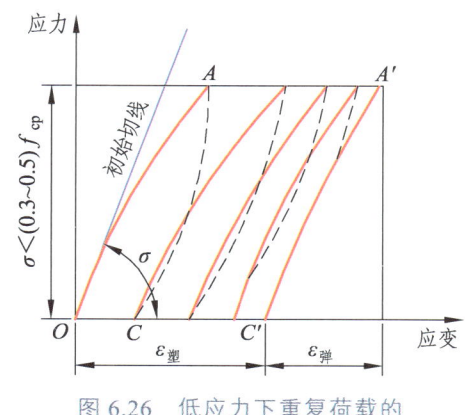

图 6.26 低应力下重复荷载的应力-应变曲线

工程上为了应用弹性理论进行计算，常对该曲线的初始阶段作近似的直线处理。

图 6.27 为混凝土在短期静力受压时的应力-应变曲线。图 6.27 中表示出以三种直线处理后的混凝土弹性模量：

① 原点切线弹性模量 $E_0 = \tan\alpha_1$。

② 割线弹性模量 $E_c = \tan\alpha_2 = \dfrac{\sigma_1}{\varepsilon_1}$。

③ 切线弹性模量 $E_t = \tan\alpha_3$。

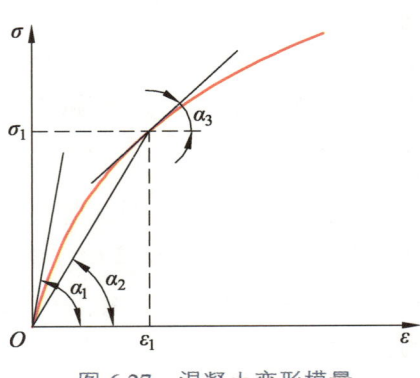

图 6.27　混凝土变形模量

应力-应变曲线原点的切线斜率不易测准，同时由于初始应力很小，故而测得的原点弹性模量 E_0 实用意义不大。切线弹性模量 E_t 是应力-应变曲线上任一点的切线斜率，它只适用于切点处荷载变化很小的范围内。应用最多的是割线弹性模量。割线弹性模量是人为地将加载期间测得的变形定为弹性变形。我国现行规范指定当应力 $\sigma = f_{cp}/3$ 时，加荷割线弹性模量定义为混凝土的弹性模量 E_c。由于施加的荷载是静荷载，故割线模量又称为静力弹性模量。

混凝土弹性模量一般随混凝土强度等级提高而提高，影响因素也与强度基本一致，但骨料含量和骨料弹性模量大小对其影响大于对强度的影响。

试验表明：混凝土受拉弹性模量略小于受压弹性模量，实用上常采用同一数值。表 6.22 是目前规范给出的不同强度等级混凝土弹性模量取值标准。

表 6.22　混凝土弹性模量 E_c（$\times 10^4$ MPa）

强度等级	C15	C20	C25	C30	C35	C40	C45	C50	C55	C60	C65	C70	C75	C80
E_c	2.20	2.55	2.80	3.00	3.15	3.25	3.35	3.45	3.55	3.60	3.65	3.70	3.75	3.80

2. 混凝土的徐变

徐变是指在持续荷载作用下，混凝土产生随时间增长而增加的变形。

当混凝土龄期为 t 时，加上恒定荷载，混凝土立即产生瞬时应变，这种应变以弹性应变为主。随时间增长，变形会继续增加，其变化规律如图 6.28 所示。早期增加快，后期逐步减缓。若在其后某一时间卸荷，则一部分变形以稍小于弹性应变的值立即产生弹性恢复，而后将有一个随时间而减小的应变恢复（称为徐变恢复），最后残留下的应变称为不可逆徐变。一般徐变要比弹性应变大 2~4 倍（图 6.28）。在工程上，一方面，徐变可引起预应力损失，增加大跨度梁挠度，降低结构抗裂性能；另一方面，徐变也可消除内部不均匀应力（如温度应力、收缩应力等），减小应力集中。

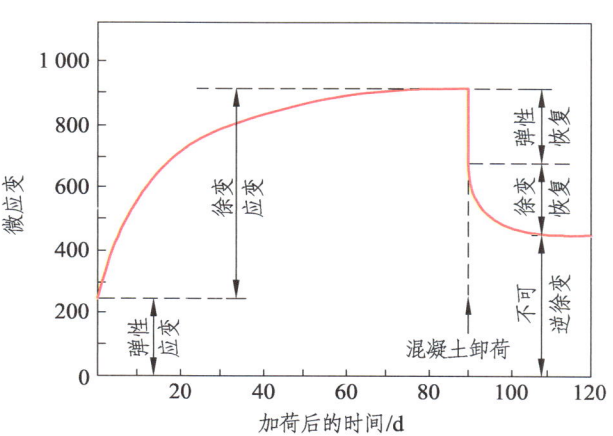

图 6.28　混凝土徐变与徐变恢复曲线

混凝土产生徐变的机理，目前比较一致的看法有两点：一是硬化水泥凝胶体之间产生了黏性流动或滑动；二是吸附在凝胶颗粒上的吸附水在压力作用下向压力较小的毛细孔渗出（或迁移）。影响混凝土徐变大小的因素有：

（1）W/B 增加，孔隙增加，徐变增大。

（2）水泥浆用量愈大，徐变愈大，而骨料增加，徐变减小。

（3）环境湿度降低，混凝土失水快而徐变增大；温度升高，徐变增大。

（4）与水泥品种有关。早强快硬水泥徐变减小（早期徐变减小，开裂可能性增加），结晶型产物增加，徐变减小。

（5）应力增大，或混凝土受力时的强度降低，徐变增加；延迟加载时，强度提高徐变减小。

二、混凝土的体积变形

引起混凝土体积变化的因素主要有温度、化学反应、湿胀干缩。这些变化若是均匀的，则对混凝土结构影响较小；若是非均匀（大多数为非均匀性）的，则可能使混凝土由于抗裂强度不足而开裂。

1. 化学收缩

混凝土是由于水泥水化产生凝结硬化作用而将砂、石胶结成人造石的。但水泥加上水的体积并不完全等于水泥石的体积，而是略有减小，我们把这种收缩称为化学减缩。当然，这种化学减缩是比较小的，一般不会引起混凝土开裂。混凝土的化学减缩在成型后 40 d 内收缩增长较快，以后逐渐趋于稳定。化学减缩是不能恢复的。

2. 自收缩

混凝土的自收缩是指在没有与外界水分交换的条件下产生的收缩。由于自收缩在普通混凝土中占比少，不到10%，因此常常被忽略不计。但是在低水胶比高强度、高性能混凝土中，自收缩问题不可忽视。研究表明，混凝土水胶比在 0.3 以下时，自收缩率达到 $200 \times 10^{-6} \sim 400 \times 10^{-6}$。胶凝材料用量增加，使用硅灰、磨细矿渣都将提高自收缩值。

3. 干湿变形

与大多数多孔材料一样，混凝土在干燥过程中会产生收缩，其干缩量的大小取决于混凝土孔隙率、水泥浆用量以及细颗粒含量，甚至砂、石料质量。其机理是：由于水分蒸发，引起凝胶体失水，失去水膜的胶粒在范德瓦耳斯力作用下，颗粒间距离减小，产生收缩；毛细水减少时，会引起毛细管压力增大，管壁受到的压力随湿度的减小而增大，宏观上表现为"干缩"。当湿度增大时，会引起胶粒间距离变大以及毛细管压力降低，凭借管壁材料的弹性，混凝土的体积又逐渐胀大，宏观上表现为"湿胀"。混凝土的干燥收缩值比吸湿膨胀值大。试验表明：混凝土在相对湿度为 70% 的空气中的收缩值约为水中膨胀值的 6 倍；相对湿度为 50% 时，则为 8 倍。混凝土吸水膨胀对混凝土结构一般没有不利影响，而干燥收缩由于大多数情况是从表面开始，为一不均匀变化过程，当干燥在表面引起的收缩产生的拉应力超过混凝土的抗拉强度时，拉应变超过极限应变，混凝土就会产生裂纹，板裂后的钢筋混凝土结构耐久性将显著降低。

混凝土收缩值的大小主要与下述因素有关：

（1）水泥品种及掺合料。当采用矿渣水泥和火山灰水泥时，干燥收缩较普通水泥收缩大；当采用高等级水泥时，由于水泥颗粒较细，其收缩值也较大。硅灰、超细矿渣会增加收缩。

（2）混凝土中细颗粒成分占比。如水泥用量大、砂率大、采用细砂、砂石含泥量较多时都会显著增大干燥收缩。水泥浆、砂浆、混凝土三者的收缩值比大致为 5∶2∶1。

（3）养护条件。存放在相对湿度为 70% 环境中的卵石混凝土收缩率仅为 800×10^{-6}，而相对湿度为 50% 时则为 $1\,100 \times 10^{-6}$。在水中或潮湿条件下养护，可大大减小混凝土收缩；蒸压养护对抑制早期收缩显著。

（4）骨料品种。若以 20 年的收缩量作为最终的收缩值，试验表明，以石英岩为骨料的混凝土，收缩率最小（约为 500×10^{-6}）；最大的是以砂岩为骨料的混凝土，其极限值可达到 $1\,200 \times 10^{-6}$；卵石混凝土的收缩值也相当大，可达 $1\,100 \times 10^{-6}$。

（5）龄期。在正常养护条件下，2 周之内的收缩为 20 年收缩值的 14%~34%，3 个月为 40%~80%，1 年为 66%~85%。但早期收缩是导致混凝土开裂的主要因素。传统的普通混凝土强度低，水胶比大，内部水分相对充足，适当的养护，3 d 内的收缩值较低，不养护其早期（3 d）收缩值只有 50×10^{-6} 左右，混凝土开裂情况少。现代普通混凝土，水泥越来越细，早期强度提高，减水剂加入，大流动性泵送施工，砂率提高，粗骨料降低，最大粒径降低，如果养护得不到保证，早期收缩可达 500×10^{-6}。因为快速的干燥来不及产生因徐变引起的应力松弛，开裂就已经发生了。因此，早期养护极为重要，图 6.29 所示为桥墩早期保湿养护。

图 6.29　桥墩薄膜覆盖保湿养护

4. 温度变形

与其他材料相同，混凝土也存在热胀冷缩现象。混凝土的热膨胀系数为 0.000 01/ °C，即温度每升高 1 °C，每米膨胀 0.01 mm。温度变形对长大型结构、大体积混凝土极为不利。

水泥水化是放热过程，不同的熟料矿物，放热量不同。其中 C_3A 和 C_3S 放热量最大。另外，水泥细度越细，则早期放热量越大。早期放热对大体积混凝土最为不利。因为混凝土是热的不良导体，水化热使得大体积混凝土内部温度快速升高，而表面温度则受大气影响降低，这样内外温差逐渐扩大，当超过 25~30 °C 时，内外温差产生的温度应力就足以使混凝土开裂。我国规范规定：若结构实体最小尺寸大于 1 m，或预计会因水泥水化热引起混凝土内外温差过大而导致裂缝的混凝土为大体积混凝土。大体积混凝土施工时必须采取措施，使内外混凝土温差小于 25 °C。试验表明，厚度在 2 m 左右时，采用 C30 级混凝土，环境温度为 20 °C 时，混凝土中心温度在 3~5 d 即可达到 50~70 °C，若不采取适当措施，内外温差很容易超过 25 °C。大体积混凝土配制应降低水泥用量，掺入大量掺合料。表 6.23 为国内一些高层建筑底板大体积混凝土配合比。

表 6.23　国内一些高层建筑底板大体积混凝土配合比*

工程名称	混凝土等级	水泥/(kg/m³)	掺合料/(kg/m³)	砂/(kg/m³)	石/(kg/m³)	水/(kg/m³)	厚度/m
上海环球金融中心	C40	270	70（GGBS） 70（Ⅱ级 FA）	780	1 040	170	12.0
中央电视台新台址	C40/P8	200	196（Ⅰ级 FA）	721	1 128	155	10.9
国贸三期	C45/P10	230	190（Ⅰ级 FA）	770	1 020	165	4.5
天津津塔	C40/P10	252	168（Ⅱ级 FA）	799	1 059	172	4.0
深圳平安金融中心	C40/P12	220	180（Ⅱ级 FA）	771	1 027	160	4.5
上海中心	C50	200	160（GGBS） 80（Ⅱ级 FA）	760	1 030	160	6.0
中国尊	C50/P12	230	230（Ⅰ级 FA）	650	1 060	165	6.0

*注：本资料由清华大学阎培渝教授提供。

对于地下连续墙、公路路面、桥面板这样一些长大构件，当气温发生变化时，升降温使得混凝土结构发生伸缩变形。在混凝土本身约束或其他约束作用下，结构就会因温度应力（内外温差大于 15 ℃）作用而发生拉伸开裂。因此，对上述长大结构，规范中都要求设置相应的温度伸缩缝，也可以在混凝土中设置钢丝网、钢纤维来增强混凝土的抗裂性，此时可增大伸缩缝间距。表 6.24 为《混凝土结构设计规范》（GB 50010—2010）规定的钢筋混凝土结构伸缩缝的最大间距。

表 6.24　钢筋混凝土结构伸缩缝的最大间距　　　　　　　　单位：m

结构类别		室内或土中	露天
排架结构	装配式	100	70
框架结构	装配式	75	50
	现浇式	55	35
剪力墙结构	装配式	65	40
	现浇式	45	30
挡土墙、地下室墙壁等类结构	装配式	40	30
	现浇式	30	20

第六节　钢筋混凝土的耐久性

一、混凝土抗冻性能

混凝土的冻融破坏是指硬化混凝土受到大气降温（低于 -5 ℃），致使毛细孔中水结冰而体积膨胀（或渗透压增大），引起孔壁破坏的过程。水结冰时，其体积约可膨胀 9%，会对孔壁产生相当大的内压力。由于混凝土内孔隙或毛细孔形状、尺寸、分布和饱水程度不同，混凝土的冻害程度也不同。另外，大气降温速率和干湿循环频率不同，对混凝土的冻害程度也不同。

容易发生冻害的结构物有：处于严寒地区的铁路、公路桥墩（与水接触部位）；结冰的海港工程、码头；民用建筑低层、屋面层、公路路面等。应特别注意的是水位变化范围，与地面接触部位，当白昼气温在正负温度之间变化时（春秋两季），每天就会发生一次冻融循环。

混凝土抗冻性以抗冻等级（F）表示，它用 28 d 龄期的水饱和状态下的试件进行快速冻融循环试验，以混凝土相对动弹性模量（动弹性模量可采用振动法、敲击法测定）不低于 60%、质量损失率不超过 5%、强度损失率不大于 25% 时所能承受的最大冻融循环次数来确定。抗冻等级分为 F50、F100、F150、F200、F300、F400、F500、F600、F800、F1 000 共 10 个等级。抗冻性也可用耐久性指数 K_n 表示：

$$K_n = \frac{PN}{300}$$

式中：K_n——耐久性指数；

P——经 N 次冻融循环后试件的相对动弹性模量；

N——已达到 300 次循环，或试件相对动弹性模量已降低到 60% 以下或质量损失率已达到 5% 时的冻融循环次数。

一般要求结构的混凝土材料耐久性指数不低于 0.50~0.80。

影响抗冻性的主要因素有：① W/B 愈小，则孔隙率小，抗冻性好；② 含气量试验表明，当含气量大于 4.5%~5% 时，混凝土抗冻性明显提高；③ 外加剂、减水剂、引气剂等均能提高混凝土均匀性，降低 W/B，增加含气量，抗冻性明显提高；④ 饱和水程度，高度饱水构件容易发生冻结破坏，而低度饱水则不易冻坏；⑤ 其他因素，如水泥品种、骨料品种、冻结速度等也会影响抗冻性。

二、氯离子引起的钢筋锈蚀

在饱和氢氧化钙溶液条件下，钢筋的表面会形成一层坚硬的保护膜（氢氧化亚铁钝化膜），使得钢筋在混凝土中长期保持稳定而不锈蚀，但当它受到 Cl^- 侵蚀后钝化膜会发生分解，钢筋就会锈蚀。Cl^- 还可以形成"腐蚀电池"，Cl^- 破坏钝化膜后，钢筋表面部位露出铁基体，与尚完好的钝化膜区域之间构成电位差（作为电解质），混凝土内一般有水或潮气存在，腐蚀往往由局部开始，逐渐在钢筋表面扩展。当水泥中 C_3A 含量高时有利于抵御 Cl^- 的侵蚀。

试验表明，混凝土中 Cl^- 浓度在 0.3~0.6 kg/m^3 范围内时，有引起钢筋锈蚀的可能；钢筋表面的 Cl^- 浓度在 0.6~0.9 kg/m^3 时，为钢筋锈蚀发展期；当达到 1 kg/m^3 时，钢筋锈蚀发展可将混凝土胀裂。

氯离子由外部向混凝土内部侵入有两种方式：一是通过溶液渗透作用；二是通过扩散作用。究竟哪一种占主导地位，则由混凝土的密实性所决定：当孔隙（贯通开口孔）较多时，以渗透为主；否则以扩散为主。当然，孔隙率较大时扩散速率也会加大，若环境存在杂散电流时扩散加速。

一般采用快速电迁移法作为评价混凝土抵抗氯离子扩散渗透性的方法，测定通过试件的电量（C），当电量小于 1 000 C 时，认为混凝土抵抗氯离子扩散渗透性能优良。

影响氯离子扩散（渗透）的因素有：① W/B 大时，孔隙率大，渗透和扩散都容易产生；② 环境中氯离子浓度愈大，则扩散梯度增大，扩散速度也随之增大；③ 环境中存在杂散电流会加大氯离子扩散；④ 亚硝酸盐、C_3A 有降低 Cl^- 侵入的作用。

三、混凝土抗渗透性

混凝土结构在使用过程中会受到各种环境作用，其中通过溶液渗透作用是最主要的途径，例如，混凝土饱水性（与抗冻有关）、Cl^-渗透、CO_2扩散、硫酸盐侵蚀等。因此，混凝土抗渗性的好坏直接反映了混凝土耐久性的优劣。目前，该项指标仍然是评估混凝土耐久性的一个重要指标（强度大于 C30 的混凝土不敏感）。

混凝土抗渗性是以抗渗等级（P）来表示。它是以 28 d 龄期试件，按标准方法进行抗渗试验，以每组 6 个试件中 4 个试件未出现渗水时的最大水压力来确定的。抗渗等级可分为 P2、P4、P6、P8、P10、P12 六个等级，其计算公式为

$$P = 10H - 1$$

式中：P——抗渗等级；

H——6 个试件中 3 个渗水时的最大水压力，MPa。

混凝土抗渗性的影响因素与抗冻性基本一致，所不同的是孔隙率相同时，大孔不利于抗渗（因为大孔中水不易充满孔隙），而有利于抗冻。另外，抗渗等级就混凝土材料而言是比较容易达到要求的。试验表明，当 W/B 低于 0.45 时，其抗渗性就非常高。Cl^-扩散和 CO_2 扩散就很难用水渗透性来评价其耐久性的好坏。

四、盐的侵蚀

盐类对混凝土的侵蚀主要表现为对水泥石的侵蚀，如硫酸盐、镁盐等；盐类除了对混凝土产生化学侵蚀外，还会产生盐析（结晶）膨胀破坏，特别是在干湿交替部位，如海港码头、防波堤、海中桥墩、石油平台、盐湖中的各种土建结构，穿过盐层的隧道衬砌等。最新研究表明，单一的硫酸盐、镁盐对水泥的化学侵蚀并不能有效地破坏混凝土结构（特别是 W/B 小于一定值后），而盐析结晶由表及里的过程才是导致混凝土破坏的主要原因。

因此，国内已有学者提出采用盐溶液浸泡试件后的干湿循环法来评价盐析对混凝土的破坏作用，而不再用水泥条"盐浸泡法"。

五、碱-骨料反应

碱-骨料反应（AAR）于 1940 年由美国学者斯坦顿（T. E. Stantom）正式提出，现已被许多国家认为是造成混凝土工程破坏的主要原因之一。

碱-骨料反应大致可分为两种类型：碱-硅酸反应（ASR）和碱-碳酸反应（ACR）。其中，碱-硅酸反应最为普遍。参与碱-骨料反应的活性骨料主要有：蛋白石、黑硅石、燧石、鳞石英、方石英、玻璃质火山岩、玉髓及微晶或变质应变石英和白云质石灰岩。其反应主要发生在碱与微晶氧化硅之间，生成物为硅胶体。这种硅胶体吸水后膨胀，引起混凝土开裂。另外，通过扫描电镜可以在水泥与骨料界面上观察到白色反应环（硅胶体），其化学反应式可简写为

$$2NaOH + SiO_2 \longrightarrow NaO \cdot SiO_2 + H_2O$$

NaOH 和 KOH 浓度较低时，不足以引起膨胀破坏。一般认为水泥含碱量小于 0.6% 时，可不考虑碱-骨料反应。也有研究表明，当单方混凝土碱含量低于 2.1~3 kg/m^3 时，也不会发生破坏作用（碱-碳酸反应例外）。

碱-碳酸反应，主要由白云质石灰岩脱白云石化引起体积膨胀。白云质石灰岩骨料在碱性溶液中发生脱白云石的反应式如下：

$$CaMg(CO_3)_2 + 2NaOH \longrightarrow Mg(OH)_2 + CaCO_3 + Na_2CO_3$$

这一反应不是发生在水泥与骨料界面上，而是在骨料内部。

发生碱-骨料反应一般认为需要有三个条件：一是空气湿度较大（80%以上）；二是骨料中存在足够多的活性成分；三是混凝土中有足够多的碱（或者环境能补充碱）。碱-骨料反应一般发生在混凝土龄期几年后甚至更长时间。其外部表现为：裂纹从网节点分成三条放射状裂纹，夹角约 120°，初期对结构承载力无影响，但在后期会显著降低混凝土抗拉强度，并在裂缝处流出白色胶体。

抑制碱-碳酸反应需要掺入的掺合料很多，并需严格控制碱含量，以至于工程很难使用，所以具有碱-碳酸反应活性的骨料，一般工程中也不准使用。而对于碱-硅酸反应的骨料，一般工程中使用时，常常采用下述技术措施：在混凝土中掺入适量活性混合材（如硅灰、粉煤灰）、降低 *W*/*B*、掺锂盐、降低混凝土总碱含量等。另外，加入引气剂、减水剂以提高抗渗性，也可间接提高抑制效果。

六、混凝土抗碳化性

混凝土的碳化是指环境中的 CO_2 与混凝土中的 $Ca(OH)_2$ 作用生成 $CaCO_3$ 的过程。由于失去了氢氧化钙的保护，钢筋表面钝化层会发生分解，钢筋锈蚀膨胀，进而引起保护层脱落。除碳化引起混凝土中性化外，酸也会导致中性化产生。

一般认为碳化速度与空气中的 CO_2 浓度、相对湿度、混凝土的密实度及水泥品种有关。常置于水中或处于干燥环境中的混凝土碳化会停止，这是由于孔中充满水时，CO_2 扩散极为缓慢，而处于干燥环境中时，孔隙中的水分不足以使 CO_2 形成碳酸。当相对湿度在 50%~60% 时，碳化速度最快。通常情况下混凝土的碳化方程可用下式表示：

$$X_c = K \cdot \sqrt{t}$$

式中：X_c ——碳化深度，mm；

K ——碳化系数，mm/$\sqrt{a}$（a 是时间量纲）；

t ——碳化时间。

影响碳化速度的因素主要有：① 环境中的 CO_2 浓度愈高，碳化速度愈快；② 环境温度；③ 水泥石碱度［$Ca(OH)_2$ 浓度］高，抗碳化性好；④ *W*/*B* 小，抗碳化性好。

七、混凝土抗裂性

混凝土配比适当，形成的均匀材料其抗裂性是足够好的，这一点已被众多试验所证实。然而由于环境作用出现开裂，结构物因此丧失了运行时的水密性。

导致混凝土开裂的原因：宽度在 0.1～1 mm 的裂缝，其主要是冰冻、温度梯度、湿度梯度、结构过载和化学原因而形成，化学原因如钢筋锈蚀和碱-骨料反应。早期开裂通常是由冷却和干燥时产生的收缩应变所引起。当混凝土刚开始硬化时，由于暴露在环境中，它要产生温度收缩、干缩变形，以哪种收缩为主，取决于环境的温度和湿度。调查发现工程裂缝中约 90% 是早期的收缩裂缝。

收缩受约束产生的拉应力和由于徐变释放的应力的相互影响，是硬化混凝土出现早期开裂的核心（图 6.30）。由图 6.30 可以清楚地知道混凝土由于收缩受到约束而开裂，出现开裂的时间在抗拉强度高、收缩应变小、弹性模量低和高徐变应变的情况下可延迟。

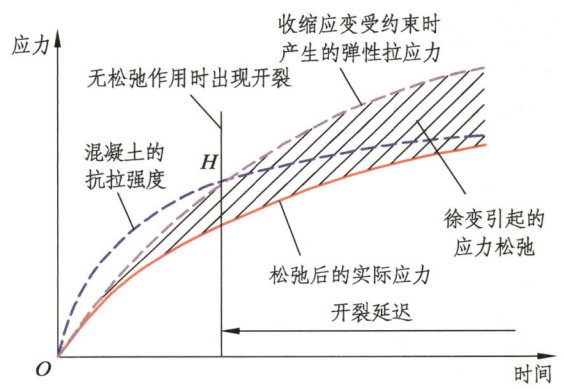

图 6.30 收缩和徐变对混凝土开裂的影响

混凝土开裂，加速了混凝土劣化过程，缩短了混凝土使用寿命。由于裂缝对混凝土耐久性很重要，我国相关标准《混凝土结构耐久性设计标准》（GB/T 50476—2019）制定了表面裂缝计算宽度的允许值（表 6.25）。

表 6.25 表面裂缝计算宽度的允许值

环境作用等级	钢筋混凝土构件	有黏结预应力混凝土构件
A	0.40	0.20
B	0.30	0.20（0.15）
C	0.20	0.10
D	0.20	按二级裂缝控制或按部分预应力 A 类构件控制
E，F	0.15	第一级裂缝控制或按全预应力类构件控制

注：① 括号中的宽度适用于采用钢丝或钢绞线的先张预应力构件。

② 裂缝控制等级为二级或一级时，按现行国家标准《混凝土结构设计规范》GB 50010 计算裂缝宽度；部分预应力 A 类构件或全预应力构件按现行行业标准《公路钢筋混凝土及预应力混凝土桥涵设计规范》JTG D3362 计算裂缝宽度。

防止混凝土早期开裂的措施有：① 选用含 C_4AF 较高的水泥，水泥细度不宜过低（减少干缩）；② 降低水泥用量和砂率；③ 减少内部与外部温度梯度；④ 采用缓凝剂和活性掺合料（降低水化热）；⑤ 掺入纤维材料等；⑥ 采用工程专项的防裂施工技术及养护。

八、钢筋混凝土耐久性设计要点

混凝土（包括钢筋混凝土）耐久性问题早已引起人们的重视，欧洲、美国、日本先后出台了有关钢筋混凝土结构以耐久性为主的设计规范。鉴于工程安全性与耐久性对我国大规模土建工程建设的重要意义，中国工程院土木、水利与建筑工程学部于 2000 年提出了一个名为"工程结构安全性与耐久性研究"的咨询项目，并于 2003 年经两次编审通过了《混凝土结构耐久性设计与施工指南》（中国土木工程学会标准 CCES 01—2004），2008 年又编制了国家标准《混凝土结构耐久性设计规范》（GB/T 50476—2008）。该标准根据结构的重要性，将其按耐久性划分为 100 年、50 年和 30 年三个级别。2019 年，主编单位总结 10 余年的工程实践，对该规范进行了修订，即《混凝土结构耐久性设计标准》（GB/T 50476—2019）。

国家标准《混凝土结构耐久性设计标准》（GB/T 50476—2019）按环境作用将配筋混凝土结构的侵蚀程度分为六级（表 6.26）。由表 6.26 可知，对混凝土结构侵蚀最严重的主要是：海洋环境中的水位变化区和浪溅区，盐结晶环境，以及与除冰盐接触的构件。而对室内干燥环境的结构或长期潮湿的水下结构，侵蚀性是最小的。

表 6.26　配筋混凝土结构的环境类别及作用等级

环境类别	环境作用等级	环境条件	结构构件示例
一般环境 I	I-A	室内干燥环境	常年干燥、低湿度环境中的室内构件；
		永久的静水浸没环境	所有表面均永久处于静水下的构件
	I-B	非干湿交替的室内潮湿环境	中、高湿度环境中的室内构件；
		非干湿交替的露天环境	不接触或偶尔接触雨水的室外构件；
		长期湿润环境	长期与水或湿润土体接触的构件
	I-C	干湿交替环境	与冷凝水、露水或与蒸汽频繁接触的室内构件； 地下室顶板构件； 表面频繁淋雨或频繁与水接触的室外构件； 处于水位变动区的构件
冻融环境 II	II-C	微冻地区的无盐环境 混凝土高度饱水	微冻地区的水位变动区构件和频繁受雨淋的构件水平表面
		严寒和寒冷地区的无盐环境 混凝土中度饱水	严寒和寒冷地区受雨淋构件的竖向表面
	II-D	严寒和寒冷地区的无盐环境 混凝土高度饱水	严寒和寒冷地区的水位变动区构件和频繁受雨淋的构件水平表面
		微冻地区的有盐环境 混凝土高度饱水	有氯盐微冻地区的水位变动区构件和频繁受雨淋的构件水平表面
		严寒和寒冷地区的有盐环境 混凝土高度饱水	有氯盐严寒和寒冷地区受雨淋构件的竖向表面
	II-E	严寒和寒冷地区的有盐环境 混凝土高度饱水	有氯盐严寒和寒冷地区的水位变动区构件和频繁受雨淋的构件水平表面

续表

环境类别	环境作用等级	环境条件	结构构件示例
氯化物环境 Ⅲ	Ⅲ-C	水下区和土中区；周边永久浸没于海水或埋于土中	桥墩、基础
	Ⅲ-D	大气区（轻度盐雾）；距平均水位15 m高度以上的海上大气区；涨潮岸线以外100～300 m内的陆上室外环境	桥墩、桥梁上部结构构件；靠海的陆上建筑外墙及室外构件
	Ⅲ-E	大气区（重度盐雾）；距平均水位上方15 m高度以内的海上大气区；离涨潮岸线100 m以内、低于水平面以上15 m的陆上室外环境	桥梁上部结构构件；靠海的陆上建筑外墙及室外构件
		潮汐区和浪溅区，非炎热地区	桥墩、码头
	Ⅲ-F	潮汐区和浪溅区，非炎热地区	桥墩、码头
除冰盐氯化物环境 Ⅳ	Ⅳ-C	受除冰盐盐雾轻度作用	离开行车道10 m以外接触盐雾的构件
		四周浸没于含氯化物水中	地下水中构件
		接触较低浓度氯离子水体，且有干湿交替	处于水位变动区，或部分暴露于大气、部分在地下水土中的构件
	Ⅳ-D	受除冰盐水溶液轻度溅射作用	桥梁护墙、立交桥桥墩
		接触较高浓度氯离子水体，且有干湿交替	海水游泳池壁；处于水位变动区，或部分暴露于大气、部分在地下水土中的构件
	Ⅳ-E	直接接触除冰盐溶液	路面，桥面板，与含盐渗漏水接触的桥梁帽梁、墩柱顶面
		受除冰盐水溶液重度溅射或重度盐雾作用	桥梁护栏、护墙，立交桥桥墩；车道两侧10 m以内的构件
		接触高浓度氯离子水体，有干湿交替	处于水位变动区，或部分暴露于大气、部分在地下水土中的构件
化学腐蚀环境 Ⅴ	Ⅰ 水、土中硫酸根和酸类物质	V-C	水中硫酸根离子浓度/（mg/L）	200～1 000	与水、土中的硫酸盐和酸类物质接触的混凝土结构构件

（以下为V-C与V-D其余行，列结构为"环境作用等级 | 环境条件 | 数值"合并于上表最后一列组）

		环境条件	数值
	V-C	土中硫酸根离子浓度（水溶值）/（mg/kg）	300～1 500
		水中镁离子浓度/（mg/L）	300～1 000
		水中酸碱度（pH）	6.5～5.5
		水中侵蚀性二氧化碳浓度/（mg/L）	15～30
	V-D	水中硫酸根离子浓度/（mg/L）	1 000～4 000
		土中硫酸根离子浓度（水溶值）/（mg/kg）	1 500～5 000
		水中镁离子浓度/（mg/L）	1 000～3 000
		水中酸碱度（pH）	5.5～4.5
		水中侵蚀性二氧化碳浓度/（mg/L）	30～60

续表

环境类别		环境作用等级	环境条件		结构构件示例
化学腐蚀环境 V	Ⅰ	V-E	水、土中硫酸根和酸类物质	水中硫酸根离子浓度/（mg/L）	4 000～10 000	与水、土中的硫酸盐和酸类物质接触的混凝土结构构件
				土中硫酸根离子浓度（水溶值）/（mg/kg）	6 000～15 000	
				水中镁离子浓度/（mg/L）	≥3 000	
				水中酸碱度（pH）	<4.5	
				水中侵蚀性二氧化碳浓度/（mg/L）	60～100	
		V-C	干旱、高寒地区硫酸盐环境	水中硫酸根离子浓度/（mg/L）	200～500	部分接触含硫酸盐的水、土而部分暴露于大气中的混凝土结构构件
				土中硫酸根离子浓度（水溶值）/（mg/kg）	300～750	
		V-D		水中硫酸根离子浓度/（mg/L）	500～2 000	
				土中硫酸根离子浓度（水溶值）/（mg/kg）	750～3 000	
		V-E		水中硫酸根离子浓度/（mg/L）	2 000～5 000	
				土中硫酸根离子浓度（水溶值）/（mg/kg）	3 000～7 500	
	Ⅱ	V-C		汽车或机车废气		受废气直射的结构构件，处于封闭空间内受废气作用的车库或隧道构件
		V-D		酸雨（雾、露）4.5≤pH≤5.6		遭酸雨频繁作用的构件
		V-E		酸雨 pH<4.5		遭酸雨频繁作用的构件

注：① 环境条件系指混凝土表面的局部环境。
② 干燥、低湿度环境指年平均湿度低于60%，中、高湿度环境指年平均湿度高于60%。
③ 干湿交替指混凝土表面经常交替接触到大气和水的环境条件。
④ 冻融环境按当地最冷月平均气温划分为微冻地区、寒冷地区和严寒地区，其平均气温分别为 −3～2.5 ℃，−8～−3 ℃和−8 ℃以下。
⑤ 中度饱水指冰冻前偶受水或受潮，混凝土内饱水程度不高；高度饱水指冰冻前长期或频繁接触水或湿润土体，混凝土内高度水饱和。
⑥ 无盐或有盐指冰结的水中是否含有盐类，包括海水中的氯盐、除冰盐或其他盐类。
⑦ 近海或海洋环境中的水下区、潮汐区、浪溅区和大气区的划分，按国家现行标准《海港工程混凝土结构防腐蚀技术规范》JTJ 275 的规定确定；近海或海洋环境的土中区指海底以下或近海的陆区地下，其地下水中的盐类成分与海水相近。
⑧ 海水激流中构件的作用等级宜提高一级。
⑨ 轻度盐雾区与重度盐雾区界限的划分，宜根据当地的具体环境和既有工程调查确定；靠近海岸的陆上建筑物，盐雾对室外混凝土构件的作用尚应考虑风向、地貌等因素；密集建筑群，除直接面海和迎风的建筑物外，其他建筑物可适当降低作用等级。
⑩ 炎热地区指年平均温度高于20 ℃的地区。
⑪ 内陆盐湖中氯化物的环境作用等级可比本表规定确定。
⑫ 水中氯离子浓度（mg/L）的高低划分为：较低10～500；较高500～5 000；高>5 000。土中氯离子浓度（mg/kg）的高低划分为：较低150～750；较高750～7 500；高>7 500。
⑬ 除冰盐环境的作用等级与冬季喷洒除冰盐的具体用量和频度有关，可根据具体情况作出调整。
⑭ 水、土中环境作用等级可根据其有害离子浓度划分等级。

为了满足钢筋混凝土耐久性（寿命）要求，可通过下述途径选择混凝土原材料和配制耐久性混凝土：

（1）选用低水化热和含碱量偏低的水泥，尽可能避免使用早强水泥。

（2）选用类别较高的骨料，特别是坚固耐久、级配合理、粒形良好的洁净骨料。

（3）使用优质粉煤灰、矿渣等矿物掺合料，除特殊情况外，矿物掺合料应作为耐久混凝土的必需组分。

（4）使用优质引气剂，将适量引气剂作为配制耐久混凝土的常规手段。

（5）尽量降低拌和用水量，降低水胶比，为此外加高效减水剂或高性能减水剂。

（6）合理确定单方混凝土中胶凝材料的用量。用量太高、太低均会降低耐久性。尽可能减少混凝土中硅酸盐水泥用量。

（7）合理确定配筋混凝土的最低强度等级。强度等级不但与承载力有关，也与环境、耐久性寿命相对应。

配筋混凝土的最低强度等级、最大水胶比和单方混凝土胶凝材料的最低或最高用量宜满足表 6.27 的规定。在满足最大水胶比限制和结构强度设计所要求的混凝土最低强度的前提下，不宜追求混凝土的高强。对于环境条件为 E、F 时，其用水量不宜高于 150 kg/m³。C25～C40 单方混凝土的胶凝材料总量不宜低于 260～320 kg/m³，C45～C55 及以上不宜高于 450～550 kg/m³，见表 6.28。不同行业，上述要求可能有差异，可参考行业标准。

混凝土养护：浇筑后立即覆盖并加湿养护，养护至现场混凝土强度不低于 28 d 标准强度的 50%，且不少于 7 d。

表 6.27 满足耐久性要求的混凝土最低强度等级

环境类别与作用等级	设计使用年限		
	100 年	50 年	30 年
Ⅰ-A	C30	C25	C25
Ⅰ-B	C35	C30	C25
Ⅰ-C	C40	C35	C30
Ⅱ-C	C_a35、C45	C_a30、C45	C_a30、C40
Ⅱ-D	C_a40	C_a35	C_a35
Ⅱ-E	C_a45	C_a40	C_a40
Ⅲ-C、Ⅳ-C、Ⅴ-C、Ⅲ-D、Ⅳ-D、Ⅴ-D	C45	C40	C40
Ⅲ-E、Ⅳ-E、Ⅴ-E	C50	C45	C45
Ⅲ-F	C50	C50	C50

表 6.28　单位体积混凝土的胶凝材料用量和最大水胶比

最低强度等级	最大水胶比	最小用量/（kg/m³）	最大用量/（kg/m³）
C25	0.60	260	—
C30	0.55	280	—
C35	0.50	300	—
C40	0.45	320	—
C45	0.40	—	450
C50	0.36	—	500
≥C55	0.33	—	550

注：① 表中数据适用于最大骨料粒径为 20 mm 的情况，骨料粒径较大时宜适当降低胶凝材料用量，骨料粒径较小时可适当增加。
② 引气混凝土的胶凝材料用量与非引气混凝土要求相同。
③ 当胶凝材料中矿物掺合料掺量大于 20% 时，最大水胶比不大于 0.45。

第七节　混凝土质量控制与强度评定

一、混凝土质量波动与控制

混凝土质量是指混凝土满足工程要求的各种功能或性能，如强度、和易性、耐久性等。

导致混凝土质量波动的原因主要在原材料与施工方面：① W/B 波动（用水量和骨料含水率测不准）；② 单方用水波动（骨料级配变化，材料质量不均匀）；③ 原材料计量波动；④ 运输、灌注和振捣条件变异；⑤ 养护条件的波动。在试验条件方面的因素有：① 取样方法的差异；② 成型技术的差异；③ 养护条件的波动；④ 试验方法的误差等。

在混凝土施工过程中，为了对某一性能指标进行评定，需要采取抽样检验，按数理统计法来分析和评价试验结果，进而对整体混凝土作评价。由于混凝土的抗压强度与其他性能有较强的相关性，能较好地反映混凝土质量情况，工程中常以混凝土抗压强度作为评定和控制其质量的主要指标。质量控制主要包括以下三个过程：

（1）混凝土生产前的初步控制，主要包括人员配备、设备调试、组成材料检验及配合比确定与调整等内容。

（2）混凝土生产过程中的控制，包括称量、搅拌、运输、浇筑、振捣及养护等内容。

（3）混凝土生产后的合格控制，包括批量划分、确定每批取样数、确定检测方法和验收期限等内容。

二、混凝土强度质量评定

对相同配比的混凝土强度进行抽样的试验表明，其强度波动规律符合统计学中的"正态分布"，该分布规律如图 6.31 所示，可用两个特征统计量，即强度平均值（$\overline{f}_{cu}$）和强度标准差（σ）作出描述。

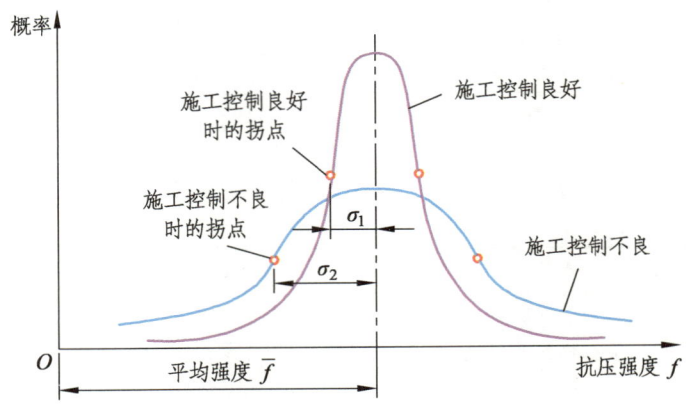

图 6.31 离散程度不同的两条强度分布曲线

平均强度值按下式计算：

$$\overline{f}_{cu} = \frac{1}{n}\sum_{i=1}^{n} f_{cu,i}$$

强度标准差按下式计算：

$$\sigma = \sqrt{\frac{\sum_{i=1}^{n}\left(f_{cu,i} - \overline{f}_{cu}\right)^2}{n-1}} = \sqrt{\frac{\sum_{i=1}^{n} f_{cu,i}^2 - n\overline{f}_{cu}^2}{n-1}}$$

式中：n——试验组数（$n \geq 25$）；

$f_{cu,i}$——第 i 组试件的抗压强度，MPa；

$\overline{f}_{cu}$——n 组抗压强度的算术平均值，MPa；

σ——n 组抗压强度的标准差，MPa。

平均强度反映了混凝土总体强度水平，但不能反映混凝土强度的波动情况，而标准差是正态分布曲线上两侧的拐点离开强度平均值处对称轴的距离，它反映了强度的波动，即离散性，如图 6.31 所示。σ 值越大，说明强度离散性越大，强度质量越不稳定。

由于在相同条件和生产管理水平下，混凝土的强度标准差会随平均强度水平的提高而增大，故平均强度不同的混凝土质量的波动性比较，可用变异系数 C_v 值来评定，其计算式为

$$C_v = \frac{\sigma}{\overline{f}_{cu}}$$

三、混凝土强度保证率

混凝土强度保证率是指混凝土强度不小于设计要求的强度等级（标准值 $f_{cu,k}$）的概率 $P(\%)$，它等于大于 $f_{cu,k}$ 以上的阴影面积 A 和强度正态分布曲线与 x 轴所包围的总面积 Ω 之比（图 6.32），即

$$P = \frac{A}{\Omega} = \frac{n_0}{n}$$

式中：n_0——不低于要求强度等级标准值的组数；

n——试件总组数（$n \geq 25$）。

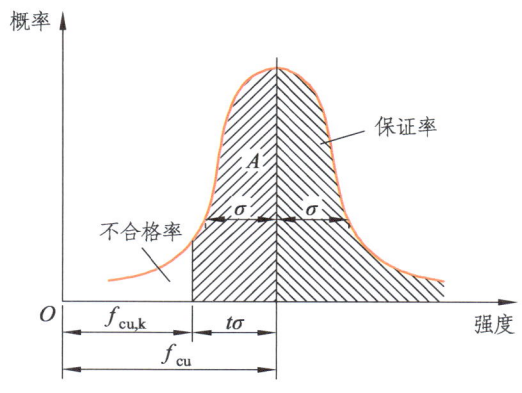

图 6.32 混凝土强度保证率

实用上可采用统计数学中的积分表来求，首先计算出概率度（也称保证率系数），即

$$t = \frac{\overline{f_{cu}} - f_{cu,k}}{\sigma}$$

再根据 t 值（表 6.29）查积分表，查得保证率 $P(\%)$。

表 6.29 不同 t 值的保证率 P

t	0.00	0.50	0.84	1.00	1.20	1.28	1.40	1.60
$P/\%$	50.0	69.2	80.0	84.1	88.5	90.0	91.9	94.5
t	1.645	1.70	1.81	1.88	2.00	2.05	2.33	3.00
$P/\%$	95.0	95.5	96.5	97.0	97.7	99.0	99.4	99.87

我国《混凝土强度检验评定标准》（GB/T 50107—2010）规定，根据统计周期内混凝土的 σ 值和保证率 $P(\%)$，可将施工单位生产管理水平划分为优良、一般和差三个等级，见表 6.30。

表 6.30 混凝土生产管理水平

生产管理水平		优 良		一 般		差	
混凝土强度等级		<C20	≥C20	<C20	≥C20	<C20	≥C20
混凝土强度标准差/MPa	预拌混凝土和预制混凝土构件厂	≤3.0	≤3.5	≤4.0	≤5.0	>5.0	>5.0
	集中搅拌混凝土的施工现场	≤3.5	≤4.0	≤4.5	≤5.5	>4.5	>5.5
强度等于和高于要求强度等级的保证率 P/%	预拌混凝土厂和预制混凝土构件厂及集中搅拌混凝土的施工现场	≥95		>85		≤85	

四、混凝土强度的验收评定

混凝土强度应分批进行检验评定。一个验收批的混凝土应由强度等级相同、龄期相同以及生产工艺条件和配合比基本相同的混凝土组成。

1. 按统计方法

当混凝土的生产条件在较长时间内能保持一致,且同一品种混凝土的强度变异性能保持稳定时,应由连续的三组试件组成一个验收批,其强度应同时满足下列要求:

$$\overline{f}_{cu} \geq f_{cu,k} + 0.7\sigma_0$$

$$f_{cu,min} \geq f_{cu,k} - 0.7\sigma_0$$

当混凝土强度等级不高于 C20 时,其强度的最小值应满足下式要求:

$$f_{cu,min} \geq 0.85 f_{cu,k}$$

当混凝土强度等级高于 C20 时,其强度的最小值尚应满足下式要求:

$$f_{cu,min} \geq 0.90 f_{cu,k}$$

式中:$\overline{f}_{cu}$——同一验收批混凝土立方体抗压强度的平均值,MPa;

$f_{cu,min}$——同一验收批混凝土立方体抗压强度的最小值,MPa;

σ_0——验收批混凝土立方体抗压强度的标准差,MPa。

验收批混凝土立方体抗压强度的标准差 σ_0,应根据前一个检验期内同一品种混凝土试件的强度数据,按如下公式确定:

$$\sigma_0 = \frac{0.59}{m} \sum_{i=1}^{m} \Delta f_{cu,i}$$

式中：$\Delta f_{cu,i}$——第 i 批试件立方体抗压强度中最大值与最小值之差，MPa；

m——用以确定验收批混凝土立方体抗压强度标准差的数据总批数。

上述检验期不应超过三个月，且在该期间内强度数据的总批数不得少于 15。

当混凝土的生产条件在较长时间内不能保持一致，且混凝土强度变异性不能保持稳定时，或在前一个检验期内的同一品种混凝土没有足够的数据用以确定验收批混凝土立方体抗压强度的标准差时，应由不少于 10 组的试件组成一个验收批，其强度应同时满足下列公式的要求：

$$\overline{f}_{cu} - \lambda_1 S_{f_{cu}} \geq 0.90 f_{cu,k}$$
$$f_{cu,min} \geq \lambda_2 f_{cu,k}$$

式中：λ_1、λ_2——合格判定系数，按表 6.31 取用；

$S_{f_{cu}}$——同一验收批混凝土立方体抗压强度的标准差，MPa，当 $S_{f_{cu}}$ 的计算值小于 $0.06 f_{cu,k}$ 时，取 $S_{f_{cu}} = 0.06 f_{cu,k}$。

表 6.31 混凝土强度的合格判定系数

试件组数	10～14	15～24	≥25
λ_1	1.70	1.65	1.60
λ_2	0.90	0.85	0.85

混凝土立方体抗压强度的标准差 $S_{f_{cu}}$ 可按下式计算：

$$S_{f_{cu}} = \sqrt{\frac{\sum_{i=1}^{n} f_{cu,i}^2 - n f_{cu}^2}{n-1}}$$

式中：$f_{cu,i}$——第 i 组混凝土试件的立方体抗压强度值，MPa；

n——一个验收批混凝土试件的组数。

2. 按非统计方法

若按非统计方法评定混凝土强度时，其强度应同时满足下列要求：

$$\overline{f}_{cu} \geq 1.15 f_{cu,k}$$
$$f_{cu,min} \geq 0.95 f_{cu,k}$$

当检验结果不能满足上述规定时，该批混凝土强度判为不合格。由不合格批混凝土制成的结构或构件，应进行鉴定。对不合格的结构或构件必须及时处理。当对混凝土试件强度的代表性有怀疑时，要采用从结构或构件中钻取芯样的方法或采用非破损检验的方法，按有关标准的规定对结构或构件中混凝土的强度进行推定。

第八节　普通混凝土配合比设计

一、混凝土配合比设计原理

按强度为主的配合比设计，应满足以下基本要求：① 结构承载所要求的强度；② 施工所要求的和易性；③ 长期使用所要求的耐久性；④ 满足上述条件下，符合经济性原则。

按耐久性为主的配合比设计，应满足以下基本要求：① 结构使用寿命；② 施工所要求的和易性；③ 结构承载要求的强度；④ 符合综合经济性原则（含寿命期维修加固费）。

配合比设计的基本原理如下：

（1）恒用水量原则，即混凝土和易性主要由单方混凝土中用水量确定（表4.13）。

（2）水胶比法则，即在组成材料不变的情况下混凝土强度是由强度公式中 W/B 确定。

（3）混凝土体积不变原则，即水泥、砂、石、水等原材料体积之和等于硬化混凝土的体积（$V_c + V_f + V_s + V_g + V_w + V_\alpha = V_h$）。

为此，要合理地确定用水量（W）、水灰比（W/B）、砂率（S_p）之间的关系，从而计算出混凝土各材料的用量。由于影响混凝土性能的因素颇为复杂，计算出的配合比与实际情况往往有出入，常常需要经实验室试配调整方能最终确定混凝土的配合比。

二、混凝土配合比设计的步骤

混凝土配合比设计按以下四个基本步骤进行：① 原材料选择（重点是根据耐久性要求选择）；② 初步配合比计算 $B_0 : S_0 : G_0 : W_0$；③ 实验室调整，得出满足和易性要求的"基准配合比"，经强度和耐久性复核确定出"实验室配合比"；④ 根据现场砂、石含水率将实验室配合比换算为"施工配合比"。

（一）以耐久性为主的初步配合比计算

初步配合比计算的主要依据是混凝土施工要求的坍落度、设计要求的强度以及结构长期使用所要求的耐久性。选择坍落度的原则应是在适合现场施工作业的条件下，尽可能选取小的坍落度；强度等级是由结构承受的荷载以及结构耐久性（寿命等级）来确定的；配制强度要结合施工水平和保证率来考虑。耐久性在混凝土配合比设计中是一项很重要的指标，目前主要是通过控制水泥用量、W/B、掺合料、含气量来加以控制。初步配合比计算的具体方法如下：

1. 配制强度计算

根据结构承载力设计要求的混凝土强度等级(强度标准值$f_{cu,k}$)和强度保证率为95%的要求,则可将配制强度($f_{cu,0}$)作为强度正态分布中的平均值(图6.33)。由统计学原理可知:

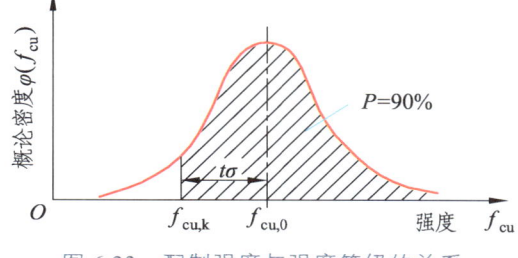

图6.33 配制强度与强度等级的关系

$$f_{cu,0} = f_{cu,k} + t \cdot \sigma$$

式中:σ——强度标准差,MPa;

t——保证率系数,由表6.29,当$P=95\%$时,$t=1.645$;

$f_{cu,0}$——混凝土配制强度,MPa;

$f_{cu,k}$——设计的混凝土抗压强度标准值,即强度等级值,MPa。

σ可按本章第七节混凝土强度质量评定中"强度标准差公式"用试验数据统计计算。若施工单位无历史统计资料,σ值可参照表6.32取用(当混凝土强度>C60时,$f_{cu,0} \geq 1.15 f_{cu,k}$)。

表6.32 强度标准差选用

混凝土等级$f_{cu,k}$	低于C20	C20~C35	C35~C60
标准差σ/MPa	4.0	5.0	6.0

在选用混凝土强度等级时,还应根据结构耐用寿命等确定强度等级是否符合耐久性对强度等级的要求。结构工程分为主体结构、可更换的构件。如桥梁主体结构有混凝土主梁、承台、基础等,可更换构件有支座、护栏/栏杆、排水系统等。土木工程学会标准建议主体结构设计使用年限分级见表6.33。

表6.33 结构的设计使用年限分级

级别	设计使用年限	名称	示例
一	约100年	重要建筑物	标志性、纪念性建筑物,大型公共建筑物(如大型博物馆、会议大厦和文体卫生建筑、政府重要办公楼、大型电视塔等)
一	约100年	重要土木基础设施	大型桥梁、隧道,高速和一级公路上的桥涵,城市干线上的大型桥梁、大型立交桥,城市地铁轻轨系统等
二	约50年	一般建筑物和构筑物	一般民用建筑(如公寓、住宅)以及中小型商业和文体卫生建筑、大型工业建筑
二	约50年	次要的土木设施工程	二级和二级以下公路以及城市一般道路上的桥涵
三	约30年	不需较长寿命的建筑物,可替换的易损构件	某些工业厂房

2. 计算水灰比 W/B

试配强度确定后，即可将它作为 $f_{cu,0}$，代入混凝土强度公式中求出 W/B，例如：

$$f_{cu,0} = \alpha_a \cdot f_b \left(\frac{B}{W} - \alpha_b \right)$$

即

$$\frac{W}{B} = \frac{\alpha_a \cdot f_b}{f_{cu,0} + \alpha_a \cdot \alpha_b \cdot f_b}$$

式中：f_{ce}——水泥实测强度，MPa，可用 $f_{ce} = 1.13 \times f_{ce}^b$ 近似计算。

根据混凝土强度经验公式求得的水灰比，并不能准确地保证使用工地的材料制成的混凝土的平均强度就能符合所要求的试配强度。为了比较准确地测定水灰比，宜先利用实际施工用的材料，选几种不同水灰比，制成多组试件，经养护到规定龄期后进行强度试验，然后采用线性回归统计方法建立强度经验式，并依此计算所需要的水灰比。

3. 选择用水量（W_0）

根据恒用水量原则，当原材料一定时，混凝土用水量是由混凝土坍落度大小决定的，而坍落度取值是由结构所处的状态和施工工艺所决定的。用水量则可由表 6.18 查得。流动性或大流动性混凝土，以表 6.18 中 90 mm 坍落度为基准，按照坍落度的增加，用水量相应的增加，约每 20 mm 增加 5 kg/m³ 的用水量。

当掺减水剂时，每立方米混凝土的用水量可按下式计算

$$W_0' = W_0(1 - \beta)$$

式中：W_0'——掺减水剂的混凝土实际用水量，kg/m³；
W_0——未掺减水剂的混凝土用水量，kg/m³；
β——减水剂减水率，应经试验确定。

4. 计算胶凝材料用量（B_0）

胶凝材料用量可依据用水量（W_0）和水胶比（W/B）用下式计算：

$$B_0 = \frac{W_0}{W/B}$$

矿物掺合料按下式计算：

$$F_0 = B_0 \cdot \beta_f$$

式中：F_0——每立方米中矿物掺合料质量，kg；
β_f——掺合料掺量，%。

矿物掺合料掺量一般应通过试验确定。当采用硅酸盐水泥或普通硅酸盐水泥时，钢筋混凝土中矿物掺合料最大掺量宜符合表 6.34 的规定，当用于预应力混凝土时，除硅灰外其余应减少约 10%（见规范）。

表 6.34　混凝土中矿物掺合料最大掺量（β_f）

矿物掺合料种类	水胶比	最大掺量/%	
		采用硅酸盐水泥时	采用普通硅酸盐水泥时
粉煤灰	≤0.40	45	35
	>0.40	40	30
粒化高炉矿渣粉	≤0.40	65	55
	>0.40	55	45
钢渣粉	—	30	20
磷渣粉	—	30	20
硅灰	—	10	10
复合掺合料	≤0.40	65	55
	>0.40	55	45

注：① 采用其他通用硅酸盐水泥时，宜将水泥混合材掺量20%以上的混合材量计入矿物掺合料。
② 复合掺合料各组分的掺量不宜超过单掺时的最大掺量。
③ 在混合使用两种或两种以上矿物掺合料时，矿物掺合料总掺量应符合表中复合掺合料的规定。

每立方米水泥用量（C_0）按下式计算：

$$C_0 = B_0 - F_0$$

5．耐久性检验

上述计算过程主要是依据混凝土配制强度（$f_{cu,0}$）计算出 W/B 和 B，由于结构的设计使用寿命和环境条件不同，W/B 和 B 用量还直接影响到结构耐久性，故必须按耐久性要求进行检验。我国《混凝土结构耐久性设计标准》（GB/T 50476—2019）中对不同使用年限（表 6.33）和环境条件等级以及混凝土最低强度等级（表 6.27）、最大水灰比和胶凝材料最小用量（表 6.28）所作的规定，可查表求得。当不满足耐久性相关规定时，必须以耐久性取值为准，并重新计算各项比值和材料用量。此外，钢筋保护层厚度对耐久性影响也很大，在选取 W/B 时还需考虑与保护层厚度相匹配（表 6.35）。

表 6.35　不同环境中混凝土材料与钢筋的保护层最小厚度 c　　　单位：mm

环境类别	环境作用等级	设计使用年限								
		100 年			50 年			30 年		
		混凝土强度等级	最大水胶比	c	混凝土强度等级	最大水胶比	c	混凝土强度等级	最大水胶比	c
一般环境 I	板、墙等面形构件	Ⅰ-A	≥C30	0.55	20	≥C25	0.60	20	≥C25	0.60	20
		Ⅰ-B	C35	0.50	30	C30	0.55	25	C25	0.60	25
			≥40	0.45	25	≥C35	0.50	20	≥C30	0.55	20

续表

环境类别	环境作用等级		设计使用年限								
			100 年			50 年			30 年		
			混凝土强度等级	最大水胶比	c	混凝土强度等级	最大水胶比	c	混凝土强度等级	最大水胶比	c
一般环境 Ⅰ	板、墙等面形构件	Ⅰ-C	C40	0.45	40	C35	0.50	35	C30	0.55	30
			C45	0.40	35	C40	0.45	30	C35	050	25
			≥C50	0.36	30	≥C45	0.40	25	≥C40	0.45	20
	梁、柱等条形构件	Ⅰ-A	C30	0.55	25	C25	0.60	25	≥25	0.60	20
			≥C35	0.50	20	≥C30	0.55	20			
		Ⅰ-B	C35	0.50	35	C30	0.55	30	C25	0.60	30
			≥C40	0.45	30	≥C35	0.50	25	≥C30	0.55	25
		Ⅰ-C	C40	0.45	45	C35	0.50	40	C30	0.55	35
			C45	0.40	40	C40	0.45	35	C35	0.50	30
			≥C50	0.36	35	≥C45	0.40	30	≥C40	0.45	25
冻融环境 Ⅱ	板、墙等面形构件	Ⅱ-C 无盐	C45	0.40	35	C45	0.40	30	C40	0.45	30
			≥C50	0.36	30	≥C50	0.36	25	≥C45	0.40	25
			C_a35	0.50	35	C_a30	0.55	30	C_a30	0.55	25
		Ⅱ-D 无盐 有盐	C_a40	0.45	35	C_a35	0.50	35	C_a35	0.50	30
		Ⅱ-E 有盐	C_a45	0.40		C_a40	0.45		C_a40	0.45	
	梁、柱等条形构件	Ⅱ-C 无盐	C45	0.40	40	C45	0.40	35	C40	0.45	35
			≥C50	0.36	35	≥C50	0.36	30	≥C45	0.40	30
			C_a35	0.50	35	C_a35	0.55	35	C_a30	0.55	30
		Ⅱ-D 无盐 有盐	C_a40	0.45	40	C_a35	0.50	40	C_a35	0.50	35
		Ⅱ-E 有盐	C_a45	0.40		C_a40	0.45		C_a40	0.45	
氯化物环境 Ⅲ、Ⅳ（除冰盐）	板、墙等面形构件	Ⅲ-C Ⅳ-C	C45	0.40	45	C40	0.42	40	C40	0.42	35
		Ⅲ-D	C45	0.40	55	C40	0.42	50	C40	0.42	45
		Ⅳ-D	≥C50	0.36	50	≥C45	0.40	45	≥C45	0.40	40
		Ⅲ-E	C50	0.36	60	C45	0.40	55	C45	0.40	45
		Ⅳ-E	≥C55	0.33	55	≥C50	0.36	50	≥C50	0.36	40
		Ⅲ-F	C50	0.36	65	C50	0.36	60	C50	0.36	55
			≥C55	0.33	60	≥C55	0.36	55			

续表

环境类别	环境作用等级		设计使用年限								
			100 年			50 年			30 年		
			混凝土强度等级	最大水胶比	c	混凝土强度等级	最大水胶比	c	混凝土强度等级	最大水胶比	c
氯化物环境Ⅲ、Ⅳ（除冰盐）	梁、柱等条形构件	Ⅲ-C	C45	0.40	50	C40	0.42	45	C40	0.42	40
		Ⅳ-C									
		Ⅲ-D	C45	0.40	60	C40	0.42	55	C40	0.42	50
		Ⅳ-D	≥C50	0.36	55	≥C45	0.40	50	≥C45	0.40	40
		Ⅲ-E	C50	0.36	65	C45	0.40	60	C45	0.40	50
		Ⅳ-E	≥C55	0.33	60	≥C50	0.36	55	≥C50	0.36	45
		Ⅲ-F	C50	0.36	70	C50	0.36	65	C50	0.36	55
			≥C55	0.33	60	≥C55	0.36	60			
化学腐蚀环境 Ⅴ	板、墙等面形构件	Ⅴ-C	C45	0.40	40	C40	0.45	35	C40	0.45	30
		Ⅴ-D	C45	0.40	45	C40	0.40	40	C40	0.45	35
			≥C50	0.36	40	≥C45	0.36	35	≥C50	0.40	30
		Ⅴ-E	C50	0.36	45	C45	0.40	40	C45	0.40	35
			≥C55	0.33	40	≥C50	0.36	35			
	梁、柱等条形构件	Ⅴ-C	C45	0.40	45	C40	0.45	40	C40	0.45	35
			≥C50	0.36	40	≥C45	0.40	35	≥C45	0.40	30
		Ⅴ-D	C45	0.40	50	C40	0.45	45	C40	0.45	40
			≥C50	0.36	45	≥C50	0.40	40	≥C45	0.40	35
		Ⅴ-E	C50	0.36	50	C50	0.36	45	C45	0.40	40
			≥C55	0.33	45	≥C50	0.36	40			

注：① Ⅰ-A 环境中使用年限低于 100 年的板、墙，当混凝土骨料最大公称粒径不大于 15 mm 时，保护层最小厚度可降为 15 mm，但最大水胶比不应大于 0.55。
② 年平均气温大于 20 ℃且年平均湿度大于 75%的环境，除Ⅰ-A 环境中的板、墙构件外，混凝土最低强度等级应比表中规定提高一级，或将保护层最小厚度增大 5 mm。
③ 直接接触土体浇筑的构件，其混凝土保护层厚度不应小于 70 mm；有混凝土垫层时，可按本表确定。
④ 处于流动水中或同时受水中泥沙冲刷的构件，其保护层厚度宜增加 10～20 mm。
⑤ 预制构件的保护层厚度可比表中减少 5 mm。
⑥ 当胶凝材料中粉煤灰和矿渣等掺量小于 20%时，表中水胶比低于 0.45 的，可适当增加。
⑦ 如采取表面防水处理的附加措施，可降低大体积混凝土对最低强度等级和最大水胶比的抗冻要求。
⑧ 预制构件的保护层厚度可比表中规定减少 5 mm。
⑨ 可能出现海水冰冻环境与除冰盐环境时，宜采用引气混凝土；当采用引气混凝土时，表中混凝土强度等级可降低一个等级，相应的最大水胶比可提高 0.05。C_a 为引气混凝土。
⑩ 处于流动海水中或同时受水中泥沙冲刷腐蚀的混凝土构件，其钢筋的混凝土保护层厚度应增加 10～20 mm。
⑪ 预制构件的保护层厚度可比表中规定减少 5 mm。

6. 确定砂率（S_p）

砂率可以根据下列假定来作近似计算。假定混凝土中的砂用量除能填满石子颗粒之间空隙之外还稍有富余，借以拨开石子颗粒，使加了水泥浆后的混凝土拌合物有一定的流动性。根据此原则可列出砂率计算公式为

$$S_p = \frac{S}{S+G}, \quad V'_{0s} = V'_{0g} \cdot P'$$

$$S_p = K \cdot \frac{\rho'_{0s} \cdot V'_{0s}}{\rho'_{0s} \cdot V'_{0s} + \rho'_{0g} \cdot V'_{0g}}$$

$$= K \cdot \frac{\rho'_{0s} \cdot V'_{0g} \cdot P'}{\rho'_{0s} \cdot V'_{0g} \cdot P' + \rho'_{0g} \cdot V'_{0g}}$$

$$= K \cdot \frac{\rho'_{0s} \cdot P'}{\rho'_{0s} \cdot P' + \rho'_{0g}}$$

式中：S_p——砂率，%；

S、G——1 m³ 混凝土中砂、石子用量，kg/m³；

V'_{0s}、V'_{0g}——1 m³ 混凝土中砂、石子堆积体积，m³；

ρ'_{0s}、ρ'_{0g}——砂、石子堆积表观密度，kg/m³；

P'——石子空隙率，%；

K——砂浆剩余系数，又称拨开系数，一般取 1.1~1.4。

在配合比设计中，混凝土应采用最佳砂率，所用计算结果需经试验最终确定，因其工作量较大，实用上大多采用已有经验数据或采用规范推荐值（表 6.36），然后再经试拌调整予以修正。

表 6.36　混凝土砂率选用表（%）

水灰比 (W/B)	碎石最大公称粒径/mm			卵石最大公称粒径/mm		
	16	20	40	10	20	40
0.40	30~35	29~34	27~32	26~32	25~31	24~30
0.50	33~38	32~37	30~35	30~35	29~34	28~33
0.60	36~41	35~40	33~38	33~38	32~37	31~36
0.70	39~44	38~43	36~41	36~41	35~40	34~39

注：① 摘自《普通混凝土配合比设计规程》（JGJ 55—2011）。
② 表中数值系中砂的选用砂率。对细砂或粗砂，可相应地减小或增加砂率。
③ 本砂率适用于坍落度为 10~60 mm 的混凝土。坍落度大于 60 mm 或小于 10 mm 时，应相应增加或减少砂率。
④ 只用一种单粒级粗骨料配制混凝土时，砂率值应适当增加。
⑤ 掺有各种外加剂或掺合料时，其合理砂率应经试验或参照其他有关规定选用。
⑥ 对薄壁构件砂率取较大值。

7. 砂、石用量的确定

初步确定了用水量和水泥用量后，就可进一步确定砂、石的用量。确定砂、石用量一般有两种方法：

（1）假定体积不变法，即水泥、砂、石、水的体积和等于混凝土体积。

$$\frac{c_0}{\rho_c}+\frac{F_0}{\rho_f}+\frac{S_0}{\rho_{0s}}+\frac{G_0}{\rho_{0g}}+\frac{W_0}{\rho_w}+10\alpha=1\,000$$

式中：α——混凝土的含气量百分数，在不使用引气型外加剂时，α 取 1。

（2）假定混凝土表观密度法，即假定混凝土在捣实后的表观密度为已知。一般假定 ρ_{0h} 为 $2\,350\sim2\,450\,\text{kg/m}^3$，则

$$C_0+F_0+S_0+G_0+W_0=\rho_{0h}$$

采用上述两种方法之一与砂率公式结合，可分别建立联立方程式：

$$\begin{cases}\dfrac{S_0}{S_0+G_0}=S_p\\ \dfrac{S_0}{\rho_{0s}}+\dfrac{G_0}{\rho_{0g}}=1\,000-\left(\dfrac{C_0}{\rho_c}+\dfrac{F_0}{\rho_f}+\dfrac{W_0}{\rho_w}\right)-10\alpha\end{cases}$$

或

$$\begin{cases}\dfrac{S_0}{S_0+G_0}=S_p\\ S_0+G_0=\rho_{0h}-W_0-C_0-F_0\end{cases}$$

在上述两组联立方程式中，S_p、ρ_{0h}、ρ_c、ρ_{0s}、ρ_{0g}、ρ_w、ρ_f 以及 C_0、W_0、B_0 均为已知数，需要求解的是 S_0 和 G_0。

【例 6.1】 在我国西南地区，冬季最低月平均温度为 +3.5 ℃，新建一级公路特大桥桥墩，环境无盐侵蚀，据承载力计算仅采用 C25 级普通混凝土已足够。钢筋最小净距为 160 mm，用机械进行搅拌和振捣，强度保证率为 95%。经统计，施工单位强度标准差为 4 MPa（C25）和 6 MPa（C40）。要求掺入 30%的Ⅱ级粉煤灰（视密度为 2.1g/cm³）、高效减水剂（减水率为 20%）。试计算该混凝土的初步配合比。

原材料情况：水泥为 42.5 级普通水泥，密度为 3.15 g/cm³；细骨料为当地出产的河沙，级配合格，细度模数为 2.75，视密度为 2.60 g/cm³，堆积密度为 1 450 kg/m³；粗骨料为当地出产碎石，最大粒径为 40 mm，级配合格，视密度为 2.65 g/cm³，堆积密度为 1 500 kg/m³，空隙率为 40%；拌和水为清洁水。

【解】 根据题意，该土建工程使用年限为 100 年（查表 6.33），环境作用等级为 C 级（查表 6.26），对应混凝土强度等级、最大水灰比和最小水泥用量为 C40、0.45、320（查表 6.28）。根据构件尺寸和钢筋最小净距的规定，粗骨料最大粒径 40 mm 是适宜的。根据题意查表 6.18，选定坍落度为 35～50 mm。

(1) 根据耐久性最终确定混凝土配制强度等级为 C40，则

$$f_{cu,0} = 40 + 1.645 \times 6 = 49.9 \text{ MPa}$$

(2) 水胶比 W/B，先根据试配强度计算，再根据耐久性校核

$$49.9 = \alpha_a \cdot f_b \left(\frac{B}{W} - \alpha_b \right)$$

碎石 $\alpha_a = 0.53$，$\alpha_b = 0.20$

$$f_b = f_{ce} \cdot \gamma_f$$

$$f_{ce} = f_{ce}^b \times 1.13 = 42.5 \times 1.13 = 48 \text{ MPa}$$

查表 6.15，$\gamma_f = 0.7$，则

$$f_b = 48 \times 0.7 = 33.6 \text{ MPa}$$

计算得 $B/W = 3.0$，即 $W/B = 0.333$。

(3) 查表 6.18，得 $W_0 = 175 \text{ kg/m}^3$，掺入减水剂后

$$W_0' = 175 \times (1 - 0.20) = 140 \text{ kg/m}^3$$

(4) 胶凝材料用量

$$B_0 = \frac{140}{0.333} = 420 \text{ kg/m}^3$$

矿粉掺合料（粉煤灰）用量

$$F_0 = B_0 \cdot \beta_f = 420 \times 30\% = 126 \text{ kg/m}^3$$

水泥用量

$$C_0 = B_0 - F_0 = 420 - 126 = 294 \text{ kg/m}^3$$

(5) 耐久性检验：计算所得 $W/B = 0.333$ 及 $B_0 = 420 \text{ kg/m}^3$ 均满足耐久性要求。

(6) 查表 6.36 求砂率，取 28%。

(7) 砂、石材料用量计算：按体积法，得

$$\begin{cases} \dfrac{S_0}{S_0 + G_0} = 0.28 \\ \dfrac{S_0}{2.60} + \dfrac{G_0}{2.65} = 1000 - \dfrac{294}{3.15} - \dfrac{126}{2.10} - 140 - 10 \end{cases}$$

解得 $S_0 = 514 \text{ kg/m}^3$，$G_0 = 1322 \text{ kg/m}^3$

【例 6.2】 在例 6.1 中，为进一步提高混凝土的抗冻性，取消粉煤灰及高效减水剂，改为在混凝土中掺减水型引气剂，其减水率为 10%，混凝土含气量 α 为 5%。求混凝土初步配合比。

【解】 根据经验，混凝土含气量每增加 1% 则强度降低约 4%，掺入引气剂后的配制强度（$f'_{cu,0}$）可按下式计算：

$$f_{cu,0} = f'_{cu,0} - f'_{cu,0}(5-1) \times 4\%$$

$$f'_{cu,0} = \frac{f_{cu,0}}{1 - 4 \times 4\%} = \frac{49.9}{1 - 4 \times 4\%} = 59.4 \text{ MPa}$$

计算 W/B：

$$f'_{cu,0} = f_{ce} \times 0.53 \cdot \left(\frac{B}{W} - 0.20\right)$$

得 $W/B = 0.39$。

用水量为

$$W_0 = 175 - 175 \times 10\% = 157 \text{ kg/m}^3$$

水泥用量为

$$B_0 = C_0 = 157 \times \frac{1}{0.39} = 403 \text{ kg/m}^3$$

由于掺入减水型引气剂，取 $S_p = 28\%$。

砂石用量由下列方程组求解：

$$\begin{cases} \dfrac{S_0}{S_0 + G_0} = 0.28 \\ \dfrac{157}{1} + \dfrac{403}{3.15} + \dfrac{S_0}{2.60} + \dfrac{G_0}{2.65} + 10 \times 5 = 1\,000 \end{cases}$$

解得 $S_0 = 491 \text{ kg/m}^3$，$G_0 = 1\,262 \text{ kg/m}^3$

（二）基准配合比试配调整

算出的初步配合比是否能够满足和易性要求，含砂率是否合理等，都需要经过试拌来进行检验。如果试拌结果不符合要求，可视具体情况加以调整。一般做法是按初步计算得出的配合比试拌 15 L，拌和后做坍落度试验，观察和易性好坏。如果坍落度太小，则应保持水胶比不变，适当增加胶凝材料浆体；如果坍落度太大，则应保持砂率不变，适当增加砂、石用量。如果黏聚性不好，泌水性太大，可适当增加砂率。

经过试拌调整，在满足和易性的条件下，根据所用材料的变化算出调整后的基准配合比。

【例 6.3】 已知 15 L 混凝土各组成材料用量为 $B:S:G:W = 6.12:8.13:18.98:2.63$（单位：kg）。经试拌发现坍落度仅为 20 mm，不符合坍落度要求。砂率、保水性、黏聚性尚可。于是增加 10% 水泥浆再做试验，坍落度为 50 mm，满足要求。经实测，混凝土的表观密度为 $\rho_0 = 2\,430 \text{ kg/m}^3$。试求该混凝土的基准配合比。

【解】 （1）先求最终拌和用量，即 $B_拌 = 6.12 \times 1.1 = 6.73$ kg，$S_拌 = 8.13$ kg，$G_拌 = 18.98$ kg，$W_拌 = 2.63 \times 1.1 = 2.89$ kg。

（2）求基准配合比。根据最终拌合物配合比与基准配合比成正比的关系可得

$$\frac{B_拌}{B_拌 + S_拌 + G_拌 + W_拌} = \frac{B_基}{B_基 + S_基 + G_基 + W_基}$$

而 $B_基 + S_基 + G_基 + W_基 = \rho_0 = 2\,430$ kg/m³

$B_拌 + S_拌 + G_拌 + W_拌 = 36.73$ kg

故 $B_基 = \dfrac{2\,430 \times 6.73}{36.73} = 445$ kg/m³

$G_基 = \dfrac{2\,430 \times 18.98}{36.73} = 1\,256$ kg/m³

同理 $S_基 = \dfrac{2\,430 \times 8.13}{36.73} = 538$ kg/m³

$W_基 = \dfrac{2\,430 \times 2.89}{36.73} = 191$ kg/m³

（三）实验室配合比确定

基准配合比的强度、耐久性不一定符合要求。由于强度 28 d 后才能知道结果，实验室常使用 3 种不同的水胶比同时进行强度试验，其水胶比的变化是以基准配合比的 W/B 增减 0.05 作为另外两组混凝土的水胶比。此时，砂率应作相应的调整（±0.01）。试件在标准条件下养护 28 d，然后测抗压强度，必要时也可同时多做几组试件，供快速检验或测定早期抗压强度，以便提前定出配合比或供施工拆模时参考。

水胶比的最终确定：不同水胶比的混凝土强度测定后，可用作图法或计算法求出与 $f_{cu,0}$ 相对应的水胶比值。若比值落在三组配比中任意两组之间，就可根据内插法求出对应的混凝土的实验室配合比中的各种材料用量（$B_试$、$W_试$、$S_试$、$G_试$，其中单位用水量不变）。

（四）施工配合比的确定

实验室配合比（或基准配合比）是以干燥状态的骨料为基准。所谓干燥状态，一般指含水率小于 0.5%的细骨料或含水率小于 0.2%的粗骨料。但是现场的施工用骨料都含有一定的水分，必须设法测出砂、石实际含水率，在用水量中扣除，而在量取砂、石时，则应增加这部分质量。

假定细骨料的含水率为 a%，粗骨料的含水率为 b%。由下列公式可以算出粗细骨料以及水的校正称料值。

细骨料校正后，

$$S' = S_试（1 + a\%）$$

粗骨料校正后，

$$G' = G_试（1 + b\%）$$

水校正后，

$$W' = W_试 - S_试 \times a\% - G_试 \times b\%$$

复习思考题

1. 对普通混凝土有哪些基本要求？怎样才能获得质量优良的混凝土？
2. 试述混凝土中的四种基本组成材料在混凝土中所起的作用。
3. 对混凝土用骨料在技术上有哪些基本要求？为什么？
4. 试说明骨料级配的含义。怎样评定级配是否合格？骨料级配良好有何技术经济意义？
5. 某工地打算大量生产 C20 以上混凝土，当地所产砂（甲砂）的取样筛分结果见表 6.47，判定其颗粒级配不合格；外地产砂（乙砂），根据筛分结果，其颗粒级配也不合格。若将两种砂混合掺配使用，是否可行？如果可行，试确定其最合理的掺配比例。

表 6.47 筛 分 记 录

筛孔尺寸/mm	累计筛余率/%		筛孔尺寸/mm	累计筛余率/%	
	甲砂	乙砂		甲砂	乙砂
4.75	0	0	0.600	50	90
2.36	0	40	0.300	70	95
1.18	4	70	0.150	100	100

6. 现有两种砂，若细度模数相同，其级配是否相同？若两者的级配均为 2 区砂，其细度模数是否相同？
7. 试比较碎石和卵石拌制的混凝土的优缺点。
8. 什么是混凝土拌合物的和易性？影响和易性的主要因素有哪些？如何改善混凝土拌合物的和易性？
9. 试述泌水对混凝土质量的影响。
10. 和易性与流动性之间有何区别？混凝土试拌调整时，发现坍落度太小，如单纯增加用水量去调整，混凝土拌合物会有什么变化？对硬化后的混凝土性质又会有怎样的影响？

11. 影响混凝土强度的内在因素有哪些？试结合强度公式加以说明。

12. 某工地施工人员采取下述几个方案提高混凝土拌合物的流动性，试问哪个方案可行，哪个方案不可行？并说明理由。

（1）多加水。

（2）保持 W/B 不变，增加水泥浆用量。

（3）加入 $CaCl_2$。

（4）加入减水剂。

（5）延长振捣时间。

13. 试简单分析下述不同的试验条件测得的强度大小有何不同，为何不同？

（1）试件形状不同（同横截面的棱柱体试件和立方体试件）。

（2）试件尺寸不同。

（3）加荷速度不同。

（4）试件与压板之间的摩擦力大小不同（涂油和不涂油）。

14. 混凝土的弹性模量有几种表示方法？规范采用的是哪一种？怎样测定？

15. 试结合混凝土的应力-应变曲线说明混凝土的受力破坏过程。

16. 什么是混凝土的徐变和收缩？影响徐变与收缩的主要因素有哪些？

17. 试从混凝土的组成材料、配合比、施工、养护等几个方面综合考虑，提出提高混凝土强度的措施。

18. 什么是减水剂？在混凝土中加减水剂有何技术经济意义？我国目前常采用的减水剂有哪几种？

19. 什么是引气剂？在混凝土中掺入引气剂会有何技术经济意义？

20. 混凝土的强度为什么会有波动？波动的大小如何评定？

21. 根据以往的历史统计资料，甲、乙、丙三个施工队的施工水平各不相同。若按混凝土强度的变异系数 C_v 来衡量，则甲队 $C_v=10\%$，乙队 $C_v=15\%$，丙队 $C_v=20\%$。今有某工程要求混凝土的强度等级为 C30，混凝土强度保证率为 95%（保证率系数 $t=1.645$），问这三个施工队在保证质量的条件下，各自的混凝土配制强度（平均强度）为多少？指出哪个施工队最节约水泥，并说明理由。

22. 混凝土的 W/B 和相应 28 d 的强度数据列于表 6.48 中，所用水泥为 42.5 等级普通水泥，试求出强度经验公式中的 α_a、α_b 值（精确至 0.01）。

表 6.48　混凝土的水灰比和 28 d 强度

编　号	1	2	3	4	5	6	7	8
W/B	0.40	0.45	0.50	0.55	0.60	0.65	0.70	0.75
f_{cu}/MPa	36.3	35.3	28.2	24.0	23.0	20.6	18.4	15.0

23. 用砂、石材料拌制 C30 塑性混凝土：砂，$\rho_{0s}=2.60$ g/cm^3，$\rho'_{0s}=1\,560$ kg/m^3；石子，$\rho_{0g}=2.60$ g/cm^3，$\rho'_{0g}=1\,530$ kg/m^3。试求出理论砂率。（取拨开系数 $K=1.3$）

24. 已知实验室配合比为 1∶2.50∶4.05，$W/B=0.6$，混凝土拌合物的表观密度 $\rho_0 = 2\,400\ \text{kg/m}^3$，工地采用 800 L（出料）搅拌机进行搅拌，某日实际测得卵石含水率为 2.5%，砂的含水率为 4%。问当天每次各种材料投量为多少？

25. 某实验室按初步配合比，称取 15 L 混凝土的原材料进行试拌，水泥 5.2 kg，砂 8.9 kg，石子 18.1 kg，$W/B=0.6$。试拌结果是坍落度太小，于是保持 W/B 不变，增加 10% 的水泥浆后，坍落度合格，测得混凝土拌合物表观密度为 $2\,380\ \text{kg/m}^3$。试计算调整后的基准配合比。

26. 在标准条件下养护一定时间的混凝土试件，能否真正代表同龄期的相应结构物中的混凝土强度？试解释之。在现场同条件下养护的混凝土又如何呢？

27. 为什么要在混凝土施工中进行质量控制？通常要进行哪些检验工作？

28. 有下列混凝土工程及制品，一般选用哪一种外加剂较为合适？并简要说明原因。

（1）大体积混凝土。

（2）高强度混凝土。

（3）C35 泵送混凝土。

（4）混凝土预制构件。

（5）抢修及喷锚支护的混凝土。

（6）有抗冻要求的混凝土。

29. 某工程配制 C30 混凝土，施工中连续抽取 34 组试件（试件为标准试件），检测 28 d 强度，结果见表 6.49。试求 $\bar{f}_{cu}$、σ、C_V 和强度保证率。

表 6.49　某混凝土 28 d 强度检测结果

试件组号	1	2	3	4	5	6	7	8	9	10	11	12
f_{cu}	32.1	37.5	38.1	39.3	38.2	40.2	43.1	45.3	40.1	30.1	28.3	29.2
试件组号	13	14	15	16	17	18	19	20	21	22	23	24
f_{cu}	32.5	40.1	37.4	38.1	36.4	33.3	38.2	36.5	35.8	30.6	36.2	37.9
试件组号	25	26	27	28	29	30	31	32	33	34		
f_{cu}	38.5	32.5	39.8	31.1	30.2	35.6	36.8	37.4	35.8	39.2		

30. 混凝土获得高强和高性能的途径和技术措施主要有哪些？

31. 与普通混凝土相比，轻骨料混凝土在物理力学和变形性质上有何特点？

32. 今欲配制一结构用轻骨料混凝土，混凝土的强度等级为 LC25，坍落度为 30～50 mm。原材料如下：32.5 级矿渣水泥；黏土陶粒，堆积密度为 $760\ \text{kg/m}^3$，颗粒表观密度为 $1\,429\ \text{kg/m}^3$，1 h 吸水率为 8.1%；普通中砂，堆积密度为 $1\,470\ \text{kg/m}^3$，视密度为 $2.50\ \text{g/cm}^3$。试设计该轻骨料混凝土的配合比。

33. 防水混凝土的配制原则是什么？
34. 与普通混凝土比较，纤维混凝土和聚合物混凝土各有何特点？
35. 试比较水下混凝土与泵送混凝土的相同与不同之处。
36. 配制耐热混凝土、耐酸混凝土的原理是什么？它们在选用原材料上有何区别？
37. 混凝土耐久性综合设计：

（1）青藏铁路穿越盐湖（含高浓度 Cl^-、Na^+、K^+、SO_4^{2-} 等）地区的桥梁墩台混凝土，结构承载设计要求强度等级为 C20，结构最小尺寸为 2.0 m，设置非承重构造钢筋，钢筋最小净距为 18 cm。该地区冬季最低气温为 $-20\ ℃$，施工季节日平均气温为 5 ℃（$-2\sim 10\ ℃$）。试对该混凝土进行耐久性设计，设计内容应包括：

① 原材料选用（水泥品种、等级，粗细骨料品种、等级、质量要求等）；

② 添加剂选用（外加剂和掺合料品种、指标要求）；

③ 混凝土初步配合比（含耐久性应检验的各项指标要求）；

④ 施工中应注意的事项。

（2）我国南方地区某海港码头钢筋混凝土结构，结构承载设计要求强度等级为 C30，结构最小尺寸为 0.8 m，钢筋最小净距为 10 cm。该地区全年最低和最高气温为 $-2\ ℃$ 和 35 ℃，施工季节温度为 $20\sim 30\ ℃$。试对该钢筋混凝土进行耐久性配合比设计，设计内容应包括：

① 原材料选用；

② 添加剂（外加剂和掺合料）选用；

③ 混凝土初步配合比；

④ 施工中应注意的事项。

第七章 其他种类混凝土

本章导读

本章共6节,基本要求为:

(1)了解轨道交通工程中使用的高性能混凝土、超高性能混凝土、超韧性混凝土、自密实混凝土、清水混凝土等其他种类混凝土材料的定义、基本组成、性能要求和使用条件。

(2)初步具备结合使用条件,选择和配置高性能混凝土、超高性能混凝土、超韧性混凝土、自密实混凝土、清水混凝土的能力。

本章的难点是理解高性能混凝土、超高性能混凝土、超韧性混凝土、自密实混凝土、清水混凝土的不同特性。建议在学习中从不同类型混凝土材料的组成出发,结合混凝土材料的关键物理性质、力学性能、耐久性能指标,理解不同类型混凝土的差异,掌握类型选择、配置的方法。在学习过程中,可通过不同类型混凝土之间的类比,理解其不同。

思政小课堂

低碳混凝土助力中国高铁领跑全球

混凝土是高速铁路建设中使用量最大、外部作用最复杂、服役年限要求最高的基础性工程材料,其施工技术、产品性能是实现高铁"高安全性、高平顺性、高耐久性"运营服役目标的关键。与拥有高速铁路的日本、德国、法国、韩国等国家相比,我国高速铁路服役环境更复杂、轨道结构形式更多样、线下基础变形控制要求更高,这对混凝土的工作性能、力学性能与抗裂性能提出了更高的挑战。2008年8月1日,我国自主建设的第一条最高时速350 km的高速铁路——京津城际开通运营,中国正式跨入高铁时代。截至2023年年底,中国高铁运营里程已达4.5万公里，位居世界第一。10多年来，从渤海之滨到西部戈壁，从中部平原到西南群山，从东北雪原到江南水乡，中国高铁从零起步，串珠成线、连线成网，占全球高铁运营总里程的三分之二。在"国民经济命脉"实现史无前例的跨越式发展中，有高性能混凝土浇筑的牢固基础。

高铁混凝土是混凝土中的贵族，采用近乎苛刻的原材料，执行最严格的标准，采用最新的科技，将混凝土技术推向了一个新高度。高铁建设中应用的混凝土配合比设计主要依据为建筑物的使用年限、环境类别及其作用等级和混凝土耐久性指标。高铁混凝土耐久性指标主要为护筋性、抗裂性、耐磨性、抗碱-骨料反应、抗冻性、耐蚀性、抗渗性等多种严格的性能要求。

我国相关科研和工程单位历经20多年的理论和技术创新，在高速铁路用混凝土流变性能调控、体积稳定性控制及长期服役性能提升等方面开展系统研究，攻克了高铁高性能混凝土设计理论、制备与应用关键技术瓶颈，形成了具有自主知识产权的高铁高性能混凝土关键技术与工程应用系列创新成果。

印度尼西亚是"一带一路"沿线重要的支点国家，雅万高铁项目是在"一带一路"倡议下中国与印度尼西亚合作的重要成果，也是"环球高铁"建设的重要一环。雅万高铁项目地处高烈度带，地质条件特殊，混凝土原材料具有一定的差异性，对混凝土设计与质量控制提出了更高的要求。我国相关公司根据印尼地区环境及雅万高铁工程混凝土性能的质量要求，以高温环境温升控制为目标，开展低热混凝土、水下不分散混凝土和高吸水骨料应用等关键技术的研究，并结合中国铁路混凝土标准与环境特征，总结形成了中国铁路标准印尼属地化混凝土制备及质量控制技术方案，成果有效保障了雅万高铁项目的混凝土质量，确保了印尼雅万高铁项目的顺利实施。

复兴号在京沪高铁混凝土桥梁上行驶

第七章　其他种类混凝土

高速列车在雅万高铁混凝土桥梁上飞驰

第一节　其他种类混凝土概述

一、新型混凝土的产生背景

混凝土材料以其卓越的性能，已经成为当前轨道交通工程中应用最为广泛且取得显著成效的材料之一。其坚固性、耐久性以及可塑性，使得它成为构建轨道交通系统不可或缺的重要组成部分。随着工程技术日新月异地发展，各种复杂工程的不断建设，对材料的性能提出了更为严格的要求；同时，由于轨道交通工程往往需要在各种复杂的环境条件下进行，因此，材料还必须满足包括耐腐蚀、抗冻融等在内的多种环境要求。

在这样的背景下，轨道交通工程对高强度、具备特殊功能的混凝土需求日益迫切。从20世纪20年代开始，工程师们就提出了一系列新型混凝土材料设计理念。新型混凝土作为对传统混凝土材料的改善，因其具有优异的物理和化学性能，能够满足轨道交通工程在复杂环境下的特殊需求，近几十年来受到了广泛的关注和深入的研究。通过不断的技术创新和优化，新型混凝土在轨道交通工程中的应用日益成熟，为轨道交通事业的持续发展提供了有力的材料支撑。

二、新型混凝土的发展方向

与传统的混凝土相比，新型混凝土在强度、工作性能和美观性等方面都有所突破。

1. 具备高强度，拥有优秀的力学性能

随着现代交通工程不断迈向大跨、重载的全新阶段，其对材料的需求也日益严苛。

为了满足这一挑战,科研人员研发出了一系列具有高强度特点的混凝土材料,如高性能混凝土、超韧性混凝土和超高性能混凝土。这些混凝土不仅具备了出色的强度,还具备了优良的耐久性和稳定性,能够很好地适应复杂多变的工程环境。

在实际工程应用中,这些新型混凝土展现出了显著的优势。它们不仅能够有效抵抗大跨度桥梁、重载道路等工程结构在长期使用过程中产生的应力,还能够减少结构的变形和裂缝的产生,从而大大提高了工程的安全性和使用寿命。

2. 在施工过程中具备良好的工作性能

在实际工程项目中,混凝土的应用不仅仅局限于其基本的力学性能,更需要在施工环节中展现出优良的工作性能。在这样的背景下,产生了自密实混凝土、喷射混凝土等特殊功能混凝土,它们为现代土木工程建设注入了新的活力。自密实混凝土凭借其良好的流动性和自密实性能,在施工过程中无须额外振捣即可实现均匀密实地填充,极大地提高了施工效率和质量。它特别适用于复杂结构、狭窄空间以及难以振捣的部位,为现代土木工程提供了极大的便利。喷射混凝土则是一种适用于快速施工和修复工程的混凝土材料。它可以通过喷射机械直接喷射到需要修复或加固的部位,快速形成坚固的结构层,有效缩短工期并提高工程质量。这种混凝土在隧道衬砌、边坡防护等工程中得到了广泛应用。

这些具有特殊功能的混凝土材料,不仅在施工过程中展现出优良的工作性能,而且在凝结硬化后同样拥有出色的力学性能,能够满足现代土木工程对混凝土材料的多方面需求。

3. 用于装修装饰,具有美观性

随着混凝土材料在建筑工程中的广泛应用,其用途逐渐超越了单纯的结构支撑,更多地被建筑师们发掘和运用到装饰装修领域。越来越多的建筑师开始从全新的视角审视混凝土,不再仅仅将其视为一种承重材料,而是将其视作一种拥有独特质感和美感的装饰材料。这种观念的转变,催生了清水混凝土施工工艺。

清水混凝土以其自然清纯、古朴凝重的独特质感,成为现代建筑装饰领域的一股清流。它无须额外的装饰和修饰,仅凭自身的材质美感就能营造出一种返璞归真、回归自然的效果。这种混凝土施工工艺在保持混凝土原有特性的基础上,通过精细的施工技巧和独特的设计理念,使其表面呈现出一种细腻、均匀的质感,散发出一种古朴而深沉的魅力。

三、新型混凝土的应用场景

本章重点介绍了高性能混凝土、超高性能混凝土、超韧性混凝土、自密实混凝土、清水混凝土,这些新型混凝土在轨道交通工程中有丰富的应用场景。

在桥梁建设中,超高性能混凝土的高强度、高耐久性和抗裂性使其成为桥梁建设的理想选择。例如，在一些大跨度桥梁的建设中，超高性能混凝土被用于主梁和桥墩的浇筑，如图 7.1 所示，以承受巨大的荷载和抵御恶劣环境的侵蚀。同时，超高性能混凝土的抗渗性能也有效地防止了桥梁结构内部的腐蚀和损坏。

在隧道工程施工中，喷射混凝土发挥着关键作用，其主要用于加固和保护隧道内壁，如图 7.2 所示。它不仅能够防止隧道内壁的塌方和落石等安全事故的发生，还能提高隧道的整体稳定性和安全性。特别是在地质条件复杂或地质结构不稳定的区域，喷射混凝土的应用显得尤为重要。此外，自密实混凝土也在隧道施工中发挥着重要作用，这种混凝土由于具有较为稳定的排气性能和较高的强度，不仅保证了施工过程中的高可靠性和优异性能，还有效地改善了隧道结构的抗渗性能，能够有效防止地下水渗漏和腐蚀，确保隧道结构的安全稳定。

图 7.1 超高性能混凝土浇筑

图 7.2 喷射混凝土

在站台和轨道结构的建设中，自密实混凝土的高强度、高耐久性和良好的施工性能可以确保结构的安全稳定，同时提高施工效率，如图 7.3 所示。同时，通过在车站结构中使用清水混凝土（图 7.4），不仅为车站空间增添了简约而现代的美感，也满足了对耐久性和易清洁性的要求。

图 7.3 自密实混凝土

图 7.4 清水混凝土墙面

在降噪与减震结构方面，使用超韧性混凝土可降低轨道交通运行中的噪声和震动，有效地吸收和分散噪声和震动能量，提高乘客的乘坐舒适度。

在轨道交通工程的边坡支护、基坑防护等工程中，喷射混凝土也常被用来进行混凝土喷射支护。它能够紧密地粘贴在岩壁上，及时支撑并增强围岩的强度，防止围岩松动和变形，从而提高施工的安全性。

这些只是新型混凝土在轨道交通工程中应用的一部分案例。新型混凝土材料的出现，不仅丰富了混凝土材料体系，也为现代建筑工程提供了更多的选择和可能性。它们各自的优势和特点，使得混凝土在性能、外观和持续性方面得到了显著提升，为行业的可持续发展注入了新的活力。随着技术的不断进步和工程需求的不断变化，新型混凝土在轨道交通工程中的应用将会更加广泛和深入。

第二节 高性能混凝土

一、高性能混凝土的基本概念

1990 年 5 月，在美国国家标准与技术研究所和美国混凝土协会主办的第一届高性能混凝土的讨论会上，高性能混凝土（High Performance Concrete，HPC）的概念被首次提出。我国针对高性能混凝土制定了《高性能混凝土技术条件》（GB/T 41054—2021），根据现阶段高性能混凝土内涵，将其划分为高性能混凝土、常规品高性能混凝土、特制品高性能混凝土。规范将高性能混凝土定义为：以建设工程设计、施工和使用对混凝土性能特定要求为总体目标，选用优质常规原材料，合理掺加外加剂和矿物掺合料，采用较低水胶比并优化配合比，通过预拌和绿色生产方式以及严格的施工措施，制成具有优异的拌合物性能、力学性能、耐久性能和长期性能的混凝土；将常规品高性能混凝土定义为：除特制品高性能混凝土之外符合高性能混凝土技术要求并常规使用的混凝土；将特制品高性能混凝土定义为：符合高性能混凝土技术要求的轻骨料混凝土、高强混凝土、自密实混凝土、纤维混凝土。

二、高性能混凝土的特点

1. 高强度

高性能混凝土最重要的性能之一就是高强度，这一特点赋予了它在众多工程结构中出色的表现。由于其强度出众，高性能混凝土能够承受更大的荷载，无论是桥梁、隧道还是其他重要基础设施，它都能以稳定的性能服役，确保结构的安全与稳固。这种卓越的承载能力和稳定性使得高性能混凝土成为工程建设的理想选择，能够经受住时间的考验，确保工程长久稳定地运行。

高性能混凝土强度等级应按立方体抗压强度标准值划分，常规品高性能混凝土强度等级为 C30~C55，高强高性能混凝土强度等级为 C60~C115，自密实高性能混凝土强度等级为 C30~C115，钢纤维高性能混凝土强度等级为 CF30~CF115，合成纤维高性能混凝土强度等级为 C30~C80。用于预制品的高性能混凝土强度等级不宜低于 C40，轻骨料高性能混凝土除外。大量的工程统计表明，目前工程应用中 C30 混凝土占比最大，因此将常规品高性能混凝土的最低强度等级定为 C30。

需要注意的是，高性能混凝土并不等于高强混凝土，高性能混凝土的强度以满足工程设计及应用要求为目标，除满足高强度外还要满足耐久性、工作性等需求。

2. 高耐久性

高性能混凝土具有极高的耐久性，这一特性使得它在面对各种恶劣环境条件时都能展现出强大的适应性和稳定性。不论是高温、低温、潮湿还是干燥的环境，高性能混凝土都能保持其原有的性能特点，不易受到外界因素的侵蚀和破坏。这种卓越的耐久性不仅确保了基础设施工程的安全运行，还显著延长了其使用寿命，减小了维修和更换的频率，降低了维护成本。

依据《高性能混凝土技术条件》（GB/T 41054—2021），我国高性能混凝土抗冻性能等级划分为 F250、F300、F350、F400 和大于 F400，抗水渗透性能等级划分为 P12 和大于 P12，抗硫酸盐侵蚀性能等级划分为 KS120、KS150 和大于 KS150。

高性能混凝土抗氯离子渗透性能的等级划分应符合下列规定：当采用氯离子迁移系数（RCM 法）划分高性能混凝土抗氯离子渗透性能等级时，应符合表 7.1 的规定，且测试龄期应为 84 d；当采用电通量划分混凝土抗氯离子渗透性能等级时，应符合表 7.2 的规定，且高性能混凝土测试龄期宜为 56 d。

表 7.1 高性能混凝土抗氯离子渗透性能的等级划分（RCM 法）

等级	RCM-Ⅲ	RCM-Ⅳ	RCM-Ⅴ
氯离子迁移系数 $D_{RCM}/(\times 10^{-12} \text{ m}^2/\text{s})$	$2.5 \leq D_{RCM} < 3.0$	$1.5 \leq D_{RCM} < 2.5$	$D_{RCM} < 1.5$

表 7.2 高性能混凝土抗氯离子渗透性能的等级划分（电通量法）

等级	Q-Ⅲ	Q-Ⅳ	Q-Ⅴ
电通量 Q_s/C	$1\,000 \leq Q_s < 1\,500$	$500 \leq Q_s < 1\,000$	$Q_s < 500$

高性能混凝土的抗碳化性能等级划分应符合表 7.3 的规定，且高性能混凝土宜在 28 d 龄期进行碳化试验，碳化时长应为 28 d。

表 7.3 高性能混凝土抗碳化性能的等级划分

等级	T-Ⅲ	T-Ⅳ	T-Ⅴ
碳化深度 d/mm	$10 \leq d < 15$	$0.1 \leq d < 10$	$d < 0.1$

3. 高体积稳定性

高性能混凝土的体积稳定性高，在干燥环境中其体积收缩较小，从而有效避免了因干缩引起的裂缝和变形问题。同时，它还具有低徐变的特性，即在长期荷载作用下，其变形量较小，保证了结构的持久稳定性。此外，高性能混凝土对温度变化的敏感性较低，即使在极端温度条件下，其体积变化也较小，有效防止了因温度变化引起的结构破坏。此外高性能混凝土还具有高弹性模量的特点，意味着它具有更好的抵抗变形的能力。这种特性使得高性能混凝土在承受外力作用时，能够保持结构的整体性和稳定性，有效防止结构变形和破坏。

4. 高工作性

高性能混凝土的工作性优良，主要源于其出色的和易性，这使得混凝土在搅拌、运输、浇筑等各个环节中都能展现出良好的流动性和可塑性。在成型过程中，高性能混凝土不易出现离析和分层现象，这是因为其各组分之间的相互作用力强，颗粒分布均匀，能够在外力作用下保持稳定的形态。

三、高性能混凝土的配制

1. 原材料

（1）胶凝材料。

对于胶凝材料的选择，应根据设计要求、施工要求、结构特点以及工程所处环境和应用条件确定。高性能混凝土宜采用硅酸盐水泥或普通硅酸盐水泥，且水泥应符合《通用硅酸盐水泥》（GB 175—2023）的规定；盐冻融环境下的高性能混凝土，不宜采用含石灰石粉的水泥；有预防混凝土碱-骨料反应要求的高性能混凝土宜采用碱含量低于0.6%的水泥；大体积高性能混凝土宜采用中、低热硅酸盐水泥，且应符合《中热硅酸盐水泥、低热硅酸盐水泥》（GB/T 200—2017）的规定，也可使用硅酸盐水泥或普通硅酸盐水泥同时复合使用大掺量的矿物掺合料；化学腐蚀环境下的高性能混凝土，宜采用硅酸盐水泥或普通硅酸盐水泥同时复合使用优质的矿物掺合料，其中低温硫酸盐腐蚀环境下不宜采用含石灰石粉的水泥或掺合料。

（2）水。

用水应符合《混凝土用水标准》（JGJ 63—2006）的规定。高性能混凝土为了产生高强度，需要降低水胶比，在一般环境和冻融环境中，水胶比小于0.45；在氯化物和化学腐蚀环境中，水胶比小于0.42。高性能混凝土所需的低水胶比不仅可以提高强度，还会影响混凝土的其他特性。

（3）矿物掺合料。

可适量掺加粉煤灰、粒化高炉矿渣粉、硅灰、钢渣粉、粒化电炉磷渣粉、石灰石粉、天然火山灰质材料、复合掺合料等矿物掺合料。对于有抗渗、抗冻、抗腐蚀、耐磨或有其他特殊要求的高性能混凝土，不应采用低于Ⅱ级的粉煤灰，且掺合料中不应含有影响混凝土长期性能和耐久性能的激发剂或其他助剂。

（4）外加剂。

混凝土中宜适量掺加外加剂，但宜选用质量可靠、稳定的多功能复合外加剂。外加剂品种和掺量应根据混凝土结构设计、施工、结构特点和工程所处环境条件等要求确定。高性能减水剂、高效减水剂、普通减水剂、引气减水剂、泵送剂、早强剂、缓凝剂及引气剂性能应符合《混凝土外加剂》（GB 8076—2008）和《混凝土外加剂应用技术规范》（GB 50119—2013）的规定，且 28 d 收缩率比不宜大于 110%；膨胀剂性能应符合《混凝土膨胀剂》（GB/T 23439—2017）和《补偿收缩混凝土应用技术规程》（JGJ/T 178—2009）的规定，防冻剂性能应符合《混凝土防冻剂》（JC 475—2004）的规定，防冻泵送剂性能应符合《混凝土防冻泵送剂》（JG/T 377—2012）的规定。采用其他新品种外加剂，应经试验验证混凝土拌合物性能、力学性能和耐久性能符合工程要求后方可使用。外加剂应与水泥、掺合料、砂石等材料具有良好的相容性。

2. 配合比设计

高性能混凝土的配合比设计应满足混凝土拌合物性能、力学性能、耐久性能和长期性能的要求，配合比设计中要重视骨料的品质和骨料体系的设计，在满足拌合物性能和施工要求的情况下，宜尽量增加粗骨料用量，设计较低的拌合物流动性。我国常规品高性能混凝土和高强高性能混凝土配合比设计应符合《普通混凝土配合比设计规程》（JGJ 55—2011）的规定，自密实高性能混凝土配合比设计应符合《自密实混凝土应用技术规程》（JGJ/T 283—2012）的规定，纤维高性能混凝土配合比设计应符合《纤维混凝土应用技术规程》（JGJ/T 221—2010）的规定。

对于 C30~C50 高性能混凝土，浆体比不大于 0.32，C50~C60 不大于 0.35，C60 及以上不大于 0.38。在一般环境和冻融环境中，水胶比不大于 0.45；在氯化物和化学腐蚀环境中，水胶比不大于 0.42。

四、高性能混凝土的工程应用

2001 年开工的青藏铁路工程（图 7.5），在预制梁、轨枕、桩基础等结构中使用了 C50 以上的高性能混凝土。在施工过程中，采用了 32.5 级、42.5 级普通硅酸盐水泥、中热水泥或高抗硫水泥，尽量降低了水泥用量，掺加了多功能复合高效混凝土外加剂。混凝土坍落度可达 200 mm，抗冻融循环次数达 300 次，氯离子渗透值不超过 1 000 C，耐硫酸根的极限浓度达 15 000 mg/L。为了保证青藏铁路沿线恶劣的自然环境条件下混凝土的耐久性，不仅要求混凝土具有一般意义上的物理力学性能，还必须具有良好的低温、负温早强性能，优越的抗冻融破坏能力以及卓越的耐腐蚀、抗氯离子渗透以及耐风蚀的综合性能，而采用高性能混凝土可以很好地满足这些条件。

在 2004 年开工建设的武广客运专线天兴洲长江大桥（图 7.6）中，采用了 C30 钻孔桩基础、钢筋混凝土承台和圆端形空心墩和矩形空心墩，C50 预制箱梁及现浇连续梁。在高性能混凝土的设计过程中，以耐久性为主要指标，同时考虑了强度、工作性、体积稳定性等影响因素。相比普通混凝土，高性能混凝土采用了低水胶比（0.38～0.4），且增加了大量的外加剂和掺合料，克服了其收缩大、早期易开裂、脆性大等缺陷。

图 7.5　青藏铁路

图 7.6　天兴洲长江大桥

第三节　超高性能混凝土

一、超高性能混凝土的基本概念

超高性能混凝土（Ultra-High Performance Concrete，UHPC）是一种以高耐久性、高强度特性而著称的新型水泥基工程材料。它采用了现代混凝土工艺配制，除了常规的水泥、砂石和水外，还加入了减水剂、硅粉等高活性材料，并采用低水胶比，从而大大提高了混凝土的强度。此外，超高性能混凝土通常还需掺入钢纤维或其他高强聚合物纤维以增强其性能，因此也被称为超高性能纤维增强混凝土。

1994 年，法国学者首次提出了 UHPC 的概念，其被定义为抗压强度超过 150 MPa、抗拉强度超过 5 MPa 的新型水泥基材料。它具有优异的韧性和断裂能，使得混凝土结构在超载环境或地震中具有更优异的结构可靠性。除了高强度外，UHPC 还具有优异的耐久性以及极低的孔隙率、高堆积密度和低渗透性，其优异的抗腐蚀性能为混凝土结构在恶劣环境中提供了保护，从而极大限度地提高了混凝土结构的使用寿命，减少了维修费用。UHPC 是 21 世纪新型混凝土材料的重要代表，在改善环境、提高经济效益、解决工程中的疑难问题等方面具有显著优势。

二、超高性能混凝土的特点

1. 内部结构密实

普通混凝土通常由硅酸盐水泥、细骨料、粗骨料和水构成。而对于 UHPC，通过改善原材料粒径级配（图 7.7）、剔除粗骨料、用矿物掺合料（如粉煤灰和微硅）替代一部分水泥、降低水胶比等措施，可以显著提高密实度。

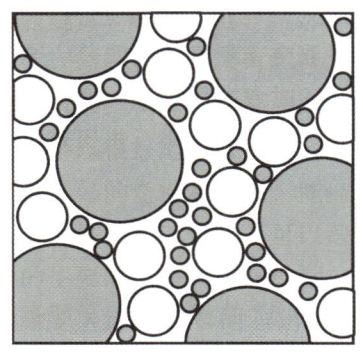
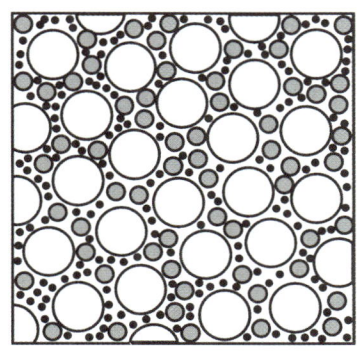

（a）普通混凝土　　　　　　　（b）超高性能混凝土

图 7.7　UHPC 粒径级配

2. 良好的抗裂性

通过在 UHPC 中添加钢纤维，可以提高其韧性。钢纤维的桥接作用（图 7.8），使其抗裂性较好，且在开裂后仍具有一定的抗拉能力。

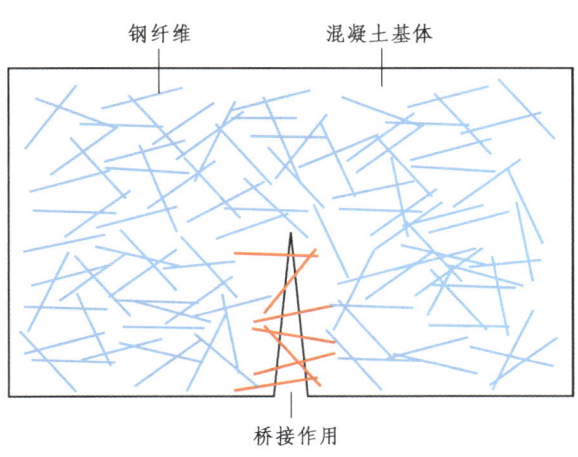

图 7.8　钢纤维的桥接作用

3. 超高的力学性能

与普通混凝土（NC）、高性能混凝土（HPC）相比，UHPC 具有超高的力学性能，其对比见表 7.4。

表 7.4　UHPC 与 NC、HPC 的性能对比

参数	普通混凝土（NC）	高性能混凝土（HPC）	超高性能混凝土（UHPC）
水胶比	0.35～0.6	0.25～0.35	0.14～0.22
抗压强度/MPa	20～40	40～100	100～180
抗拉强度/MPa	1～3	3～4	7～10
弹性模量/MPa	20～30	30～40	40～60
断裂能/（kN/m^2）	0.1～0.3	0.1～4	10～40
孔隙率/%	20～25	10～15	2～6

根据《超高性能混凝土（UHPC）技术要求》（T/CECS 10107—2020），可将 UHPC 的抗压性能等级划分为 UC1（100 MPa≤f_{cu}<120 MPa）、UC2（120 MPa≤f_{cu}<150 MPa）、UC3（150 MPa≤f_{cu}<180 MPa）、UC4（f_{cu}≥180 MPa），抗拉性能等级可划分为 UT1（≥5 MPa）、UT2（≥5 MPa）、UT3（≥7 MPa）、UT4（≥10 MPa）。

4. 优异的耐久性

UHPC 具有极低的孔隙率，有效延缓了各种侵蚀介质进入混凝土内部，使其具有优异的耐久性。例如，UHPC 在实际环境中几乎不会发生碳化，其抗氯离子渗透能力可达普通混凝土的 10 倍，此外其抗冻融能力也远优于普通混凝土。根据《超高性能混凝土（UHPC）技术要求》（T/CECS 10107—2020），UHPC 的氯离子扩散系数不应大于 $0.60×10^{-12}$ m^2/s。

三、超高性能混凝土的配制

为了确保 UHPC 材料在力学性能上达到最优水平，同时保持其高耐久性，配制过程中的核心原则是极力减少材料内部的微裂缝和孔隙等初始缺陷。在具体配制方法上，应优先选用活性高、细度小的原材料，并严格剔除粗骨料，以此最大限度地降低材料内部的初始缺陷。为实现这一目标，可在 UHPC 的配制中加入高强度等级水泥、活性矿物掺合料（如粉煤灰、矿渣、硅灰或磨细石英粉等）、石英砂、钢纤维以及高效减水剂等材料。而要实现 UHPC 的超高性能，通常会采取以下措施：

1. 最大限度地提高材料内部匀质性，采用石英砂替代石子

在混凝土配制完成硬化成型前，骨料和硬化水泥石界面处充满了微裂缝。当混凝土结构在后期承受荷载或温度发生变化时，在骨料和硬化水泥浆体二者界面上出现应力，从而导致微裂缝进一步扩散。为消除上述不利影响，UHPC 主要通过用细砂取代粗骨料、对水泥浆体与骨料的界面进行强化来提高材料的匀质性，消除缺陷。

骨料宜选用最大粒径不超过 1.25 mm 的单粒级石英砂，也可选用细度模数为 1.6～2.2 的天然砂或人工砂。石英砂按粒径可分粗粒径砂（1.25～0.63 mm）、中粒径砂（0.63～0.315 mm）和细粒径砂（0.315～0.16 mm）三个粒级。天然砂含泥量不应大于 0.5%，泥块含量应为 0%。人工砂的石粉含量不应大于 5%，且亚甲蓝试验结果不应大于 1.4。

2. 提高密实度，优化粒径级配

通过提高堆积密实度，可以使体系的微观结构进一步增强，并且使体系的水化反应进程加快，提高其力学性能。因此，制备 UHPC 的必要步骤是优化原材料的颗粒级配和提高体系的堆积密实度。

3. 提高韧性和延性，掺入钢纤维

为了提高 UHPC 的韧性和延性，通常将钢纤维掺入 UHPC 中，宜采用长度为 6~25 mm、直径为 0.10~0.25 mm、抗拉强度不低于 2 000 MPa 的微细钢纤维。

4. 采用活性原材料，以及与活性组分相容的高效减水剂

在超细矿物掺合料的多掺作用下，通过使用减水率不小于 30%的高效减水剂降低水胶比，提高组分的细度，将内部填充密实度最大化，最大限度地降低材料初始缺陷。

5. 使用高频混凝土搅拌机进行 UHPC 的拌制

通过采用高频混凝土搅拌机可以改善原材料搅拌不均匀、不充分等问题，提高匀质性。超高性能混凝土应采用强制式搅拌机搅拌，搅拌时宜将水泥、矿物掺合料、骨料、粉剂外加剂等干料预先干拌 1~2 min，然后加入水和其他液体原材料湿拌，湿拌时间不宜低于 5 min，至拌合物接近目标流动性；然后缓慢加入纤维，待纤维全部加完后继续搅拌不少于 2 min，至纤维在拌合物中分散均匀。

6. 在 UHPC 凝固后进行热养护

通过对 UHPC 进行热养护，可以加速水化反应及掺合料的火山灰效应，使水化产物的微观结构得到改善。养护应符合《超高性能混凝土（UHPC）技术要求》（T/CECS 10107—2020）的规定。

四、超高性能混凝土的工程应用

UHPC 的工程应用可以追溯到 1997 年，当时由加拿大、美国、法国和瑞士共同研发设计的舍布鲁克人行桥在加拿大建成，如图 7.9 所示。这座桥是全球第一座大型 UHPC 建筑结构，为预应力 UHPC 空腹空间桁架结构，跨度达到了 60 m，桥面宽 4.2 m，至今仍在使用。考虑到加拿大冬季严寒，全年最低气温可达零下 40 ℃，且降雪天气频繁，湿度较大，气候条件恶劣，需要大幅提高结构的耐久性标准。UHPC 的应用使得该桥的自重大幅减轻，同时在受严重氯盐侵蚀和冻融循环作用下，其耐久性能也得到改善。从舍布鲁克人行桥的建设开始，UHPC 材料在桥梁工程领域中逐渐发展，并为更多类似项目提供了可靠的解决方案。

近年来，UHPC 在国内轨道交通领域逐步得到了应用。UHPC 最有价值的应用之一便是钢桥面的 UHPC 铺装，钢-UHPC 复合桥面大幅度提升了桥面刚度，良好解决了"钢桥面铺装破损"和"钢结构疲劳开裂"两大钢桥的痛点难点问题。

在铁路方面,2018 年 5 月,蒙华铁路(现名为浩吉铁路)洞庭湖特大桥钢-UHPC 组合桥面完成了超高性能混凝土的浇筑,这是世界范围内首次将 UHPC 组合桥面技术应用于铁路桥梁,如图 7.10 所示。其中,使用的 UHPC 抗压强度是普通 C50 混凝土的 3 倍,抗拉强度更高达 4~6 倍,坍落度可达 260 mm,经历 700 次冻融循环后仍然完好无损,其配合比见表 7.5。此后,2019 年投用的荆州长江公铁大桥、2020 年建成的沪苏通长江公铁大桥以及 2021 年合龙的福厦铁路乌龙江特大桥都采用了钢-UHPC 复合桥面体系。

图 7.9 舍布鲁克人行桥　　　　　　图 7.10 洞庭湖特大桥

表 7.5 洞庭湖特大桥 UHPC 配合比

水泥/(kg/m³)	掺合料/(kg/m³)	石英砂/(kg/m³)	水/(kg/m³)	钢纤维/(kg/m³)	减水剂
800	300	1 000	210	200	1.2%

在城市轨道交通方面,2019 年开工建设的广州地铁 14 号线二期彭边站是国内首例采用 UHPC 预制拼装施工工艺建设的地铁车站。该车站位于煤炭采空区上,内部结构通过 UHPC 预制构件拼装完成,其抗压强度大于 100 MPa。UHPC 预制构件成型后进行热养护,在充分发挥了 UHPC 强度的同时提高了施工效率。相较于传统的施工方法,这种新工艺大大缩短了工期,并且显著提高了结构的耐久性和抗压、抗折性能。

第四节　超韧性混凝土

一、超韧性混凝土的基本概念

超韧性混凝土,又称工程水泥基复合材料(Engineered Cementitious Composite,ECC),最初于 20 世纪 90 年代由美国密歇根大学的 Li 教授和麻省理工学院的 Leung 教授提出。ECC 是一种基于细观力学和断裂力学提出的具有乱向分散纤维的增强水泥基复合材料,主要以水泥、粒径小于 0.15 mm 的石英砂以及粉煤灰掺合料为基体,并添加均匀分布的纤维材料,提高其抗拉性能,是一种高性能纤维增强水泥基复合材料。

这种材料在工程中具有显著的优势，如高强度、高耐久性和高体积稳定性等。由于这些特性，ECC 能够适用于各种恶劣的环境条件，并在各种工程项目中发挥出卓越的性能。它不仅能够满足基础设施工程对长久稳定使用的需求，还能提高工程的质量和安全性。

二、超韧性混凝土的特点

ECC 作为一种具有超高韧性和高性能的纤维增强水泥基复合材料，具备一系列显著的特点和优势，使其在现代工程建设中发挥着越来越重要的作用。

1. 出色的裂缝控制能力

在拉伸作用下，ECC 材料表现出明显的应变硬化特征和超强的韧性，改变了传统水泥基材料易发生脆性破坏的特征，且多缝开裂模式下形成的细裂缝能够改善结构的耐久性。其典型拉伸破坏模式如图 7.11 所示。ECC 能够通过内部大量纤维分散内部应力，形成均匀、细小、密集的横向裂缝，从而避免了大裂缝的产生。这种多缝开裂的特性使得 ECC 具有很高的抵抗破坏和变形能力，能够有效地抵抗外部荷载和环境因素的作用。

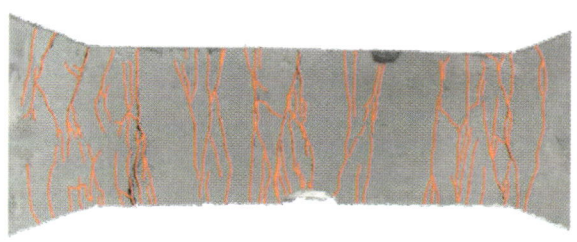

图 7.11 ECC 在拉伸荷载下的多缝开裂现象

2. 优异的力学性能

（1）抗压性能。

ECC 材料的受压性能与普通混凝土材料存在区别，乱向分布的纤维材料对 ECC 起到了约束作用，使 ECC 材料受压时表现出约束混凝土的特性，抗压强度大于普通混凝土。同时，由于纤维会抑制裂缝的发展，且裂缝宽度远小于普通混凝土的裂缝宽度，因此 ECC 较少出现保护层剥落的现象，可以改善混凝土的脆性破坏特性并增强其耐久性。

（2）抗弯性能。

ECC 受弯时的性能类似于其拉伸性能，呈现多缝开裂和应变硬化的现象，具有弯曲硬化特征。但区别于普通混凝土，ECC 弯曲变形时尺寸效应较小，随着 ECC 梁高的增大弯曲硬化现象越来越弱。

（3）抗剪性能。

由于开裂时纤维的桥接作用，ECC 受剪时延性和承载力相对于普通混凝土有所提高。ECC 的主要力学性能见表 7.6。

表 7.6　ECC 的主要力学性能

抗压强度/MPa	初裂强度/MPa	抗拉极限强度/MPa	极限拉应变/%	弹性模量/MPa	抗弯强度/MPa
20~95	3~7	4~12	1~8	18~34	10~30

3. 体积稳定性高

ECC 的体积稳定性高，具体表现为低干缩、低徐变、低温度变形和高弹性模量。这使得 ECC 在各种环境条件下都能保持稳定的性能，不易出现变形和开裂等问题。

三、超韧性混凝土的配制

ECC 的设计遵循最大密实度理论。不同于普通混凝土，超韧性混凝土去除了大粒径的粗骨料，选用最大粒径一般不大于 2 mm 的石英砂作骨料，选用优质硅酸盐水泥，掺入大量超细高活性掺合料，按最紧密堆积原理确定各组成材料的比例。最大密实理论的主要原理是毫米级颗粒（骨料）的间隙由微米级颗粒（水泥、粉煤灰、矿粉）填充，微米级颗粒的间隙由亚微米级颗粒（硅灰）填充，因此大大提高了超韧性混凝土的内部密实度，减少了初始内部缺陷，使混凝土组成材料的细度增大。同时，由于高性能减水剂和钢纤维的掺入，加上采用极低的水灰比，其强度和韧性获得明显提高，进而得到其特殊的物理力学性能。

在 ECC 配合比的设计过程中，需要综合考虑各种因素的影响，选取合理的参数，使其能够在加载过程中满足应变硬化准则。在确定配合比时除了控制基本性能以外，还要让纤维均匀分散在混凝土基体当中，因此有必要添加适量的减水剂，以便纤维更好地分散均匀。ECC 的原材料主要为水泥、矿物掺合料、细集料、钢纤维、减水剂和水等，这些原材料的选择及配合比直接影响 ECC 混凝土的性能。一种典型的 ECC 配合比设计见表 7.7。针对各项性能要求较高的超韧性混凝土，需要注重原材料的选择及拌合物的匀质性。因此，需要在保证其基本性能的前提下严格选择原材料并控制其配合比，以满足其各项性能的特殊要求。

表 7.7　ECC 配合比（质量比）

水泥	粉煤灰	砂	水	高效减水剂	钢纤维（体积掺量）
1.0	1.2	0.8	0.56	0.012	2%

四、超韧性混凝土的工程应用

目前，ECC 在日本和欧美一些国家应用较为广泛，取得了良好工程应用效果，比如 2002 年，美国密歇根州柯蒂斯桥的桥面修补过程中采用了大量 ECC 材料，使其能够经受冬季恶劣天气下的冻融循环作用。位于日本北海道江别市的美原大桥，如图 7.12 所示，于 1995 年开工建设，2005 年完工，桥面采用了 ECC-钢板结构，提高了桥面的刚度，并减轻了 40%的重量。其采用的 ECC 材料水胶比为 0.42，砂胶比为 0.7，并添加了 2%的钢纤维，坍落度可达 500 mm。2005 年，在美国密歇根州格罗夫街大桥的建设中使用了 ECC 链接板，如图 7.13 所示，这是世界上首个 ECC 铰接板应用实例，消除了接头故障、漏水以及梁端腐蚀等典型的伸缩缝病害。

图 7.12　日本美原大桥

图 7.13　美国格罗夫街大桥 ECC 浇筑

ECC 在我国的应用相对较少，中铁二十二局与北京工业大学联合研制出了适合轨道交通建设需求的 ECC，实现了水泥基复合材料的自愈合功能，有效解决了地铁工程中出现的开裂、渗水等常见问题。其紧密结合城市地铁实际工程，完善了 ECC 材料的制备方法，并在 2016 年开工建设的北京地铁昌平线南延项目建设中得到应用，为 ECC 材料的推广应用奠定了基础。

第五节　自密实混凝土

一、自密实混凝土的基本概念

自密实混凝土指的是混凝土拌合物在自重作用下流动和扩散而无须振捣便能均匀密实成型的混凝土。它的主要特性包括自流动性、强抗离析性和高填充性等。通常将坍落扩展度大于 550 mm 的混凝土称为自密实混凝土。自密实混凝土技术最早由日本在 20 世纪末提出，并迅速传入其他国家获得发展。我国主要是在 2000 年后开始引进、研究和应用自密实混凝土。

二、自密实混凝土的特点

自密实混凝土是一种具有独特性能的高性能混凝土材料，它的开发旨在解决传统混凝土施工中的振捣困难问题，改善混凝土的施工质量和效率。经过规范配合比设计的自密实混凝土，与传统振捣型混凝土相比较，具有以下特点：

1. 自流动性

自密实混凝土具有良好的流动性,能够在重力作用下自行流动并填充所有空隙,无须机械振捣即可填充模板的各个角落和复杂形状的空间。通过精确控制混凝土拌合物的黏度和表面张力,以及添加高性能黏结剂和特定的细料,可以确保混凝土在不依赖外力的情况下达到密实而均匀的状态,且具有间隙通过性。

2. 高填充性

自密实混凝土得益于合理的配合比设计和特殊的掺合料、黏结剂,这使得混凝土拌合物颗粒之间的摩擦力降低,在浇筑模板的过程中能够有效排除混凝土中的气泡和空洞,从而有利于混凝土的自密实化。坍落度是反映混凝土填充性的重要指标,根据坍落度不同,可将自密实混凝土分为以下等级:SF1(550~650 mm)、SF2(650~750 mm)、SF3(750~550 mm)。

3. 优异的抗离析性

自密实混凝土在流动过程中不易发生离析和水泥浆泌水现象,其水泥浆和骨料不会因为重力作用而发生分层或离析,在硬化前后能够保持其成分的均匀性和稳定性,避免了由于振捣不足而引发的空洞和蜂窝麻面等质量缺陷,提高了结构的耐久性和整体性能。自密实混凝土的抗离析性可通过筛析法和跳桌法测定,其中:筛析法主要测试浮浆百分比,根据浮浆百分比不同可分为 SR1 级(≤20%)和 SR2 级(≤15%);跳桌法测试离析率,要求不大于 10%。

4. 环境和经济效益显著

自密实混凝土不仅节省了施工过程中振捣所需的人力和设备成本,同时减少了振捣工序带来的噪声和粉尘,对施工环境的影响较小,有利于创造更加安全和健康的工作环境,进一步降低了施工成本和劳动强度。此外,自密实混凝土可以掺加大量的工业固体废弃物,如粉煤灰、矿渣等,具有显著的社会和环境效益。

5. 适用范围广泛

自密实混凝土适用于各种混凝土结构,可以浇筑形状灵活度高、薄壁和密集配筋的结构,尤其适用于复杂结构和有限空间的施工。其良好的流动性和自密实性使得自密实混凝土能够填充各种形状的模具,满足不同工程的需求,增加了设计人员的设计空间和自由度。

三、自密实混凝土的配制

1. 组成材料

(1)水泥。

宜选用不含矿物掺合料或矿物掺合料较少的硅酸盐水泥,其质量必须满足《通用硅酸盐水泥》(GB 175—2023)的规定。

（2）骨料。

粗骨料建议使用级配良好、质地坚固的洁净碎石或碎卵石，最大粒径不宜大于 20 mm，但如果结构具有密集的钢筋，骨料尺寸可以在 10～12 mm 之间。细骨料可以选用天然河砂，或专门机组生产的均匀机制砂，砂的细度模数在 2.6～2.8 之间最佳。

（3）拌合水。

拌合水的选用与普通混凝土相同，应符合现行行业标准《混凝土用水标准》（JGJ 63—2006）的规定。

（4）矿物掺合料。

应选用品质稳定的矿物掺合料，如粉煤灰、矿渣粉等。矿物掺合料的比例应根据配合比设计和所需性能具体决定。表 7.8 是自密实混凝土常用的不同矿物掺合料，以及它们在混凝土拌合物中提供的作用。

表 7.8　自密实混凝土矿物掺合料

矿物掺合料	作用
粉煤灰	用于改善内部混凝土拌合物的填充性，从而减少孔隙、降低渗透性并提高结构的质量
粒化高炉矿渣	磨碎的粒化高炉矿渣有助于改善混凝土的流动性能
石粉	可以提高混合物的粉末含量
硅粉	用于改善结构的力学性质

（5）化学外加剂。

通常选用的化学外加剂有高效减水剂、引气剂和膨胀剂。其中，减水剂应与水泥及矿物掺合料之间具有良好的相容性，应符合现行国家标准《混凝土外加剂应用技术规范》（GB 50119—2013）的规定。引气剂能在混凝土中均匀引入细小气泡，用于提高结构的抗冻融性。膨胀剂宜选用性能符合《混凝土膨胀剂》（GB/T 23439—2017）规定的产品。

2. 配合比设计方法

自密实混凝土配合比应满足《自密实混凝土应用技术规程》（JGJ/T 283—2012）的要求，根据所应用结构形式的特点、施工工艺以及环境因素对自密实混凝土的技术要求进行设计，在综合考虑混凝土自密实性能、强度、耐久性以及其他必要性能要求的基础上，提出初始配合比，经实验室试配调整得出满足工作性要求的基准配合比，并进一步经强度、耐久性复核得到生产配合比。一般而言，自密实混凝土的配合比设计应遵循以下原则：

（1）自密实混凝土配合比设计宜采用绝对体积法，水胶比宜小于 0.42，胶凝材料用量宜控制在 450～550 kg/m³。

（2）选择适宜的水泥和添加剂，通过控制水灰比和添加高效减水剂等化学外加剂，调节混凝土拌合物的流动性和黏度，这是实现自密实混凝土良好填充性、自流性和抗离析性的关键。

（3）浆体是骨料运输的媒介，为确保所有骨料颗粒得到充分覆盖，浆体的体积必须大于混凝土拌合料中的空隙体积，从而增加混凝土的流动性并减少骨料间的摩擦。

（4）适度降低混凝土拌合料中粗骨料的比例，建议不超过总骨料含量的50%，以确保每个粗骨料颗粒均能被砂浆完全包裹。这样可以使得混凝土通过钢筋间的狭窄开口或间隙时，能够减少骨料间的摩擦，提高自密实混凝土的通过能力。

四、自密实混凝土在高速铁路工程中的应用

自密实混凝土在我国高速铁路工程中首次应用于京津城际铁路亦庄车站，该车站道岔设计铺设了 CRTS Ⅲ 型板式无砟轨道，其中道岔下方的充填层特别选用了 C40 自密实混凝土。自密实混凝土在高速铁路道岔区的大规模应用始于京沪高速铁路，共有 16 座车站的无砟轨道道岔区采用了这种材料，其配合比见表 7.9。为确保施工质量，还相继出台了《京沪高速铁路道岔板充填层自密实混凝土暂行技术要求》和《京沪高速铁路道岔板充填层自密实混凝土现场工艺性实验管理实施细则》等指导文件，为道岔区自密实混凝土的施工提供了详尽的规范和指导。

表 7.9 京沪高铁 CRTS Ⅲ 型板式无砟轨道自密实混凝土配合比　　单位：kg/m³

水泥	粉煤灰	膨胀剂	中砂	碎石	水	减水剂	抗裂剂
330	198	72	806	714	183	7.8	6.0

随着 CRTS Ⅲ 型板式无砟轨道的大规模应用，自密实混凝土层也成为 CRTS Ⅲ 型无砟轨道板中最重要的结构部位，主要功能为支撑、传力以及适当提供弹韧性。如图 7.14 所示，充填层自密实混凝土与底座板之间采用了门型钢筋进行强化连接，并设置了中间隔离层，以及设置了底座板上的限位凹槽以用于限制位置。在 CRTS Ⅲ 型板式无砟轨道系统中，充填层自密实混凝土的性能对整体结构起到了至关重要的作用。

图 7.14　CRTS Ⅲ 型板式无砟轨道

第六节　清水混凝土

一、清水混凝土的基本概念

清水混凝土，也称为装饰混凝土，其基本理念在于混凝土浇筑完成后，不再进行任何额外的涂装、贴瓷砖或贴石材等装饰，直接利用混凝土成型后的自然质感作为饰面效果。不过，出于防水和防劣化的考虑，可能会喷上一层透明保护涂料。

清水混凝土诞生于20世纪20年代，随着混凝土在建筑行业的广泛应用，建筑师们开始将关注点从混凝土的结构功能转向其本身的质感。利用混凝土与生俱来的装饰性特点，通过清水混凝土来传达建筑所要表达的情感与意境，使得混凝土不仅仅是构建空间的工具，更是展现建筑美学的重要媒介。

二、清水混凝土的特点

清水混凝土可分为普通清水混凝土、饰面清水混凝土和装饰清水混凝土。与普通混凝土相比，其结构表面更为完整、色泽更加均匀、表面更为光滑。因此，清水混凝土是一种既美观又环保的混凝土结构，具有以下特点：

1. 自然质朴的外观

清水混凝土直接展示了混凝土本身的材料状态，其颜色、纹理都体现了材料的原始美感，为建筑带来一种自然、质朴、纯净的视觉效果。清水混凝土的外观检验项目包括：颜色、修补、气泡、裂缝、光洁度、对拉螺栓孔眼、明缝和蝉缝等。

2. 绿色环保

清水混凝土无须进行额外的涂装或贴面处理，避免了传统建筑材料可能带来的环境污染，能够节省材料成本，使得清水混凝土成为绿色建筑和可持续发展的理想选择。

3. 抗渗性强

由于清水混凝土表面直接与外界环境接触，要求其具有一定的抗渗性，能有效防止外界雨水、二氧化碳等有害气体的渗入。相比于普通混凝土，清水混凝土有着更强的抗裂性、抗腐蚀性、抗冻性、耐磨损性。需要注意的是，清水混凝土并不适用于与侵蚀性的水或土壤直接接触的环境。

三、清水混凝土的配制

1. 组成材料

（1）水泥。

宜选用硅酸盐水泥或普通硅酸盐水泥，其质量必须符合现行国家标准《通用硅酸盐水泥》(GB 175—2023)等的规定，推荐使用碱含量小于 0.6%的低碱水泥。

(2)拌合水。

清水混凝土拌合水和养护水应无色无味，并应符合现行行业标准《混凝土用水标准》(JGJ 63—2006)的规定。

(3)粗细骨料。

清水混凝土所需骨料应具有良好的级配，严格控制骨料中的有机杂质和含泥量，粗骨料最大粒径宜不大于 25 mm，细骨料宜选用Ⅱ区中砂，不得单独使用细砂和特细砂。

(4)矿物掺合料。

清水混凝土的外观质量主要受其成分的影响，尤其是各种矿物外加剂。清水混凝土宜采用Ⅰ级粉煤灰等高品质矿物掺合料，其质量应符合现行国家标准《用于水泥和混凝土中的粉煤灰》(GB/T 1596—2017)的规定。

2. 配合比设计

清水混凝土结构的配合比应根据混凝土强度等级、耐久性和工作性能要求进行配合比设计，按照行业标准《清水混凝土应用技术规程》(JGJ 169—2009)执行，应按照设计要求进行试配，确定混凝土表面颜色。应按照混凝土原材料试验结果确定外加剂型号和用量，应考虑工程所处环境，根据抗碳化、抗冻害、抗硫酸盐、抗盐害和抑制碱-骨料反应等对混凝土耐久性产生影响的因素进行配合比设计。配制清水混凝土时，应采用矿物掺合料。

清水混凝土柱坍落度宜为 150 mm ± 20 mm，墙、梁、板的坍落度宜为 170 mm ± 20 mm，对于掺入其他材料的清水混凝土构件，其配合比应满足设计要求和相关标准。

3. 施工要点

由于清水混凝土对外观要求较为严格，在施工过程中要注意以下事项：

(1)配制过程。

在生产过程中，要严格按设计配合比配制，搅拌时应采用强制式搅拌设备，每次搅拌时间宜比普通混凝土延长 20 s、30 s。同一视觉范围内所用清水混凝土拌合物的制备环境、技术参数应一致，避免混凝土浇筑的构件表面出现明显色差。

(2)模板。

清水混凝土模板材料要求耐磨性好、强度高、平整光洁、耐腐蚀，符合《清水混凝土应用技术规程》(JGJ 169—2009)要求。模板体系设计时以结构简单合理、拆装方便、尺寸标准化、减少拼装接缝为原则，浇筑前应保持模板内清洁、无积水。

(3)浇筑。

清水混凝土的良好质感来源于其表面密实均匀的成型质量。表观缺陷控制是浇筑清水混凝土的最大技术难点，其中以消除表面气孔缺陷最为重要，要求在浇筑过程中充分振捣。

(4)养护。

为保证清水混凝土表观质量，确保拆模时混凝土表层有足够的强度，防止拆模时强度不足造成表面拉毛等瑕疵,清水混凝土拆模后应立即养护,对同一视觉范围内的清水混凝土应采用相同的养护措施,不得采用对混凝土表面有污染的养护材料和养护剂。

四、清水混凝土在工程中的应用

清水混凝土在我国的工程建设中得到了广泛的应用。2018年开通运营的港珠澳大桥中大规模采用了清水混凝土,如图7.15所示。港珠澳大桥是连接香港、广东珠海和澳门的一座跨海大桥,位于广东省珠江口的伶仃洋海域内,全长55 km,是目前世界上最长的跨海大桥。港珠澳大桥综合跨海工程通过东西两个海中人工岛与桥梁部分连接,其中隧道敞开段结构采用C45清水混凝土,其配合比见表7.10。在施工过程中,相关单位采取了多种措施来保证结构的防水性,以及控制施工缝和变形,包括对施工缝凿毛、洒水浸湿,设置中埋式止水带,喷涂聚脲防水涂料等措施。此外,在工程前期阶段,施工单位结合工程自身特点,制定了《港珠澳大桥岛隧工程人工岛清水混凝土技术标准》、《港珠澳大桥岛隧工程清水混凝土施工规程》等专用标准。

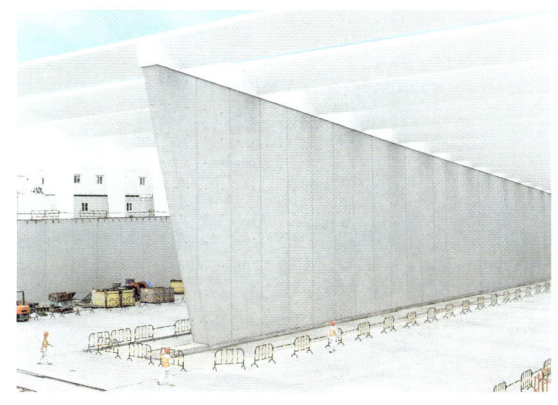

图7.15 港珠澳大桥

表7.10 港珠澳大桥隧道敞开段清水混凝土配合比 单位:kg/m³

水泥	粉煤灰	矿粉	水	砂	石	外加剂
189	105	126	143	770	1 064	3.36

2020年,京雄城际铁路雄安站正式投入使用,标志着这一重大交通工程正式融入了国家的高速铁路网络。这座车站的独特之处不仅在于其便捷的交通功能,更在于其候车大厅的非凡设计。整个候车大厅由192根清水混凝土柱和500道清水梁共同组成,如图7.16所示,构建出一个充满力量与美感的空间结构。这些柱和梁采用了C50清水混凝土,在保证了结构安全和耐久性的同时也为候车大厅赋予了独特的艺术魅力,整个大厅仿佛是一个流动的艺术品,充满了现代感和科技感。工程师克服了浇筑作业空间狭小、墩柱造型复杂、成型质量难以控制、大体积混凝土抗裂耐久困难等难题,无疑为我国的铁路

建设树立了一个新的里程碑,不仅为旅客提供了一个舒适、美观的候车环境,也向世界展示了中国在高速铁路建设方面的雄厚实力和创新能力。

图 7.16　雄安站候车厅

复习思考题

1. 高性能混凝土有什么优点?在配合比设计过程中需要注意什么问题?
2. UHPC 有哪些特点?UHPC 具备的超高性能是通过哪些措施实现的?
3. ECC 对比传统混凝土有哪些优点?
4. 什么是自密实混凝土?它的特点是什么?
5. 在自密实混凝土拌合物中,常见的矿物掺合料有哪些?
6. 清水混凝土在施工过程中应该注意哪些问题?

第八章 道 砟

本章导读

本章共 4 节，基本要求为：
（1）了解道砟的定义、作用、类型及道砟来源与生产制备工艺。
（2）熟练掌握道砟的技术性质、影响因素。
（3）熟悉道砟物理性质的试验与计算方法。
（4）掌握铁路道砟的标准及选用原则。

本章的难点是道砟的技术性质，以及影响技术性质的因素和技术性质对铁路轨道系统的影响。建议在学习中联系道砟在轨道系统中的作用分析影响因素，理解对技术性质的要求。在学习过程中，可结合无砟轨道的优缺点，分析有砟轨道的利弊。

思政小课堂

于本蕃：海拔 4 800 m 的天路守护者

于本蕃，男，汉族，1982 年 10 月出生，中共党员。目前是中国铁路青藏集团有限公司格尔木工务段望昆线路车间党支部书记。自 2006 年青藏铁路格尔木至拉萨段开通运营以来，于本蕃一直在平均海拔 4 800 m，最高达 5 072 m，世界铁路海拔最高点的唐古拉和玉珠峰等地区养护线路。15 年来，他和 2 万多名青藏铁路人一起大力弘扬"挑战极限、勇创一流"的青藏铁路精神，把这条举世瞩目的"天路"运营管理成为世界一流的高原铁路。于本蕃先后获得铁路青年五四奖章、全国五一劳动奖章、火车头奖章等荣誉。2021 年 1 月，于本蕃被中共中央宣传部、中国国家铁路集团有限公司授予 2020 年"最美铁路人"称号，被中国国家铁路集团有限公司、中华全国铁路总工会授予 2020 年度"新时代·铁路榜样"称号。

于本蕃坦言，来到唐古拉后，他发现身边的党员，不仅业务能力突出，而且都有一种令人敬仰的精神，关键时刻总能够冲锋在前，带领身边职工群众形成一个坚强的战斗集体。"我相信，通过自己的努力，也能够成为雪域天路上一枚不惧风雪的铺路石。"

第一节　道砟概述

 一、道砟的定义

　　道砟是铁路轨道结构中的重要组成部分，是铺设于轨道系统与路基之间的碎石或粗砂砾，它的主要作用是承担轨道的重量及对外部荷载进行重分布，减小路基承受的压力，如图 8.1 所示。

图 8.1　有砟铁路

二、道砟的作用

（一）承重支撑、分散压力

铁路道砟最主要的作用是承担铁路轨道的重量和外部荷载，分散轨道及其上承载的列车荷重和提供稳定的支撑。道砟作为铁路轨道的支撑层，能够分散列车通过时产生的荷载和冲击力，当列车通过时，道砟能够承受传递到轨道上的轮辐荷载，通过扩大受力面积，减小了轨道传递给路基的压力，有效保护了路基的稳定性。道砟能够提供一个均匀的受力基础，使得轨道上的荷载能够均匀分布，避免出现局部过载或不均匀沉陷现象。

（二）减 震

道砟通常是采用坚硬、耐磨、抗冲击性好的材料制成，如碎石、卵石等。这些材料在受到荷载时，能够发生微小的弹性变形，吸收和分散部分荷载能量，从而起到减震缓冲作用，减轻列车的震动对路基的冲击和压力，从而保护路基的稳定性和耐久性，同时提高乘坐的舒适度。而合理的级配能够使道砟在受到荷载时更好地分散和传递荷载，从而起到更好的缓冲作用。

（三）控制轨道位移

道砟在铺设时通过振动和压实等施工工艺，其颗粒之间相互紧密连接，形成一个密实的垫层。这种密实性可以有效地控制轨道位移，防止轨道在列车行驶过程中以及在其他内外部因素影响下产生明显的纵向和横向位移。此外，合理的颗粒级配设计，能够使道砟颗粒之间形成较为紧密的结构，增加颗粒间的摩擦力和稳定性。这样，即使在列车行驶过程中产生的动力作用下，颗粒间的相互阻力也可以有效地抵消轨道位移的趋势，控制轨道的稳定性，保持轨道的几何形状和水平度，从而保证铁路轨道的平顺性和安全性。

（四）排 水

道砟中颗粒之间存在着较大的空隙，形成了很多通道，这些通道可以使水分通过并排出，且道砟颗粒的表面还有很多微小的凹凸，这些凹凸也增加了水分的渗透面积。因此，水分在道砟中的渗透速度相对较快，能够快速地通过道砟排出。此外，道砟颗粒表面粗糙不平，具有很好的导水作用，水分在道砟颗粒的表面形成薄膜，通过表面张力和毛细力作用，可以快速传递，并迅速排出。道砟颗粒之间相互连接，形成了一个相对稳定的结构，这种结构能够有效地防止颗粒的沉积和堵塞，保持道砟的通水性能，避免路基受水侵害。

（五）减　噪

在列车通过铁路轨道时，铁路道砟可以缓解车轮与轨道接触时产生的噪声、震动对周围环境的影响，主要是因为道砟具有良好的多孔性，可以吸收和分散列车运行时产生的振动噪声，促进声音的衰减和增大阻尼，并通过反射和扩散作用，进一步减少和降低噪声的传播。

（六）维护铁路的清洁和安全

道砟有助于抑制杂草生长，防止路基受到植物侵害，同时也有助于铁路维修人员更好地进行轨道养护和维修作业。

三、道砟的分类

铁路道砟主要包括碎石道砟、筛选卵石道砟、天然级配卵石道砟、砂道砟和熔炉矿渣道砟、底砟等，应用最广泛的是碎石道砟。

（一）碎石道砟

碎石道砟是指选用开山块石破碎、筛选加工生产，且颗粒表面全部为破碎面的道砟。碎石道砟按抗磨耗、抗冲击性能、抗压碎性能、粒径级配分为特级道砟和一级道砟。

1. 特级道砟

特级道砟是指经过深加工、筛分、洗涤等工艺处理后的道砟材料，具有粒度均匀、抗磨耗、抗冲击性能、抗压碎性能优良的道砟产品。

2. 一级道砟

一级道砟是指经过初步加工、筛分等工艺处理后的道砟材料，具有一定的粒度均匀性和一定的抗磨耗、抗冲击性能、抗压碎性能的道砟产品。一级道砟按粒径级配又分为新建铁路用一级碎石道砟和既有线大修、维修用一级碎石道砟，新建铁路用一级碎石道砟较既有线大修、维修用一级碎石道砟粒径分布更加均匀。

（二）筛选卵石道砟

筛选卵石道砟是指卵石通过筛选和破碎加工形成的一类道砟。这种道砟通常由颗粒状破碎卵石组成，具有高孔隙率、高渗透性、良好的稳定性和导水作用等特点，能够快速将水分排出，并保持地表或者地下的较低水位，起到排水的重要作用。

（三）天然级配卵石道砟

天然级配卵石道砟是一种由自然存在的卵石颗粒组成的道砟，其粒径和比例经过筛选和加工处理后符合特定的工程要求。这种道砟具有良好的排水性能和稳定性，能够承受车辆重量和减小震动，保证道路的平整和畅通。

(四)砂道砟

砂道砟是指由砂颗粒组成的道砟材料。砂道砟通常具有高空隙率、高渗透性、良好的稳定性和导水作用等特点,能够快速将水分排出,并保持地表或者地下的较低水位。

(五)熔炉矿渣道砟

熔炉矿渣道砟是指利用熔炉矿渣作为原材料制成的道砟材料。熔炉矿渣是钢铁等行业生产过程中产生的固体废弃物,经过处理后可以作为道砟材料使用。熔炉矿渣道砟的特点是具有较高的强度和稳定性,能够承受车辆荷载和减少震动,同时具有良好的排水性能,能够快速将水分排出,减少水分对道路的侵蚀和损害。

(六)底 砟

底砟是指用于保护铁路轨道稳定性的垫层材料,通常选用质地坚硬、耐久、不易风化的碎石、卵石或粗砂等材料,也可以选用无尖刺的石块或混凝土块等材料。底砟层一方面可阻止道砟层粗颗粒侵入基床表层,另外一方面可阻止基床表层的细颗粒上涌进入道砟层。因此,底砟层在轨道结构中起过滤和隔离作用。底砟也能够有效地减少雨水等水源对路基的侵蚀,防止路基层饱和黏土和粉质土在水的作用下形成泥浆,并在高循环荷载作用下进入道砟层,出现翻浆冒泥现象。

第二节 道砟的来源与制备

一、道砟的材料来源

铁路使用的道砟主要有破碎岩石、破碎矿渣、改良砾石等。其中,使用最广泛的是破碎岩石,以火成岩和硬质石灰岩为主。

火成岩:制备道砟最常用的材料,如花岗岩、玄武岩、安山岩等。花岗岩因其岩性均一、质地坚硬、吸水性小、岩块抗压强度高等突出优点,成为道砟原材料的最佳选择。火成岩具有较高的硬度和稳定性,能够提供可靠的支撑和承载能力。

沉积岩:常被用作制备道砟材料,包括砂岩、石灰岩等。这些岩石相对较软,但经过破碎和筛分处理后,可以满足道砟的要求。

冶金炉渣:冶金工业过程中产生的副产品,如钢铁冶炼中的炉渣。经过适当处理和加工,炉渣可以用作制备道砟材料。破碎矿渣道砟是常见的使用炉渣制备的道砟类型之一。

改良砾石:一种经过特殊处理的道砟材料。它通常是通过添加化学稳定剂、筛分和洗涤等工艺对砾石进行改良,以提高其物理性能和稳定性。

二、道砟的生产制备

道砟的生产可大致分为开采、破碎、筛分、洗涤、储存和堆放、运输和铺设等过程。

（一）开采和挖掘

铁路道砟的生产首先是岩石的开采和挖掘。这通常在矿山或采石场进行，常见的石料如花岗岩。使用挖掘机、装载机和爆破工具等设备，从矿脉或土壤中提取石块和砂石。

（二）破碎和筛分

石块和砂石被取出后，需要进行破碎和筛分工序。石块经过颚式破碎机或圆锥破碎机等设备进行初步破碎，然后通过细碎机进行进一步细破碎。道砟的针状指数、片状指数均不大于 20%。通过振动筛等设备进行道砟筛分，以获得所需的颗粒粒径大小范围。

（三）洗涤和去除杂质

在道砟的生产过程中，洗涤是至关重要的一步。利用洗砂机或水洗设备，将砂石浸泡在水中，通过水流和搅拌去除表面的泥土、黏土和其他杂质，提高道砟的纯净度和质量。特级道砟中风化颗粒和其他杂石含量不应大于 2%，一级道砟中风化颗粒和其他杂石含量不应大于 5%。水洗后的道砟，其颗粒表面清洁度不应大于 0.17%，未经水洗的一级道砟中粒径在 0.1 mm 以下粉末的含量不应大于 1%。

（四）储存和堆放

经过处理的道砟达到要求后，会进行储存和堆放。储存和堆放通常在合适的仓储罐或堆场区域进行，以确保储存和堆放区域安全，避免交叉污染和颗粒混合。道砟产品的贮料场（或临时堆料场）地面应经硬化处理，防止黏土、粉尘等杂物的渗入，并采取覆盖等有效措施防止道砟污染。采石场和施工单位一般采取如下措施，防止或减少道砟颗粒的离析，保证出场上道道砟的级配符合相关要求：

（1）修建跨线漏斗仓，存放道砟。大量贮存碎石道砟产品时，应采用移动式皮带输送机或移动卸料方式分层堆放；当采用装载机进行堆放作业时，也应采取分层堆放；当采用固定式皮带输送机定点卸砟堆放时，其堆放高度不应超过 4 m。

（2）出厂（场）装车作业时，应采用纵向铲装法，严禁围绕料堆铲装作业。

（3）堆放贮存大量道砟产品时，应采用道砟产品筛分分类堆放，出场或上道时再混装的工艺。

（五）运输和铺设

运输道砟产品的车辆每次装车前车内要进行清扫，不应残留泥土、灰尘等杂物，公路运输道砟的车辆应做好表面覆盖。道砟装卸作业时，严禁装料机在道砟表面上行走；

铲装作业不应将泥土、粉尘铲入。在施工现场，使用铺设机具或人工方式进行铺设，形成铁路轨道的基底和道砟层，为铁路轨道提供坚实的基础和可靠的支撑。

生产出的道砟按照其使用线路可分为特级道砟和一级道砟。其中，既有线大修、维修选用粒径为 25~63 mm 的一级道砟，新建铁路选用粒径为 16~63 mm 的一级道砟；而有砟高速铁路采用的是特级道砟，粒径为 22.4~63 mm。

第三节 道砟的物理性质

一、道砟的密度和压实密度

道砟的密度对铁路线路的稳定性和安全性有重要的影响。若密度过大，则道砟的弹性模量增加，轨道承受荷载的能力增强，但道砟的弹性变形能力下降，对列车的冲击和振动的吸收能力减弱，会导致列车运行时舒适度降低，并加速轨道结构的损坏，从而影响铁路线路的稳定性。若密度过小，则道砟的荷载承受能力减弱，容易导致轨道下沉、变形和损害，从而危及铁路线路的安全运行。

（一）道砟的密度

道砟的密度是指单位体积内道砟的质量，按照式（8.1）计算：

$$\rho = \frac{m}{V} \tag{8.1}$$

式中：ρ——道砟的密度，kg/cm³；

m——道砟的质量，kg；

V——道砟的体积，m³。

道砟密度的测定方法有灌砂法、灌水法、放射性同位素法等，其中灌沙法是最常用的测试方法。

我国对道砟密度的设计和控制有着严格的标准。在铁路工程设计中，设计人员会根据线路的用途、列车的运行速度、地质条件等因素，确定道砟的设计密度。在施工过程中，需要对道砟密度进行严格的监测和控制，确保实际密度与设计密度相符。对于已经投入使用的铁路线路，还需要定期检查道砟密度，及时发现和处理问题，保障线路的安全运行。

（二）道砟的压实密度

道砟的压实密度是指铁路道砟在施工过程中经过振动、压实等作用后的密度。道砟压实密度在铁路线路中的重要性主要体现在稳定性、抗冲击能力和长期使用寿命等三个方面。

1. 稳定性

道砟在承受列车荷载时需要具备一定的稳定性，若道砟压实密度不够高，则容易导致轨枕下沉、轨距变大等问题，从而影响列车行驶平稳性和安全性。

2. 抗冲击能力

列车在运行过程中会产生冲击力，如果压实密度不够则无法有效吸收冲击力，从而导致轨枕损坏、变形等问题。所以提高道砟的压实密度对于线路抗冲击能力至关重要。

3. 长期使用寿命

高压实密度的道砟可以减少轨枕下沉、轨道变形等问题，从而延长线路的使用寿命，降低维护成本。

因此，良好的道砟压实密度在铁路线路运行过程中至关重要。工程上影响道砟压实密度的因素主要有三个方面。第一，材料的特性，不同材料的颗粒形状和大小会影响其堆积效果和压实程度；第二，压实方法，采用不同的压实方法会产生不同的压实密度；第三，施工条件，如温度、湿度、土壤湿度等因素都会对压实密度产生一定的影响。

二、道砟的力学性质

（一）硬　度

道砟的硬度是影响道砟磨耗率和轨道稳定性的重要因素之一。在通常情况下，道砟的硬度应该根据具体的使用环境和需求进行选择和调整。硬质岩石等硬质材料加工的道砟，具有较高的硬度和抗磨性能，适用于高荷载和高速运行的轨道场合。而在城市轨道交通和普通铁路线路上，可以选择相对较软的道砟材料，以减少对轨道和列车的磨损。

（二）抗磨耗、抗冲击性能

道砟的磨耗性是指道砟材料的耐磨程度和抗磨性能。道砟的磨耗性以磨损前后道砟单位面积的质量损失，即磨耗率表示。道砟的磨耗率越低，表明其耐磨性越好。道砟的抗冲击性能是指在冲击荷载的作用下道砟抵抗破碎的性能。抗冲击性能越差，表明道砟在列车荷载作用及捣固作业冲击下越容易破碎。

评价道砟的抗磨耗、抗冲击性能的物理状态指标主要有洛杉矶磨耗率、标准集料冲击韧度和石料耐磨硬度系数。

1. 洛杉矶磨耗率

洛杉矶磨耗率是以洛杉矶磨耗机的磨耗指标表示碎石道砟（底砟或级配碎石）抵抗冲击、磨耗和边缘剪切等联合作用能力的参数，通过铁路碎石道砟洛杉矶磨耗率试验进行测定，按照式（8.2）计算每份道砟（底砟或级配碎石）试样的洛杉矶磨耗率。

$$\text{LAA} = \frac{G_{g1} - G_{g2}}{G_{g1}} \times 100 \tag{8.2}$$

式中：LAA——洛杉矶磨耗率，%；
G_{g1}——磨耗前试样质量，g；
G_{g2}——磨耗后粒径在 1.7 mm 以上试样质量，g。

进行三次试验，三份试样中，任何两份试样的磨耗率之差不应大于 2%，否则应重新取样试验。三份试样试验结果平均值为该道砟（底砟或级配碎石）试样洛杉矶磨耗率，LAA 值准确至 0.1%。

2. 标准集料冲击韧度

标准集料冲击韧度表示道砟材料抵抗瞬时撞击或冲击的能力，用标准集料冲击韧度表示。标准集料冲击韧度采用 5 000 g±5 g 的冲锤自 50 cm 高处自由冲击 40 次一定体积的道砟试样后，按照式（8.3）计算：

$$\text{IP} = \frac{0.37 \times 100}{4 - M} \tag{8.3}$$

式中：IP——标准集料冲击韧度。
0.37——标准辉绿岩的粉碎度。
100——标准辉绿岩韧度计算系数。
4——试验前颗粒系数。
M——试验后颗粒系数，其值为

$$M = \frac{4G'_{7.1} + 3G'_{3.15} + 2G'_{1.0} + G'_{0.5}}{G} \tag{8.4}$$

其中：G——试验试样质量，g；
$G'_{7.1}$、$G'_{3.15}$、$G'_{1.0}$、$G'_{0.5}$——试验试样经过 40 次冲击后，7.1 mm、3.15 mm、1.0 mm、0.5 mm 方孔筛上的筛余质量，g。

取三份试样标准集料冲击韧度的平均值作为该道砟的标准集料冲击韧度。IP 值取整数位。

3. 石料耐磨硬度系数

石料耐磨硬度系数反映了石料在外力作用下抗磨损的能力，采用铁路碎石道砟石料耐磨硬度系数表示。道砟石料耐磨硬度系数是以石料在圆盘耐磨硬度试验机上旋转 1 000 r 之后的损失质量表示石料抵抗磨耗能力，可按照式（8.5）计算：

$$K_{干磨} = 20 - \frac{\Delta G}{3} \tag{8.5}$$

式中：$K_{干磨}$——石料耐磨硬度系数；
ΔG——试件磨 1 000 r 后平均损失质量，g。

以两个试件 $K_{干磨}$ 的算术平均值作为石料耐磨硬度系数 $K_{干磨}$，二值之差不应大于平均值的 10%，否则应重做耐磨硬度试验，直至满足规定为止。$K_{干磨}$ 准确至 0.1。

特级碎石道砟和一级碎石道砟的抗磨耗、抗冲击性能应满足表 8.1 要求。

表 8.1　抗磨耗、抗冲击性能分级指标

性能	参数	特级道砟	一级道砟
抗磨耗、抗冲击性能	洛杉矶磨耗率（LAA）/%	≤18	18<LAA<27
	标准集料冲击韧度（IP）	≥110	95<IP<110
	石料耐磨硬度系数（$K_{干磨}$）	>18.3	18<$K_{干磨}$≤18.3

（三）抗压碎性能

道砟的抗压碎性能是指道砟在承受荷载时不会发生破碎或者破裂的能力。道砟的抗压碎性能主要通过标准集料压碎率和道砟集料压碎率两个物理状态指标来表示。

1. 标准集料压碎率

标准集料压碎率是用标准粒径的碎石以规定的试模和荷载压碎后损失的质量百分率来反映石料抗压碎能力的参数。铁路碎石道砟标准集料压碎率是将自然风干或烘干的 10～16 mm 的道砟 3 000 g±5 g（G_{c1}）装入标准集料压碎率试模中，施加 200 kN 的荷载，持载 2 min，卸载后用孔径为 2.5 mm 的筛子筛分，称量筛余量（G_{c2}）。标准集料压碎率按照式（8.6）计算：

$$CA = \frac{G_{c1} - G_{c2}}{G_{c1}} \times 100 \tag{8.6}$$

式中：CA——道砟标准集料压碎率，%；
　　　G_{c1}——试样试验前质量，g；
　　　G_{c2}——试样试验后筛余质量，g。

取三份试样压碎率的算术平均值作为该道砟的标准集料压碎率，CA 值准确至 0.1%。

2. 道砟集料压碎率

道砟集料压碎率是道砟集料试样以规定的试模和荷载压碎后级配变化的参数。铁路碎石道砟集料压碎率是将自然风干或烘干的不同粒径比例的道砟 12 000 g 装入道砟集料压碎率试模中，施加 500 kN 的荷载，持载 2 min，卸载后用孔径为 56 mm、45 mm、35.5 mm、25 mm、16 mm 和 1.7 mm 的筛进行筛分，称取各粒径档筛余量。道砟集料压碎率按照式（8.7）、式（8.8）计算：

$$CB = \frac{10195 - F_n}{10195} \times 100 \tag{8.7}$$

$$F_n = 112A_{56} + 107A_{45} + 101A_{35.5} + 93A_{25} + 81A_{16} + 45A_{1.7} + 7A_{底} \tag{8.8}$$

式中：CB——道砟集料压碎率，%；

10 195、112、107、101、93、81、45、7——计算常数；

A_{56}、A_{45}、$A_{35.5}$、A_{25}、A_{16}、A_{17}、$A_底$——各粒径级的筛余质量百分率。

道砟抗压碎性能应满足表 8.2 的要求。

表 8.2　抗压碎性能分级指标

性能	参数	特级道砟	一级道砟
抗压碎性能	标准集料压碎率（CA）/%	<8	8≤CA<9
	道砟集料压碎率（CB）/%	<19	19≤CB<22

三、道砟的级配

（一）铁路碎石道砟的级配

道砟的颗粒级配是指道砟颗粒粒径大小的分布。级配致密的颗粒中，各种尺寸的颗粒数量均衡，因此颗粒间的空隙小，形成的道砟具有抗剪强度高、振动密实性好、颗粒粉化慢等优点。

道砟的颗粒级配，可通过筛分的方法来检验。根据《铁路碎石道砟　第 2 部分：试验方法》（TB/T 2140.2—2018）筛分的方法，将 5 个方孔筛从上到下按孔边长由大到小的顺序码成筛垛，筛分碎石道砟试样，称取留在各筛上的筛余质量：特级道砟分别称取筛余质量 d_{63}、d_{50}、d_{40}、$d_{31.5}$、$d_{22.4}$ 和 $d_底$，其中 $d_底$ 为粒径在 22.4 mm 以下的试样质量。新建铁路一级道砟分别称取筛余质量 d_{63}、d_{56}、d_{45}、$d_{35.5}$、d_{25}、d_{16} 和 $d_底$，其中 $d_底$ 为粒径在 16 mm 以下试样的质量。既有线大修、维修用一级道砟分别称取筛余质量 d_{63}、d_{56}、d_{45}、$d_{35.5}$、d_{25} 和 $d_底$，其中 $d_底$ 为粒径在 25 mm 以下的试样质量。质量单位为千克（kg），精确至 0.05 kg。按表 8.3 计算各个筛上的过筛质量和过筛质量百分率。

表 8.3　道砟过筛质量与过筛质量百分率

等级	试样总量 q	过筛质量 q	过筛质量百分率 P
特级道砟	$q = q_{63} + d_{63}$	$q_{22.4} = d_底$ $q_{31.5} = q_{22.4} + d_{22.4}$ $q_{40} = q_{31.5} + d_{31.5}$ $q_{50} = q_{40} + d_{40}$ $q_{63} = q_{50} + d_{50}$	$P_{22.4} = q_{22.4}/q$ $P_{31.5} = q_{31.5}/q$ $P_{40} = q_{40}/q$ $P_{50} = q_{50}/q$ $P_{63} = q_{63}/q$
新建铁路用一级道砟		$q_{16} = d_底$ $q_{25} = q_{16} + d_{16}$ $q_{35.5} = q_{25} + d_{25}$ $q_{45} = q_{35.5} + d_{35.5}$ $q_{56} = q_{45} + d_{45}$ $q_{63} = q_{56} + d_{56}$	$P_{16} = q_{16}/q$ $P_{25} = q_{25}/q$ $P_{35.5} = q_{35.5}/q$ $P_{45} = q_{45}/q$ $P_{56} = q_{56}/q$ $P_{63} = q_{63}/q$

等级	试样总量 q	过筛质量 q	过筛质量百分率 P
既有线用一级道砟	$q = q_{63} + d_{63}$	$q_{25} = d_底$ $q_{35.5} = q_{25} + d_{25}$ $q_{45} = q_{35.5} + d_{35.5}$ $q_{56} = q_{45} + d_{45}$ $q_{63} = q_{56} + d_{56}$	$P_{25} = q_{25}/q$ $P_{35.5} = q_{35.5}/q$ $P_{45} = q_{45}/q$ $P_{56} = q_{56}/q$ $P_{63} = q_{63}/q$

注：质量单位为千克（kg），精确至 0.01 kg；过筛质量百分率精确至 0.1%。

根据《铁路碎石道砟》（TB/T 2140—2008），特级碎石道砟粒径级配应符合表 8.4 的要求，新建铁路用一级道砟粒径级配应符合表 8.5 的要求，既有线大修、维修用一级碎石道砟粒径级配应符合表 8.6 的要求。

表 8.4 特级碎石道砟粒径级配

	方孔筛孔边长/mm	22.4	31.5	40	50	63
	过筛质量百分率/%	0~3	1~25	30~65	70~99	100
颗粒分布	方孔筛孔边长/mm	31.5~50				
	颗粒质量百分率/%	≥50				

表 8.5 新建铁路一级碎石道砟粒径级配

方孔筛孔边长/mm	16	25	35.5	45	56	63
过筛质量百分率/%	0~5	5~15	25~40	55~75	92~97	97~100

表 8.6 既有线一级碎石道砟粒径级配

方孔筛孔边长/mm	25	35.5	45	56	63
过筛质量百分率/%	0~5	25~40	55~75	92~97	97~100

（二）铁路碎石底砟的级配

底砟材料可取自天然砂砾材料，也可由开山块石或天然卵石、砾石经破碎筛选而成。底砟材料的粒径级配应符合表 8.7 的规定，且 0.5 mm 筛以下的细集料中通过 0.075 mm 筛的颗粒含量应≤66%。

表 8.7 底砟粒径级配

方孔筛孔边长/mm	0.075	0.1	0.5	1.7	7.1	16	25	45
过筛质量百分率/%	0~7	0~11	7~32	13~46	41~75	67~91	82~100	100

四、道砟的渗水性能

水对道砟的影响非常大，如果道砟长时间处于潮湿状态，会导致其强度下降，甚至会引起道砟松动或沉降，从而影响轨道的平整度和稳定性。此外，水还会与道砟中的颗粒物发生化学反应导致颗粒物的疏松和溶解，进一步影响道砟的强度和稳定性。因此，道砟一定要具有良好的透水性能，防止道砟受到水的侵蚀和影响。

评价道砟渗水性能的物理指标主要有渗透系数、石粉试模件抗压强度、石粉液限和塑限。

1. 渗透系数

道砟的渗透性采用石粉渗透系数 P_m 表示。渗透系数是将道砟破碎、制成粉末与一定浓度的稀盐酸搅拌制成试样，采用渗透仪进行测试的，按照式（8.9）、式（8.10）计算：

$$P_{mT} = \frac{G_s L_s}{A_s H t_s} \tag{8.9}$$

$$P_m = P_{mT} \frac{\eta_T}{\eta_{10}} \tag{8.10}$$

式中：P_{mT}——水温为 T ℃时石粉的渗透系数，cm/s；

G_s——在 t 秒内的渗水量，cm³；

L_s——渗径，等于试样高度，cm；

A_s——试样断面积（即环刀面积），cm²；

H——常水头，为 28 cm；

t_s——接取一次渗水量的时间，s；

P_m——水温为 10 ℃时石粉的渗透系数，cm/s；

$\dfrac{\eta_T}{\eta_{10}}$——水的动力黏滞系数比值。

试验进行 6 次，取 3 次数值接近的渗透系数平均值作为试验结果，允许误差为：当 $P_m = \alpha \times 10^{-6}$ 时，α 值最大与最小之差不应大于 5%，P_m 值准确至 0.01。

2. 石粉试模件抗压强度

石粉试模件抗压强度是将石粉制备成规定试件，试件在干燥后测得的抗压强度，按照式（8.11）计算：

$$\sigma = \frac{10 P_f}{25} \tag{8.11}$$

式中：σ——试模件抗压强度，MPa；

P_f——试模件破坏荷载，N。

试验进行 3 次，3 个试模件的平均值为其抗压强度。其任一值与平均值之差不得大于10%，否则可取两个较接近测试值的平均值，但必须满足上述条件。如仍不能满足，则应重做一组试验。σ 值准确至 0.01 MPa。

3. 石粉液限和塑限

石粉液限是指含水石粉由流动状态转变为可塑状态（或由可塑状态到流动状态）的界限含水量，按照式（8.12）计算：

$$LL = \frac{G_{lh} - G_{ls}}{G_{ls}} \times 100 \tag{8.12}$$

式中：LL——石粉液限，%；
G_{lh}——含水试样质量，g；
G_{ls}——烘干后试样质量，g。

石粉液限试验进行两次，两次液限之差不应大于1%，取其算数平均值。LL值准确至0.1%。

石粉塑限是指含水石粉由可塑状态过渡到半固体状态时的界限含水量，按照式（8.13）计算：

$$PL = \frac{G_{ph} - G_{ps}}{G_{ps}} \times 100 \tag{8.13}$$

式中：PL——石粉塑限，%；
G_{ph}——含水试样质量，g；
G_{ps}——烘干后试样质量，g。

道砟渗水性能的物理指标应满足表 8.8 的要求。

表 8.8 道砟渗水性能

性能	参数	特级道砟	一级道砟	单项评定
透水性能	渗透系数（P_m）/（10^{-6} cm/s）	>4.5		至少有两项满足要求
	石粉试模件抗压强度（σ）/MPa	<0.4		
	石粉液限（LL）/%	>20		
	石粉塑限（PL）/%	>11		

五、道砟抗大气腐蚀性能

道砟抗大气腐蚀性能是道砟材料对大气环境（特别是气温较低或者湿度较高的地区）腐蚀作用的抵抗能力。工程中道砟抵抗大气腐蚀性能主要通过硫酸钠溶液浸泡损失率 L_a 来表示。

硫酸钠溶液浸泡损失率是利用硫酸钠在道砟颗粒微裂及开口孔隙中的结晶膨胀作用，衡量道砟抗风化及冰冻胀裂能力的参数，按公式（8.14）计算：

$$L_a = \frac{G_{a0} - G_{a1}}{G_{a0}} \times 100 \tag{8.14}$$

式中：L_a——道砟硫酸钠溶液浸泡损失率，%；
G_{a0}——试验前试样的质量，g；
G_{a1}——试验后试样的质量，g。

工程上对于特级道砟和一级道砟，其硫酸钠溶液浸泡损失率都应小于 10%。

六、道砟颗粒形状及清洁度

道砟的形状及表面状态对道床的性能有重要影响。一般而言，棱角分明、表面粗糙的颗粒，集料具有较高的强度和稳定性。近于立方体的颗粒比扁平、长条形颗粒有较高的抗破碎、抗变形、抗粉化能力。凡长度（最大尺寸）大于平均粒径 1.8 倍的颗粒称为针状颗粒；厚度（最小尺寸）小于平均粒径 0.6 倍的颗粒称为片状颗粒。一般用针状指数和片状指数来控制针状颗粒和片状颗粒的含量。我国道砟标准规定针状指数和片状指数均不应大于 20%。

道砟中的土团、粉末或其他杂质对道床的承载能力是有害的，须控制其数量。土团是指那些泡水后软化，丧失其强度的颗粒。粉末会脏污道床，加速道床的板结，影响道床的排水。规范规定特级道砟中风化颗粒和其他杂石含量不应大于 2%，一级道砟中风化颗粒和其他杂石含量不应大于 5%。道砟产品须水洗，其颗粒表面洁净度不应大于 0.17%。未经水洗的一级道砟中粒径在 0.1 mm 以下粉末的含量不应大于 1%。

第四节　道砟的标准与选用

铁路使用的道砟应选用开山石块破碎，筛选加工生产，且颗粒表面全部为破碎面，根据碎石级配，分为特级碎石道砟和一级碎石道砟。

根据现行国家标准《铁路碎石道砟》（TB/T 2140—2008）的规定，各级碎石道砟材质性能应符合表 8.9 的规定。

表 8.9　道砟材质性能

性能	项目号	参数	特级道砟	一级道砟	评定方法	
					单项评定	综合评定
抗磨耗、抗冲击性能	1	洛杉矶磨耗率（LAA）/%	≤18	18< LAA <27	—	道砟的最终等级以项目号 1、2、3、4 中的最低等级为准。特级、一级道砟均应满足项目号 5、6、7、8 的要求
	2	标准集料冲击韧度（IP）	≥110	95< IP <110	若两项指标不在同一等级，以高等级为准	
		石料耐磨硬度系数（$K_{干磨}$）	>18.3	18< $K_{干磨}$ ≤18.3		

续表

性能	项目号	参数	特级道砟	一级道砟	评定方法	
					单项评定	综合评定
抗压碎性能	3	标准集料压碎率（CA）/%	<8	8≤CA<9	—	道砟的最终等级以项目号1、2、3、4中的最低等级为准。特级、一级道砟均应满足项目号5、6、7、8的要求
	4	道砟集料压碎率（CB）/%	<19	19≤CB<22	—	
渗水性能	5	渗透系数（P_m）/（10^{-6} cm/s）	>4.5		至少有两项满足要求	
		石粉试模件抗压强度（σ）/MPa	<0.4			
		石粉液限（LL）/%	>20			
		石粉塑限（PL）/%	>11			
抗大气腐蚀性能	6	硫酸钠溶液浸泡损失率（L_a）/%	<10			
稳定性能	7	密度（ρ）/（g/cm³）	>2.55			
	8	容重（R）/（g/cm³）	>2.50			

复习思考题

1. 铁路道砟的主要作用是什么？
2. 铁路道砟如何控制轨道位移？
3. 铁路道砟的种类有哪些？
4. 道砟的密度如何影响铁路线路的稳定性和安全性？道砟密度的测定方法有哪些？
5. 什么是道砟的压实密度？其影响因素有哪些？
6. 评价道砟的抗磨耗、抗冲击性能有哪些指标？如何测定？
7. 道砟的抗压碎性能有哪些指标？如何测定和计算？
8. 铁路碎石特级道砟、新建铁路一级道砟和既有线大修、维修用一级道砟级配试验的区别是什么？
9. 道砟渗水性能的物理指标有哪些？如何计算？
10. 铁路道砟的针状颗粒和片状颗粒的含义是什么？

第九章 钢材与铝合金

本章导读

本章共7节，基本要求为：

（1）熟悉冶炼方法（炉型）、脱氧程度与钢材杂质含量及晶体结构的联系，从而理解不同炉型、不同脱氧程度钢材品质的差异。了解铁碳合金中各晶体组织的组成方式以及各自的特性。

（2）熟练掌握低碳钢拉伸应力-应变曲线各阶段的物理力学意义，掌握由此派生的主要力学性质指标，掌握钢材的冲击韧性的概念及其影响因素；掌握不同元素对钢性能的影响。

（3）了解热处理原理及主要热处理方法，理解不同热处理方法对钢材晶体结构、性质的影响。

（4）掌握钢材冷加工强化、应变时效概念，以及它们在实际工程中的应用；掌握普通碳素结构钢、优质碳素结构钢、低合金高强度结构钢等的牌号意义及应用。掌握热轧钢筋的等级划分、力学性能和工艺性能指标。

（5）了解高性能钢、铝合金技术性质指标、工程应用。

本章的难点是钢材的技术性质，以及影响技术性质的因素和其技术性质对土木工程结构的影响。建议在学习中联系钢材在钢筋混凝土结构体系中的作用分析影响因素，理解对技术性质的要求。在学习过程中，可结合钢材的优缺点，分析如何高效利用钢材。

思政小课堂

大型工程建设和国家重大事件钢材应用工程案例

我国重大事件钢材应用工程有2008年北京奥运会的"鸟巢"国家体育场、2017年建成通车的港珠澳大桥、2019年中华人民共和国成立70周年国庆天安门广场的钢结构红丝带和烟花树工程、2020年开放运行的500 m口径球面射电望远镜、2021年中国载人航天工程的发射塔架和2022年北京冬季奥运会的"冰丝带"国家速度滑冰馆等钢结构工程。

中国第一座现代化大桥——钱塘江大桥

1920年，茅以升在美国卡内基梅隆理工学院获得博士学位之后，谢绝了好几家公司的重金聘请，怀着"科学救国""工程救国"的志向，毅然回到养育他的故土。然而，他所目睹的却是一幅幅令人心酸的景象，在有着四大发明的文明古国的江河湖海上，看到的都是由外国人设计建造的现代桥梁。作为一个中国人，作为一个桥梁工程师，茅以升立誓一定要为中国人争气。

1933年，茅以升以科学家的严谨态度和求实精神，对钱塘江的水文资料、气象资料和地质资料进行了全面的调查和研究。茅以升率领中国工程师们昼夜兼程、精心设计，很快拿出新的设计方案：双层桥，上层为公路，下层为铁道，造价510万元，其设计远胜美方。

1935年4月6日，钱塘江大桥正式开工。但是，钱塘江江面辽阔，江潮浩荡，江底覆盖着厚达41 m的流沙，要在江上建造大桥，谈何容易！一些外国工程师说："他们没有建这样大桥的经验和本领！""一定要失败的！"但这些冷嘲热讽丝毫没有动摇茅以升的决心。经过认真的调查研究，他创造性地采用了"射水法"，克服了在厚硬的流沙层上难以打桩的困难；采用"沉箱法"，克服了水流湍急难以施工的困难；采用"浮运法"，利用江潮的涨落巧妙地在桥墩上架设了钢梁。在建桥过程中，他克服了80多个重大难题，仅用了两年半的时间，就在激流汹涌的钱塘江上建起了这座长1 453 m、高71 m的铁路公路两用双层大桥。这是中国人自己设计和建造的第一座现代化大桥，是中国桥梁建筑史上一件划时代的大事，是一座不朽的丰碑。它展现了中国科技工作者的聪明才智，彰显了中国人民自立于世界民族之林的能力。从此，茅以升这个名字，同钱塘江大桥一起名扬中外。

金属材料一般分为黑色金属和有色金属两大类。黑色金属是以铁元素为主要成分的铁金属及其合金，在土木工程中应用最多的是铁碳合金，即钢材。有色金属是指除铁以外的其他金属，如铝、铜、锡等及其合金，建筑上用得较少，其中铝和铝合金可用于结构和构件、门窗和饰面材料等。

建筑钢材与非金属材料相比有以下优点：

（1）强度高，比强度高。与混凝土、砖、石材等相比，虽然其表观密度大，但强度要高很多，因此具有很高的比强度。

（2）品质均匀致密、结构可靠性高。钢材是在工厂严格控制条件下生产的，质量稳定。而且钢材内部结构均匀，是相对比较理想的各向同性弹塑性材料，因此按照一般的力学计算理论可以很好地反映钢材的实际性能，保证结构的可靠性。

（3）具有良好的塑性和韧性，能经受冲击和振动荷载。

（4）具有良好的加工性能，可以锻压、焊接、铆接和切割，便于装配。

钢结构的主要缺点是：耐腐蚀性差，在使用环境中，应注意对结构的防锈等防护；耐火性差，温度达到 300 ℃ 时，钢材的强度明显下降，在火灾中，钢结构的耐火时间只有 20~30 min，因此对钢结构必须采取可靠的防火措施。

采用各种型钢和钢板制作的钢结构，适用于大跨度结构、多层及高层结构、受动力荷载结构和重型工业厂房结构等。

钢材价格较高，由于钢结构具有耗钢量大等缺点，现代建筑结构广泛采用钢筋混凝土结构。钢筋混凝土结构虽然自重较大，但它可节约钢材，充分发挥钢材特性，而且克服了钢结构易锈蚀、耐火性差、成本高等缺点。近年来，铝、铝合金在建筑装饰领域中，已成为制造门窗的主要材料之一，同时也是很好的内外装饰材料。

第一节 钢的生产、分类、晶体组织及化学成分

一、生产方法对钢材性能的影响

1. 冶炼

生铁的冶炼是铁矿石内氧化铁还原成生铁（含碳量 2%~6%）的过程；而钢的冶炼是把生铁中的杂质进行氧化，把含碳量降低到 2% 以下，使磷、硫等其他杂质减少到某一程度的过程。

在炼钢的过程中，由于采用的熔炼设备和方法不同，除掉杂质的程度也不同，所得的钢材质量也有很大的差别，在土木工程中的用途也不同。

目前，国内建筑用钢可采用转炉法、平炉法或电炉法冶炼，其中主要采用氧气转炉法和平炉法。

（1）氧气转炉法。以熔融的铁液为原料，不用燃料，从炉的顶部向炉内吹入高压氧气，使铁液中的碳、硫、磷等杂质氧化并除去，再脱去残存的氧，便得到氧气转炉钢。氧气转炉钢质量较好，成本比平炉钢低，用于炼制优质碳素钢、普通碳素钢和合金钢。该方法炼钢周期短、效率高，现已成为炼钢的主要方法。

（2）平炉炼钢法。该法以煤气或重油为燃料，原料为铁液（或固态生铁）、废钢铁和适量的铁矿石，利用铁矿石或废钢中的氧或吹入的氧使碳和杂质氧化，形成浮渣使钢液与空气隔离，避免了空气中的氮、氢等气体混入，钢液的质量提高。同时，平炉炼钢法炼制的周期长，炉温高，能够更精确地控制钢液的化学成分，钢的质量好、性能稳定，因此适合于炼制优质碳素钢、合金钢和有特殊性能要求的专用钢。

（3）电炉炼钢法。该法是以生铁和废钢为原料，用电加热进行冶炼的方法。由于该法温度可以自由地调节，成分能够精确地控制，故炼出的钢杂质含量少，钢的质量最好，但成本最高。

随着炼钢技术的发展，冶金生产工艺、质量已经达到了一个新的水平。为了节约成本，利于市场竞争，随着氧气顶吹转炉炼钢法的迅速发展，平炉炼钢法由于投资大、建设速度慢等缺点逐渐被淘汰，国内很多大型钢铁生产企业已经部分或全部实现平炉改氧气转炉的生产工艺。

2. 钢的脱氧和铸锭

由于在钢的冶炼过程中，必须提供充足的氧来保证杂质元素的氧化并除去，因此冶炼后钢液中的一部分铁被氧化（生成 FeO），钢的质量下降。在浇注钢锭以前，还要进行脱氧处理。钢的脱氧处理通常是在冶炼钢炉内或盛钢桶中，加入少量的锰铁、硅铁或铝块等脱氧剂，使之与钢中残余的 FeO 反应，将铁还原。根据脱氧程度的不同，将钢分为沸腾钢、镇静钢、半镇静钢和特殊镇静钢4种。

（1）沸腾钢：仅加入锰铁进行脱氧，脱氧不完全。这种钢铸锭时，有大量的一氧化碳气体逸出，钢液呈沸腾状，故称为沸腾钢，代号为"F"。沸腾钢塑性好，利于冲压；但组织不够致密，成分不均匀，硫、磷等杂质偏析较严重，故质量较差；但因其成本低、产量高，故被广泛用于一般建筑工程。

（2）镇静钢：采用锰铁、硅铁和铝锭等作为脱氧剂，脱氧完全。这种钢液铸锭时能平静地充满锭模并冷却凝固，故称为镇静钢，代号为"Z"。镇静钢组织致密，成分均匀，偏析程度小，性能稳定，故质量好，适用于承受冲击荷载的工程或其他重要结构工程。

（3）半镇静钢：脱氧程度介于沸腾钢和镇静钢之间的钢，代号为"b"，其性能与质量也介于这两者之间。

（4）特殊镇静钢：比镇静钢脱氧程度更充分的钢，代号为"TZ"。特殊镇静钢的质量最好，适用于特别重要的结构工程。

3. 钢的热加工

钢的热加工是指将钢坯加热至塑性状态（900~1 200 ℃），以碾轧或锻造（锻击或静压）的方法进行的变形加工。建筑钢材主要是经过热轧制成的各种型材。热加工可以使钢内部的大部分气孔焊合而紧密，并使粗晶粒细化，钢材质量提高。因此钢材质量随加工次数增加而提高。如厚度或直径较小的钢材，较用同种钢坯轧制成的厚型的或直径较大的钢材的致密性和均匀性都要好一些。

此外，钢中的非金属夹杂物，在轧制过程中会顺着变形方向出现纤维组织，使顺着纤维方向的力学性能（特别是塑性和韧性）比横向高出许多，使用钢材时应注意这一点。

二、钢的分类

（一）按化学成分分类

1. 碳素钢

其化学成分主要是铁，其次是碳，故称碳素钢或铁碳合金。通常其含碳量为 0.02% ~ 2.06%。除铁、碳外，碳素钢还含有少量的硅、锰和微量的硫、磷等元素。碳素钢按含碳量多少又可分为低碳钢（$w_C<0.25\%$）、中碳钢（$w_C = 0.25\% \sim 0.60\%$）、高碳钢（$w_C>0.60\%$）。

根据硫（S）、磷（P）杂质含量的多少，碳素钢又可分为普通碳素钢（$w_S \leq 0.050\%$、$w_P \leq 0.045\%$）、优质碳素钢（$w_S \leq 0.035\%$、$w_P \leq 0.035\%$）、高级优质碳素钢（$w_S \leq 0.025\%$、$w_P \leq 0.025\%$）、特优质碳素钢（$w_S \leq 0.015\%$、$w_P \leq 0.025\%$）。

2. 合金钢

合金钢是在炼钢过程中，为改善钢材的性能，加入某些合金元素而制得的钢种。常用合金元素有硅、锰、钛、钒、铌、铬等。按合金元素总含量不同，合金钢可分为：低合金钢，合金元素总量小于5%；中合金钢，合金元素总含量为 5% ~ 10%；高合金钢，合金元素含量大于 10%。

低碳钢和低合金钢为土木工程中应用的主要钢种。

（二）按用途分类

钢材按用途不同可分为：

（1）结构钢，主要用于建筑结构及机械零件的钢，一般为低、中碳钢。

（2）工具钢，主要用于各种刃具、量具及模具等工具的钢，一般为高碳钢。

（3）特殊钢，具有特殊的物理、化学及机械性能的钢，如不锈钢、耐热钢、耐酸钢、耐磨钢等。

（4）专用钢，特殊的使用环境条件下或使用荷载下的专用钢材，如桥梁专用钢、钢轨专用钢等。

三、钢材的晶体组织

钢是铁碳合金,由于碳在钢中的含量及与铁结合的方式不同,可形成不同的晶体组织,使钢的性能产生显著差异。因此,掌握钢的晶体组织及其性能,是理解钢材性能变化的基础。

(一)金属的晶体结构

液态金属冷却至凝固点或凝固点以下(称为过冷)时,原子按规则的几何形态排列成固体的过程称为结晶,原子排列成的空间格子称为晶格。金属的晶格分体心立方、面心立方和密排六方三种,如图9.1所示。晶格结点上的原子互相以金属键相结合,按照金属键理论,金属原子容易失去外层电子,成为正离子。正离子摆列成一个空间点阵,在固定的结点上作轻微振动,而所有价电子则呈自由电子形态在各离子之间作高速穿梭运动,因而使金属具有良好的导电性和导热性。由于正离子移动时,周围电子也随之移动,两者始终保持着良好的键结合,故产生塑性变形时不易破裂,因而使金属具有较高的强度和良好的塑性。

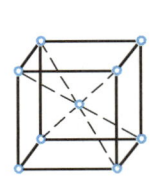
体心立方

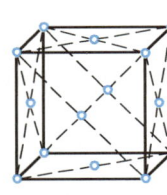
面心立方

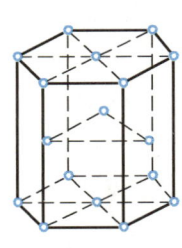
密排立方

图9.1 晶格构造

晶格类型不同的金属,性能也不同。一般来说,面心立方晶格与体心立方晶格的金属比密排六方晶格的金属具有较好的塑性,而体心立方晶格的金属则强度较高。

金属的结晶包括晶核形成与晶核长大两个同时进行的过程。在非自由结晶条件下,由于各个晶核在长大过程中互相抵触和约束,使各个长大的晶体形成不规则的形状。单个的这种不规则的小晶体称为晶粒。由很多晶粒组成的晶体称为多晶体,如图9.2所示。由于内部各晶粒的取向不相同,所以多晶体呈各向同性。多晶体中各晶粒之间的分界面称为晶界,它处于一个晶粒转向另一个晶粒的过渡区。该区原子排列位向紊乱,又富集杂质原子及空位,晶格畸变,能量较高,因此在受力时晶界能阻碍晶体的滑移,提高了对塑性变形的抗力。所以,金属的晶粒愈细,晶界总面积愈大,对塑性变形的抗力愈大,金属的强度和硬度也就愈高。

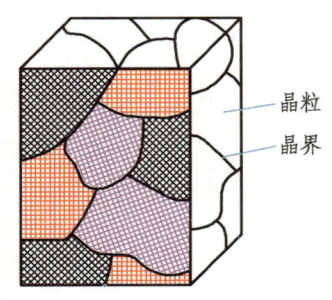

图9.2 多晶体构造

另外，晶界还有阻止裂纹扩展的作用。若晶粒愈细，则晶界总面积愈大、愈曲折，愈不利于裂纹的传播，使材料在断裂前能承受较大的塑性变形，因此塑性和韧性愈好。

总之，金属晶粒愈细，不仅强度和硬度愈高，而且塑性和韧性也愈好，因此细化晶粒是目前对金属及其合金进行强韧化的一种重要手段，通常称之为细晶强化。

（二）钢中的晶体概念、组织与性能

1. 同素异晶转变概念

某些金属在结晶后，当温度改变时，其组成元素虽然未变，但晶格类型会发生变化，这种在固态下晶格类型发生的变化称为同素异晶转变。例如，常温下柔软的白锡在大约 $-18\ ℃$ 时，就会发生异晶转变，成为高脆性、粉末状的灰锡。钢（铁碳合金）是最常见的同素异晶材料，当钢从熔融的液态冷却时，晶体结构将发生如下转变：

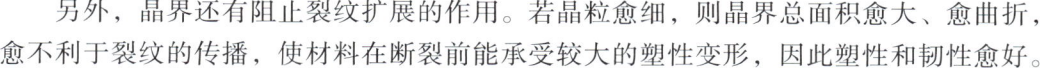

2. 合金的基本概念

所谓合金，是指溶合两种或两种以上元素（其中至少一种是金属元素）所组成的具有金属特性的物质。其组成方式有以下三种基本类型：

（1）固溶体：以一种金属为溶剂，另一种金属或非金属为溶质，共溶后所形成的固体溶液。固溶体中的溶剂元素仍保持原来的晶格，而溶质原子则可置换溶剂的个别原子或从间隙嵌入溶剂晶格中，形成所谓置换固溶或间隙固溶。由于溶质和溶剂两种原子大小不同，造成溶剂金属的晶格畸变，增加了晶面间滑移变形的阻力，使固溶体的强度和硬度比溶剂金属的高，但塑性和韧性则有所降低。这种因形成固溶体使材料强度和硬度得以提高的现象，称为固溶强化。它是金属及其合金进行强化的一种常用方法。

（2）化合物：两种元素发生化学作用而组成的一种新的金属化合物。其晶格与原来两种元素的晶格截然不同，多数金属化合物具有较复杂的晶体结构，并具有熔点高、性脆、质硬的特点。钢中常见的化合物是碳化物、氮化物等，它们会给钢的性能带来重大影响。

（3）机械混合物：既不固溶也不化合，而是机械混合形成的一种组成物。在混合物中，原来两种组成物仍保持各自的晶格和性质，其混合物的性质则取决于各组成物的相对比例。

钢的晶体组织基本上是由上述三种类型的合金相结构组成的。

3. 钢中的晶体组织与性能

（1）奥氏体是碳在 γ-Fe 中的固溶体，一般多在高温下存在，含碳量最高为 2.11%（1 148 ℃ 时）。随着温度的降低，碳在 γ-Fe 中的固溶程度降低，并析出二次渗碳体（以区别于由液态析出的一次渗碳体），当冷却到 727 ℃ 时，它的含碳量降为 0.77%，奥氏

体便分解为珠光体。奥氏体的含碳量虽高,但碳全部嵌在 γ-Fe 的晶格里而不以渗碳体的形式存在,故在高温下的塑性和韧性很好,可以进行各种形式的压力加工而不发生脆断。

（2）铁素体是碳在 α-Fe 中的固溶体。铁素体内原子间的空隙较小,溶碳能力较低,常温下仅能溶入小于 0.006% 的碳,在 727 ℃ 时溶碳量最大,但也只有 0.02%。由于溶碳量少且晶格滑移面较多,其性质极其柔软,塑性和韧性很好,但强度和硬度较低。

（3）渗碳体是碳和铁形成的化合物 Fe_3C,其含碳量高达 6.69%,晶体结构复杂,在外力作用下不易变形,故性质非常硬脆,抗拉强度很低,塑性及韧性几乎等于零。

（4）珠光体是铁素体和渗碳体组成的机械混合物,两成分相间成片状存在于同一晶粒内,含碳量为 0.77%,其性质介于铁素体和渗碳体之间,既有一定的强度和硬度,也有一定的塑性和韧性。

综上所述,钢在常温下的基本组织是铁素体、渗碳体和珠光体三种,它们的机械性能见表 9.1。而钢的性质则取决于这些晶体组织在钢中所占的比例。

表 9.1　室温下钢中晶体组织的机械性能

名称	符号	组合类型	R_m/MPa	HB/Pa	A/%	a_k/(J·cm^{-2})
铁素体	α	碳在 α-Fe 中的固溶体（体心立方晶格）	230	785	50	200
渗碳体	Fe_3C	铁和碳的化合物（复杂晶格）	30	7 850	0	0
珠光体	P	铁素体与渗碳体的层片状机械混合物	750	1 765	20～25	30～40

注：R_m—强度极限；A—拉伸断裂时的伸长率；HB—布氏硬度；a_k—冲击韧性值。

（三）铁碳合金状态图的概念

铁碳合金状态图是表示不同含碳量的铁碳合金,在平衡状态下处于不同温度时晶体组织变化的一种图形,是研究各晶体组织随温度和含碳量变化而变化的规律性图形。图 9.3 就是 $Fe-Fe_3C$ 的合金状态图。图中晶体组织是在极缓慢冷却条件下得到的平衡组织,所以又称铁碳平衡图。

图 9.3 中的横坐标表示含碳量的百分数,纵坐标表示温度。平衡图左端含碳量为 0% 的纵轴,实际上反映了纯铁的状态,即纯铁在不同温度下同素异晶变化的规律。平衡图右端含碳量为 6.69% 的纵轴,则代表碳化三铁 Fe_3C。图中 E 点含碳量为 2.11%,是钢和生铁的分界点。E 点左侧属于钢的范围,右侧属于生铁范围。这里只分析左侧钢的部分,图中 Q 点左侧含碳量小于 0.02% 的部分,为工业纯铁,由于太软,无实用价值。

图中上部的 ABCD 线是合金的液相线,表示液态合金冷却到此线时便开始结晶,析出固相。

AHJECF 线是合金的固相线,表示合金冷却到此线时,全部结晶为固相。

GSE 线是上临界温度线（即相变线）。其中,左端 GS 段,表示合金冷却到此线时,奥氏体开始分解出铁素体；而右端 SE 段,则表示奥氏体冷却到此线时开始析出二次渗碳体 Fe_3C_{II}。

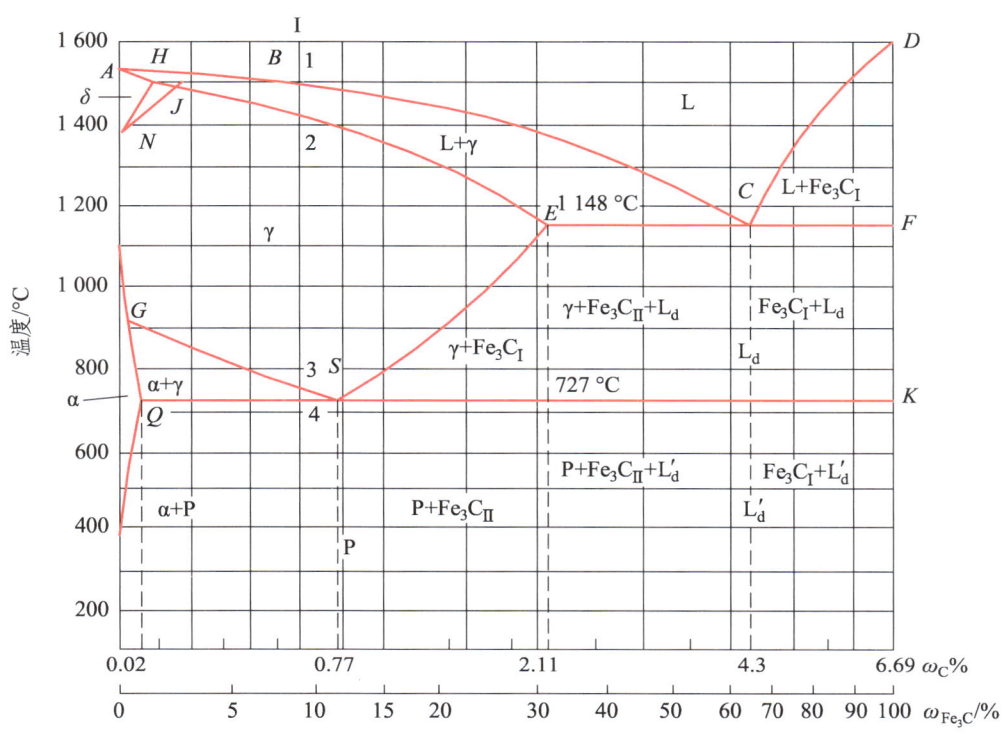

L—液态合金；γ—奥氏体；α—铁素体；P—珠光体；Fe_3C—渗碳体；L_d—莱氏体。

图 9.3 $Fe-Fe_3C$ 合金状态图

QSK 线是下临界温度线，即奥氏体存在的下限温度，表示奥氏体冷却到此线时，同时析出铁素体和二次渗碳体，两者以片状相间共存于同一晶粒内组成珠光体，这一过程称为共析。此时的温度为 727 ℃，含碳量为 0.77%，S 点称为共析点。

现以含碳量为 0.6% 的合金为例（成分一定）来说明缓慢冷却时钢的组织变化过程，见图 9.3 中的 I 线。当液态合金从高温冷却至 1 点时，开始析出奥氏结晶体，从 1 点以下便是液态合金与奥氏体固相的混合物。当温度下降至 2 点时，液态合金全部变成奥氏体。当温度下降至 3 点时，奥氏体开始析出铁素体，从 3 点以下便是奥氏体与铁素体的混合物。随着温度的下降，铁素体逐渐增多，奥氏体逐渐减少，但奥氏体中的含碳量却逐渐增加。当温度下降至 4 点（727 ℃）时，奥氏体中的含碳量恰好升为 0.77%，一次全部转变为珠光体。以后温度下降，组织基本不再变化。因此，常温下此成分钢的晶体组织为铁素体和珠光体。

从平衡图中还可看到常温条件下（温度不变），含碳量变化时晶体组织的变化，并由此可判断不同含碳量的钢的性质。

含碳量在 0.02%～0.77% 之间的钢，晶体组织为铁素体和珠光体，称为亚共析钢。在此范围内，随着含碳量的增加，钢中铁素体逐渐减少，珠光体逐渐增加，因而钢的强度和硬度逐渐提高，而塑性和韧性则逐渐降低。含碳量为 0.77% 的钢，晶体组织全部为珠光体，称为共析钢。含碳量在 0.77%～2.11% 之间的钢，晶体组织为珠光体和渗碳体，称为过共析钢。在此范围内，随着含碳量的增加，钢中珠光体逐渐减少，渗碳体逐渐增多，因而钢的强度和硬度逐渐增高，塑性和韧性逐渐降低，但含碳量超过 1.0% 以后，强度极限开始下降。现将铁碳合金的含碳量、晶体组织与性能之间的关系综合表示于图 9.4 中。

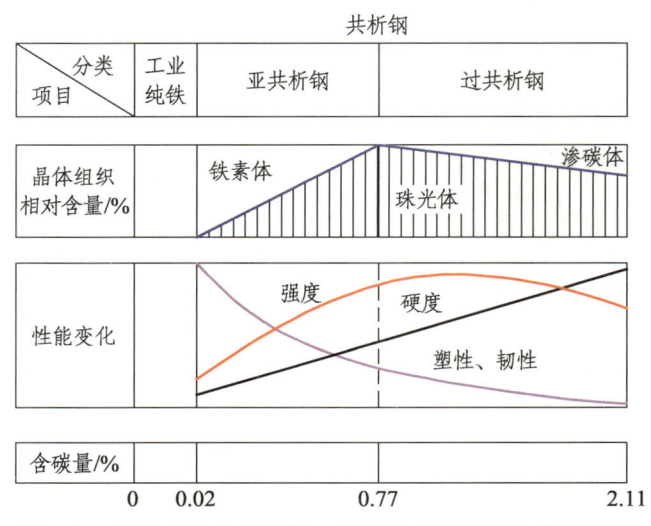

图 9.4　铁碳合金的含碳量、晶体组织与性能之间的关系

必须指出，铁碳平衡图中的晶体组织是在缓慢冷却条件下得到的平衡组织。如改变冷却速度（热处理）或加入合金元素（合金钢）均会改变晶体组织，得到一系列与平衡组织极不相同的非平衡组织，因而性质也会发生很大变化。铁碳平衡图对实际工作具有重要的指导作用，它不仅为选材提供了依据，而且也为钢的铸造、热加工、焊接、热处理等确定工艺参数提供了理论根据。

四、化学成分对钢性质的影响

钢中主要化学成分为铁，碳素钢中除含有碳、硅、锰元素外，还含有少量的磷、硫、氧、氮、氢等有害元素，合金钢中还含有钛、钒、铜、铬、镍等合金元素。这些元素虽然含量少，但对钢材性能有很大影响。

（1）碳（C）。碳是决定钢材性能的主要元素。其对钢材机械力学性能的影响如图 9.5 所示。因为含碳量的变化直接引起晶体组织的变化，导致钢材性能发生相应的变化。随着含碳量的增加，钢材的强度和硬度提高，而塑性和韧性降低；但含碳量超过 1.0% 时，钢材的强度反而下降，这是因为过共析钢中的渗碳体，以网状分布在珠光体的晶界上，割裂了基体，使钢材变脆。此外，随着含碳量的增加，钢材的焊接性能变差（含碳量大于 0.3% 时，钢材的可焊性显著下降），冷脆性和时效敏感性增大，耐大气锈蚀性下降。所以建筑钢材的含碳量远小于1.0%。一般工程所用碳素钢均为低碳钢，其含碳量小于0.25%。

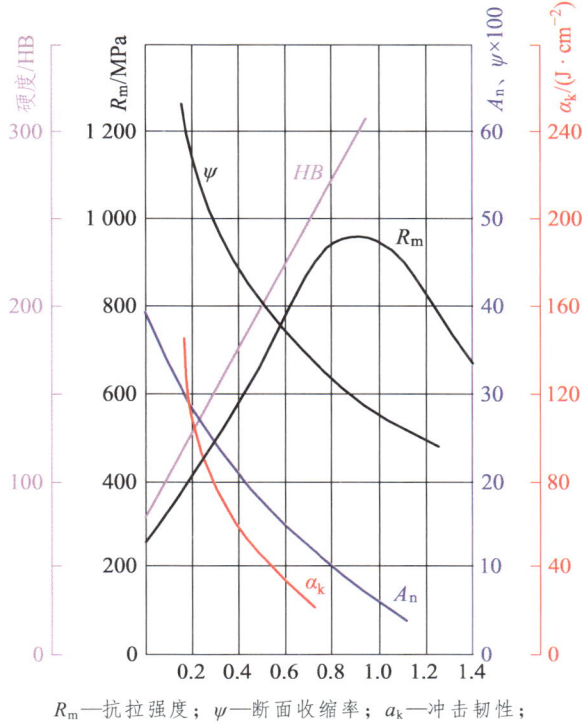

R_m—抗拉强度；ψ—断面收缩率；a_k—冲击韧性；
A_n—伸长率；HB—硬度。

图 9.5　含碳量对碳素钢性能的影响

（2）硅（Si）。硅是作为脱氧剂而加入钢中的，大部分溶于铁素体中形成固溶体，能提高钢材的硬度、强度。硅含量较低（小于1.0%）时，对塑性和韧性影响不大。

（3）锰（Mn）。锰是炼钢时用来脱氧去硫而加入钢中的。锰大部分溶于铁素体中形成固溶体，能够显著地提高钢的强度和硬度。同时，锰具有很强的脱氧去硫能力，降低了硫、氧所引起的热脆性，从而改善钢材的热加工性能。但锰含量大于1.0%时，将降低钢材的塑性、韧性和可焊性。

（4）硫（S）。硫是钢中有害元素。硫多数以FeS的形式存在于钢中。FeS与Fe形成共晶熔点很低（985 ℃）的物质，多分布于奥氏体的晶界上。当进行焊接等热加工时，该物质首先熔化造成晶粒脱开，使钢的内部出现热裂纹，引起钢材的脆断，这种现象称为热脆性。硫的存在加大了钢材的热脆性，降低了钢材的各种机械性能，也使钢材的可焊性、冲击韧性、耐疲劳性和抗腐蚀性等降低。因此，应严格控制其含量，一般不应超过0.065%。

（5）磷（P）。磷是钢中有害元素。磷是炼铁原料中带入的，多数溶入铁素体中形成固溶体，使钢材的强度、硬度增加。但随着磷含量的增加，它将以磷化铁（Fe_3P）夹杂物形式存在，使钢塑性和韧性显著降低，特别是温度愈低，对塑性和韧性的影响愈大。磷显著提高钢材的脆性转变温度，另外还降低钢材的可焊性。应严格控制其含量，一般不超过 0.085%。

（6）氧（O）。氧是钢中的有害元素，多数以 FeO 的形式存在于非金属夹杂物中。氧使钢材的强度有所提高，但塑性特别是韧性显著降低，可焊性变差。钢中氧的含量一般不应超过 0.05%。

（7）氮（N）。氮多数溶于铁素体中形成固溶体。氮虽能提高钢的强度和硬度，但却显著降低钢的塑性和韧性，增加钢的时效敏感性和冷脆性。氮在铝、铌、钒等元素的配合下能够减少其不利影响，改善钢材性能，可作为低合金钢的合金元素。

（8）钛（Ti）、钒（V）。钛是强脱氧剂，钒是弱脱氧剂，二者能显著提高强度、细化晶粒、改善韧性。钒能够减弱碳和氮的不利影响；钛能够提高可焊性和抗大气腐蚀性。它们都是合金钢中常用的微量元素。

第二节　钢材的技术性质

一、钢材的力学性能

钢材的力学性能包括弹性、塑性、强度、冲击韧性、硬度和疲劳强度等。

（一）钢材的弹性、塑性和强度

抗拉性能是建筑钢材最重要的技术性质，下面通过低碳钢受拉时的应力-应变关系曲线说明钢材的弹性、塑性和强度的概念。低碳钢（软钢）受拉时，钢材应力-应变曲线可分为四个阶段：弹性阶段、屈服阶段、强化阶段、颈缩阶段（图 9.6）。

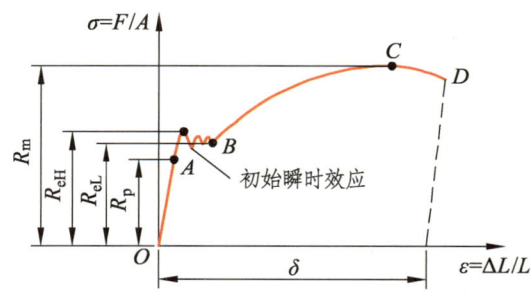

图 9.6　低碳钢受拉时的应力-应变曲线

1. 弹性阶段（*OA* 段）

OA 基本上是一条直线，在此阶段中，如果撤去外力，试件的变形能够完全恢复，此种性质称为弹性，此变形称为弹性变形。此阶段最高点 *A* 点所对应的应力称为弹性极

限（R_p），弹性极限与对应的弹性变形之比称为弹性模量（E），$E = R_p/\varepsilon_p$。弹性模量是钢材在静力荷载作用下计算结构变形的一个重要指标。常用的 Q235 钢的弹性模量 $E = 2.0 \times 10^5 \sim 2.1 \times 10^5$ MPa。

2. 屈服阶段（AB 段）

自 A 点以后，应力与应变不再成正比，此阶段中如果撤去荷载，变形不能完全恢复，说明除弹性变形外，还有塑性变形。图 9.6 中锯齿形的最高点所对应的应力称为屈服上限，锯齿形的最低点所对应的应力称为屈服下限。很多因素对屈服上限的数值有影响，而屈服下限则较为稳定，国家标准以屈服下限的应力值作为钢材的屈服强度或屈服点，用 R_{eL} 表示。中碳钢和高碳钢没有明显的屈服现象，其名义屈服强度以非比例延伸率等于 0.2% 时所对应的应力值 $R_{p0.2}$ 表示（规定非比例延伸强度）。屈服强度对钢材的使用意义重大，碳素结构钢和低合金结构钢在受力到达屈服强度以后，应变急剧增长，从而使结构的变形迅速增加以致不能继续使用。所以钢材的强度设计值一般都是以其屈服强度为依据而确定的。钢材的屈服强度是衡量结构的承载能力和确定强度设计值的重要指标。

3. 强化阶段（BC 段）

当应力超过屈服极限后，钢材抵抗外力的能力又重新提高。C 点是此阶段的最高点，在此点试件的名义应力达到最大值，C 点的名义应力称为材料的强度极限或抗拉强度，用 R_m 表示。钢材的抗拉强度是衡量钢材抵抗拉断能力的性能指标，它不仅是一般强度的指标，而且直接反映钢材内部组织的优劣，并与疲劳强度有着较密切的关系。抗拉强度虽然不能直接作为设计依据，但抗拉强度与屈服强度的比值，即"强屈比"（R_m/R_{eL}）是评价钢材使用可靠性的一个参数，对工程应用有较大意义。强屈比愈大，反映钢材的应力超过屈服强度工作时的可靠性愈大，即延缓结构损坏过程的潜力愈大，因而结构愈安全。强屈比过大时，钢材强度的利用率偏低，不经济。钢材的强屈比一般不低于 1.2。

值得注意的是，在抗震结构建筑钢材用钢中，结构钢采用规定的标准实验方法测试其冲击值作为韧性指标，而钢筋混凝土用钢筋则用强屈比等 3 项指标。普通钢筋实测的强屈比应不低于 1.25。

4. 颈缩阶段（CD 段）

当试件应力超过 C 点后，钢材的抵抗变形能力明显下降，在试件某处产生较大的变形，该断面将显著缩小，产生颈缩现象，最后断裂。

钢材的塑性是在外力作用下产生永久变形时抵抗断裂的能力，其大小通常用拉伸断裂时的伸长率和断面收缩率表示。

伸长率反映钢材拉伸断裂时所具有的塑性变形能力，是衡量钢材塑性的重要技术指标。伸长率的大小以试件拉断后标距长度的增量与原标距长度之比的百分率来表示，按式（9.1）计算：

$$A_n = \frac{L_1 - L_0}{L_0} \times 100\% \qquad (9.1)$$

式中：L_1——试件拉断后标距部分的长度，mm；

L_0——试件的原标距长度，mm，对于金属材料通常取 $5.65\sqrt{S_0}$，热轧钢筋 $L_0 = 5.65\sqrt{S_0} = 5d_0$，$S_0$ 为平行长度原始截面积（mm²）；

n——长或短试件的标志，$n = L_0/d$，长试件 $n = 10$，短试件 $n = 5$。

试件拉断后的长度 L_1 内既包括材料整个工作段的均匀伸长，也包括颈缩部分的局部伸长，颈缩处的伸长较大，故试件原始标距（L_0）与直径（d_0）之比愈大，颈缩处的伸长值所占比例愈小，计算所得伸长率也愈小。通常钢材拉伸试件取 $L_0 = 5d$ 或 $L_0 = 10d$，其伸长率分别以 A_5 或 A_{10} 表示。对于相同钢材，$A_5 > A_{10}$。

断面收缩率按式（9.2）计算：

$$\psi = \frac{F_0 - F_1}{F_0} \times 100\% \qquad (9.2)$$

式中：F_0——试件的原横截面积，mm²；

F_1——试件断裂后颈缩处的横截面积，mm²。

通常，钢材是在弹性范围内使用的，但在应力集中处，其应力可能超过屈服强度，此时产生一定的塑性变形，可使结构中的应力产生重分布，从而免遭结构的破坏。

为反映钢材在达到最大破坏荷载前的变形状况，防止突然脆断，定义钢筋在最大力下的总伸长率用 A_{gt} 表示，即

$$A_{gt} = \frac{\Delta L_m}{L_e} \times 100\% \qquad (9.3)$$

式中：ΔL_m——用引伸计得到的力-延伸曲线图上测定最大力时的总延伸，mm；

L_e——引伸计标距，mm。

若用人工方法测定 A_{gt}，则采用式（9.4）计算：

$$A_{gt} = \left(\frac{L_1 - L_0}{L_0} + \frac{R_m}{E} \right) \times 100\% \qquad (9.4)$$

式中：E——弹性模量，MPa，其值可取为 2×10^5 MPa。

（二）冲击韧性

冲击韧性是钢材抵抗冲击荷载的能力。图 9.7 为钢材冲击试验示意图。钢材的冲击韧性用冲断试件时单位面积所吸收的能量来表示。冲击韧性值按式（9.5）计算：

$$a_k = \frac{W}{A} \qquad (9.5)$$

钢材冲击韧性（试验）

式中：a_k——冲击韧性值，J/cm^2；
　　　W——试件冲断时所吸收的冲击能，J，$W=G(H_1-H_2)$；
　　　A——试件槽口处最小横截面积，cm^2。

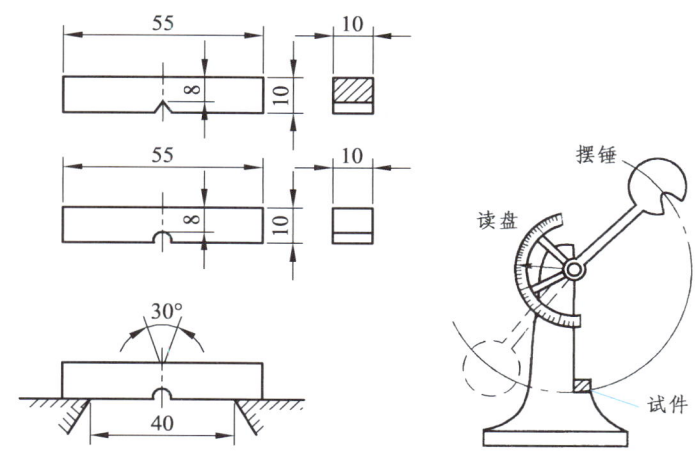

图9.7　钢材冲击试验示意图（单位：mm）

钢的化学成分与组织状态以及冶炼、轧制质量等对钢材的冲击韧性有很大影响。含碳量高，含硫、磷等杂质多，成分偏析大及焊接质量低（虚焊或出现微裂纹）等均会降低冲击韧性。

同时，钢材冲击韧性还受环境温度和时效的影响。

钢材的冲击韧性与温度有关。在较高的环境温度下，随温度的降低，冲击韧性缓慢下降，但当温度降至一定的范围（狭窄的温度区间）时，钢材的冲击韧性骤然下降而呈脆性，即冷脆性，这时的温度称为脆性转变温度，如图9.8所示。脆性转变温度越低，表明钢材的冷脆性越小。因此，在寒冷及严寒地区使用的结构，设计时必须考虑钢材的冷脆性，应选用脆性转变温度低于最低使用温度的钢材，并要求冲击韧性值大于规范规定的冲击韧性指标。如铁路桥梁钢Q345qE在-40℃下的冲击功应不小于34 J。

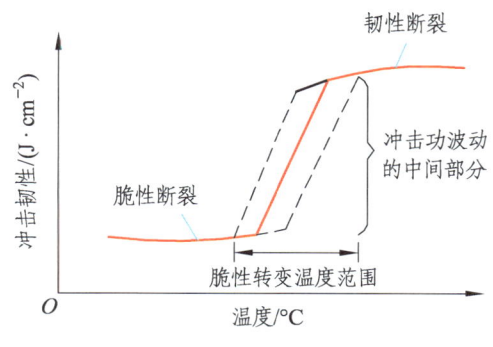

图9.8　钢的脆性转变温度

随时间的延续，钢材的硬度、强度逐渐提高，而塑性和韧性逐渐降低的现象称为时效。时效也将降低钢材的冲击韧性。

值得一提的是，为避免钢结构的脆断破坏，按断裂力学的观点，应用断裂韧性 K_{IC} 来表示材料抵抗裂纹失稳扩展的能力。但是，对建筑钢结构来说，要完全用断裂力学的方法来分析判断脆断问题，目前在具体操作上尚有一定困难，国际上仍以冲击韧性作为抗脆断能力的主要指标。冲击韧性值是衡量钢材断裂时所作功的指标，它在冲击荷载或多向拉应力下具有可靠性能的保证，可间接反映钢材抵抗低温、应力集中、多向拉应力、加荷速率（冲击）和重复荷载等因素导致脆断的能力。因此，对需要验算疲劳的结构钢材，规范规定了钢材应具有在不同试验温度下的冲击韧性值。

（三）硬　度

硬度是指钢材抵抗硬物压入表面的能力。通过硬度的测试可以估计钢材的力学性能，判定钢材材质的均匀性或热处理后的效果。

我国现行标准测定金属硬度的方法有布氏硬度法、洛氏硬度法和维氏硬度法三种。常用的硬度指标为布氏硬度和洛氏硬度。

1. 布氏硬度

布氏硬度试验是对一定直径的硬质合金球施加试验力压入试样表面，经规定保持时间后，卸除试验力，测量试样表面压痕的直径，试验力与压痕表面积之比，即为布氏硬度，用 HB 表示。

$$\mathrm{HB} = 0.102 \times \frac{2F}{\pi D(D - \sqrt{D^2 - d^2})} \tag{9.6}$$

式中：F——试验力，N；

$\quad\quad D$——硬质合金球的直径，mm；

$\quad\quad d$——压痕直径，mm。

公式中常数项 0.102 是重力加速度的倒数，即单位换算系数。工程应用时，常由压痕直径查表，直接确定 HB。

布氏硬度法比较准确，但受硬质钢球（淬火所得）的硬度限制，布氏硬度只能测试 HB<450 的钢材，HB>450 钢材的硬度用洛氏法来测试。另外，布氏硬度压痕较大，不宜用于成品检验。

根据布氏硬度可以估算碳素钢的抗拉强度 R_m（MPa）：

$\quad\quad\quad\quad$HB<175 时，$R_m = 0.36\mathrm{HB}$

$\quad\quad\quad\quad$175<HB<450 时，$R_m = 0.35\mathrm{HB}$

2. 洛氏硬度

洛氏硬度试验是用金刚石锥体或钢球压头，按照规定的荷载压入钢材表面，以压痕深度来表示硬度值，用 HR 表示。根据压头和荷载的不同，又分为洛氏 A、洛氏 B 和洛氏 C 三种方法。洛氏硬度法的压痕小，所以常用于判断工件的热处理效果。

承受耐磨荷载的部件，对钢材的硬度有一定的要求，如钢轨钢、工具钢等必须满足规范的要求。

（四）疲劳强度

钢构件承受重复或交变荷载作用时，可能在远低于屈服强度的应力作用下突然发生断裂，这种断裂现象称为疲劳破坏。研究表明，金属的疲劳破坏要经历疲劳裂纹的萌生、缓慢发展和迅速断裂三个过程。也就是说，在交变应力作用下，先在材料的薄弱处萌生微观裂纹，由于裂纹尖端处产生应力集中，使微观裂纹逐渐扩展成肉眼可见的宏观裂纹，宏观裂纹再进一步扩展，使构件断面不断削弱，直到最后导致突然断裂。由此可见，疲劳破坏的过程虽然是缓慢的，但断裂却是突发性的，事先并无明显的塑性变形，故危险性较大，往往造成灾难性事故。试验证明，材料内部的各种缺陷（晶界、微孔、非金属夹杂物等）、成分偏析、过大的内应力、构件截面沿长度方向的急剧变化、构件局部应力集中以及表面不光滑等因素，都是容易产生微裂纹的原因，所以为了提高材料的疲劳强度，必须消除上述各种不良因素。

疲劳强度除了与材质有关外，还与所受应力的种类（拉、压或弯曲）、应力循环特征值（$\rho = \sigma_{min}/\sigma_{max}$）、应力循环次数（$N$）及应力集中程度有关。一般来说，钢材强度极限愈高，其疲劳强度愈高。我国现行的设计规范是以应力循环次数 $N = 2 \times 10^6$ 的疲劳曲线作为确定疲劳强度的取值依据。

二、钢材的工艺性能

建筑钢材在使用之前，多数需要进行一定形式的加工处理。良好的工艺性能可以保证钢材能够顺利地通过各种处理而无损于制品的质量。建筑钢材的工艺性能包括热加工性能、冷加工性能、冷弯性能、焊接性能与热处理性能等。这里只介绍在建筑工程中最常遇到的冷弯和焊接两种工艺性能。

钢材的工艺性能
（示范课）

（一）冷弯性能

冷弯性能是钢材在常温条件下，承受弯曲变形的能力。"冷"表示常温，钢材的加工、轧制一般是在"热"（高温）的条件下进行的，"冷"是相对于"热"而言的。后面介绍的"冷拔"、"冷轧"等工艺，其中的"冷"也是同一含义。

冷弯性能是揭示钢材缺陷的一种重要工艺性能。在土木工程中，经常要把钢筋、钢板等材料弯曲成要求的形状，冷弯性能就是模拟钢材加工而确定的。

钢材的冷弯性能试验参数为：弯曲角度 α 和弯心直径 d，以及其相对于钢材厚度 a 的比值 d/a。在进行冷弯试验时，试件弯曲处的外拱面和两侧面未出现裂缝和起层现象之前，钢材弯曲角度 α 愈大，d/a 愈小，则表示冷弯性能愈好。

钢材的冷弯性能与伸长率一样，也是反映钢材在力作用下的塑性性质。但在冷弯过程中，受弯部位产生局部的不均匀塑性变形，因此，它更能反映出钢材内部组织是否均匀、是否存在内应力及夹杂物等缺陷。图 9.9 为钢材冷弯示意图。在工程中，结构在制作、安装过程中要进行冷加工，尤其是焊接结构焊后变形的调直等工序，都需要钢材有较好的冷弯性能，冷弯试验还常被用作对钢材焊接质量进行检验的一种手段。

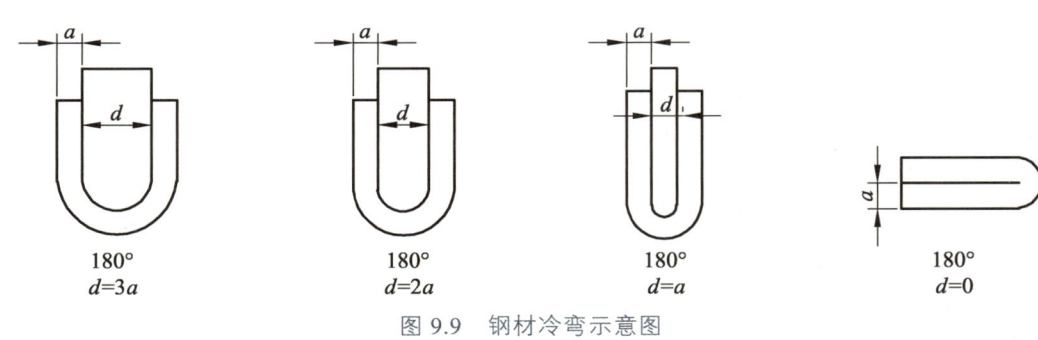

图 9.9　钢材冷弯示意图

（二）可焊性

在土木工程中，钢结构、钢筋混凝土的钢筋骨架、接头和连接件、预埋件等大多数是采用焊接方式连接的。因此，钢材应具有良好的可焊性。

钢材在焊接过程中，由于高温的作用，焊缝及其附近的过热区将发生晶体组织和晶体结构的变化，使焊缝周围的钢材产生硬脆倾向，降低焊件的使用质量。可焊性是指钢材是否适用通常的焊接方法与工艺的性能。可焊性好的钢材焊接时，硬脆倾向小，不易形成裂纹、气孔、夹渣等缺陷，焊接后仍能保持与母材基本相同的性质。

钢的化学成分、冶炼质量和冷加工等对可焊性影响很大。对焊接结构用钢，宜选用含碳量低、杂质含量少的镇静钢。对于高碳钢和合金钢，为改善焊接后的硬脆性，焊接时一般需采用焊前预热和焊后热处理等措施。

钢材的焊接主要采用电弧焊和接触对焊两种基本方法。钢材焊接后必须取样进行焊接质量检验，质量检验一般包括拉伸试验和冷弯试验，要求试验时试件的断裂不能发生在焊接处。

第三节　钢材的加工处理

一、冷加工强化

（一）冷加工强化的机理

将钢材于常温下进行冷拉、冷拔或冷轧使其产生塑性变形，从而提高屈服强度，降低塑性韧性，这个过程称为冷加工强化处理。冷加工强化的机理描述如下：金属的塑性变形是通过位错运动来实现的。位错是指原子行列间相互滑移形成的线缺陷。如果位错运动受阻，则塑性变形困难，即变形抗力增大，因而强度提高。在塑性变形过程中，位错运动的阻力主要来自位错本身。因为随着塑性变形的进行，位错在晶体中运动时可通过各种机制发生增殖，使位错密度不断增加，位错之间的距离越来越小并发生交叉，使位错运动的阻力增大，导致塑性变形抗力提高。另外，由于变形抗力的提高，位错运动阻力的增大，位错更容易在晶体中发生塞积，反过来使位错的密度加速增长。这相当于汽车通过一个十分拥挤，又没有交通指挥的十字路口。由于相互争抢，汽车行进十分困难，甚至完全堵塞。所以，在冷加工时，依靠塑性变形时位错密度提高和变形抗力增大这两方面的相互促进，很快导致金属强度和硬度的提高，但也会导致其塑性降低。

（二）冷加工强化的方法

1. 冷 拉

冷拉是将钢筋拉至其应力-应变曲线的强化阶段内任一点 K 处，然后缓慢卸去荷载，则当再度加载时，其屈服极限将有所提高，而其塑性变形能力将有所降低。冷拉一般可控制冷拉率。钢筋经冷拉后，一般屈服点可提高 20%～25%。钢筋冷拉还有利于简化施工工序，冷拉盘条钢筋可省去开盘和调直工序；冷拉直条钢筋则可与矫直、除锈等工序一并完成。

2. 冷 拔

冷拔是将光圆钢筋通过硬质合金拔丝模孔强行拉拔。冷拔作用比纯拉伸的作用强烈，钢筋不仅受拉，而且同时受到挤压作用。经过一次或多次的冷拔后得到的冷拔低碳钢丝，其屈服点可提高 40%～60%，但使钢的塑性和韧性下降，而具有硬钢的特点。

建筑工程中大量使用的钢筋采用冷加工强化具有明显的经济效益。经过冷加工的钢材，可适当减小钢筋混凝土结构设计截面，或减小混凝土中配筋数量，从而达到节约钢材的目的。但冷拔钢丝的屈强比较大，相应的安全储备较小。

3. 冷 轧

冷轧是将圆钢在冷轧机上轧成断面形状规则的钢筋，可提高其强度及与混凝土的黏结力。钢筋在冷轧时，纵向与横向同时产生变形，因而能较好地保持其塑性和内部结构均匀性。

二、时效处理

将冷加工处理后的钢筋，在常温下存放 15～20 d，或加热至 100～200 ℃ 后保持一定时间（2～3 h），其屈服强度进一步提高，且抗拉强度也提高，同时塑性和韧性也进一步降低，弹性模量则基本恢复。这个过程称为时效处理。

时效处理方法有两种：在常温下存放 15～20 d，称为自然时效，适合用于低强度钢筋；加热至 100～200 ℃ 后保持一定时间（2～3 h），称人工时效，适合用于高强钢筋。

钢材经冷加工和时效处理后，其性能变化的规律明显地在应力-应变图上得到反映，如图 9.10 所示。图中 $OBCD$ 为未经冷拉试件的应力-应变曲线。将试件拉至超过屈服极限的某一点 K 时卸荷载，此时由于试件已产生塑性变形，曲线沿 KO_1 下降，KO_1 大致与 BO 平行。

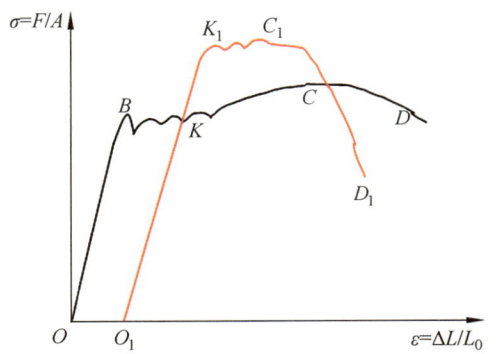

图 9.10　钢筋冷拉时效后应力-应变曲线

三、热处理

铁碳平衡图（图 9.3）中的晶体组织，是在极缓慢冷却条件下得到的。若将钢加热到临界温度以上，并保持一定时间后，以不同的速度冷却，则会形成与铁碳平衡图完全不同的晶体组织。这种对钢进行加热、保温和冷却的综合操作工艺称为热处理。其目的在于通过不同的工艺，改变钢的晶体组织，从而改变钢的性质。建筑钢材一般只在生产厂进行处理并以热处理状态供应。在施工现场有时须对焊件进行热处理。钢的热处理有退火、正火、淬火、回火等形式，热处理的加热范围如图 9.11 所示。

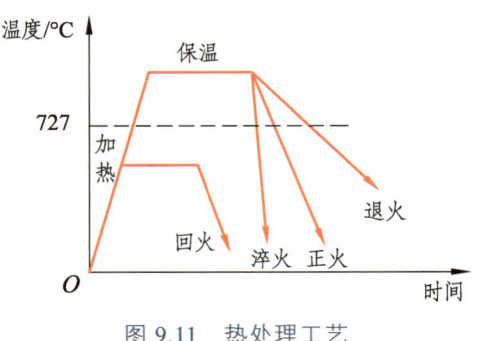

图 9.11　热处理工艺

1. 退　火

退火是将钢加热到铁碳平衡图中的 GSK 线以上 30～50 ℃，保温一定时间，然后极缓慢地冷却（随炉冷却），以获得接近平衡状态组织的一种热处理工艺。退火可降低钢的硬度，提高其塑性和韧性，并能消除冷、热加工或热处理所形成的缺陷和内应力。含碳量较高的高强度钢筋焊后和经过多次冷拔的钢丝再冷拔时，均需要进行退火处理，以保证焊接质量或冷拔工序的进行。

2. 正火

正火是将钢加热到 GSE 线以上 30～50 ℃，保温一定时间，然后在空气中冷却的一种热处理工艺。正火主要用于提高钢的塑性和韧性，获得强度、塑性和韧性三者之间的良好配合。如常对厚度较大的热轧低合金钢钢板进行正火处理，就是要消除在热处理过程中造成的组织不均匀性和内应力，使塑性和韧性提高，而强度却降低很少，以获得良好的综合技术性质。

3. 淬火

淬火是把钢加热到 GSK 线以上 30～50 ℃，保持一定时间，然后把它放到适当的介质（水或油）中急速冷却的一种热处理工艺。淬火能显著提高钢的硬度和耐磨性，但塑性和韧性却显著降低，且有很大的内应力，脆性很高。可在淬火后进行回火处理，以消除部分脆性。钢轨表面特别是两端轨头部分，通常都要进行淬火处理，以提高硬度和耐磨性。

4. 回火

回火是把钢加热到下临界温度 QSK 线（727 ℃）以下某一适当的温度，保持一定时间，然后在空气中冷却的一种热处理工艺。根据加热温度的高低，分低温（150～250 ℃）、中温（350～500 ℃）和高温（500～650 ℃）三种回火制度。回火主要是为了消除淬火后钢材的内应力和脆性，可根据不同要求选择加热温度。一般来说，要求保持高强度和高硬度时，采用低温回火；要求保持高弹性极限和屈服强度时，采用中温回火；要求既有一定强度和硬度，又有适量塑性和韧性时，采用高温回火。淬火和高温回火的联合处理称为调质。调质的目的主要是获得良好的综合技术性质，既有较高的强度，又有良好的塑性和韧性。经调质处理过的钢称为调质钢，它是目前用来强化钢材的有效措施。如建筑上用的某些高强度低合金钢及某些热处理钢筋等都是经过调质处理得到强化的。

第四节　建筑钢材的标准与选用

一、钢结构用钢

钢结构用钢主要有碳素结构钢、优质碳素结构钢和低合金结构钢。

（一）碳素结构钢

1. 牌号

国家标准《碳素结构钢》（GB/T 700—2006）规定，牌号由代表屈服点的字母、屈服点数值、质量等级符号、脱氧程度四部分组成。其中"Q"代表屈服点。碳素结构钢按照其屈服点分为4个牌号，即Q195、Q215、Q235和Q275；按照质量等级（硫、磷杂质含量由多到少）分为A、B、C、D共4个质量等级；按照脱氧程度分为沸腾钢（F）、半镇静钢（b）、镇静钢（Z）、特种镇静钢（TZ）4种。镇静钢和特殊镇静钢在钢牌号中的Z和TZ予以省略。例如，Q235AF表示屈服点为235 MPa、质量等级为A级的沸腾钢，Q235C表示屈服点为235 MPa、质量等级为C级的镇静钢。

2. 技术要求

碳素结构钢的技术性能要求包括化学成分、力学性能、工艺性能三个方面。

碳素结构钢的力学性能和工艺性能应符合表9.2、表9.3的规定。

表9.2 碳素结构钢的力学性能

牌号	质量等级	拉伸试验												冲击试验	
		屈服点 R_{eH}/MPa						抗拉强度 σ_b/MPa	伸长率 A/%					温度/°C	V形冲击功（纵向）/J
		钢材厚度（直径）/mm							钢材厚度（直径）/mm						
		≤16	16～40	40～60	60～100	100～150	>150		≤40	40～60	60～100	100～150	150～200		
		不小于							不小于						不小于
Q195	—	(195)	(185)	—	—	—	—	315～430	33	—	—	—	—	—	—
Q215	A	215	205	195	185	175	165	335～450	31	29	28	27	25	—	—
	B													20	27
Q235	A	235	225	215	205	195	185	375～500	26	24	23	22	21	—	—
	B													20	27
	C													0	
	D													−20	
Q275	A	275	265	255	245	225	215	410～540	22	21	20	18	17	—	—
	B													20	27
	C													0	
	D													−20	

表 9.3 碳素结构钢的冷弯性能

牌 号	试样方向	冷弯试验（$B=2a$，180°）	
		钢材厚度（直径）/mm	
		≤60	>60～100
		弯心直径 d	
Q195	纵	0	—
	横	0.5a	
Q215	纵	0.5a	1.5a
	横	a	2a
Q235	纵	a	2a
	横	1.5a	2.5a
Q275	纵	1.5a	2.5a
	横	2a	3a

注：B 为试样宽度；a 为钢材厚度（直径）。

在碳素钢中，同一牌号钢材的屈服点、抗拉强度、伸长率、冷弯的要求是一样的，但冲击韧性还与质量等级有关；碳素结构钢随着牌号的增大，其含碳量和含锰量增加，强度和硬度提高，而塑性和韧性降低，冷弯性能逐渐变差。

3. 应　用

Q195 和 Q215 钢的含碳量小于 0.15%，强度虽然低，但塑性和韧性较好，性质柔软，易于冷加工，建筑上一般用作钢钉、铆钉、螺栓等。Q215 钢经冷加工后可代替 Q235 钢使用。

Q235 钢是建筑工程中应用最广泛的碳素结构钢，由于其强度、塑性、韧性及可焊性等综合性能好，并且成本较低，能够较好地满足一般钢结构和混凝土结构的用钢要求。因此，在钢结构中，用 Q235 钢大量轧制成各种型钢、钢板、钢管等；在钢筋混凝土中，使用最多的 I 级钢筋也是由 Q235 钢轧制而成的。

Q275 钢强度高，但塑性、韧性和可焊性较差，不易冷弯加工，可用于轧制成人字纹钢筋用于混凝土中，但较多的是用于机械零件和工具等。

在选用钢材牌号和材性时，为保证承重结构的承载能力和防止在一定条件下出现脆性破坏，应根据结构的重要性、荷载特征、结构形式、应力状态、连接方法、钢材厚度和工作环境等因素综合考虑。例如：Q235A 级钢一般仅适用于承受静荷载作用的结构，但主要焊接结构中不能使用 Q235A 级钢；Q235B 级钢用于承受动荷载焊接的普通钢结构；Q235C 级钢可用于承受动荷载焊接的重要钢结构；Q235D 级钢可用于低温条件下承受动荷载焊接的重要钢结构。

因沸腾钢脱氧不充分，含氧量较高，内部组织不够致密，硫、磷的偏析大，氮是以固溶氮的形式存在，故其冲击韧性较低，冷脆性和时效倾向大。因此，需对其使用范围加以限制。具体说，下列情况的承重结构和构件不应采用 Q235 沸腾钢：

（1）焊接结构。

① 直接承受动力荷载或振动荷载且需要验算疲劳的结构。

② 工作温度低于 –20 ℃ 时的直接承受动力荷载或振动荷载但可不验算疲劳的结构，以及承受静力荷载的受弯及受拉的重要承重结构。

③ 工作温度等于或低于 –30 ℃ 的所有承重结构。

（2）非焊接结构。

工作温度等于或低于 –20 ℃ 的直接承受动力荷载且需要验算疲劳的结构。

（二）优质碳素结构钢

优质碳素结构钢对有害杂质含量控制更严格（w_S<0.035%，w_P<0.035%），质量更稳定，性能优于普通碳素结构钢。

国家标准《优质碳素结构钢》（GB/T 699—2015）规定，优质碳素结构钢共分为 28 个牌号。其表示方法与其平均含碳量（以 0.01%为单位）及含锰量相对应。如序号 6 的优质碳素结构钢统一数字代号为 U20302，牌号为 30，其碳含量为 0.27%~0.34%，锰含量为 0.50%~0.80%；又如序号 14 的优质碳素结构钢统一数字代号为 U20702，牌号为 70，其碳含量为 0.67%~0.75%，锰含量为 0.50%~0.80%。序号 18~28 的优质碳素结构钢锰含量比序号 1~17 的优质碳素结构钢高，牌号还注明锰。如序号 21 的优质碳素结构钢统一数字代号为 U21302，其碳含量与统一数字代号 U20302 的优质碳素结构钢碳含量相同，均为 0.27%~0.34%，但锰含量为 0.70%~1.00%，其牌号为 30Mn。

在建筑工程中，牌号 30~45 的优质碳素结构钢主要用于重要结构的钢铸件和高强度螺栓等，牌号 65~80 的优质碳素结构钢用于生产预应力混凝土用钢丝和钢绞线。

（三）低合金高强度结构钢

低合金高强度结构钢是一种在碳素钢的基础上添加总量小于 5%的一种或多种合金元素的钢材。合金元素有硅（Si）、锰（Mn）、钒（V）、铌（Nb）、铬（Cr）、镍（Ni）及稀土元素等。

1. 牌　号

根据国家标准《低合金高强度结构钢》（GB/T 1591—2018）的规定，低合金钢牌号由代表钢材屈服强度的字母"Q"、屈服强度值、交货状态代号、质量等级符号（B、C、D、E、F）4 个部分组成。交货状态为热轧时，交货状态代号 AR 或 WAR 可省略；交货状态为正火或正火轧制状态时，交货状态代号均用 N 表示。如 Q355ND 表示屈服强度不小于 355 MPa，交货状态为正火或正火轧制质量等级为 D 级的低合金高强度结构钢。

2. 技术要求及特性

低合金高强度结构钢的力学性能应符合表 9.4 的要求。

表9.4 低合金高强度结构钢的拉伸性能

牌号	质量等级	拉伸试验																		
		下屈服强度 (R_{eL})/MPa 以下公称厚度（直径、边长）									抗拉强度 (R_m)/MPa 以下公称厚度（直径、边长）				断后伸长率 (A)/% 公称厚度（直径、边长）					
		≤16 mm	>16~40 mm	>40~63 mm	>63~80 mm	>80~100 mm	>100~150 mm	>150~200 mm	>200~250 mm	>250~400 mm	≤100 mm	>100~150 mm	>150~250 mm	>250~400 mm	≤40 mm	>40~63 mm	>63~100 mm	>100~150 mm	>150~250 mm	>250~400 mm
Q355	B	≥355	≥345	≥335	≥325	≥315	≥295	≥285	≥275	—	470~630	450~600	450~600	—	≥20	≥19	≥19	≥18	≥17	—
	C									≥265				450~600	≥21	≥20	≥20	≥19	≥18	≥17
	D																			
Q390	B	≥390	≥380	≥360	≥340	≥340	≥320	—	—	—	490~650	470~620	—	—	≥20	≥20	≥19	≥18	—	—
	C																			
	D																			
Q420	B	≥420	≥410	≥390	≥370	≥370	≥350	—	—	—	520~680	500~650	—	—	≥19	≥18	≥18	≥18	—	—
	C																			
Q460	C	≥460	≥450	≥430	≥410	≥410	≥390	—	—	—	550~720	530~700	—	—	≥17	≥16	≥16	≥16	—	—

第九章　钢材与铝合金

低合金高强度结构钢与碳素结构钢相比具有以下特点：

（1）成分上，含碳量较低，均不高于0.2%，而且一般为氧气转炉、平炉或电炉冶炼的镇静钢，硫、磷杂质含量少，含氧量及成分偏析少，加入了合金元素。

（2）性能上，具有更高的强度，而且还具有良好的塑性、韧性、可焊性、耐磨性、耐蚀性、耐低温性等性能，是综合性能更为理想的建筑钢材。低合金高强度结构钢主要用于轧制各种型钢、钢板、钢管及钢筋，广泛用于钢结构和钢筋混凝土结构中，特别适用于各种重型结构、高层结构、大跨度结构及桥梁工程等。

（3）应用上，低合金高强度结构钢和碳素钢一样，主要用于轧制各种型钢、钢板、钢管及钢筋，但特别适用于各种重型结构、高层结构以及大跨度结构和桥梁工程等承受动荷载的结构物中。在相同使用条件下，低合金高强度结构钢可比碳素结构钢节省用钢20%~30%，可以有效地减轻结构自重。

二、钢筋混凝土结构用钢

按照生产方式的不同，钢筋混凝土结构用钢可分为热轧钢筋、热处理钢筋、冷轧带肋钢筋、预应力混凝土用钢丝和钢绞线等多种。

（一）热轧钢筋

根据其表面特征不同，热轧钢筋分为光圆钢筋和带肋筋。带肋钢筋有月牙肋钢筋和等高肋钢筋等，如图9.12所示。

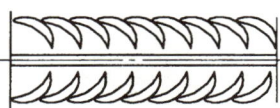 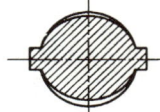

（a）月牙肋钢筋

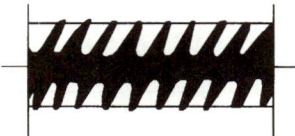 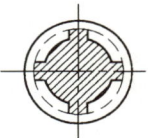

（b）等高肋钢筋

图9.12　带肋钢筋

1. 钢筋混凝土用热轧直条光圆钢筋

按照《钢筋混凝土用钢　第1部分：热轧光圆钢筋》（GB 1499.1—2024）的规定，热轧光圆钢筋按屈服强度特征值只有300级一级。热轧光圆钢筋的力学性能和工艺性能应符合表9.5的规定。

表 9.5 直条光圆钢筋的力学性能、工艺性能

牌号	公称直径 a/mm	屈服点 R_{eL}/MPa	抗拉强度 R_m/MPa	断后伸长率 A/%	最大力总伸长率 A_{gt}/%	冷弯试验（180°）弯心直径 d
			不 小 于			
HPB300	6～25	300	420	25.0	10.0	$d = a$

2. 热轧带肋钢筋

根据《钢筋混凝土用钢 第 2 部分：热轧带肋钢筋》（GB 1499.2—2024）的规定，热轧带肋钢筋分为普通热轧带肋钢筋（Hot rolled Ribbed Bars，HRB）和细晶粒热轧钢筋（Hot rolled Ribbed Bars of Fine grains，HRBF）两种，其晶体组织主要为铁素体和珠光体，不得有影响使用性能的其他晶体组织存在。细晶粒热轧钢筋是在热轧过程中，通过控轧和控冷工艺形成的细粒钢筋。热轧带肋钢筋的力学性能和工艺性能应符合表 9.6 的规定。

表 9.6 热轧钢筋的力学性能和工艺性能

牌号	公称直径 a/mm	屈服点 R_{eL}/MPa	抗拉强度 R_m/MPa	伸长率 A/%	最大力总伸长率 A_{gt}/%	冷弯试验（180°）弯心直径
			不 小 于			
HRB400 HRBF400	6～25	400	540	16	7.5	4d
	28～40					5d
	>40～50					6d
HRB400E HRBF400E	6～25	400	540	—	9.0	4d
	28～40					5d
	>40～50					6d
HRB500 HRBF500	6～25	500	630	15	7.5	6d
	28～40					7d
	>40～50					8d
HRB500E HRBF500E	6～25	500	630	—	9.0	6d
	28～40					7d
	>40～50					8d
HRB600	6～25	600	730	14	7.5	6d
	28～40					7d
	>40～50					8d

注：HRB—热轧带肋钢筋的英文缩写；F—"细"的英文（Fine）首位字母；E—"地震"的英文（Earthquake）。

公称直径为 28～40 mm 各牌号钢筋的断后伸长率 A 准许降低 1%，公称直径大于 40 mm 各牌号钢筋的断后伸长率 A 准许降低 2%。

同时,《混凝土结构工程施工质量验收规范》(GB 50204—2015)和 GB 1499.2—2024 规定,为了保证在地震作用下,结构的某些部位出现塑性铰以后,钢筋具有足够的变形能力,对有抗震设防要求的框架结构(一、二级抗震等级),检验所得的强度实测值应符合下列规定:

① 钢筋抗拉强度实测值与屈服强度实测值之比不小于 1.25。
② 钢筋屈服强度实测值与强度标准值之比不应大于 1.30。
③ 钢筋最大力总伸长度 A_{gt} 不小于 9%。

《混凝土结构设计规范》(GB 50010—2010)给出了热轧钢筋的标准值(f_{yk})、抗拉强度的设计值(f_y)、抗压强度的设计值(f'_y)和钢筋的弹性模量(E_s)。

3. 应 用

光圆钢筋是用 Q235 碳素结构钢轧制而成的钢筋。其强度较低,塑性及焊接性能好,伸长率高,便于弯曲成型。光圆钢筋可作为中小型钢筋混凝土结构的主要受力钢筋和各种钢筋混凝土结构箍筋等,也可用于钢、木结构的拉杆等,此外,还可作为冷轧带肋钢筋的原材料,盘条可作为冷拔低碳钢丝的原材料。

在带肋钢筋中,HRB400(HRBF400)级钢筋用低合金镇静钢和半镇静钢轧制而成,由于强度较高,塑性和焊接性能较好,广泛用作大中型钢筋混凝土结构的受力钢筋,现行规范积极提倡用 HRB400(HRBF400)级钢筋作为钢筋混凝土结构的主要钢筋。在有抗震设防要求的框架梁、框架柱、剪力墙等结构构件中纵向受力钢筋宜选用 HRB400(HRBF400)热轧钢筋,箍筋宜选用 HRB400(HRBF400)或 HPB235 热轧钢筋。HRB400(HRBF400)经过冷拉后可用作预应力钢筋。

HRB500(HRBF500)级钢筋用中碳低合金镇静钢轧制而成。钢筋表面轧有纵肋和横肋,是房屋建筑的主要预应力筋。由于含碳量较高,其可焊性下降,如需焊接时,应采取适当的焊接方法和焊后热处理工艺,以保证焊接质量,防止发生脆性断裂。HRB500(HRBF500)钢筋使用前也可以进行冷拉处理,以提高屈服强度,节约钢材。

HRB600 级钢筋因其强度高、延性好、拥有良好的使用性能,在国外已经得到广泛应用。国内对 HRB600 级钢筋在实际工程中应用不多,仅在我国上海、江苏和云南地区有一定数量工程中得到应用。

(二)冷轧带肋钢筋

冷轧带肋钢筋是由普通低碳钢、优质碳素钢或低合金钢热轧圆盘条为母材,经冷轧减径后,在其表面冷轧成具有三面或二面月牙形横肋的钢筋。

1. 级别代号

冷轧带肋钢筋(Cold rolled Ribbed steel Bars)是由热轧圆盘条经冷轧后,在其表面带有沿长度方向均匀分布的横肋的钢筋。其横肋呈月牙形。《冷轧带肋钢筋》(GB/T 13788—2017)

规定，冷轧带肋钢筋按延性高低分为两类：冷轧带肋钢筋，代号 CRB；高延性冷轧带肋钢筋，代号由 CRB、抗拉强度特征值及 H 构成。C、R、B、H 分别为冷轧（Cold rolled）、带肋（Ribbed）、钢筋（Bar）、高延性（High elongation）四个词的英文首位字母。钢筋分为 CRB550、CRB650、CRB800、CRB600H、CRB680H、CRBH800H 六个牌号。

2. 技术性能

冷轧带肋钢筋的化学成分、力学性能和工艺性能应符合国家标准《冷轧带肋钢筋》（GB/T 13788—2017）的有关规定。其力学性能和工艺性能要求见表 9.7。与热轧钢筋不同，冷轧带肋钢筋是以抗拉强度作为牌号标识的。

表 9.7 冷轧带肋钢筋的力学性能和工艺性能

分类	牌号	$R_{p0.2}$/MPa 不小于	R_m/MPa 不小于	伸长率/% 不小于		冷弯试验 180°	反复弯曲次数	应力松弛初始应力 $R_{com}=0.7R_m$ 1 000 h 不大于/%
				A	A_{100}			
普通钢筋混凝土用	CRB550	500	550	11.0	—	$D=3d$	—	—
	CRB600H	540	600	14.0	—	$D=3d$	—	—
	CRB680H[b]	600	680	14.0	—	$D=3d$	4	5
预应力钢筋混凝土用	CRB650	585	650	—	4.0	—	3	8
	CRB800	720	800	—	4.0	—	3	8
	CRB800H	720	800	—	7.0	—	4	5

注：表中 D 为弯心直径；d 为钢筋公称直径；当该牌号钢筋作为普通钢筋混凝土用钢筋使用时，对反复弯曲和应力松弛不作要求；当该牌号钢筋作为预应力混凝土用钢筋使用时，应进行反复弯曲试验代替 180°弯曲试验，并检测松弛率。

3. 应用

CRB550、CRB600H 为普通钢筋混凝土用钢筋；CRB650、CRB800、CRBH800H 为预应力混凝土用钢筋；CRB680H 既可作为普通钢筋混凝土用钢筋，也可作为预应力混凝土用钢筋。CRB550、CRB600H、CRB680H 钢筋的公称直径范围为 4~12 mm，CRB650、CRB800、CRB800H 的公称直径为 4 mm、5 mm、6 mm。

冷轧带肋钢筋提高了钢筋的强度，特别是锚固强度较高，而塑性下降，但伸长率一般仍较同类冷加工钢材大。

（三）预应力混凝土用钢棒

预应力混凝土用钢棒是由热轧盘条（低合金钢）经加工后（或不经冷加工）淬火和回火等调质处理制成。经调质处理后，钢筋的特点是塑性降低不大，但强度提高很多，综合性能比较理想。

1. 分类

预应力混凝土用钢棒按照表面形状分为光圆钢棒、螺旋槽钢棒、螺旋肋钢棒、带肋钢棒4种。光圆钢棒只用于后张法预应力工程，其他钢棒用于先张法预应力工程。

2. 技术性能

根据《预应力混凝土用钢棒》（GB/T 5223.3—2017）的规定，其公称直径、横截面积及性能应符合表9.8的规定。伸长率、应力松弛同样为强制性条款，应满足相应的规定。

预应力混凝土用钢棒常采用弹性盘条或成捆供应，盘条开盘后可自行伸直。使用时应按照要求的长度采用砂轮锯或切断机切割，不能采用电弧切割，也不能焊接，以免引起强度下降或脆断（此项也适用于其他预应力钢筋）。

表9.8 预应力混凝土用钢棒的公称直径、横截面积及性能

表面形状类型	公称直径 D_n/mm	公称横截面积 S_n/mm²	横截面积 S/mm² 最小	横截面积 S/mm² 最大	抗拉强度 R_m 不小于/MPa	规定非比例延伸强度 $R_{p0.2}$ 不小于/MPa	弯曲性能 性能要求	弯曲性能 弯曲半径/mm
光圆	6	28.3	26.8	29.0	对所有规格钢棒 1 080 1 230 1 420 1 570	对所有规格钢棒 930 1 080 1 280 1 420	弯曲160°~180°后弯曲处无裂纹	15
光圆	7	38.5	36.5	39.5				20
光圆	8	50.3	47.5	51.1				20
光圆	10	78.5	74.1	80.4				25
光圆	11	95.0	93.1	97.4				弯心直径为钢棒公称直径的10倍
光圆	12	113	106.8	115.8				
光圆	13	133	130.3	136.3				
光圆	14	154	145.6	157.8				
光圆	16	201	190.2	206.0				
螺旋槽	7.1	40	39.0	41.7				
螺旋槽	9	64	62.4	66.5				
螺旋槽	10.7	90	87.5	93.6				
螺旋槽	12.6	125	121.5	129.9 +				
螺旋肋	6	28.3	26.8	29.0			反复弯曲不小于4次/180°	15
螺旋肋	7	38.5	36.6	39.5				20
螺旋肋	8	50.3	47.5	51.5				20
螺旋肋	10	78.5	74.1	80.4				25
螺旋肋	12	113	106.8	115.8			弯曲160°~180°后弯曲处无裂纹	弯心直径为钢棒公称直径的10倍
螺旋肋	14	154	145.6	157.8				
带肋	6	28.3	26.8	29.0				
带肋	8	50.3	47.5	51.5				
带肋	10	78.5	74.1	80.4				
带肋	12	113	106.8	115.8				
带肋	14	154	145.6	157.8				
带肋	16	201	190.2	206.0				

3. 应 用

预应力混凝土用钢棒具有强度高、韧性好，与混凝土黏结性能好，应力松弛低，施工方便，节约钢筋等优点，主要用于预应力混凝土轨枕，还用于预应力梁、预应力板及吊车梁等。

（四）预应力混凝土用钢丝

预应力混凝土用钢丝是优质碳素结构钢盘条，经酸洗、拔丝模或轧辊冷加工后再经消除应力等工艺制成的高强度钢丝。

《预应力混凝土用钢丝》（GB/T 5223—2014）规定：预应力混凝土用钢丝按加工状态分为冷拉钢丝（代号为 WCD）和消除应力钢丝两种，消除应力钢丝又分为低松弛钢丝（代号为 WLR）和普通松弛钢丝（代号为 WNR）；按外形分为光圆钢丝（P）、螺旋肋钢丝（H）和刻痕钢丝（I）三种。

冷拉钢丝和消除应力光圆、螺旋肋及刻痕钢丝的力学性能应符合有关的规定。消除应力光圆及螺旋肋钢丝的力学性能要求见表 9.9。

表 9.9 消除应力光圆及螺旋肋钢丝的力学性能

公称直径 d/mm	抗拉强度 R_m/MPa ≥	0.2%屈服力 $F_{p0.2}$/kN ≥	最大力下总伸长率（L_0=200 mm）A_{gt}/% ≥	弯曲次数/（次/180°）≥	弯曲半径 R/mm	应力松弛性能 初始应力相当于公称抗拉强度的百分数/%	应力松弛性能 1 000 h 后应力松弛率 r/% ≤
4.00	1 470	16.22	3.5	3	10	70	2.5
4.80		23.35		4	15		
5.00		25.32		4	15		
6.00		36.47		4	15		
6.25		39.58		4	20		
7.00		49.64		4	20		
7.50		56.99		4	20	80	4.5
8.00		64.84		4	20		
9.00		82.07		4	25		
9.50		91.44		4	25		
10.00		101.32		4	25		
11.00		122.59		—	—		
12.00		145.90		—	—		

续表

公称直径 d/mm	抗拉强度 R_m/MPa ≥	0.2%屈服力 $F_{p0.2}$/kN ≥	最大力下总伸长率（L_0=200 mm）A_{gt}/% ≥	弯曲次数/（次/180°）≥	弯曲半径 R/mm	应力松弛性能 初始应力相当于公称抗拉强度的百分数/%	1 000 h 后应力松弛率 r/% ≤
4.00	1 570	17.37		3	10		
4.80		25.00		4	15		
5.00		27.12		4	15		
6.00		39.06		4	15		
6.25		42.39		4	20		
7.00		53.16		4	20		
7.50		61.04		4	20		
8.00		69.44		4	20		
9.00		87.89		4	25		
9.50		97.93		4	25		
10.00		108.55		4	25	70	2.5
11.00		131.30		—	—		
12.00		156.26	3.5	—	—		
4.00	1 670	18.47		3	10		
5.00		28.85		4	15		
6.00		41.54		4	15		
6.25		45.09		4	20		
7.00		56.55		4	20	80	4.5
7.50		64.93		4	20		
8.00		73.86		4	20		
9.00		93.50		4	25		
4.00	1 770	19.58		3	10		
5.00		30.58		4	15		
6.00		44.03		4	15		
7.00		59.94		4	20		
7.50		68.81		4	20		
4.00	1 860	20.57		3	10		
5.00		32.13		4	15		
6.00		46.27		4	15		
7.00		62.98		4	20		

冷拉钢丝和消除应力光圆、螺旋肋及刻痕钢丝均属于冷加工强化的钢筋，没有明显的屈服点，材料检验只能以抗拉强度为依据。设计强度取值以条件屈服点（规定非比例伸长应力 $R_{p0.2}$）的统计值来确定，并且规定非比例伸长应力 $\sigma_{p0.2}$ 值不小于公称抗拉强度的 75%。

预应力混凝土用钢丝具有强度高、柔性好、松弛率低、抗腐蚀性强、质量稳定、安全可靠等特点，主要用于大跨度屋架及薄腹梁、大跨度吊车梁、桥梁等预应力混凝土结构。

（五）预应力混凝土用钢绞线

预应力混凝土用钢绞线一般是由 2 根、3 根或 7 根直径为 2.5~6.0 mm 的高强度光面或刻痕钢丝绞捻后，再经稳定化处理而制成。稳定化处理是指为了减少应用时的应力松弛，钢绞线在一定的张力下进行的短时热处理。

根据《预应力混凝土用钢绞线》（GB/T 5224—2023）的规定，钢绞线按照结构分为 9 类：用 2 根冷拉光圆钢丝捻制成的标准型钢绞线（1×2）；用 3 根冷拉光圆钢丝捻制成的标准型钢绞线（1×3）；用 3 根含有刻痕钢丝捻制成的刻痕钢绞线（1×3I）；用 7 根冷拉光圆钢丝捻制成的标准型钢绞线（1×7）；用 6 根含有刻痕钢丝和 1 根冷拉光圆中心钢丝捻制成的刻痕钢绞线（1×7I）；用 6 根含有螺旋肋钢丝和 1 根冷拉光圆中心钢丝捻制成的螺旋肋钢绞线（1×7H）；用 7 根冷拉光圆钢丝捻制后再经冷拔成的模拔型钢绞线 [（1×7）C]；用 19 根冷拉光圆钢丝捻制成的 1+9+9 西鲁式钢绞线（1×19S）；用 19 根冷拉光圆钢丝捻制成的 1+6+6/6 瓦林吞式钢绞线（1×19W）。标准钢绞线是指由冷拉光圆钢丝捻制成的钢绞线，模拔型钢绞线是指由捻制后再经冷拔而成的钢绞线。

预应力钢绞线的力学性能应符合 GB/T 5224—2023 的有关规定。1×7 结构钢绞线的力学性能要求见表 9.10。

表 9.10　1×7 结构钢绞线力学性能

钢绞线结构	钢绞线公称直径 D_n/mm	公称抗拉强度 R_m/MPa	整根钢绞线最大力 F_m/kN ≥	整根钢绞线最大力的最大值 $F_{m,max}$/kN ≤	0.2%屈服力 $F_{p0.2}$/kN ≥	最大力总延伸率（L_0≥500 mm）A_{gt}/% ≥	应力松弛性能 初始负荷相当于实际最大力的百分数/%	应力松弛性能 1 000 h 应力松弛率 r/% ≤
	21.60	1 770	504	561	444	对所有直径	对所有直径	对所有直径
1×7 1×7I 1×7H	9.50	1 860	102	113	89.8	3.5	70	2.5
	11.10		138	153	121			
	12.70		184	203	162			
	15.20		260	288	229		80	4.5
	15.70		279	309	246			
	17.80		355	391	311			
	18.90		409	453	360			
	21.60		530	587	466			

续表

钢绞线结构	钢绞线公称直径 D_n/mm	公称抗拉强度 R_m/MPa	整根钢绞线最大力 F_m/kN ≥	整根钢绞线最大力的最大值 $F_{m,max}$/kN ≤	0.2%屈服力 $F_{p0.2}$/kN ≥	最大力总延伸率（L_0≥500 mm）A_{gt}/% ≥	应力松弛性能 初始负荷相当于实际最大力的百分数/%	应力松弛性能 1 000 h 应力松弛率 r/% ≤
1×7	9.50	1 960	107	118	94.2	对所有直径 3.5	对所有直径 70 80	对所有直径 2.5 4.5
	11.10		145	160	128			
	12.70		193	213	170			
	15.20		274	302	241			
	15.70		294	324	259			
	17.80		374	413	329			
	18.90		431	475	379			
	21.60		559	616	492			
	9.50	2 160	118	129	104			
	11.10		160	175	141			
	12.70		213	233	187			
	15.20		302	330	266			
	15.70		324	354	285			
	9.50	2 230	122	133	107			
	11.10		165	180	145			
	12.70		220	240	194			
	15.20		312	340	275			
	15.70		335	365	295			
	9.50	2 360	129	140	114			
	11.10		175	190	154			
	12.70		233	253	205			
	15.20		330	358	290			
（1×7）C	12.70	1 860	208	231	183			
	15.20	1 820	300	333	264			
	18.00	1 720	384	428	338			

注：0.2%屈服力 $F_{p0.2}$ 值应为整根钢绞线实际最大力 F_m 的 88%～95%。

预应力钢绞线具有强度高、塑性好、易于锚固等特点，多用于大跨度、重荷载的预应力混凝土结构。

第五节 高性能钢材

一、不锈钢

20世纪初期，毕业于英国谢菲尔德大学的著名冶金科学家亨利·布雷尔利（Harry Brearley）发明了不锈钢（stainless steel）。当时正值第一次世界大战时期，亨利·布雷尔利受英国政府军部兵工厂委托，研究武器的改进工作。那时，士兵用的步枪枪膛极易磨损，亨利·布雷尔利想发明一种不易磨损的合金钢。对于这个任务，他的思路非常清晰，即在普通钢铁中加入另一种金属来增加钢的硬度，成为一种合金钢。他试着将铬加入钢中冶炼，结果却不能如他想象的那样，冶炼得到的合金，仍不耐磨。他很失望，只能将这些合金丢弃，很多实验失败的合金就丢在那里成为废铁，日晒雨淋，时间一长，大都生锈了，连地上也留下了褐色的锈迹。于是，他就派人来清除垃圾，此时他仍为还没有制出硬度较高的钢而苦恼不已。突然之间，亨利·布雷尔利发现垃圾堆中有几块金属在发光，在锈铁中特别耀眼，他仔细一看，是那几块被扔掉的合金，其他的金属都生锈了，而这几块却没有生锈。他对这些合金进行仔细分析，发现碳含量为0.24%，铬占12.8%，其余的都是铁，就是这样，不锈钢就被亨利·布雷尔利发明出来了。此后，不锈钢于1916年取得英国专利权并开始大量生产，至此，从垃圾堆中偶然发现的不锈钢便风靡全球，亨利·布雷尔利也被誉为"不锈钢之父"。

现今，不锈钢可广泛应用于化工设备制造领域、机械设备制造领域、建筑及装饰领域。

（一）不锈钢的特点及分类

不锈钢是指以不锈、耐蚀为主要特性，且铬含量至少为10.5%、碳含量不超过1.2%的钢材。通常说的不锈钢是不锈钢、耐酸钢、耐热钢的总称，行业中常将耐弱腐蚀介质腐蚀的钢称为不锈钢，而将耐化学介质腐蚀的钢称为耐酸钢。由于两者在化学成分存在差异，前者不一定耐化学介质腐蚀，而后者则一般均具有不锈性。

不锈钢的主要优点是：具有良好的抗腐蚀性，由于铬含量高，它可以抵御许多化学物质和氧化剂的侵蚀，包括水、气体和酸等；具有高强度和耐磨性，不锈钢的强度高于许多其他金属材料，并具有耐磨性，可以承受高温和高压，不容易变形或磨损；具有良好的工艺性能，不锈钢具有较高的可塑性，可以被轻松地加工成各种形状和尺寸。不锈钢按组织特点可分为以下几种：

（1）奥氏体型不锈钢（austenitic grade stainless steel）：基体以面心立方晶体结构的奥氏体组织（γ相）为主，无磁性，主要通过冷加工使其强化（并可能导致一定的磁性）的不锈钢。无磁性、良好的低温性能、易成型性和可焊性是这类钢材的重要特性，常应用于建筑材料、厨具、电子器件、汽车部件。

（2）奥氏体-铁素体（双相）型不锈钢［austenitic-ferritic（duplex）grade stainless steel］：

基体兼有奥氏体和铁素体两相组织（其中较少相的含量一般大于 15%），有磁性，可通过冷加工使其强化的不锈钢。这类不锈钢屈服强度高、耐点蚀、耐应力腐蚀、易于成型和焊接，与奥氏体和铁素体相比具有更高的屈服强度和抗拉强度，常应用于建筑材料、石油化工、食品加工业和海洋工业。

（3）铁素体型不锈钢（ferritic grade stainless steel）：基体以体心立方晶体结构的铁素体组织（a 相）为主，有磁性，一般不能通过热处理硬化，但冷加工可使其轻微强化的不锈钢。这类不锈钢具有强磁性、易于成型、耐锈蚀、耐点蚀等特点，应用范围与奥氏体型类似。

（4）马氏体型不锈钢（martensitic grade stainless steel）：基体为马氏体组织，有磁性，通过热处理可调整其力学性能的不锈钢。这类不锈钢具有高强度和高硬度，耐腐蚀性比奥氏体及铁素体稍差，可焊性差，常应用于紧固件、轴、杆、叶轮片等。

（5）沉淀硬化型不锈钢（precipitation hardening grade stainless steel）：基体为奥氏体或马氏体组织，并能通过沉淀硬化（又称时效硬化）处理使其硬（强）化的不锈钢。这类不锈钢易于加工，具有很高的强度，常用于要求具有高强度的杆和轴件。

各类不锈钢的性能特点汇总见表 9.11。

表 9.11 各类不锈钢的性能特点汇总简表

特性		不锈钢种类				
		马氏体型	铁素体型	奥氏体型	双相型	沉淀硬化型
耐蚀性	不锈性	良	优	优	优	优
	耐全面腐蚀性	良中	优中	优良	优	良中
	耐点蚀、缝隙腐蚀性	中差	优中	优良	优良	中差
	耐应力腐蚀性	中差	优	差良	优	中差
耐热性	高温强度	优	中	优	中	良优*
	抗氧化、抗硫化性	中	优中	良差	良	良中
	热疲劳性	良	良	良	良	良
焊接性和冷加工性	焊接性	中差	良中	优	优	中
	冷成型性（深冲）	中差	优	优	中	中差
	冷成型性（深拉）	中差	良	优	中	中差
	易切削性	良	良	中良	良	中
强度和塑、韧性	室温强度	优	良	良	优	优
	室温塑性、韧性	良差	良	优	优	良中
	低温塑性、韧性	良差	良差	优	良	中差良*
其他	磁性	有	有	无	有	有无*
	导热性	良	优	差	良	中差*
	线膨胀系数	小	小	大	中	中差*

注：① 凡是有两种不同评定的，则系随钢中化学成分的不同而有所不同。
② *—仅针对奥氏体-沉淀硬化型不锈钢。

在这五大类不锈钢中，马氏体不锈钢和沉淀硬化型不锈钢因其焊接及冷加工性能差，在结构工程中无法应用；铁素体不锈钢在国外已有许多应用实例，但在国内使用经验和工程数据较少，当有可靠依据时，可采用；适用于一般结构用途的不锈钢是奥氏体不锈钢和双相型不锈钢，其牌号及化学成分见表 9.12 和表 9.13。最常用的是 S30408、S31608、S30403、S31603、S22053 和 S22253。其中：S30403 和 S31603 是与 S30408 和 S31608 近似等同标准成分的低碳型钢种；S30408 是最常用的奥氏体不锈钢，其塑性、韧性和冷加工性能良好，在氧化性酸和大气、水介质中耐蚀性好，材料价格经济，但敏态和焊接后有晶间腐蚀倾向；S30403 比 S30408 的碳含量更低，耐晶间腐蚀性能更优越，但固溶态的强度较低；S31608 与 S30408 比较，在海水和其他各种介质中的耐腐蚀性能更好，主要用于耐点蚀性能要求更高的情况；S31603 比 S31608 的碳含量更低，更适于需要焊接且耐晶间腐蚀性能要求高的情况；S22053 和 S22253 是常用的奥氏体-铁素体双相型不锈钢，对含碳化氢、二氧化碳、氯化物的环境具有阻抗性，与奥氏体不锈钢比较，有更好的耐应力腐蚀性能和更高的强度。从经济方面比较，304 系列不锈钢单价最低，316 系列不锈钢单价较高，S22053 和 S22253 双相型不锈钢单价最高。

（二）不锈钢腐蚀类型

金属腐蚀方式一般为化学腐蚀和电化学腐蚀。前者是金属在干燥气体或非电解质溶液中的腐蚀，腐蚀过程不产生电流；后者是金属与电解质溶液接触时所发生的腐蚀，腐蚀过程中有电流产生。不锈钢的腐蚀类型有以下几种：

（1）全面（均匀）腐蚀：发生在金属裸露的整个表面或使用零件的整个工作面上，主要为化学腐蚀。

（2）局部腐蚀：电化学腐蚀。

（3）晶间腐蚀：沿晶界进行的腐蚀，是不锈钢主要腐蚀形式。

（4）应力腐蚀：由于定向阳极溶解而产生的破裂或氢脆（因阴极析氢而产生的脆性破裂）。

（5）点蚀、缝蚀：在含氯介质中最常见，形成膜孔电池应力腐蚀和氢脆（在张应力和腐蚀介质作用下发生）。

（6）磨损腐蚀：腐蚀和机械磨损共存时，相互促进的腐蚀现象。

（三）不锈钢中合金元素的作用

铁：不锈钢的基本金属元素。

铬：主要铁素体形成元素。铬与氧结合能生成耐腐蚀的 Cr_2O_3 钝化膜，是不锈钢保持耐蚀性的基本元素之一。铬含量增加可提高钢的钝化膜修复能力，一般不锈钢中的铬含量必须在 12%以上，耐腐蚀性和抗氧化性随铬含量的增加而提高。

碳：可显著提高钢的强度，但在碳钢中含碳量越高塑性越差，另外碳对耐腐蚀性也有不利的影响。

表 9.12 奥氏体型不锈钢牌号及其化学成分

序号	统一数字代号	新牌号	旧牌号	化学成分（质量分数）/%									
				C	Si	Mn	P	S	Ni	Cr	Mo	Cu	N	其他元素
1	S35350	12Cr17Mn6Ni5N	1Cr17Mn6Ni5N	0.15	1.00	5.50~7.50	0.050	0.030	3.50~5.50	16.00~18.00	—	—	0.05~0.25	—
2	S35950	10Cr17Mn9Ni4N		0.12	0.80	8.00~10.50	0.035	0.025	3.50~4.50	16.00~18.00	—	—	0.15~0.25	—
3	S35450	12Cr18Mn9Ni5N	1Cr18Mn8Ni5N	0.15	1.00	7.50~10.00	0.050	0.030	4.00~6.00	17.00~19.00	—	—	0.05~0.25	—
4	S35020	20Cr13Mn9Ni4	2Cr13Mn9Ni4	0.15~0.25	0.80	8.00~10.00	0.035	0.025	3.70~5.00	12.00~14.00	—	—	—	—
5	S35550	20Cr15Mn15Ni2N	2Cr15Mn15Ni2N	0.15~0.25	1.00	14.00~16.00	0.050	0.030	1.50~3.00	14.00~16.00	—	—	0.15~0.30	—
6	S35650	53Cr21Mn9Ni4N[a]	5Cr21Mn9Ni4N[a]	0.48~0.58	0.35	8.00~10.00	0.040	0.030	3.25~4.50	20.00~22.00	—	—	0.35~0.50	—
7	S35750	26Cr18Mn12Si2N[a]	3Cr18Mn12Si2N[a]	0.22~0.30	1.40~2.20	10.50~12.50	0.050	0.030	—	17.00~19.00	—	—	0.22~0.33	—
8	S35850	22Cr20Mn10Ni2Si2N[a]	2Cr20Mn9Ni2Si2N[a]	0.17~0.26	1.80~2.70	8.50~11.00	0.050	0.030	2.00~3.00	18.00~21.00	—	—	0.20~0.30	—
9	S30110	12Cr17Ni7	1Cr17Ni7	0.15	1.00	2.00	0.045	0.030	6.00~8.00	16.00~18.00	—	—	0.10	—
10	S30103	022Cr17Ni7		0.030	1.00	2.00	0.045	0.030	5.00~8.00	16.00~18.00	—	—	0.20	—
11	S30153	022Cr17Ni7N		0.030	1.00	2.00	0.045	0.030	5.00~8.00	16.00~18.00	—	—	0.07~0.20	—
12	S30220	17Cr18Ni9	2Cr18Ni9	0.13~0.21	1.00	2.00	0.035	0.025	8.00~10.50	17.00~19.00	—	—	0.10	—
13	S30210	12Cr18Ni9[a]	1Cr18Ni9[a]	0.15	1.00	2.00	0.045	0.030	8.00~10.00	17.00~19.00	—	—	0.10	—
14	S30240	12Cr18Ni9Si3[a]	1Cr18Ni9Si3[a]	0.15	2.00~3.00	2.00	0.045	0.030	8.00~10.00	17.00~19.00	—	—	0.10	—

续表

序号	统一数字代号	新牌号	旧牌号	化学成分（质量分数）/%										
				C	Si	Mn	P	S	Ni	Cr	Mo	Cu	N	其他元素
15	S30317	Y12Cr18Ni9	Y1Cr18Ni9	0.15	1.00	2.00	0.20	≥0.15	8.00~10.00	17.00~19.00	(0.60)	—	—	—
16	S30327	Y12Cr18Ni9Se	Y1Cr18Ni9Se	0.15	1.00	2.00	0.20	0.060	8.00~10.00	17.00~19.00	—	—	—	Se≥0.15
17	S30408	06Cr19Ni10[a]	0Cr18Ni9[a]	0.08	1.00	2.00	0.045	0.030	8.00~11.00	18.00~20.00	—	—	—	—
18	S30403	022Cr19Ni10	00Cr19Ni10	0.030	1.00	2.00	0.045	0.030	8.00~12.00	18.00~20.00	—	—	—	—
19	S30409	07Cr19Ni10		0.04~0.10	1.00	2.00	0.045	0.030	8.00~11.00	18.00~20.00	—	—	—	—
20	S30450	05Cr19Ni10Si2CeN		0.04~0.06	1.00~2.00	0.80	0.045	0.030	9.00~10.00	18.00~19.00	—	—	0.12~0.18	Ce0.03~0.08
21	S30480	06Cr18Ni9Cu2	0Cr18Ni9Cu2	0.08	1.00	2.00	0.045	0.030	8.00~10.50	17.00~19.00	—	1.00~3.00	—	—
22	S30488	06Cr18Ni9Cu3	0Cr18Ni9Cu3	0.08	1.00	2.00	0.045	0.030	8.50~10.50	17.00~19.00	—	3.00~4.00	—	—
23	S30458	06Cr19Ni10N	0Cr19Ni9N	0.08	1.00	2.00	0.045	0.030	8.00~11.00	18.00~20.00	—	—	0.10~0.16	—
24	S30478	06Cr19Ni9NbN	0Cr19Ni10NbN	0.08	1.0	2.50	0.045	0.030	7.50~10.50	18.00~20.00	—	—	0.15~0.30	Nb0.15
25	S30453	022Cr19Ni10N	00Cr18Ni10N	0.030	1.00	2.00	0.045	0.030	8.00~11.00	18.00~20.00	—	—	0.10~0.16	—
26	S30510	10Cr18Ni12	1Cr18Ni12	0.12	1.00	2.00	0.045	0.030	10.50~13.00	17.00~19.00	—	—	—	—
27	S30508	06Cr18Ni12	0Cr18Ni12	0.08	1.00	2.00	0.045	0.030	11.00~13.50	16.50~19.00	—	—	—	—
28	S30608	06Cr16Ni18	0Cr16Ni18	0.08	1.00	2.00	0.045	0.030	17.00~19.00	15.00~17.00	—	—	—	—

续表

序号	统一数字代号	新牌号	旧牌号	化学成分（质量分数）/%									
				C	Si	Mn	P	S	Ni	Cr	Mo	Cu	N	其他元素
29	S30808	06Cr20Ni11	06Cr20Ni11	0.08	1.00	2.00	0.045	0.030	10.00~12.00	19.00~21.00				
30	S30850	22Cr21Ni12N	2Cr21Ni12N[a]	0.15~0.28	0.75~1.25	1.00~1.60	0.040	0.030	10.50~12.50	20.00~22.00			0.15~0.30	
31	S30920	16Cr23Ni13	2Cr23Ni13[a]	0.20	1.00	2.00	0.040	0.030	12.00~15.00	22.00~24.00				
32	S30908	06Cr23Ni13	0Cr23Ni13[a]	0.08	1.00	2.00	0.045	0.030	12.00~15.00	22.00~24.00				
33	S31010	14Cr23Ni18	1Cr23Ni18	0.18	1.00	2.00	0.035	0.025	17.00~20.00	22.00~25.00				
34	S31020	20Cr25Ni20	2Cr25Ni20[a]	0.25	1.50	2.00	0.040	0.030	19.00~22.00	24.00~26.00				
35	S31008	06Cr25Ni20	0Cr25Ni20[a]	0.08	1.50	2.00	0.045	0.030	19.00~22.00	24.00~26.00				
36	S31053	022Cr25Ni22Mo2N		0.030	0.40	2.00	0.030	0.015	21.00~23.00	24.00~26.00	2.00~3.00		0.10~0.16	
37	S31252	015Cr20Ni18Mo6CuN		0.020	0.80	1.00	0.030	0.010	17.50~18.50	19.50~20.50	6.00~6.50	0.50~1.00	0.18~0.22	
38	S31608	06Cr17Ni12Mo2	0Cr17Ni12Mo2[a]	0.08	1.00	2.00	0.045	0.030	10.00~14.00	16.00~18.00	2.00~3.00			
39	S31603	022Cr17Ni12Mo2	00Cr17Ni14Mo2	0.030	1.00	2.00	0.045	0.030	10.00~14.00	16.00~18.00	2.00~3.00			
40	S31609	07Cr17Ni12Mo2	1Cr17Ni2Mo2[a]	0.04~0.10	1.00	2.00	0.045	0.030	10.00~14.00	16.00~18.00	2.00~3.00			
41	S31668	06Cr17Ni12Mo2Ti	0Cr18Ni12Mo3Ti[a]	0.08	1.00	2.00	0.045	0.030	10.00~14.00	16.00~18.00	2.00~3.00			Ti≥5C
42	S31678	06Cr17Ni12Mo2Nb		0.08	1.00	2.00	0.045	0.030	10.00~14.00	16.00~18.00	2.00~3.00		0.10	Nb10C~1.10

续表

序号	统一数字代号	新牌号	旧牌号	化学成分（质量分数）/%									
				C	Si	Mn	P	S	Ni	Cr	Mo	Cu	N	其他元素
43	S31658	06Cr17Ni12Mo2N	0Cr17Ni12Mo2N	0.08	1.00	2.00	0.045	0.030	10.00~13.00	16.00~18.00	2.00~3.00	—	0.10~0.16	—
44	S31653	022Cr17Ni12Mo2N	00Cr17Ni13Mo2N	0.030	1.00	2.00	0.045	0.030	10.00~13.00	16.00~18.00	2.00~3.00	—	0.10~0.16	—
45	S31688	06Cr18Ni12Mo2Cu2	0Cr18Ni12Mo2Cu2	0.08	1.00	2.00	0.045	0.030	10.00~14.00	17.00~19.00	1.20~2.75	1.00~2.50	—	—
46	S31683	022Cr18Ni14Mo2Cu2	00Cr18Ni14Mo2Cu2	0.030	1.00	2.00	0.045	0.030	12.00~16.00	17.00~19.00	1.20~2.75	1.00~2.50	—	—
47	S31693	022Cr18Ni15Mo3N	00Cr18Ni15Mo3N	0.030	1.00	2.00	0.025	0.010	14.00~16.00	17.00~19.00	2.35~4.20	0.50	0.10~0.20	—
48	S31782	015Cr21Ni26Mo5Cu2		0.020	1.00	2.00	0.045	0.035	23.00~28.00	19.00~23.00	4.00~5.00	1.00~2.00	0.10	—
49	S31708	06Cr19Ni13Mo3	0Cr19Ni13Mo3	0.08	1.00	2.00	0.045	0.030	11.00~15.00	18.00~20.00	3.00~4.00	—	—	—
50	S31703	022Cr19Ni13Mo3	00Cr19Ni13Mo3[a]	0.030	1.00	2.00	0.045	0.030	11.00~15.00	18.00~20.00	3.00,4.00	—	—	—
51	S31793	022Cr18Ni14Mo3	00Cr18Ni14Mo3	0.030	1.00	2.00	0.025	0.010	13.00~15.00	17.00~19.00	2.25~3.50	0.50	0.10	—
52	S31794	03Cr18Ni16Mo5	0Cr18Ni16Mo5	0.04	1.00	2.50	0.045	0.030	15.00~17.00	16.00~19.00	4.00~6.00	—	—	—
53	S31723	022Cr19Ni16Mo5N		0.030	1.00	2.00	0.045	0.030	13.50~17.50	17.00~20.00	4.00~5.00	—	0.10~0.20	—
54	S31753	022Cr19Ni13Mo4N		0.030	1.00	2.00	0.045	0.030	11.00~15.00	18.00~20.00	3.00~4.00	—	0.10~0.22	—
55	S32168	06Cr18Ni11Ti[a]	0Cr18Ni10Ti[a]	0.08	1.00	2.00	0.045	0.030	9.00~12.00	17.00~19.00	—	—	—	Ti5C~0.70
56	S32169	07Cr19Ni11Ti	1Cr18Ni11Ti	0.04~0.10	0.75	2.00	0.030	0.030	9.00~13.00	17.00~20.00	—	—	—	Ti4C~0.60

续表

序号	统一数字代号	新牌号	旧牌号	化学成分（质量分数）/%									
				C	Si	Mn	P	S	Ni	Cr	Mo	Cu	N	其他元素
57	S32590	45Cr14Ni14W2Mo^a	4Cr14Ni4W2Mo^a	0.40~0.50	0.80	0.70	0.040	0.030	13.00~15.00	13.00~15.00	0.25~0.40	—	—	W2.00~2.75
58	S32652	015Cr24Ni22Mo8Mn3CuN		0.020	0.50	2.00~4.00	0.030	0.005	21.00~23.00	24.00~25.00	7.00~8.00	0.30~0.60	0.45~0.55	—
59	S32720	24Cr18Ni8W2^a	2Cr18Ni8W2^a	0.21~0.28	0.30~0.80	0.70	0.030	0.025	7.50~8.50	17.00~19.00	—	—	—	W2.00-2.50
60	S33010	12Cr16Ni35^a	1Cr16Ni35^a	0.15	1.50	2.00	0.040	0.030	33.00~37.00	14.00~17.00	—	—	—	—
61	S34553	022Cr24Ni17Mo5Mn6NbN		0.030	1.00	5.00~7.00	0.030	0.010	16.00~18.00	23.00~25.00	4.00~5.00	—	0.40~0.60	Nb0.10
62	S34778	06Cr18Ni11Nb^a	0Cr18Ni11Nb^a	0.08	1.00	2.00	0.045	0.030	9.00~12.00	17.00~19.00	—	—	—	Nb10C~1.10
63	S34779	07Cr18Ni11Nb^a	1Cr19Ni11Nb^a	0.04~0.10	1.00	2.00	0.045	0.030	9.00~12.00	17.00~19.00	—	—	—	Nb8C~1.10
64	S38148	06Cr18Ni13Si4^{a,b}	0Cr18Ni13Si^{a,b}	0.08	3.00~5.00	2.00	0.045	0.030	11.50~15.00	15.00~20.00	—	—	—	—
65	S38240	16Cr20Ni14Si2^a	1Cr20Ni14Si2^a	0.20	1.50~2.50	1.50	0.040	0.030	12.00~15.00	19.00~22.00	—	—	—	—
66	S38340	16Cr25Ni20Si2^a	1Cr25Ni20Si2^a	0.20	1.50~2.50	1.50	0.040	0.030	18.00~21.00	2.00~27.00	—	—	—	—

注：表中所列成分除标明范围或最小值外，其余均为最大值。括号内值为允许添加的最大值。
^{a} 耐热钢或可作耐热钢使用。
^{b} 必要时，可添加本表以外的合金元素。
本表来源于：《不锈钢冷轧钢板和钢带》（GB/T 3280—2015）。

表 9.13 奥氏体-铁素体型不锈钢牌号及其化学成分

序号	统一数字代号	新牌号	旧牌号	化学成分（质量分数）/%									
				C	Si	Mn	P	S	Ni	Cr	Mo	Cu	N	其他元素
67	S21860	14Cr18Ni11Si4AlTi	1Cr18Ni11Si4AlTi	0.10~0.18	3.40~4.00	0.80	0.035	0.030	10.00~12.00	17.50~19.50	—	—	—	Ti0.40~0.70 Al0.10~0.30
68	S21953	022Cr19Ni5Mo3Si2N	00Cr18Ni5Mo3Si2	0.030	1.30~2.00	1.00~2.00	0.035	0.030	4.50~5.50	18.00~19.50	2.50~3.00	—	0.05~0.12	—
69	S22160	12Cr21Ni5Ti	1Cr21Ni5Ti	0.09~0.14	0.80	0.80	0.035	0.030	4.80-5.80	20.00~22.00	—	—	—	Ti5(C-0.02)~0.80
70	S22253	022Cr22Ni5Mo3N		0.030	1.00	2.00	0.030	0.020	4.50~6.50	21.00~23.00	2.50~3.50	—	0.08~0.20	—
71	S22053	022Cr23Ni5Mo3N		0.030	1.00	2.00	0.030	0.020	4.50~6.50	22.00~23.00	3.00~3.50	—	0.14~0.20	—
72	S23043	022Cr23Ni4MoCuN		0.030	1.00	2.50	0.035	0.030	3.00~5.50	21.50~24.50	0.05~0.60	0.05~0.60	0.05~0.20	—
73	S22553	022Cr25Ni6Mo2N		0.030	1.00	2.00	0.030	0.030	5.50~6.50	24.00~26.00	1.20~2.50	—	0.10~0.20	—
74	S22583	022Cr25Ni7Mo3WCuN		0.030	1.00	0.75	0.030	0.030	5.50~7.50	24.00~26.00	2.50~3.50	0.20~0.80	0.10~0.30	W0.10~0.50
75	S25554	03Cr25Ni6Mo3Cu2N		0.04	1.00	1.50	0.035	0.030	4.50~6.50	24.00~27.00	2.90~3.90	1.50~2.50	0.10~0.25	—
76	S25073	022Cr25Ni7Mo4N		0.030	0.80	1.20	0.035	0.020	6.00~8.00	24.00~26.00	3.00~5.00	0.50	0.24~0.32	—
77	S27603	022Cr25Ni7Mo4WCuN		0.030	1.00	1.00	0.030	0.010	6.00~8.00	24.00~26.00	3.00~4.00	0.50~1.00	0.20~0.30	W0.50~1.00 Cr+3.3Mo+16N ≥40

注：表中所列成分除标明范围或最小值外，其余均为最大值。

本表来源于：《不锈钢冷轧钢板和钢带》（GB/T 3280—2015）。

镍：主要奥氏体形成元素，能减缓钢的腐蚀现象及在加热时晶粒的长大，改善冷加工性能，但不利于抗应力腐蚀。

钼：碳化物形成元素，所形成的碳化物极为稳定，能阻止奥氏体加热时的晶粒长大，减小钢的过热敏感性。另外，钼元素能使钝化膜更致密牢固，增加抗点蚀和抗缝隙侵蚀能力。

氮：作用与碳相当，是稳定奥氏体、提高强度的元素，稳定奥氏体的作用比镍大，但是对不锈钢的时效开裂影响较大，因此在冲压用途的不锈钢中要严格控制氮含量。

硅：提高抗氧化性和热强性，但使冷加工性能下降。

铝：稳定铁素体元素，可以提高耐高温氧化性能，改善焊接性能等。

锰：稳定奥氏体元素，提高耐腐蚀性，但对晶间腐蚀敏感。

铜：提高不锈钢在硫酸中的耐蚀性能，还能提高冷加工性能。

铌、钛：强烈形成碳化物的元素，能提高钢的耐晶间腐蚀能力，但碳化钛对不锈钢的表面质量有不利影响，因此在表面要求较高的不锈钢中一般通过添加铌来改善性能。

磷、硫：不锈钢中的有害元素，对不锈钢的耐腐蚀性和冲压性都会产生不利影响。

（四）不锈钢在我国的发展

自1952年9月太原钢铁公司炼出第一炉不锈钢开始，我国开始了不锈钢的生产。经过近70年的发展，我国已经成为不锈钢最大的生产国。2018年，我国不锈钢粗钢产量达到2 670.68万吨，占全球不锈钢产量的52.64%，位居世界第一。

我国不锈钢的发展经历了从无到有、从小到大的历程。我国使用电弧炉生产不锈钢是在20世纪50年代初，年产量不到1 000 t。直到80年代，以1Cr18Ni9Ti牌号为代表的不锈钢一直占我国Cr-Ni不锈钢产量的95%以上。这是一个低速发展的阶段，生产的不锈钢材以工业和国防尖端使用为主，消费量有限制，但技术含量较高，发达国家生产的主要不锈钢国内基本都能生产；但工艺较落后，管理水平低，产品不稳定，成本高，同时由于不锈钢没有大量进入人民生活，所以板材产量较小。改革开放后，特别是90年代以后，随着国民经济的快速发展，人民生活水平的日益提高，在国家重视不锈钢产业结构调整和市场需求的拉动下，我国不锈钢进入飞速发展期，表观消费量从1990年的26万吨增长到2002年的320万吨，超过了美国和日本消费量的总和，成为不锈钢第一消费大国。

进入21世纪，我国不锈钢发展进入了快车道，2001—2018年，我国不锈钢表观消费量从205万吨增长至2 284.1万吨，年均增长率14.14%，产量达到2 671万吨，约占世界的53%。但自2015年以来，不锈钢表观消费量增速放缓，年平均增速仅7.33%。增速放缓的主要原因，是前期不锈钢产量的大规模增长，在短时间内满足了经济快速发展带来的不锈钢消费需求，但目前我国不锈钢人均消费已位居世界前列，在当前经济发展水平下，在需求量上不会出现太高的增速，同时不锈钢贸易保护主义日益严重，对不锈钢出口影响较大。

(五)不锈钢的应用

不锈钢在迄今约 100 年的建筑应用历史中,一直是展现与时俱进的现代形象的卓越材料,它对国际建筑设计产生了巨大影响。它赋予建筑长期耐用性和可持续性,增强了安全可靠性。实践证明,不锈钢材料只要正确选用和维护,将与建筑结构同寿命,甚至可长达几百年。因此,对于任何要求长寿命的设计,不锈钢是颇具吸引力、低成本高收益和环境友好型的材料。

如今,不锈钢已用于建筑结构的各个方面,使用量在增长,应用范围也在扩大。不锈钢可代替普通钢材广泛应用于结构中的各类结构构件及零部件:一些应用是外表看得见的,如幕墙和屋面,不锈钢既美观,又具有很好的功能性;还有一些应用是外表看不见的,但却与安全息息相关,如结构的固定件、防护隔离柱和安全栏杆等。

图 9.13 所示为梅诺卡的横跨 Algendar 河的 Cala Galdana 桥。从跨度 55 m、宽度 13 m 的桥上可以看到这个著名的海边度假胜地的全景。包括两道平行拱、两条纵梁和支持桥面的横梁在内的桥梁主结构完全是不锈钢的。桥两端的桥台由强化混凝土建造,坐落在桩基上面。这座于 2005 年投入使用的桥梁是欧洲的第一座不锈钢桥。

图 9.14 所示为原子大厦,它位于比利时布鲁塞尔,最初是为 1958 年布鲁塞尔的世博会而建,现在是一座博物馆。建筑高 100 多米,由 9 个包着不锈钢的球体组成,并由管子连接;这些元素共同构成了一个铁水晶电池的形状。

图 9.13 Cala Galdana 桥

图 9.14 原子大厦

除此以外,对于不锈钢的研究还在继续深入,不锈钢复合钢材正逐渐进入人们视野,其复材为不锈钢(包括奥氏体和双相型不锈钢等),基材为低碳钢或低合金高强度结构钢。根据产品对耐蚀性能要求的不同,不锈钢复合钢材又可分为单面复层和双面复层两种形式,如图 9.15 所示。不锈钢复合钢材兼具不锈钢优良的耐腐蚀性能和传统结构钢材的高强度、低成本特点，应用于钢结构工程中具有综合力学性能更优、施工简单、周期更短、设计使用年限更长、全生命周期成本更低、综合社会效益更高等显著优势，尤其适用于耐腐蚀性要求较高的工程结构。目前，不锈钢复合钢材已在高层建筑幕墙和铁路钢桥面板中得到了成功应用。

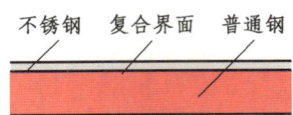 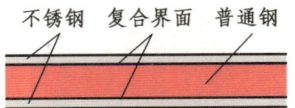

（a）单面复层　　　　　　（b）双面复层

图9.15　不锈钢复合钢材

前者如马来西亚进出口银行（应用面积为 3 000 m²）和我国广州富力盈凯大厦（应用面积为 8 000 m²），因不锈钢复合钢材较传统不锈钢板具有更好的整体性和平整性，因而取得了良好的建筑表现效果，如图 9.16（a）（b）所示；钢结构桥梁具有自重轻、强度高等优点，但其在复杂气候条件下的腐蚀问题是工程应用中亟待解决的难题，而不锈钢复合钢材的耐蚀性可以很好地抵抗腐蚀、延长钢桥使用寿命，在我国沪汉蓉快速铁路引入合肥枢纽南环线工程的南淝河及经开区两座特大桥工程、五峰山长江大桥工程和杭绍台铁路椒江特大桥中得到成功应用，主要用作铁路钢桥上直接与道砟接触的钢面板，以提高其耐蚀性能和钢桥的整体寿命，如图 9.16（c）（d）所示。

（a）马来西亚进出口银行　　　　（b）我国广州盈凯大厦

（c）我国南淝河特大桥　　　　（d）我国五峰山长江大桥

图9.16　不锈钢复合钢材在结构工程中应用

二、钢轨钢

钢轨钢（rail steel），是用于制造机车、起重机等轨道的专业用型钢。钢轨钢大部分由氧气平炉和氧气转炉冶炼，经轧制而成。钢轨在使用中主要经受磨损和长期反复的荷载，所以要求有耐磨、耐压、抗疲劳、可焊接及良好的韧性等。

（一）钢轨钢的分类

钢轨根据单重分为重轨和轻轨。例如，我国铁路将 50 kg/m 及以上的钢轨（如 50 kg/m、60 kg/m、75 kg/m）称为重轨；50 kg/m 以下的（如 38 kg/m、43 kg/m）称为轻轨。

钢轨根据断面分为对称断面钢轨和非对称断面钢轨。非对称断面钢轨主要用于制作道岔尖轨、叉心轨或翼轨，如我国铁路使用的 50AT、60AT、60D40、60TY 等。此外，还有电车用槽型轨、起重机轨等。

钢轨根据化学成分分为碳素钢轨（钢中无合金元素加入，又称普通钢轨）、微合金钢轨（钢中加入微量合金元素钒、铌、铊等）、低合金钢轨（钢中加入 0.80%～1.20%铬的 EN320Cr）。

钢轨根据交货状态分为热轧钢轨和热处理钢轨。不论钢轨强度高低，凡是以热轧状态交货的，均称之为热轧钢轨。热处理钢轨依其工艺条件可分为离线热处理钢轨（钢轨轧制冷却后再重新加热）及在线热处理钢轨（利用轧制余热对其进行热处理，不再二次加热），按热处理钢轨中化学成分的不同又可分为碳素热处理钢轨、微合金热处理钢轨和低合金热处理钢轨。

钢轨按最低抗拉强度（从轨头部位取样）可分为 780 MPa（如欧洲 EN220）、880 MPa（如欧洲 EN260、EN260Mn、UIC900A、中国 U71Mn 等）、980 MPa（如美国 AREMA 普通钢轨、中国 U75V、U77MnCr 热轧钢轨）、1 080 MPa（如欧洲 EN320Cr 合金钢轨，日本 HH340 在线热处理钢轨，中国 U78CrV）、1 180 MPa（如日本 HHB70 在线热处理钢轨，欧洲 EN350HT、EN350LHT 在线热处理钢轨，中国 U75V 在线热处理钢轨）和 1 200～1 300 MPa（微合金或低合金热处理钢轨，如中国 U78CrV 在线热处理钢轨等）钢轨。一般强度为 1 080 MPa 及以上的钢轨被称为耐磨轨或高强轨。

（二）钢轨钢的机械性能

钢材在一定温度条件和外力作用下抵抗变形和断裂的能力称为力学性能，或称为机械性能。常规机械性能主要包括强度、塑性、硬度和韧性等；高温机械性能还包括抗蠕变性能、持久强度和瞬时强度以及热疲劳性能等；低温机械性能还包括脆性转变温度等。

1. 强　度

在外力作用下，材料抵抗变形和断裂的能力称为强度。常用的强度指标有屈服极限（即屈服点或屈服强度）和抗拉强度（即强度极限）。

屈服强度，即材料在外力作用下发生塑性变形的最小应力，用σ_s表示。"屈服"一词来自低碳钢受拉伸时的屈服现象。在拉伸过程中，负荷不增加而应变仍在增大的现象称为屈服，与此相对应的应力即为屈服应力或屈服强度。实际上，许多材料并没有明显的屈服现象。工程中规定，试样产生 0.2% 塑性变形时的应力值为该材料的条件屈服强度，记为$\sigma_{0.2}$。屈服强度是评价材料承载能力的重要力学性能指标。轨道力学是以条件屈服强度（$\sigma_{0.2}$）为基础进行设计的。

抗拉强度，即材料在被拉断前的最大承载应力，记为σ_b。通常，钢轨钢的强度等级是以所具有的最低抗拉强度来定义的。

上述两种强度指标均是在拉伸条件下获得的。此外，由弯曲试验、压缩试验等也可获得相应条件下的强度指标，如抗弯强度、抗压强度等。

2. 塑 性

材料在断裂前发生永久变形的能力叫作塑性。塑性以材料裂后永久变形的大小来衡量。常用的塑性指标有延伸率和断面收缩率，以及冷弯角等。钢材的强度和塑性指标，可通过现行《金属材料 拉伸试验》(GB/T 228) 系列标准而获得。塑性指标有伸长率 δ 和断面缩率 Ψ：

$$\delta = (L_1 - L_0)/L_0 \times 100\% \tag{9.7}$$

$$\Psi = (F_0 - F_1)/F_0 \times 100\% \tag{9.8}$$

式中：L_0、L_1——试样原始长度与拉断后的长度，mm；

F_0、F_1——试样原始截面积与拉断处的截面积，mm^2。

可见，δ 值与 Ψ 值越大，材料的塑性越好。

根据 δ 的定义，试样的长度和截面尺寸对 δ 是有影响的。我国和大多数国家一样，选取 $L_0/d_0 = 5$ 或 10 作为比例试样，前者称为短试样，后者称为长试样。用 $L_0 = 5d_0$ 试样测定的伸长率，以 δ_5 表示；用 $L_0 = 10d_0$ 试样测定的伸长率，以 δ_{10} 或 δ 表示。试样直径大小也影响 δ。一般直径越小，测得的 δ 数值越大。因此，在不同试验条件下进行比较时应注意这一点。对钢轨而言，目前 EN 标准采用直径为 10 mm 的短试样，而俄罗斯和我国则采用直径为 15 mm 的短试样。

在各国制定的钢轨标准中，伸长率 δ_5 作为塑性指标。

3. 硬 度

硬度是衡量材料软硬程度的指标，反映材料表面抵抗微区塑性变形的能力。工程上常用的硬度有布氏硬度、洛氏硬度、维氏硬度、显微硬度等。

（1）布氏硬度。

布氏硬度测定中采用的压头是硬质合金球。用试验力 P 将硬质合金球压入被测材料的表面，保持一段时间后卸除试验力。布氏硬度与试验力除以压痕表面积的商成正比，用 HBW 表示。符号 HBW 前面为硬度值，符号后面是按如下顺序表示试验条件的指标：球直径（mm）；试验力数字。

如 350HBW5/750，表示用直径为 5 mm 的硬质合金球在 750 kg（7.355 kN）试验力下保持 10～15 s 测定的布氏硬度值为 350。

布氏硬度可用于测量铸铁、有色金属、结构钢等硬度不是很高的材料的硬度值。布氏硬度压痕面积大，受材料微区不均匀的影响较小，因而测量数据稳定、重复性好。若材料硬度过高，则布氏硬度不再适用。

在钢轨标准中，定义钢种等级时一般采用布氏硬度。热轧 780～880 MPa 级碳素钢轨的硬度一般小于 260HBW，我国 980 MPa 级的 U75V、BNbRE 钢轨的硬度为 260HBW～320HBW。一般地，热处理钢轨的硬度为 331HBW～400HBW。

（2）洛氏硬度。

洛氏硬度采用的压头是锥角为 120°的金刚石圆锥或直径为 1.588 mm 的钢球，以及其他形式的标准压头。不同压头及不同压力的组合使得洛氏硬度可测量的硬度范围很宽。洛氏硬度用 HR 表示，根据压头与压力的不同组合而采用不同的标尺，每种标尺用一个字母在 HR 字样后加以注明，以作区别，如 HRA、HRB、HRC 等。

洛氏硬度可测定的硬度范围较宽，但因压痕小、易受材料微区不均匀的影响，因而数据重复性差。洛氏硬度可测定淬火钢、有色金属及工程塑料等材料的硬度。测定淬火钢轨横断面硬度一般采用洛氏硬度 HRC。热处理钢轨横断面的硬度一般为 34HRC～42HRC。

（3）维氏硬度。

洛氏硬度虽可用于测量各种材料的硬度，但由于采用了不同的压头及负荷，因而不同标度的硬度值彼此之间不能直接换算。维氏硬度可用于测量从软到硬的各种工程材料，而且采用连续一致的硬度标度。测定轨钢 CCT 图（连续冷却转变图）以及焊接接头纵断面硬度分布等，一般采用维氏硬度。

（4）肖氏硬度。

肖氏硬度的基本原理是将顶端为金刚石的冲头从固定高度 h_1 自由下落到试样表面，测量其回跳高度 h_2，以此来反映硬度。肖氏硬度的数值可按式（9.9）计算：

$$HS = K \frac{h_2}{h_1} \quad (9.9)$$

式中：HS 为肖氏硬度；K 为常数。

根据冲头质量、形状、下落高度的不同，肖氏硬度有 C 型和 D 型两种标尺，相应的肖氏硬度计为 C 型与 D 型。

肖氏硬度试验冲击力小，产生的压痕小，对试样破坏小。肖氏硬度计重量轻，携带方便，特别适合于在现场对大型试件（如机床床身、大型齿轮等）进行硬度测量。日本、韩国等对全长淬火钢轨进行质量检验时均采用肖氏硬度。

4. 韧性

韧性是指材料抵抗裂纹萌生与扩展的能力。韧性与脆性是两个意义完全相反的概念。材料的韧性高，意味着其脆性低；反之亦然。

度量韧性的指标有两类：一类是冲击韧性，用材料受冲击而破断的过程所吸收的冲击功的大小来表征；另一类是断裂韧性，用材料裂纹尖端应力强度因子的临界值 K_{IC} 来表征。

（1）冲击韧性。

在工程上，冲击荷载是一类重要的荷载形式。冲击韧性试验中试样所承受的荷载即为冲击荷载。

设缺口处试样的截面积为 F，在断裂过程中所吸收的能量为 A_k，则材料的冲击韧性 a_k（单位为 J/cm^2）值为：

$$a_k = A_k/F \tag{9.10}$$

不同形式试样的冲击韧性值不能相互换算和直接比较。工具钢等脆性金属材料可采用无缺口试样；韧性高的材料可采用 V 形缺口试样。冲击韧性指标是研究轨钢韧性的常用指标。但是由于钢轨钢的冲击韧性低，试验数据较为分散，在制定钢轨标准中已很少采用。

（2）断裂韧性。

断裂韧性是以断裂力学为基础的材料韧性指标。在以上讨论的力学性能中，都假定材料内部是完整的、连续的。而断裂力学则承认材料中存在着由各种缺陷构成的微裂纹。在外力作用下，这些微裂纹的扩展导致材料的断裂。由于存在裂纹，材料中应力分布不均匀，在裂纹尖端产生应力集中，并具有特殊的分布，形成了一个裂纹尖端的应力场。对于易于扩展的张开型裂纹（通常称为I型裂纹），裂纹尖端应力场的大小可用应力强度因子 K_I 来描述。K_I 与裂纹形状、尺寸及应力大小有关，可表达为：

$$K_I = Y\sigma a^{1/2} \tag{9.11}$$

式中：Y 为几何因子；σ 为外加应力，MPa；a 为裂纹半长，m。

对于预制有裂纹的试样，施加应力时，σ 与 a 不断增大，因而 K_I 也相应增加。当 K_I 增加到某一定值时，裂纹的扩展速度剧增，从而导致断裂。使裂纹失稳扩展的应力强度因子临界值 K_{IC} 即为材料的断裂韧性。

欧洲钢轨标准首次提出了钢轨的断裂韧性指标。对 880 MPa 等级的钢轨，在 −20 ℃ 下，单个最低值应大于 26 MPa·m$^{1/2}$，平均值应大于 29 MPa·m$^{1/2}$。一般地，热轧钢轨的断裂韧性为 30 ~ 40 MPa·m$^{1/2}$，热处理钢轨的断裂韧性大于 40 MPa·m$^{1/2}$。

5. 疲劳性能

应力的大小和方向做周期性变化的称为交变应力，或循环应力。在交变应力作用下，即使应力的最大值低于材料的屈服强度，经一定的循环周次后，材料仍会断裂。这种现象即为材料的疲劳。交变应力最大值与断裂循环周次之间的关系可用疲劳曲线（S-N 曲线）描述。

疲劳曲线表明，当应力低于某数值时，在无限多的循环周次下，材料仍不断裂，此应力值称为疲劳强度或疲劳极限。测量疲劳极限的方法有多种。

光滑试样对称弯曲疲劳极限用 σ_{-1} 表示，单位为 MPa。角码"-1"表示最小应力与最大应力的比值。由于实际上不可能进行无限周次的试验，而且有些材料并不出现有水平线段的 S-N 曲线，所以一般规定一个应力循环基数，超过这个基数即认为该材料不再发生疲劳破坏。钢的循环基数为 10^7。

疲劳现象在具有较高塑性的材料中更为明显。例如金属材料的主要失效形式之一就是疲劳。疲劳断裂有时是突然断裂，因而由此造成的后果往往是灾难性的。

目前，钢轨钢采用试样拉压疲劳作为对材料疲劳性能的度量，经测定，U71Mn、U76NbRE、U75V 以及正在研制中的贝氏体钢轨的试样拉压疲劳极限分别为 357 MPa、367 MPa、374 MPa 和 590 MPa。测定表明，随着强度的提高，疲劳极限也提高。

6. 耐磨性能

一个零件相对于另一个零件进行摩擦，引起摩擦表面有微小颗粒分离出来，使接触面尺寸变化、重量损失，这种现象称为磨损。材料对磨损的抵抗能力为材料的耐磨性，可用磨损量表示。在一定条件下，磨损量越小，耐磨性越高；反之亦然。一般用在一定条件下试样表面的磨损厚度或试样体积（或质量）的减小来表示磨损量的大小。

磨损的种类包括氧化磨损、咬合磨损、热磨损、磨粒磨损、表面疲劳磨损等。一般来说，降低材料的摩擦系数、提高材料的硬度有助于增加材料的耐磨性。

钢轨的铺设实践证明，提高其硬度可有效提高其耐磨性。一般地，钢轨的硬度每增加 60HB，可提高其耐磨性一倍。因此，采用合金轨或热处理轨可以大幅度减少在小半径曲线上钢轨的磨损。

7. 焊接性能

钢轨的焊接性能对铺设无缝线路至关重要。一般而言，碳当量越低，韧塑性越好，焊接性能就越好；而随着碳当量的增加，热轧钢轨强度增加，此时焊接性能变差。因此，U74、U71Mn 钢轨的焊接性能比 U75V、U76NbRE 钢轨要好。

（三）钢轨钢的应用与发展

1. 专用热处理轨钢

国际上钢轨热处理技术发展经历了三个主要阶段：20 世纪 70 年代前，采用离线 Q-T 淬火工艺（所谓 Q-T 工艺，即淬火后得到马氏体组织，再回火成球状珠光体组织）；70—80 年代采用离线 S-Q 淬火工艺（Slack Quenching，欠速淬火或缓慢淬火工艺，可直接冷却得到细片状珠光体组织）；80 年代末发展了在线 S-Q 淬火工艺。在这三个阶段中，为发挥热处理强化钢轨的最佳效果,像日本、欧洲等均采用专门的钢种。研究表明,由于 S-Q 工艺要求得到细的层片珠光体组织(因为耐磨),因此用于 S-Q 淬火的钢轨要求其含碳量在共析成分区间(0.76%~0.77%)。所以世界各国热处理钢轨的含碳量均控制在 0.72%~0.82%范围内。随着喷风冷却技术的采用,还在轨钢中加入少量的推迟珠光体转变的合金元素如 Cr,以节省淬火冷却需要的压缩空气,减少热处理成本,同时提高热处理钢轨的强度。而用于在线热处理的轨钢中还添加一些阻止奥氏体晶粒长大的微合金元素如 V、Nb 等。我国铁路目前仍对 U74、U71Mn 进行欠速淬火(S-Q 工艺),这显然是不合适的。对 PD3、BNbRE 进行淬火,性能价格比也不是最佳的。因此,迫切需要研究一种在热轧状态下为 880 MPa 强度等级,经喷风热处理后其强度等级为 1 180 MPa 及以上的专用热处理钢种。

2. 高速铁路用轨钢

高速铁路由于轴重轻,运行速度快,要求轨钢具有良好的抗疲劳性能。通常,国外高速铁路一般采用 780~880 MPa 强度等级的碳素普通轨,要求轨钢材质纯净,包括钢中有害元素如 P、S 及残留元素含量低,氢、氧、氮气体含量少,非金属夹杂物尤其是 B 类氧化物夹杂要求控制在 1.0~1.5 级以下。随着连铸生产技术的不断完善,达到这些要求在技术上不会有什么问题。但是在钢轨表面质量、平直度和几何尺寸等方面要达到高速铁路钢轨的要求,国内钢厂在完成连铸(炉外精炼、真空脱气)、精整(平-立复合矫直等)和检测中心等技术改造的同时还应加快万能轧机轧制及钢轨长尺生产技术改造。

3. 重载铁路用超高强度轨钢

根据需要,我国铁路部门在 20 年前就提出了开发超高强度钢轨的要求,希望这种钢轨其屈服强度达到 900~1 000 MPa,抗拉强度达到 1 200~1 400 MPa,既有良好的耐磨性能又有很好的抗接触疲劳性能(抗剥离掉块),同时易于焊接,价格又不能太贵。根据这些要求,参考国外近 10 年来对超高强度钢轨的研究成果,结合近几年来的研究工作,我们认为,贝氏体钢轨最有前途满足这些要求并成为 21 世纪的新一代钢轨。可以预见,贝氏体钢轨的研究成功不仅能进一步提高其在重载铁路上使用的耐磨性能,还能提高在提速、高速线路上抵抗接触疲劳损伤的能力,以减少钢轨打磨费用,同时贝氏体钢轨可用于制作道岔中的尖轨和辙叉,以大幅度延长道岔的使用寿命。

三、桥梁用钢

(一)桥梁概况

桥梁与人们的出行息息相关,它影响着人们的活动范围、出行效率。桥梁连通桥头两端的道路,将四通八达的公路和铁路交通网联系起来,这是它的道路通达、延伸和成网功能。桥梁使道路运输网和水运网沟通,形成水陆综合运输网,促进水陆交通运输共同发展,这可称为综合运输促进功能。

桥梁按照其主要承重结构所用材料主要分为圬工桥、钢筋混凝土桥、预应力混凝土桥、钢桥、钢-混凝土结合梁桥和木桥等。在桥梁所用材料中，钢铁起着举足轻重的作用。在全球钢铁工业发展后，应用钢铁工业制品，采用先进的设计理论和计算工序去建造桥梁是目前的主流趋势。现代钢桥技术始于英国，1779 年英国建筑师普里查德与炼铁专家达比合作，用铸铁代替石料和木材建成世界上第一座铸铁拱桥——煤溪谷（Coolbrookdale）拱桥，跨度为 30.65 m，如图 9.17 所示。

图 9.17 英国煤溪谷拱桥

钢桥最基本的结构形式是简支梁。为了增加钢制简支梁的跨度，桁架梁迅速发展。简支桁架梁的上下弦杆的受力依据力矩大小确定，上弦杆承受压力，下弦杆承受拉力，腹杆承受剪力。此外，在动载作用下，下弦杆和腹杆都会产生疲劳。为了增加桁架的设计跨度，受古代木桥伸臂梁的启发，钢伸臂梁桥进入人们的视野。钢伸臂梁桥由梁体、支座、悬臂段、配重、连接件和横向加劲肋几部分组成。这些部分共同作用，使钢伸臂梁能够承受并传递荷载，同时保持结构的稳定性和安全性。

钢伸臂梁的优点包括：钢材具有高抗拉和抗压强度，使得钢伸臂梁能够承受较大的荷载和跨度；钢材重量较轻，使钢伸臂梁在相同荷载条件下更高效且自重较小；钢结构预制和现场安装相对简单快捷，可显著缩短施工周期，提高施工效率；钢伸臂梁可以根据实际需求进行定制设计，具有较高的设计灵活性，能适应各种复杂的工程条件。

19 世纪 20—30 年代，人们对钢材的弹性力学和变形分析方法进行了深入研究，连续梁的计算理论和方法逐步形成，连续梁的大量建设开始进入历史进程。早期的连续梁桥由于理论尚不成熟，材料不够先进，外形显得笨重。随着技术理论的提升和高性能材料的应用，后期设计的连续梁桥更加美观，受力也更加科学。随着钢铁工业、桥梁建造技术和桥梁结构理论的不断发展，桥梁结构从简支梁发展到悬臂梁桥和连续梁，随后又出现了箱型梁、组合梁及组合结构。

（二）钢桥常用钢的化学成分

制造钢桥的主要材料包括以下几种类型的钢材：

（1）结构钢：最常用的材料，具有良好的强度和韧性，常见的牌号有 Q235、Q345 等。

（2）耐候钢：具有优良的耐腐蚀性能，常用于不易维护的桥梁部位，如桥面和护栏，常见的牌号有 Q355NH、Corten-A。

（3）高强度低合金钢：这种钢材在增加强度的同时保持了良好的韧性和延展性，常见的牌号有 Q420、Q460。

（4）桥梁钢：专门为桥梁结构设计的钢材，具有良好的抗疲劳性能和耐腐蚀性能，常见的牌号有 Q370qE、Q420qE。

（5）不锈钢：用于特别需要抗腐蚀和美观的桥梁部位，如桥栏杆、桥面板，常见的牌号有 304、316 不锈钢。

（6）高强度螺栓和紧固件材料：用于连接钢结构构件的高强度螺栓和其他紧固件，通常使用高强度钢，如 40Cr、35CrMo。

通过合理选择和使用这些材料，可以确保钢桥具有优良的力学性能、耐久性和抗腐蚀性能，从而满足各种复杂环境下的使用需求。用于制造钢桥的钢材需要经过多种机械加工和焊接工艺处理，最终制成的钢桥在使用中必须承受大量的静、动态荷载和冲击荷载。因此，制造桥梁所选用的钢材不仅要符合制造工艺的要求，还要满足结构使用的标准。

为了满足钢桥的建造和使用需求，桥梁用钢的化学成分和力学性能都有严格的规定。钢的化学成分指的是钢中所含合金元素的比例。碳素钢的主要成分是碳，而低合金高强度钢中除了碳外，还含有锰、硅、硫、磷等元素。对强度和韧性要求更高的钢材还会加入铬、镍、钒、铌、钛、氮等微量元素。钢材的主要力学性能包括强度、延伸率、断面收缩率、冷弯性能、冲击韧性和时效等。

目前，常用钢结构钢的强度范围在 240～420 MPa。荷载分为静荷载和动荷载。当结构承受静荷载时，其承载能力主要受钢材强度控制；而承受动荷载时，则受动荷载的疲劳强度控制。高强度钢材的疲劳强度较高，但对于结构，特别是焊接结构来说，由于构造细节中的应力集中和焊接残余应力影响，疲劳强度是由应力幅度控制的。不同强度等级钢材在相同构造细节下的疲劳强度基本相近，因此在设计中，屈服强度低于 700 MPa 的钢材，其结构细节的疲劳抗力是相同的。鉴于这个原因，高强度钢材在动荷载较大的钢桥中的使用受到一定限制，因此在过去的钢桥设计中应用较少。然而，在大跨度钢桥的总应力中，恒载比例增大，高强度钢材的应用将更加广泛。

早期桥梁用钢材是碳素钢，其屈服点较低（235 MPa），通常无法满足大跨度桥梁的建造需求。为了提高屈服点，桥梁用钢从碳素钢发展为低合金钢，后者是在碳素钢基础上加入其他合金元素。我国常用的桥梁钢材包括 16q、16Mnq、15MnVNq 和 14MnNbq。

1. 十六碳素桥钢（16q）

桥梁用钢是一种专门用于桥梁结构的碳素结构钢，具有良好的焊接性能、优越的韧性和延展性，并能在低温条件下保持稳定。这种钢材的抗疲劳性能和经过防腐处理后的耐腐蚀性能使其适用于各种桥梁结构，包括公路桥梁、铁路桥梁、人行桥和景观桥等。16q 钢的化学成分通常包括适量的碳、锰、硅、硫和磷，其力学性能表现为屈服强度通常在 250 MPa 以上，抗拉强度在 400~510 MPa 之间，伸长率在 20% 以上。16q 钢具有良好的可加工性，能够通过切割、焊接、钻孔等工艺进行加工，适用于复杂的桥梁结构制造。桥梁用钢需要定期进行防腐处理和维护，以确保其长期使用性能和安全性。

然而，桥梁用钢 16q 钢在实际应用中也存在一些缺点。首先，相对于某些合金结构钢，其强度可能较低，这在需要特别高强度的桥梁结构中可能不够理想。其次，尽管可以通过防腐处理提高耐腐蚀性，但相较于耐候钢或不锈钢，其耐腐蚀性可能较差，需要定期维护。此外，16q 钢在焊接过程中可能产生变形和裂纹，需要特别注意控制焊接工艺。最后，尽管是碳素结构钢，但在特定情况下，其成本可能较高，也需要综合考虑经济性。

2. 十六锰桥钢（16Mnq）

16Mnq 桥梁用钢是一种高性能的合金结构钢，主要成分包括碳、锰、硅、硫、磷。其中，硫和磷为杂质元素。与 16q 钢相比，16Mnq 钢中还含有微量的合金元素，旨在提升钢材的综合性能。其碳含量为 0.12%~0.20%，具有高强度、良好的焊接性能、优良的韧性和耐腐蚀性能，适合在各种气候条件下使用，特别是在寒冷地区。这种钢材的屈服强度通常在 345 MPa 以上，抗拉强度在 490~620 MPa 之间，伸长率在 20% 以上，确保在高应力下仍具有一定的延展性。

16Mnq 钢中的锰元素部分以固溶态存在，部分以硫化物形式存在。与碳元素一样，锰能增加钢的强度和硬度，减小伸长率和断面收缩率，但不会降低韧性。在焊接过程中，锰能脱硫，改善硫在钢体中的分布，因为硫化物的抗拉强度低，过多的硫会导致钢材产生冷裂，焊缝冷却时容易裂开。因此，锰在焊接时能减少硫引起的热裂纹倾向。

硅元素的加入能脱氧，在钢体中以固溶态存在，尽管降低了钢的加工性能和锻造性能，但能提升其强度和耐热性。

16Mnq 钢广泛应用于桥梁的主梁、横梁和桥面板等主要结构中。通过合理的加工工艺，如切割、焊接、钻孔等，16Mnq 钢能够适应复杂的桥梁结构制造，并通过定期的防腐处理和维护，延长桥梁的使用寿命，确保其长期的安全性和耐久性。

然而，16Mnq 钢存在板厚效应大这一缺点，随着板厚增加，其强度和韧性迅速下降。例如，一块厚度从 24 mm 增加到 40 mm 的钢板，自重增加 66.7%，而承载强度仅增加 42.2%，承载强度的增加不足以弥补自重的增加。因此，焊接桁梁用的最大板厚为 24 mm，焊接板梁用的最大板厚为 32 mm。使用这种钢材设计铁路单线焊接钢桁梁桥，最大跨度只能达到 112 m。此外，16Mnq 钢在焊接过程中容易变形和开裂，在高温环境下易发生

脆化，降低了其抗疲劳性能和韧性。相比某些耐候钢或不锈钢，16Mnq 钢的耐腐蚀性能较低，因此需要定期维护和防护。

3. 十五锰钒氮桥钢（15MnVNq）

15MnVNq 钢是在 16Mnq 钢的基础上改进而成的，加入了微量的钒和氮，并减少了碳、硫、磷元素的含量。这种钢具有时效敏感性低、机械性能对钢板厚度的敏感性小、低温性能优良、脆性转变温度低、晶粒细小以及良好的焊接能等优点。根据钢材在桥梁结构中的具体位置，15MnVNq 钢分为三类：15MnVNq-A、15MnVNq-B 和 15MnVNq-C。其中，A 类钢用于非焊接部件，B 类钢用于受压焊接部位，C 类钢用于受拉和受疲劳的焊接部位。这些钢的化学成分主要区别在于碳、硫、磷、钒和氮的含量。表 9.14 列出了历次 15MnVNq 钢的化学成分标准。

表 9.14　15MnVNq 钢历次生产的化学成分标注准

标准	化学成分（质量分数）/% 质量分数）						
	C	Si	Mn	P	S	V	N
YB168-70 15MnVNq-A	0.12~0.20	0.20~0.60	1.20~1.70	≤0.045	≤0.045	0.16~0.25	0.014~0.022
鞍钢协 73-31	0.12~0.20	0.20~0.60	1.40~1.70	≤0.035	≤0.035	0.10~0.20	0.01~0.02
鞍钢协 76-31	0.12~0.20	0.20~0.60	1.40~1.70	≤0.035	≤0.035	0.10~0.20	0.01~0.02
YB（T）10-81 15MnVNq-B	≤0.18	0.20~0.60	1.30~1.70	≤0.035	≤0.035	0.10~0.20	0.01~0.02
鞍钢协 86-31	≤0.16	0.20~0.60	1.30~1.70	≤0.020	≤0.010	0.16~0.25	0.010~0.015
鞍钢协 87-11-13 验收标准 15MnVNq-C	≤0.18	0.20~0.60	1.30~1.70	≤0.020	≤0.015	≤0.18	≤0.018
鞍钢协 87-11-13 验收标准 15MnVNq-C	≤0.16	0.20~0.60	1.30~1.70	≤0.020	≤0.015	0.10~0.16	0.01~0.015
实际交货平均值 15MnVNq-C	0.158 5	0.397 8	1.520 8	0.016 0	0.009 5	0.137 5	0.012 2
实际交货平均值 15MnVNq-C	0.013 1	0.047 6	0.069 9	0.004 7	0.004 0	0.007 5	0.002 4

减少 15MnVNq 钢中的碳含量能够显著改善其焊接性能。在 16Mnq 钢梁的焊接制造过程中，经验表明，钢中的碳含量应保持在 0.16% 左右。因此，在制定 15MnVNq 钢标准时，也参照了这一要求，将碳含量控制在 0.16%。硫作为炼钢过程中残留的杂质，通

过提高冶炼技术来降低其含量，可以改善钢材的各向异性，提升韧性和可焊性，降低焊后冷裂敏感性，减少裂纹产生。15MnVNq 钢在降低碳含量后，进一步降低硫含量。通过九江桥的研究试验与制造，我们发现，在碳当量较高的 15MnVNq 钢中，其碳含量控制应低于 16Mnq 钢，理想范围为 0.14% ~ 0.15%，而硫含量应降至 0.015% ~ 0.010%。

在 15MnVNq 钢中，氮和钒作为合金元素一起加入钢水中，氮含量显著高于普通低合金钢。经过正火处理，氮和钒形成微小颗粒，均匀分布在钢体中，从而提高钢材的强度和韧性。因此，氮和钒的比例至关重要，应确保大部分氮和钒以化合物形式存在，尽量减少游离态氮和钒。研究表明，当 $w(V)/w(N)$ 在 4.2 ~ 16.1 之间时，母材的时效敏感系数为 21% ~ 32%，并且时效敏感系数与 $w(V)/w(N)$ 值变化无显著关系。

时效敏感系数的计算公式为：（常温冲击值 − 时效冲击值）/常温冲击值。试验结果表明，当 $w(V)/w(N)$ 值超过 4.2 时，基材中的氮已基本形成化合物，不再导致时效脆化。

磷是随原料进入钢中的元素，随着磷含量的增加，钢材变脆的倾向增强，且碳含量越高，磷的影响越显著。磷部分以固溶状态存在，部分以磷化铁形式存在，除了增加强度外，还可以提高钢的耐腐蚀性。

在优化 15MnVNq-C 钢时，添加了微量钛（含量为 0.012%），对热影响区的组织和韧性产生了积极影响。微量钛以 TiN 形式存在，VN 在 1 050 ℃ 时溶解，而 TiN 在 1 450 ℃ 以上才完全分解。焊接热影响区的峰值温度为 1 350 ℃，此时 VN 已溶解，但 TiN 仍保留，从而减少热影响区中的固溶氮，改善时效冲击性能。基材及模拟热影响区中的氮状态见表 9.15。

表 9.15　加微量钛后基材及热模拟热影响区中的氮的状态分析

项目	15MnVNq-C（加微量钛）		15MnVNq-A（未加微量钛）	
	基材	模拟热影响区	基材	模拟热影响区
氮的总量/%	0.011	0.011	0.018	0.018
化合物中氮总量/%	0.009 5	0.007 4	0.014 5	0.008 4
固溶氮/%	0.001 5	0.003 6	0.003 5	0.009 6
固溶氮/氮总量/%	13.6	32.7	19.4	53.3

4. 十四锰铌桥钢（14MnNbq）

在钢中加入微量铌并降低碳含量后，其综合性能得到了提升。铌的微粒化合物弥散在钢体中，可以显著提高钢的强度和韧性。这不仅弥补了 16Mnq 钢的板厚效应缺点，还确保了厚板的焊接性能，从而为栓焊钢梁的发展奠定了坚实的物质基础。常见的 14MnNbq 钢的化学成分见表 9.16。

表 9.16　14MnNbq 钢化学成分（质量分数%）

项目	C	Si	Mn	S	p	Ni
标准规定	0.11 ~ 0.17	0.20 ~ 0.60	1.20 ~ 1.60	≤ 0.015	≤ 0.025	0.010 ~ 0.035

（三）钢桥常用钢的焊接

1. 钢材的可焊性

钢材中化学元素的含量不仅影响其物理性能，还对其可焊性有重要影响。钢材的可焊性通常是指在使用特定焊接材料和工艺后，能够形成优质连接接头的性能。如果所需工艺简单、常规，则认为这种钢材的可焊性好；反之，如果工艺条件复杂、特殊，则认为这种钢材的可焊性差。可焊性的好坏是一个相对概念，反映了在特定时期的工艺条件下，不同金属实现优质连接的难易程度。随着焊接技术、工艺和设备的发展，原本认为可焊性差的钢材也可能变得容易焊接。

焊接接头可以分为两部分：焊缝金属和热影响区。焊缝金属在焊接过程中经历冶金过程；而热影响区则主要承受热循环，相当于经历热处理。因此，钢材的可焊性包括冶金可焊性和热可焊性。与冶金可焊性有关的因素包括基材和填充金属的化学成分、焊条涂料和焊剂的成分、影响熔池金属成分形成的工艺参数，以及影响熔池晶粒形成和相变的工艺参数。与热可焊性有关的因素主要是钢材的成分、金相组织及其在热循环下可能出现的变化等。无论是冶金可焊性还是热可焊性，最主要的因素都是钢材中的化学成分。

2. 焊接质量标准

焊接接头包括焊缝金属、熔合线和热影响区。焊成的焊缝需经过外观检查、超声波探伤、X 光检查和力学性能试验。承受传力的熔透对接焊缝、熔透角接焊缝和部分熔透角接焊缝均需达到一级焊缝标准，而不传力的未熔透连接焊缝则为二级焊缝。一级焊缝需要全长进行超声波探伤，并在焊缝两端及中部进行 X 光检查。

焊缝的质量是确保钢桥结构可靠性的基础，应给予高度重视。焊缝的力学性能（包括抗拉强度、屈服点、伸长率、冷弯、冲击韧性和时效）不得低于基材标准。对接焊缝的屈服点及极限抗拉强度不得低于基材，并且不超过基材实际值的 100 MPa；角接焊缝的屈服点及极限抗拉强度不低于基材标准，并且不超过基材实际值的 120 MPa。冲击韧性包括焊缝金属、熔合线和热影响区，屈强比应控制在 0.75 以内。不传力的未熔透角焊缝，其焊接接头的冲击韧性可以比标准低 5 J。

3. 焊接的热裂纹倾向与脆硬冷裂倾向

（1）焊接的热裂纹倾向。

热裂纹的生成受到结构和钢材合金成分的双重影响。结构因素包括焊接接头和焊缝形状。在结构设计中，应该尽量让焊缝在焊接过程中自由收缩，以减少产生拉力的可能性。焊缝的形状会影响杂质的分布，因此在设计时应该考虑使焊接应力最小的位置尽可能地分布杂质。焊接形状通常用焊缝成形系数来表示，即焊缝宽度与计算焊缝厚度的比例。成形系数不宜过小，一般最小取值为 1.3。合金元素对热裂纹倾向的影响可以通过公式（9.12）计算热裂纹指数：

$$HCS = \frac{w(\mathrm{C})\left(w(\mathrm{S}) + w(\mathrm{P}) + \dfrac{w(\mathrm{Si})}{28} + \dfrac{w(\mathrm{Ni})}{100}\right) \times 10^3}{3w(\mathrm{Mn}) + w(\mathrm{Cr}) + w(\mathrm{Mo}) + w(\mathrm{V})} \quad (9.12)$$

当热裂纹指数大于 3.6 时，表明该钢种在规定的工艺条件下会产生热裂纹。在现有的桥梁钢中遇不到热裂现象，大多是遇到冷裂现象。

（2）焊接的冷裂倾向。

在选择可焊钢种作为建造桥梁的钢材时，首先要用的指标有两个：一个是碳当量；另一个是冷裂纹敏感系数。碳当量按照公式（9.13）计算：

$$C_{eq} = w(\mathrm{C}) + \frac{w(\mathrm{Si})}{24} + \frac{w(\mathrm{Mn})}{6} + \frac{w(\mathrm{Ni})}{40} + \frac{w(\mathrm{Cr})}{5} + \frac{w(\mathrm{Mo})}{4} + \frac{w(\mathrm{V})}{14} + \frac{w(\mathrm{Cu})}{15} + \frac{w(\mathrm{P})}{2} + \frac{w(\mathrm{Nb})}{5} \quad (9.13)$$

碳当量在一定范围内可以相对全面地评价钢材的焊接性。除了碳当量外，还有其他因素影响着钢材的焊接性，如焊接材料、焊接过程中的最高加热温度、高温停留时间、冷却速度等。然而，碳当量是影响焊接性的主要因素之一。

冷裂纹敏感系数可以按公式（9.14）计算：

$$P_{cm} = w(\mathrm{C}) + \frac{w(\mathrm{Si})}{24} + \frac{w(\mathrm{Mn})}{20} + \frac{w(\mathrm{Cu})}{20} + \frac{w(\mathrm{Ni})}{60} + \frac{w(\mathrm{Cr})}{20} + \frac{w(\mathrm{Mo})}{15} + \frac{w(\mathrm{V})}{10} + 5w(B) + \frac{t}{600} + \frac{h}{60} \quad (9.14)$$

式中：t——板厚，mm；

h——每百克焊缝金属焊缝中的扩散氢含量，mg。

碳当量小于 0.4% 时钢材的脆硬倾向很小，可焊性较好。碳含量、碳当量及冷裂纹敏感系数是衡量钢材焊接性能的重要依据，其标准值规定见表 9.17。

表 9.17 钢材焊接参数标准

焊接参数	化学成分质量分数	焊接效果
碳当量	0.12%～0.16%	—
碳当量 C_{eq}	≤0.40%	好焊
	≤0.44%	可焊
	≤0.48%	不易焊
冷裂纹敏感系数 P_{cm}	≤0.60%	脆硬倾向大，难焊

（四）常用桥梁钢碳含量、碳当量及冷裂敏感系数

常用桥梁钢 16q、6Mnq、4MnNbq、15MnVNq 碳含量、碳当量、冷裂结构中的敏感系数比较见表 9.18。

表 9.18　常用钢材化学成分、碳当量、冷裂敏感系数比较（%）

钢种	C	Si	Mn	V	N	Nb	S	P	C_{eq}	P_{cm}
16q	0.16	0.19	0.55	—	—	—	0.023 0	0.02	0.270	0.214
16Mnq	0.16	0.40	1.40	—	—	—	0.023	0.02	0.420	0.297
14MnNbq	0.145	0.259	1.450	—	—	0.026	0.007	0.015	0.410	0.309
15MnVNq	0.159	0.398	1.521	0.138	0.012	—	0.010	0.016	0.447	0.355

第六节　建筑钢材的锈蚀及其防止措施

一、钢材的锈蚀

根据锈蚀作用机理，钢材的锈蚀可分为化学锈蚀和电化学锈蚀两种。

（一）化学锈蚀

化学锈蚀是指钢材直接与周围介质发生化学反应而产生的锈蚀。这种锈蚀多数是氧化作用，使钢材表面形成疏松的氧化物。在常温下，钢材表面形成一薄层氧化保护膜 FeO，可以起一定的防止钢材锈蚀的作用，故在干燥环境中，钢材锈蚀进展缓慢。但在温度或湿度较高的环境中，化学锈蚀进展加快。

（二）电化学锈蚀

电化学锈蚀是指钢材与电解质溶液接触，形成微电池而产生的锈蚀。暴露在潮湿的空气或土壤中的钢材，表面附着一层电解质水膜，由于表面成分或受力变形不均匀等，局部产生电极电位差，形成许多"微电池"。在阳极区，铁被氧化失去电子，呈 Fe^{2+} 进入水膜；在阴极区得到电子，与溶入水中的氧作用形成 OH^-，两者结合成 $Fe(OH)_2$，进一步氧化成 $Fe(OH)_3$。

阳极反应　　$Fe \longrightarrow Fe^{2+} + 2e^-$

阴极反应　　$O_2 + 2H_2O + 4e^- \longrightarrow 4OH^-$

两者结合　　$Fe^{2+} + 2OH^- = Fe(OH)_2$

$$4Fe(OH)_2 + 2H_2O + O_2 = 4Fe(OH)_3$$

如水膜中溶有酸，则阴极被还原的 H^+ 沉积，造成阴极极化，使腐蚀停止；但水膜中含有一定浓度的氧时，则能够与 H^+ 结合成水，阴极不能极化，腐蚀迅速进行。

上述分析说明，影响钢材锈蚀的主要因素是环境中的湿度和氧，另外还有介质中的酸、碱、盐，钢材的化学成分及表面状况等。一些卤素离子，特别是氯离子能破坏保护膜，促进锈蚀反应，使锈蚀迅速发展。

二、防止钢材锈蚀的措施

防止钢材锈蚀主要有以下三种方法：

1. 制成合金钢

在碳素钢中加入能提高抗腐蚀能力的合金元素，制成合金钢，如加入铬、镍、钛等元素制成不锈钢，或加入 0.1%～0.15% 的铜，制成含铜的合金钢，可以显著提高抗锈蚀的能力。

2. 表面覆盖

在钢材表面用电镀或喷镀的方法覆盖其他耐蚀金属，以提高其抗锈能力，如镀锌、镀锡、镀铬、镀银等；还可以在钢材表面漆以防锈油漆或塑料涂层，使之与周围介质隔离，防止钢材锈蚀。油漆防锈是建筑上常用的一种方法，它简单易行，但不耐久，要经常维修。油漆防锈的效果主要取决于防锈漆的质量。

3. 设置阳极或阴极保护

阳极保护是在钢结构附近埋设废钢铁，外加直流电源，将阴极接在被保护的钢结构上，阳极接在废钢铁上，通电后废钢铁成为阳极而被腐蚀，钢结构成为阴极而被保护。

阴极保护是在被保护的钢结构上，连接一块比钢铁更活泼的金属，如锌、镁等，使锌、镁成为阳极而被腐蚀，钢结构成为阴极而被保护。

混凝土中钢筋的防锈，一方面依靠水泥石的高碱度（$pH \geqslant 12$）介质，使钢筋表面产生一层具有保护作用的钝化膜而不生锈；另一方面是保证混凝土的密实度和足够的钢筋保护层厚度，同时限制含氯盐外加剂的掺入或掺入阻锈剂等，保护钢筋不被锈蚀。

对钢筋混凝土，也可采用环氧树脂涂层钢筋和阴极保护法等。环氧树脂涂层的优点在于涂层致密、与钢筋黏结好，特别是对混凝土握裹力影响小，弯曲后涂层不出现裂纹，耐碱、耐化学腐蚀，但在钢筋运输、装卸和混凝土施工中应最大限度地保证不碰伤、划伤、破损钢筋表面环氧树脂涂层。对于阴极保护法，目前美国已有数百座桥梁采用了这种方式进行保护，有人断言，在已经遭受氯盐侵蚀的钢筋混凝土结构中，实行阴极保护是最有效的方法。但由于暴露于大气中的钢筋混凝土结构的阴极保护，与常规水下、地下金属的阴极保护相比，增加了难度和具有一些独特的技术要素，这一技术还没有得到很好的推广，国内对钢筋混凝土结构保护采用此技术的还不多。

第七节　铝及铝合金

一、铝的性质

铝是银白色的有色金属，在自然界铝以化合物状态存在。通常是用铝矾土作炼铝的原料，从中提取 Al_2O_3，再从 Al_2O_3 中分解出金属铝。从化学元素来讲，铝在地壳中的含量占 8.13%，仅次于氧和硅，占第三位，所以铝在自然界的资源是丰富的。

纯铝的密度为 2.70 g/cm³，是钢的 1/3；熔点低，只有 660 ℃；导电性和导热性均很好。

铝的化学性质很活泼，极易与空气中的氧化合，形成一层氧化铝薄膜起保护作用，使铝具有一定的耐腐蚀性。但由于自然生存的氧化铝膜很薄（一般小于 0.1 μm），因而耐蚀性有限。另外，纯铝不耐碱和强酸，也不能与卤素元素接触，否则就会被迅速腐蚀。

铝的电极电位较低，如与电极电位高的金属接触并有电解质存在时，将形成微电池，发生电化学腐蚀。因此，铝合金门窗等铝制品的连接件，应当采用不锈钢件。

铝的塑性很好，伸长率可达 35% ~ 50%，极易加工成各种型材、铝箔等制品。试验表明，铝材的冷加工强化现象虽比较明显，但在低温下的塑性和韧性不会明显下降。铝材的缺点是强度和硬度不高（$R_{p0.2}$ = 35 ~ 150 MPa，R_m = 90 ~ 170 MPa，HBW = 23 ~ 44），刚度低，故工程中不用纯铝制品，而是在其中加入合金元素制成铝合金使用。铝粉可作为涂料的银色填料及生产加气混凝土的加气剂使用。

二、铝合金

在铝中加入适量的合金元素，如铜、镁、锰、硅、锌等即可制得铝合金。铝合金不仅强度和硬度比纯铝高很多，而且还能保持铝材的轻质、高延性、耐腐蚀、易加工等优点。

按加工方式的不同，铝合金可分为铸造铝合金与变形铝合金两大类。

1. 铸造铝合金

将液态铝合金直接浇注在模型内，能铸成各种形状复杂的铝合金制件。对这类铝合金要求具有良好的铸造性，目前常用的有铝硅（Al-Si）、铝铜（Al-Cu）、铝镁（Al-Mg）及铝锌（Al-Zn）四种，其牌号用符号 ZL 和三位数字组成，如 ZL101、ZL201 等。三位数中的第一位数表示合金种类，其中 1 代表铝硅合金，2 代表铝铜合金，3 代表铝镁合金，4 代表铝锌合金；后面两位数表示该合金的顺序号。铸造铝合金常用于制作建筑五金配件，具有美观、耐久等特点。

2. 变形铝合金

通过冲压、冷弯、辊轧等工艺能加工成板材、管材、棒材及各种型材的铝合金。对这类铝合金要求具有良好的塑性和可加工性。

按强化的方式不同，变形铝合金可分为热处理非强化型和热处理强化型两种。前者不能用淬火热处理提高强度，如 Al-Mn、Al-Mg 合金；后者可以通过热处理提高强度，如 Al-Cu-Mg（硬铝，强度在 392 MPa 以上）、Al-Zn-Mg（超硬铝，强度在 539 MPa 以上）、Al-Si-Mg（锻铝）合金等。热处理非强化型的铝合金一般是通过冷加工达到强化的，它们具有适中的强度和优良的塑性与耐蚀性，且易于焊接，我国称之为防锈铝合金。

根据我国标准，变形铝合金可分为防锈铝合金（LF）、硬铝合金（LY）、超硬铝合金（LC）、锻铝合金（LD）和特殊铝合金（LT）等几种牌号，其牌号用代号加顺序号表示，如 LF12、LD31 等。不过，国家标准正逐步采用国际上相对通用的牌号或合金状态的表示方法，如现行国家标准《铝合金建筑型材》（GB/T 5237）系列中，即采用 6061、6031 分别代替 LD30、LD31。由于不同的热处理对变形铝合金有不同的影响，因此牌号中还有热处理方式，如 6031-T6，T6 表示热处理为固溶热处理后进行人工时效的状态（固溶处理温度为 515～550 ℃，水淬，时效温度为 170～180 ℃，时效时间为 8 h）。建筑工程上常用的变形铝合金型材，主要是由锻铝合金制成的，另外还有一部分特殊铝合金。

三、包覆铝

将薄的纯铝用辊轧的方法包覆在热态的硬铝板毛坯上，然后把板冷轧到最终厚度，并进行热处理，即成包覆铝。它是纯铝与铝合金的复合制品。硬铝和超硬铝合金强度很高，但抗蚀性低，而纯铝抗蚀性高，强度却低，两者复合可取长补短，相得益彰。

四、铝及铝合金的表面处理

由于铝材表面的自然氧化膜很薄而耐蚀性有限，因此国家标准规定，铝合金建筑型材基材（未经表面处理的型材）不能直接用于建筑物，需要通过表面处理来提高其耐蚀性与耐磨性，还可通过表面着色增加装饰性。

五、常用铝合金制品

（一）铝合金型材

用于加工门窗、幕墙等建筑用铝合金型材，主要采用变形铝合金 6063，其次是 6061。根据国家标准《铝合金建筑型材》（GB/T 5237—2017），铝合金型材分为基材，氧化、着色型材，电泳涂漆型材，粉末喷涂型材，氟碳漆喷涂型材 5 种，其中基材不能直接用于建筑物。铝合金型材的尺寸规格及偏差、力学性能和化学成分应符合有关规定，除基材外的其他型材,还应同时满足涂层的质量要求。表 9.13 为国家标准《铝合金建筑型材》(GB/T 5237—2017)规定的铝合金建筑型材力学性能。

表 9.13　铝合金建筑型材力学性能(GB/T 5237—2017)

合金状态	合金	壁厚/mm	拉伸试验			硬度试验		
			抗拉强度 R_m/MPa	规定非比例伸长应力 $R_{p0.2}$/MPa	伸长率 A/%	试件厚度 /mm	维氏硬度 HV	韦氏硬度 HW
			不		小		于	
6063	T5	所有	160	110	8	0.8	58	8
	T6	所有	205	180	8		—	
6063A	T5	≤10	200	160	5	0.8	65	10
		>10	190	150	5			
	T6	≤10	230	190	5			
		>10	220	180	4			
6061	T4	所有	180	110	16		—	
	T6	所有	265	245	8			

注:① 型材取样部位的实测壁厚小于 1.2 mm 时,不测定伸长率。
② 淬火自然时效的型材室温力学性能是时效 1 个月的数值。常温时效不足 1 个月进行拉伸试验时,试样应进行快速时效处理,其室温纵向力学性能符合表中规定。
③ 维氏硬度、韦氏硬度和拉伸试验只做一项,仲裁试验为拉伸试验。

表面涂层材料、形式及厚度等对铝合金的耐久性有很大的影响。电泳涂漆型材、粉末喷涂型材、氟碳漆喷涂型材适用于酸雨和 SO_2 含量较高的环境;阳极氧化、着色型材适应的环境条件与氧化膜的厚度有关,AA10(单件氧化膜平均厚度不小于 10 μm)适用于室内门窗、室外大气清洁、远离工业污染、远离海洋处;AA15、AA20 用于有工业大气污染、存在酸碱气氛、环境潮湿或常受雨淋、海洋性气候处,但上述环境状态不十分严重;AA20、AA25 适用于长期受大气污染、受潮或雨淋、受摩擦特别是表面可能发生凝霜处。

(二)铝合金门窗

铝合金门窗是将按特定要求成型并经表面处理的铝合金型材,经一定工艺加工成门窗框构件,再加连接件、密封件、五金件等组合而成的。对铝合金门窗来说,要求有一定的抗风压强度,有良好的气密性和水密性,还应有良好的隔热、隔声与开闭性。根据铝合金的抗风压强度、气密性与水密性三项指标,可将铝合金产品分为优等品、一等品与合格品三个等级。

铝合金门窗按其结构与开启方式可分为推拉窗（门）、平开窗（门）、悬挂窗、回转窗（门）、百叶窗、纱窗等多种，每种形状规格很多，国家已制定了相应的技术标准，用户可根据需要进行选用。

（三）铝合金装饰板

用于装饰工程的铝合金板，其品种和规格很多。按其表面处理方式的不同，铝合金装饰板可分为阳极氧化处理与喷涂处理装饰板，按装饰效果可分为花纹板、波纹板、压型板与浅花纹板等，按几何形状可分为条形板和方形板，按色彩可分为银白色、古铜色、金色、红色、蓝色等多种。

铝合金装饰板是目前应用比较广泛的新型装饰材料。它具有重量轻、外观美、耐久性好、安装方便等优点，主要用于屋面、墙面、楼梯踏面等处。

复习思考题

1. 冶炼方法与脱氧程度对钢材性能有何影响？
2. 什么是沸腾钢？有何优缺点？哪些条件下不宜选用沸腾钢？
3. 常温下钢材有哪几种晶体组织？各有何特性？简述钢中含碳量、晶体组织与性能三者之间的关系。
4. 什么是屈强比？它对选用钢材有何意义？
5. 何谓冷脆性和脆性转变温度？它们对选用钢材有何意义？
6. 硫、磷、氮、氧元素对钢材性能各有何影响？
7. 什么叫调质热处理？它对钢材性能有何影响？
8. 什么叫冷加工的强化和时效？各对钢材性能有何影响？
9. 什么是低合金结构钢？与碳素结构钢相比，其在成分、性能和应用上有何特点？
10. 选用钢结构用钢时，应考虑哪些因素？
11. 解释钢号 Q235AF、Q235D 代表的意义，并比较两者在成分、性能和应用上的异同。
12. 热轧钢筋分为几个等级？各级钢筋有什么特性和用途？
13. 什么是热处理钢筋、冷轧带肋钢筋、预应力混凝土用钢丝和钢绞线？它们各有哪些特性和用途？
14. 桥梁用钢在性能和材质上有何要求？
15. 钢轨用钢在性能和材质上有何要求？
16. 简述钢材的锈蚀过程。如何防止钢筋锈蚀？
17. 铝合金建筑型材分为哪几种？各有何要求？并说明其应用范围。

第十章 沥青与防水材料

// 本章导读 //

本章共3节，基本要求为：

（1）了解沥青分类、组分与结构，掌握石油沥青的技术性质与评价指标，掌握改性沥青、乳化沥青、煤沥青的材料组成、性能特点及其技术要求。

（2）掌握沥青混合料、沥青砂浆的常见类型、组成结构、评价指标和技术要求要点，了解沥青混合料组成设计方法。

（3）掌握各类常用防水材料的类型、特点和基本性能要求，了解各类工程防水技术的特点和适用条件。

本章的难点是沥青、沥青混合料及防水材料的评价指标及技术性质，技术性质的影响因素，以及各类材料的适用条件。

// 思政小课堂 //

从石油中分离出来的沥青，到底是液体还是固体？

沥青的一个最大的特点就是：黏度极其大。因此大多数人认为：沥青是一种固体，那事实真的是如此吗？1927年，澳大利亚昆士兰大学的托马斯·帕奈尔教授给学生授课时聊起了沥青。为了向学生们证明沥青是一种液体，帕奈尔教授做了一个实验，把沥青装到了一个漏斗容器当中，并且把漏斗容器的上方进行了封口，然后把漏斗容器竖直放置。

3年后，也就是1930年，帕奈尔教授把漏斗上方的封口剪开，开始试图让沥青流动。直到实验的第11个年头，第一滴沥青才滴出来，但是帕奈尔教授却错过了，原因是他当时正在睡觉。第二滴发生在1947年2月份，只是帕奈尔教授这一次又错过了，他并没有看到沥青滴落的瞬间。不甘心的帕奈尔教授继续这项实验，只是他再也等不起这么长的时间了，没有等到第三滴的沥青滴落，帕奈尔教授就去世了。

　　另一位科学家约翰·梅史东教授的到来，听到帕奈尔教授的故事后，他非常动容，决定继续这项试验，帮助帕奈尔教授完成未了的心愿。在约翰·梅史东任职期间，一共经历了 6 滴沥青滴的滴落。不过命运仿佛就爱上了与约翰教授开玩笑，从他接受实验观察开始，到他离开人世的 2013 年，一共滴落的 6 个油滴，约翰教授却每次都与之错过，从来没有亲自观察到油滴下落的那个瞬间。

　　随着社会和科技的发展，人类已经有了各种各样的设备和仪器可以全程记录沥青落下的瞬间。根据科学的精密分析，预计下一次沥青滴落，或将在 2027 年的一天。2005 年，梅史东和整个实验的发起人帕奈尔一起被搞笑诺贝尔奖评审委员会授予了"搞笑诺贝尔物理学奖"。

　　看上去如此无聊的实验，为什么有人愿意花费一生的时间去实践呢？其实每个追求真理的科学家的心中都有一份执念，如同火把一般燃烧着自己的内心，驱使着他去追求、去寻找。科学的意义，很多时候并不在于自己获得了多少、得到了多少，而是在探索的过程中收获了什么。去追求自己想做的事情，这样的人生才是有意义的。不一定要看重结果，在追求的过程中就已经足够绚烂了。这不仅仅是科学家应有的精神，也是每个人都应该拥有的。

第一节　沥　青

　　沥青是一种有机胶凝材料。它是复杂的高分子碳氢化合物及非金属（氧、硫、氮等）衍生物的混合物，常温下的沥青呈固体、半固体或液体状态，颜色由黑褐色至黑色。沥

青属于憎水性材料，不透水，也几乎不溶于水。它与混凝土、石材、钢材以及木材等材料之间具有良好的黏结性，且具有较强的耐酸、碱、盐腐蚀性。

沥青的种类很多，广义的沥青主要包括天然沥青、焦油沥青及石油沥青，而狭义的沥青主要是指石油沥青。

一、石油沥青

石油沥青是由石油原油经蒸馏提炼出各种轻质油品（汽油、煤油、柴油等）及润滑油后的残留物，经再加工而得的产品。

（一）石油沥青分类

沥青按其在自然界中获得的方式，可分为地沥青和焦油沥青。

地沥青主要分为天然（地）沥青和石油（地）沥青。

焦油沥青主要分为煤沥青、木沥青和页岩沥青。

沥青按原油的成分分为石蜡基沥青、沥青基沥青和混合基沥青，按石油加工方法不同分为直馏沥青、氧化沥青和溶剂沥青，按沥青产品在常温下的稠度分为液体沥青和黏稠沥青，按沥青的用途分为道路石油沥青、建筑石油沥青、水工沥青、防腐沥青和其他沥青。

道路石油沥青主要用于铺筑道路路面，通常为直馏沥青或氧化沥青。

建筑石油沥青主要用于建筑工程中屋面及地下防水的胶黏料、涂料及制造油毡、油纸和防腐绝缘材料等，通常要求具有良好的黏结性和防水性。

普通石油沥青（又称多蜡沥青）因含蜡量高、黏性低、塑性差，在建筑中较少单独使用，一般与建筑石油沥青掺配或经改性处理后使用。

（二）石油沥青组分与结构

由于沥青的组成非常复杂，因此在研究沥青的化学组成时，一般将沥青化学成分与物理性质相似而具有某些共同特征的部分划分成几个组，即组分。最常用的组分分离方法是利用沥青各组分对不同溶剂的溶解度和不同吸附剂吸附性能的差异，使其按分子的大小、分子极性或分子构型划分成不同组分，常用的有吸附法和色谱法。根据吸附法，沥青组分一般有三个：油分、树脂和地沥青质。沥青中各组分含量的多少，会直接影响沥青的性质。对于沥青中含量很少的其他组分，如沥青酸和沥青酸酐可忽略不计。各组分的主要特征和在沥青中的作用见表10.1。

石油沥青主要组分之间的相互亲和程度不同。地沥青质对油分显示出憎液性，互不溶解；但对树脂则显示出亲液性，可被浸润；而树脂在油分中，则显示亲液性，两者可以互溶。这就使得地沥青质的微细颗粒通过树脂质的亲和及桥梁作用，形成一种以地沥青质为核心，周围吸附有部分树脂和油分的胶团，这种胶团高度分散在油分中，构成了沥青的胶体结构。

表 10.1　石油沥青各组分的特征及其对沥青性质的影响

组分	含量	分子量	碳氢比	密度/($g \cdot cm^{-3}$)	特征	在沥青中的主要作用
油分	45%~60%	100~500	0.5~0.7	0.70~1.00	无色至淡黄色，黏性液体，可溶于大部分溶剂，不溶于酒精	是决定沥青流动性的组分。油分多，流动性大，黏性小，温度稳定性差
树脂	15%~30%	600~1 000	0.7~0.8	1.00~1.10	红褐色至黑褐色的黏稠半固体，多呈中性，少量酸性，熔点低于100 ℃	是决定沥青塑性的主要组分。树脂含量增加，沥青塑性增大，温度稳定性变差
地沥青质	5%~30%	1 000~6 000	0.8~1.0	1.10~1.50	黑褐色至黑色的硬而脆的固体微粒，加热后不熔化，而是分解为坚硬的焦炭，使沥青带黑色	是决定沥青黏性的组分。含量高，沥青黏性大，温度稳定性好，塑性降低，脆性增加

图 10.1（a）为液态沥青所具有的溶胶结构示意图。由于其中油分较多，胶团之间相对运动较为自由，因而这种沥青的流动性和塑性较好，开裂后自愈合能力较强，但温度稳定性较差，温度升高时易流淌。当沥青中油分较少，而地沥青质含量较多时，则胶团由于凝聚作用，会形成互相连接且呈不规则空间网状的凝胶结构，如图 10.1（b）。由于胶团靠近聚集，相互吸引力较大，因而这种沥青的弹性和黏性较高，温度稳定性较好，但流动性与塑性较低。常温下的固态建筑石油沥青即为这种结构状态。

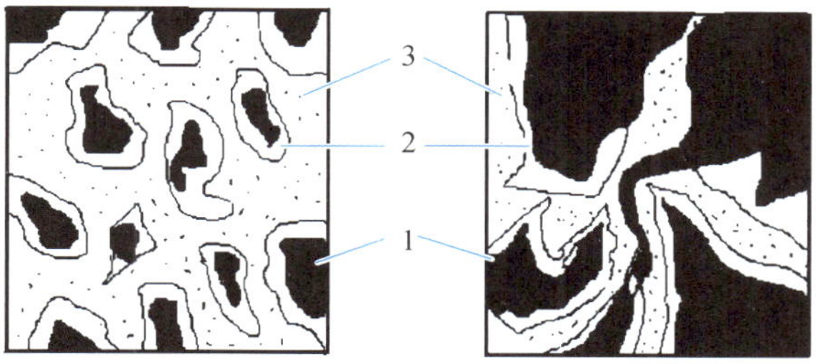

（a）溶胶结构　　　（b）凝胶结构

1—地沥青质；2—树脂；3—油分。

图 10.1　沥青胶体结构示意图

此外，石油沥青的结构状态还随着温度不同而发生改变。当温度升高时，固态沥青中易熔的树脂会转变为液体，则原来的胶凝结构将转变为溶胶结构，于是沥青的黏性降低，流动性和塑性增大。当温度降低时，则又会恢复到原来的胶凝结构。

（三）石油沥青的技术性质

1. 黏性（黏滞性）

沥青的黏性是指在外力或自重的作用下，沥青抵抗变形的能力。黏性的大小，反映了胶团之间吸引力的大小，实际上反映了交替结构的致密程度。

石油沥青的黏度大小，取决于各组分的相对含量，如地沥青质含量较高时，则黏性大；同时也与温度有关，随温度升高，黏性下降。

沥青的黏性通常是通过试验测得，即以测出的相对黏性值的大小表示。

对于在常温下呈固体或半固体的石油沥青用针入度表示黏性的大小。针入度（图10.2）是在规定的温度条件下，以规定质量的标准针经过规定时间自由贯入沥青试样中的深度（以 0.1 mm 为单位）。针入度是划分沥青标号的一项指标。针入度越大，表示沥青稠度越小，沥青越软。实质上，针入度是测量稠度的一种指标。通常稠度高的沥青，其黏度亦高。但由于沥青胶体结构的复杂性，将针入度换算为黏度的一些方法，均不能获得良好的相关关系。

对于液体沥青，用标准黏性计测定黏度。即在标准温度下，50 mL 液体沥青通过规定直径的小孔所用的时间（以 s 为单位），流出时间越长，黏度越大。

2. 塑　性

沥青的塑性是指沥青在受到外力作用时，产生变形而不破坏，去除外力后，仍保持变形后形状的性质。

沥青中树脂含量高，则沥青的塑性较大。温度升高时，沥青的塑性增大。塑性小的沥青在低温或负温下易产生开裂。塑性大的沥青可随建筑物的变形而变形，不致产生开裂。塑性大的沥青在开裂后，由于其特有的黏塑性，裂缝可能会自行愈合，即塑性大的沥青具有自愈性。沥青的塑性是沥青作为柔性防水材料的原因之一。

沥青的塑性用延度（延伸度）表示。延度是在规定的条件下，沥青试件被拉断时伸长的数值（以 cm 计）。延度值（图10.3）越大，沥青的塑性越大，防水性越好。

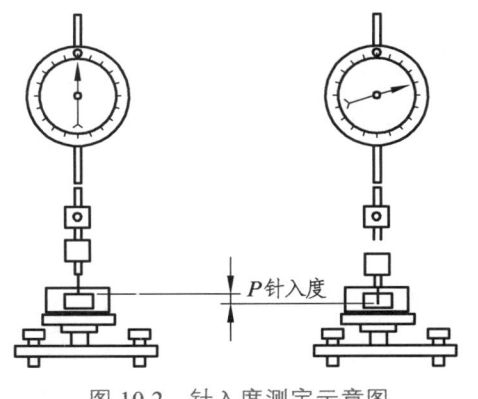

图 10.2　针入度测定示意图

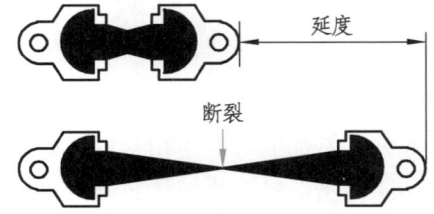

图 10.3　沥青延度测定示意图

3. 温度稳定性

温度稳定性是指沥青的黏性和塑性随温度变化而改变的程度。沥青是非晶体高分子物质，没有固定的熔点，随着温度的升高，沥青的状态会发生连续的变化，塑性增大，黏性减小，并逐渐软化，此时的沥青如液体般发生黏性流动。在这一过程中，不同的沥青，其塑性和黏性变化程度不同。如果性质变化程度小，则此沥青的温度稳定性好；反之，温度稳定性差。在建筑上，特别是用于屋面防水的沥青材料，为了避免温度升高发生流淌，或温度下降发生硬脆，应优先使用温度稳定性好的沥青。沥青温度稳定性取决于地沥青质的含量，其含量越高，温度稳定性越好。此外，沥青温度稳定性也与沥青中石蜡的含量有关，石蜡含量高，则其温度稳定性差。沥青温度稳定性常用软化点表示（图10.4），它反映了沥青状态改变（由固态或半固态转变为黏流态）时的温度。软化点是在规定试验条件下，沥青受热软化垂至规定距离时的温度（以°C计）。软化点越高，沥青的温度稳定性越好。

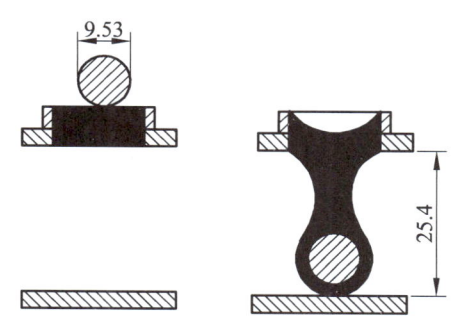

图 10.4　沥青软化点测定示意图（单位：mm）

4. 大气稳定性

石油沥青的大气稳定性是指石油沥青在很多不利因素（如阳光、热、空气等）的综合作用下，性能稳定的程度。石油沥青在储运、加热和使用过程中，易发生一系列的物理化学变化，如脱氢、缩合、氧化等，使沥青变硬变脆。这一过程，实际上是沥青中低分子组分向高分子组分的转变，且树脂转变为地沥青质的速度比油分转变为树脂的速度快得多，即油分和树脂含量减少，而地沥青质含量增加。因此，沥青的塑性降低，黏性增大，且逐步变得硬脆、开裂。这种现象称为沥青的"老化"。

石油沥青的大气稳定性（抗老化性），用蒸发损失率和针入度比表示。蒸发损失率是指将沥青试样加热至160 °C，恒温5 h时测得的蒸发前后的质量损失率。针入度比为上述条件下蒸发后与蒸发前针入度的比值。如蒸发损失率越小，针入度比越大，则大气稳定性越好。

5. 其他性质

石油沥青的闪点是指沥青加热至挥发的可燃气体遇火时着火的最低温度。燃点则是若继续加热，一经引火，燃烧就能继续下去的最低温度。因此，在熬制沥青时，加热温度不应超过闪点。

石油沥青具有良好的耐蚀性，对多数酸、碱、盐均具有耐蚀能力。但是，它可溶解于多数有机溶剂中，如汽油、苯、丙酮等，使用时应予以注意。

（四）石油沥青的标准、选用、掺配

1. 石油沥青的标准

土建工程中使用的石油沥青分为建筑石油沥青、道路石油沥青和普通石油沥青。

**学习笔记**

道路石油沥青、建筑石油沥青的牌号主要根据针入度、延度、软化点等划分,并用针入度值表示。两种沥青的技术要求应分别满足表 10.2 和表 10.3 的规定。在同类石油沥青中,牌号越大,针入度越大(黏性越小),延度越大(塑性越大),软化点越低(温度稳定性越差),使用寿命越长。

表 10.2 道路石油沥青技术要求 [《道路石油沥青》(NB/SH/T 0522—2010)]

项目		质量指标				
		200 号	180 号	140 号	100 号	60 号
针入度(25 ℃,100 g,5 s)/(1/10 mm)		200～300	150～200	110～150	80～110	50～80
延度*(25 ℃)/cm	不小于	200	100	100	90	70
软化点/℃		30～48	35～48	38～51	42～55	45～58
溶解度/%	不小于	99.0				
闪点(开口)/℃	不小于	180	200	230		
密度(25 ℃)/(g/cm³)		报告				
蜡含量/%	不大于	4.5				
薄膜烘箱试验(163 ℃,5 h)						
质量变化/%		1.3	1.3	1.2	1.2	1.0
针入度比/%		报告				
延度(25℃)/%		报告				

*注:如 25 ℃ 延度达不到,15 ℃ 延度达到时,也认为合格,指标要求与 25 ℃ 延度一致。

表 10.3 建筑石油沥青技术要求 [《建筑石油沥青》(GB/T 494—2010)]

项目		质量指标		
		10 号	30 号	40 号
针入度(25 ℃,100g,5s)/(1/10 mm)		10～25	26～30	36～0
针入度(46 ℃,100g,5s)/(1/10 mm)		报告 a	报告 a	报告 a
针入度(46 ℃,100g,5s)/(1/10 mm)	不小于	3	6	6
延度(25 ℃,5cm/min)/cm	不小于	1.5	2.5	3.5
软化点(环球法)/℃	不低于	95	75	60
溶解度(三氯乙烯)/%	不小于	99.0		
蒸发后质量变化(163℃,5h)/%	不大于	1		
蒸发后25℃针入度比 b/%	不小于	65		
闪点(开口杯法)/℃	不低于	260		

注:a. 报告应为实测值。
b. 测定蒸发损失后样品的 25 ℃ 针入度与原 25 ℃ 针入度之比乘以 100 后,所得的百分比,称为蒸发后针入度比。

2. 石油沥青的选用

石油沥青应根据工程性质与要求（房屋、防腐、道路）、使用部位、环境条件等因素选用。在满足使用条件的前提下，应选用牌号较大的石油沥青，以保证使用寿命较长。

在土建工程中，特别是屋面防水工程中，应防止沥青因软化而流淌。由于夏日太阳直射，屋面沥青防水层的温度高于环境气温 25~30 ℃。为避免夏季流淌，所选沥青的软化点应高于屋面温度 20~25 ℃，并适当考虑屋面的坡度。

建筑石油沥青的黏性较大、温度稳定性较好、塑性较小，主要用于生产或配制屋面与地下防水、防腐蚀等工程用的各种沥青防水材料。对不受较高温度作用的部位，宜选用牌号较大的沥青。根据要求可选用 10 号或 30 号，或将 10 号与 30 号、60 号掺配使用。严寒地区屋面工程不宜单独使用 10 号沥青。

道路石油沥青多用于配制沥青砂浆、沥青混凝土，用于道路路面、车间地面等。在建筑工程中，部分情况下使用 60 号沥青与其他建筑石油沥青掺配使用。

普通石油沥青的石蜡含量较多（一般均大于 5%），因而温度稳定性较差，土建工程中不宜单独使用，只能与其他种类石油沥青掺配使用。

3. 石油沥青的掺配

在选用沥青牌号时，由于生产和供应的局限性，或现有沥青不能满足要求时，可按使用要求，进行沥青的掺配，从而得到满足技术要求的沥青。

进行沥青掺配时，按下列公式计算掺配比例：

$$P_1 = \frac{T - T_2}{T_1 - T_2} \times 100\% \tag{10.1}$$

$$P_2 = 1 - P_1 \tag{10.2}$$

式中：P_1——高软化点沥青的用量，%；

P_2——高软化点沥青的用量，%；

T_1——高软化点沥青的软化点值，℃；

T_2——低软化点沥青的软化点值，℃；

T——要求达到的软化点值，℃。

根据计算出的掺配比例，及其±（5%~10%）的邻近掺配比例，分别进行不少于 3 组的试配试验，绘制出掺配比例-软化点曲线，从曲线上确定实际掺配比例。

二、煤沥青

煤、木材、页岩等有机物质经碳化作用或在真空中分馏得到的黏性液体，称为焦油沥青。其中煤沥青是由煤干馏得到的煤焦油经再加工得到的产品，也称煤焦油沥青或柏油。

煤焦油干馏温度和蒸馏程度不同，煤沥青性质也不同。煤沥青技术标准规定，煤沥青分为低温煤沥青（按软化点又分为两类，一类软化点为 30～45 ℃，另一类为 45～75 ℃）、中温煤沥青（软化点为 75～95 ℃）及高温煤沥青（软化点为 95～120 ℃）。土建工程中所采用的煤沥青主要是半固体状的低温煤沥青。

煤沥青的主要化学成分为未饱和的芳香族碳氢化合物及非金属衍生物的复杂混合物。其组分有油分、固态和液态树脂及游离碳等，还有少量酸性和碱性表面活性物质。

由于煤沥青的组分与石油沥青有明显差别，因此，与石油沥青比较，煤沥青有如下特点：

（1）煤沥青密度比石油沥青大，一般为 1.10～1.26 g/cm³。

（2）塑性差。煤沥青中含有较多的自由碳和固体树脂，受力后产生变形，易开裂，尤其在低温条件下易变得脆硬。

（3）温度稳定性差。煤沥青中可溶性树脂含量较高，受热后软化溶于油分中，使煤沥青温度稳定性差。

（4）大气稳定性差。低温煤沥青中易挥发的油分多，且化学不稳定的成分（不饱和的芳香烃）含量多，在光、热和氧的综合作用下，老化较快。

（5）有毒、有臭味，防腐能力强。煤沥青中含有酚、蒽等易挥发的有毒成分，施工时对人体有害，但将其用于木材防腐中，有较好的效果。

（6）与矿物质材料表面黏附力较强。煤沥青中含表面活性物较多，能与矿物质材料表面较好地黏附，可提高煤沥青与矿物质材料的黏结强度。

煤沥青的抗腐蚀性能较好，适用于地下防水工程及防腐工程，还可以浸渍油毡。

煤沥青质量比石油沥青差，多用于较次要的工程。但若以煤沥青配制沥青混合料，用于铺筑停车场时，可不被滴漏的燃料油、润滑油等溶解侵蚀，具有较高的耐久性。

使用煤沥青应严格控制加热温度和时间，以免降低其质量，同时采取防毒安全措施。

煤沥青与石油沥青外观相似，使用时注意区分，防止用错。鉴别的方法见表 10.4。

表 10.4　煤沥青与石油沥青的鉴别方法

鉴别方法	煤沥青	石油沥青
密度	大于 1.10 g/cm³（约为 1.25 g/cm³）	接近 1.00 g/cm³
锤击	音清脆、韧性差	音哑、富有弹性且韧性好
燃烧	烟呈黄色，有刺激味	烟无色，无刺激性臭味
溶液颜色	用 30～50 倍汽油或煤油溶解后，将溶液滴于滤纸上，斑点分内外两圈，呈内黑外棕或黄色	溶解方法同左，斑点完全均匀散开，呈棕色

三、改性沥青

（一）改性沥青的分类

改性沥青是指掺加橡胶、树脂高分子聚合物、磨细的橡胶粉或其他填料等外掺剂（改性剂），或采取对沥青轻度氧化加工等措施，使沥青或沥青混合料的性能得以改善而制成的沥青结合料。从广义上讲，凡是可以改善沥青路用性能的材料如聚合物、纤维、抗剥落剂、岩沥青、填料（如硫黄、炭黑等），都可以称为改性剂。

一般来说，大部分改性添加剂都可以改善沥青的高温性能，但对于低温抗裂性能、抗水损害性能以及疲劳开裂性能等方面的改善效果则各有不同。常用的改性剂一般是指高分子聚合物，主要包括以下三类：

（1）树脂：聚乙烯（PE）、聚丙烯（PP）、乙烯-醋酸乙烯（EVA）等。

（2）橡胶：丁苯橡胶（SBR）、氯丁橡胶（CR）、橡胶粉等。

（3）热塑性弹性体：苯乙烯丁二烯嵌段共聚物（SBS）、苯乙烯-异戊二烯嵌段共聚物（SIS）、苯乙烯-聚乙烯/丁基-聚乙烯（SE/BS）等。

各类改性剂的改性效果各异，一般认为，树脂类改性沥青具有良好的高温稳定性，但对于低温抗裂性能无明显改善；橡胶类改性沥青具有较好的低温抗裂性能和较好的黏结性能；热塑性弹性体类改性沥青具有良好的温度稳定性，可明显提高基础沥青的高低温性能，降低温度敏感性，增强耐老化耐疲劳性能。

当前用于沥青改性的聚合物主要是 SBS、PE、EVA 及 SBR 四种。现在对于各类改性沥青的性能已有比较充分的研究，并基本上形成了一致的看法。在诸多改性改性剂中，SBS 可以明显地提高基础沥青的高低温性能，降低温度敏感性，增强耐老化及耐疲劳性能，SBS 已成为沥青改性领域中的主要添加剂。

（二）改性沥青的评价指标

由于改性沥青具有不同的技术特点，除沥青常规试验针入度、软化点、延度、黏度等指标外，还采用了几项与评价沥青性能不同的技术指标，如聚合物改性沥青离析试验、沥青弹性恢复试验及黏韧性试验等。

1. 聚合物改性沥青的离析试验

聚合物改性沥青在停止搅拌、冷却过程中，聚合物可能从沥青中离析，当聚合物改性沥青在生产后不能立即使用，而需经过储运再加热等过程后使用时，需进行离析试验。

不同的改性沥青离析的状况有所不同，SBR、SBS 类改性沥青，离析时表现为聚合物上浮。采用的试验是将试样置于规定条件的盛样管中，并在 163 ℃ 烘箱中放置 48 h 后，从聚合物改性沥青的顶部和底部分别取样，测定其环球法软化点之差来判定。

2. 沥青弹性恢复试验

SBS 等热塑性弹性体改性沥青，弹性恢复能力是其显著的特点，在使用过程中，对荷载作用下产生的变形，具有良好的自愈性。

我国沥青弹性恢复试验[《公路工程沥青及沥青混合料试验规程》（JTG E20—2011）T 0662]参照美国 ASTM 试验方法（D 6084-97、D 5882-96 及 D 5876-96）弹性恢复试验方法，试验温度采用 25 ℃。采用延度试验所用试模，但中间部分换为直线侧模，试件截面积为 1 cm^2。试件拉伸 10 cm 后停止，立即剪断，保持 1 h，测量恢复率。

3. 沥青黏韧性试验

现有研究表明，沥青黏韧性试验是一种评价橡胶类改性沥青的较好方法。沥青黏韧性试验是测定沥青在规定温度条件下高速拉伸时与金属半球的黏韧性（Toughness）和韧性（Tenacity）。非经注明，试验温度为 25 ℃，拉伸速度为 500 mm/min。

（三）改性沥青的技术要求

我国聚合物改性沥青性能评价方法基本沿用了道路石油沥青质量标准体系，增加了一些评价聚合物性能的指标，如弹性恢复、黏韧性和离析（软化点差）等技术指标。首先根据聚合物类型将改性沥青分为 Ⅰ 类、Ⅱ 类、Ⅲ 类，按照软化点的不同将聚合物改性沥青分为 A、B、C 及 D 四个等级，Ⅱ 类分为 A、B 及 C 三个等级，以适应不同的气候条件。同一类型中的 A、B、C 或 D 主要反映基质沥青标号及改性剂含量的不同，A～D 表示改性沥青针入度减小，黏度增加，即高温性能提高，但低温性能下降。等级划分以改性沥青的针入度作为主要依据。聚合物改性沥青的质量要求见表 10.5。对于采用几种不同种类改性剂制备的复合改性沥青，可以根据所掺各种改性剂的种类和剂量比例，按照工程对改性沥青的使用要求，参照表 10.5，综合确定应该达到的质量要求。

表 10.5　聚合物改性沥青技术要求

指标		单位	SBS 类（Ⅰ类）				SBR 类（Ⅱ类）			EVA、PE 类（Ⅲ类）				试验方法[①]
			Ⅰ-A	Ⅰ-B	Ⅰ-C	Ⅰ-D	Ⅱ-A	Ⅱ-B	Ⅱ-C	Ⅲ-A	Ⅲ-B	Ⅲ-C	Ⅲ-D	
针入度（25 ℃，100 g，5 s）		0.1 mm	>100	80~100	60~80	30~60	>100	80~100	60~80	>80	60~80	40~60	30~40	T 0604
针入度指数 PI	≥	—	-1.2	-0.8	-0.4	0	-1.0	-0.8	-0.6	-1.0	-0.8	-0.6	-0.4	T 0604
延度（5 ℃，5 cm/min）	≥	cm	50	40	30	20	60	50	40	—				T 0605
软化点	≥	℃	45	50	55	60	45	48	50	48	52	56	60	T 0606
运动黏度 1(135 ℃)	≥	Pa·s	3											T 0625 T 0619
闪点	≥	℃	230				230			230				T 0611

续表

指标		单位	SBS类（Ⅰ类）				SBR类（Ⅱ类）			EVA、PE类（Ⅲ类）				试验方法[①]
			Ⅰ-A	Ⅰ-B	Ⅰ-C	Ⅰ-D	Ⅱ-A	Ⅱ-B	Ⅱ-C	Ⅲ-A	Ⅲ-B	Ⅲ-C	Ⅲ-D	
溶解度	≥	%	99				99			—				T 0607
弹性恢复（25 ℃）	≥	%	55	60	65	75	—			—				T 0662
黏韧性	≥	N·m	—				5							T 0624
韧性	≥	N·m	—				2.5							T 0624
储存稳定性[②]														
离析，48 h 软化点差	≤	℃	2.5				—			无改性剂明显析出、凝聚				T 0661
TFOT（或 RTFOT）后残留物														
质量变化	≤	%	1.0											T 0610 T 0609
针入度比（25 ℃）	≥	%	50	55	60	65	50	55	60	50	55	58	60	T 0604
延度（5℃）	≥	cm	30	25	20	15	30	20	10					T 0605

注：① 表中 135 ℃ 运动黏度可采用《公路工程沥青及沥青混合料试验规程》（JTG E20—2011）中的"沥青布氏旋转黏度试验方法（布洛克菲尔德黏度计法）"进行测定。若在不改变改性沥青物理力学性质并符合安全条件的温度下易于泵送和拌和，或经证明适当提高泵送和拌和温度时能保证改性沥青的质量，容易施工，可不要求测定。
② 储存稳定性指标适用于工厂生产的成品改性沥青。现场制作的改性沥青对储存稳定性指标可不作要求，但必须在制作后保持不间断的搅拌或泵送循环，保证使用前没有明显的离析。

四、乳化沥青

乳化沥青是将黏稠石油沥青加热到流动态，经机械力作用，形成粒径为 2～5 mm 微滴均匀分散于乳化剂-稳定剂的水溶液中，所得到稳定的悬浮体。

乳化沥青主要优点为：常温下黏度低，和易性好，能保证撒布的均匀性；可冷态施工，施工简便，现场无须加热设备和能源消耗，同时避免了劳动操作人员受高温沥青施工挥发物的影响。乳化沥青常用于防水工程的底层，以及沥青路面新建与养护工程中的透层、黏层与封层等。

（一）乳化沥青的组成

乳化沥青主要由沥青、乳化剂、稳定剂和水等组分所组成。

1. 沥　青

沥青是乳化沥青组成的主要材料，沥青的质量直接关系到乳化沥青的性能。在选择作为乳化沥青用的沥青时，首先要考虑它的易乳化性。沥青的易乳化性与其化学结构有密切关系。以工程适用为目的，可认为易乳化性与沥青中的沥青酸含量有关。通常认为沥青酸总量大于1%的沥青，采用通用乳化剂和一般工艺即易于形成乳化沥青。一般来说，相同油源和工艺的沥青，针入度较大者易于形成乳液。

2. 乳化剂

乳化剂是乳化沥青形成的关键材料，虽然其用量很小，但对乳化沥青的形成、应用和存储稳定性都有重要的影响。沥青乳化剂一般是表面活性剂，从化学结构上来看，它是一种"两亲性"分子，分子的一部分具有亲水性质，而另一部分具有亲油性质。亲油部分一般由碳氢原子团组成，特别是由长链烷基构成，结构差别较小。亲水部分原子团则种类繁多，结构差异较大。因此，乳化剂的分类，常以亲水基的结构为依据。

3. 稳定剂

稳定剂主要采用无机盐类和高分子化合物，用以改善沥青乳液的稳定性。稳定效果最好的无机盐类是氯化铵和氯化钙，常与各类阳离子乳化剂配合使用，加入量通常为0.2%~0.6%，可节省乳化剂用量20%~40%。高分子稳定剂如淀粉、明胶、聚乙二醇等，在沥青微粒表面可形成保护膜，有利于微粒的分散，可与各类阳离子和非离子乳化剂配合使用，加入量为0.1%~0.15%。

4. 水

水是沥青分散的介质，水的硬度和离子对乳化沥青具有一定的影响，水中存在的镁、钙或碳酸氢根离子分别对阴离子乳化剂或阳离子乳化剂有不同影响。应根据乳化剂类型的不同，确定对水质的要求。

（二）乳化沥青的形成分裂机理

1. 乳化剂降低界面能的作用

沥青乳化液是通过机械作用将沥青颗粒分散在水中，形成以沥青作为分散相、水作为分散介质的分散系。由于沥青被分散为细微的液滴，高度分散在水中，沥青的表面积大量增加，从而大大增加了体系的界面，所以必须对体系作功，才能保持体系的稳定，否则沥青将集聚，以缩小其界面，使体系的自由能降低，以保持体系的平衡。

2. 界面保护膜的作用

分散在沥青中的饱和分倾向于聚集在沥青颗粒的表面。具有较长烷基链的乳化剂与沥青有较好的吸附作用，因此容易形成紧密排列，从而增强了界面膜的强度，保护沥青微粒不致由于碰撞而聚集。所形成的界面膜的强度和紧密程度取决于乳化剂的分子结构和浓度，沥青乳液中乳化剂达到一定浓度时，定向排列的分子紧密排列组成界面膜，膜的强度较大，界面张力减小，乳液稳定。

3. 界面电荷的稳定作用

由于乳化剂的作用，沥青与水界面上形成双电层结构。这是由于沥青微粒带电荷的分子膜外层形成反向电荷的扩散层，分子膜和扩散层界面上存在电位差，电位差越大，微粒之间的排斥力越大，因此在沥青液滴相互碰撞时，由于排斥作用阻止了沥青液滴的聚集，保证了沥青乳液体系的稳定，双电层电位差的大小决定了扩散层的厚度，双电层厚度越大，乳液的稳定性越强。阴离子乳化剂沥青颗粒带电情况如图10.5所示。

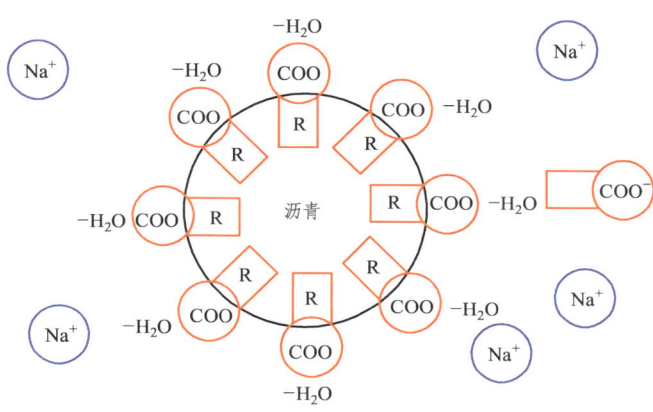

图 10.5 阴离子乳化沥青颗粒带电情况

4. 电荷吸附作用

沥青乳液与集料接触后，乳液中沥青微粒所带电荷与集料表面所带电荷的相互吸附作用，是乳液破乳的主要原因。阴离子沥青乳液与表面上带正电荷的碱性集料（如石灰石、白云石）有较好的吸附，阳离子沥青乳液与表面上带负电荷的酸性石料（如硅质岩石、花岗岩等）有较好的吸附。在潮湿状态下，集料表面普遍带负电荷，因此阳离子沥青乳液易与潮湿的集料相结合。

5. 水分蒸发

乳液中的水分会破坏乳液的平衡，加速破乳。乳液中的水分由于蒸发被石料吸收而产生分解、破乳，多孔、粗糙、干燥的集料易吸收水。

6. 酸碱中和

研究认为，阳离子沥青乳液有一定的游离酸，pH小，游离酸与碱性集料起作用，生成氯化钙和带负电荷的碳酸离子，它与裹覆在沥青微粒周围的阳离子中和，因此沥青微粒能与集料表面紧密相连，形成牢固的沥青膜，乳液中的水分能很快分离出来。

（三）乳化沥青的技术性质与要求

1. 筛上剩余量

检验乳液中沥青微粒的均匀程度，是确定乳化沥青质量的重要指标。检测方法为：待乳液完全冷却或基本消泡后，将乳液过1.18 mm筛，求出筛上残留物占过筛乳液质量的百分比。

2. 蒸发残留物含量及残留物性质

蒸发残留物含量是将一定量的乳液脱水后，求出的其蒸发残留物占乳液的百分比，用以检验乳液中实际的沥青含量。乳液中沥青含量过高会使乳液黏度变大，储存稳定性不好，且不利于施工；乳液中沥青含量过低，乳液黏度较低，施工时容易流失，不能保证要求的沥青用量，同时增加乳液的运输成本，增加乳化剂用量。蒸发残留物的性质以针入度、延度和软化点表征，用以比较沥青乳化后与原沥青在技术性能上的变化。

3. 储存稳定性

储存稳定性是指乳液的存放稳定性。测定方法是：将乳液在容器中置放规定的储存时间后，检测容器上下乳液的浓度变化。储存稳定性一般用 5 d 的，如时间紧迫也可用 1 d 的稳定性。

4. 破乳速度

破乳速度试验是将乳液与规定级配的矿料拌和后，由矿料表面被乳液薄膜裹覆的均匀程度，判断乳液的拌和效果，并鉴别乳液属于快裂、中裂还是慢裂类型。乳化沥青的破乳速度按照表 10.6 的标准分级。

表 10.6　乳化沥青破乳分级

代号	破乳速度	A 组矿料拌和结果	B 组矿料拌和结果
RS	快裂	混合料呈松散状态，一部分矿料颗粒未裹覆沥青，沥青分布不够均匀，并有些凝聚成块	乳液中的沥青在拌和后立即凝聚成团块，不能拌和均匀
MS	中裂	混合料混合均匀	混合料呈松散状态，沥青分布不匀，并可见凝聚的团块
SS	慢裂	—	混合料呈糊状，沥青乳液分布均匀

第二节　沥青混合料

一、沥青混合料概述

沥青混合料是由矿质混合料（简称矿料）与沥青结合料及添加剂等拌和而成的混合料的总称。矿料是用于沥青混合料的粗集料、细集料和填料的总称。沥青混合料主要用于道路路面，也可用于水工建筑物表面或内部的防渗层。

（一）沥青混合料类型

沥青混合料的分类方法取决于矿质混合料的级配组成及公称最大粒径、压实孔隙率以及沥青混合料的制造工艺等：

（1）沥青混合料按拌和或铺筑时的温度分类，可分为热拌、冷拌和温拌沥青混合料。

（2）矿料的公称最大粒径是指全部或允许少量不通过（一般容许筛余量不超过10%）的最小标准筛的筛孔尺寸，通常比矿料最大粒径小一个粒级。按矿料的公称最大粒径分类，沥青混合料可分为特粗式、粗粒式、中粒式、细粒式和砂粒式。

（3）沥青混合料按密实度，即按标准压实后的空隙率分为Ⅰ型（密实型，剩余空隙率为3%～6%）和Ⅱ型（空隙型，剩余空隙率为6%～10%）。

（4）按矿料级配类型分类，沥青混合料可分为连续级配、开级配和间断级配等。

沥青混合料作为高等级公路最主要的路面材料，是因为其具有许多其他土木工程材料无法比拟的优越性，具体表现在以下几个方面：

（1）具有良好的力学性质和路用性能，铺装的路面平整无接缝，减震吸声，行车较为舒适。

（2）沥青混合料路面有一定的粗糙度，且无强烈反光，雨天具有良好的抗滑性。

（3）施工方便，速度快，不需要较长的养护期，可及时开放交通。

（4）沥青混合料路面可分期改造和再生利用。随道路交通量的增大，可对原有的路面拓宽和加厚。对旧有的沥青混合料，可运用现代技术，再生利用，以节约原材料。

但沥青混合料也存在高温稳定性和低温抗裂性不足的问题。

（二）沥青混合料组成结构

沥青混合料是由矿料骨架和沥青胶结料所组成的，具有空间网络结构的一种分散系统。在此系统中，沥青为分散介质，它在高温下为可流动的液体，从而赋予沥青混合料流动性；而它在常温下为固体，从而起到胶结作用。矿料在混合料中为分散相，主要起骨架和填充作用。矿料骨架是由不同粒径的矿质颗粒，即粗骨料（碎石或轧制砾石）、细骨料（砂、石屑）以及矿粉所构成的密实矿质混合料。良好的矿料骨架级配可减少沥青胶黏材料的用量，且改善混合料的体积稳定性。在一定条件下，沥青中的活性组分还能与矿料表面物质产生化学作用，从而进一步提高界面性能。按照沥青混合料矿料级配组成特点，可以将沥青混合料分为悬浮密实结构、骨架空隙结构及骨架密实结构。

1. 悬浮密实结构

在采用连续密级配矿料配制的沥青混合料中，由大到小的矿料颗粒在数量上呈现一定的比例关系，粒径较大的颗粒被粒径较小一档的颗粒挤开，不能直接接触形成嵌挤骨架结构，彼此分离悬浮于较小颗粒和沥青胶浆之间，而较小颗粒与沥青胶浆较为密实，形成了悬浮密实结构。我国常用的AC型沥青混合料是按照连续密级配原理设计的、典型的悬浮密实结构。

悬浮密实结构的沥青混合料经压实后，密实度较大，水稳定性、低温抗裂性和耐久性较好，是使用较为广泛的沥青混合料。但这种沥青混合料的结构强度受沥青性质及其状态的影响较大，在高温条件下使用时，由于沥青黏度降低，可能会导致沥青混合料强度和稳定性的下降。

2. 骨架空隙结构

当采用连续开级配矿料与沥青组成沥青混合料时，较粗颗粒集料彼此接触，形成互相嵌挤的骨架，但较细粒料数量较少，不足以充分填充骨架空隙，压实后混合料中的空隙较大，形成了所谓的骨架空隙结构。沥青碎石混合料（AM）和开级配磨耗层沥青混合料（OGFC）是典型的骨架空隙结构。

在形成骨架空隙结构的沥青混合料中，粗集料之间的嵌挤力对沥青混合料的强度和稳定性起着重要作用，结构强度受沥青性质和物理状态的影响较小，因而高温稳定性较好。但由于压实后的沥青混合料中剩余空隙率较大，渗透性较大，在使用过程中，气体和水分易进入沥青混合料内部，引发沥青老化或将沥青从集料表面剥落，因此这种结构的沥青混合料耐久性值得关注。

3. 骨架密实结构

当采用间断级配矿料时，在沥青混合料中既有足够数量的粗集料形成骨架，又根据粗集料骨架空隙的大小填入了足够的细集料和沥青胶浆，使之填满骨架空隙，形成较高密实度的骨架结构。这种结构兼具上述两种结构的优点，是一种较为理想的结构类型。沥青玛蹄脂碎石混合料（SMA）是一种典型的骨架密实型结构。

（三）沥青混合料技术要求

沥青混合料在使用过程中将承受外界车辆荷载反复作用及环境因素的作用，沥青混合料除了应具备一定的强度外，还需要具有足够的高温稳定性、低温抗裂性、水稳定性、抗老化性、抗滑性等技术性能。

1. 高温稳定性

高温稳定性是沥青混合料在夏季高温条件下，经受长期交通荷载作用，不产生显著永久变形，保障路面平整度的特性。我国现行标准采用马歇尔稳定度和流值作为评定沥青混合料高温稳定性的指标。由于马歇尔试验设备和试验方法较为简单，既是沥青混合料配合比设计的主要指标，也是沥青路面施工质量现场控制的主要指标，因此目前较多国家采用此方法。

马歇尔稳定度和流值的测定是用按规定方法击实成型的试件（直径 101.6 mm、高 63.5 mm 的圆柱体），在专用的马歇尔试验机上进行。试验时先将试件放入 60 ℃ 水中浸泡 30~40 min，然后将试件侧立在试验机的上下压头之间，并装好百分表（或专用流值表）后加载，以试块破坏时的极限荷载 N 和最大荷载时对应的压缩变形值（以 1/10 mm 为一个流值单位）为沥青混合料的马歇尔稳定度和流值。

影响沥青混合料高温稳定性的主要因素包括矿料级配、矿料性质、沥青黏度和沥青用量等。与悬浮密实结构的 AC 混合料相比，骨架密实结构的 SMA 混合料具有较高的抗车辙能力；沥青高温黏度越大，相应的沥青混合料抗高温变形能力越强；随着沥青用量增加，矿料表面的沥青膜增厚，自由沥青增加，从而导致在高温条件下，沥青混合料抗高温变形能力的降低。

对于一级公路、城市快速路和主干路沥青路面的上、中面层，还应进行抗车辙能力检验，以确定其动稳定度。

2. 耐久性

道路沥青混合料长期处于各种自然因素的作用下，要保证路面具有较长的使用年限，必须具备较好的耐久性。在组成材料品质、种类等条件一定时，影响沥青混合料耐久性的主要因素有沥青混合料的空隙率、耐水性以及沥青在混合料中的填隙率（沥青用量）。

空隙率是表征沥青混合料密实程度的指标，它直接影响混合料的力学性能和耐久性。对于一般建筑材料，强度和耐久性总随密实度增大而提高。但对于沥青混合料来说，由于沥青具有较大的热膨胀性和温度感应性，因此，保留一定限度的空隙率是必要的，以防止高温时体积膨胀而产生路面泛油现象和内摩阻角降低过多而降低抗滑性等。当然，空隙率过大也会对混合料的力学性能及耐久性产生不利影响。因此，对各类沥青混合料均有一个最佳的空隙率指标，可依照有关规范通过试验确定。

沥青混合料的耐水性主要取决于沥青材料与矿料表面的黏结力。在饱水后矿料与沥青黏附力降低，易发生剥落，同时引起体积膨胀等现象。评价沥青混合料耐水性的指标是残留稳定度，它被定义为浸水 48 h 和按常规试验的两种试件马歇尔稳定度的比值。

沥青的填隙率即沥青用量对路面使用寿命也有很大影响。沥青用量过少，混合料的塑性显著降低，空隙率增大，耐水性下降。另外，较大的空隙使沥青膜暴露在外，加速了老化作用。沥青过多则降低路面高温稳定性和抗滑性能。因此，对每一种确定矿料配合比的沥青混合料均有一个最佳沥青用量。沥青用量可参照有关规范，并通过试验确定。

除以上各项技术性质外，沥青混合料还有施工和易性、低温抗裂性以及抗滑性等技术性质。沥青混合料的低温抗裂性与抗疲劳性能有关。抗滑性则受混合料的级配组成、矿料表面特征硬度、黏结性能以及沥青用量的影响。影响施工和易性的主要因素是矿料级配、沥青用量等。

（四）沥青混合料设计方法简介

沥青混合料配合比设计包括实验室配合比设计、生产配合比设计和试拌试铺配合比调整三个阶段。本节主要介绍实验室配合比设计。

实验室配合比设计可分为矿质混合料配合组成设计和沥青最佳用量确定两部分。

1. 矿质混合料的组成设计

矿质混合料组成设计的目的，是选配一个具有足够密实度且有较高内摩阻力的矿质混合料。可根据级配理论，计算出需要的矿质混合料的级配范围。但为了应用已有的研究成果和实践经验，通常采用规范推荐的矿质混合料级配范围确定。

2. 确定沥青混合料的最佳沥青用量

沥青混合料的最佳沥青用量，可通过各种理论计算的方法求得。但由于实际材料性质的差异，按理论公式计算得到的最佳沥青用量，仍要通过试验方法修正，因此理论法只能得到一个供试验的参考数据。采用试验的方法确定沥青最佳用量，目前最常用的有F.N.维姆煤油当量法和马歇尔法。

我国现行国家标准规定的方法，是在马歇尔法和美国沥青学会方法的基础上，结合我国多年研究成果和生产实践总结发展起来的更为完善的方法。该法确定沥青最佳用量按以下步骤进行：

（1）按确定的矿质混合料配合比，计算各种矿质材料的用量。

（2）按规定的方法测定试件的密度，并计算空隙率、沥青饱和度、矿料间隙率等物理指标，进行体积组成分析。

（3）进行马歇尔试验，测定马歇尔稳定度及流值、空隙率、密度及饱和度等物理力学性能指标。选择的沥青用量范围应使密度及稳定度曲线出现峰值。以沥青用量为横坐标，测定的各项指标为纵坐标，分别将试验结果点放入图中并连成圆滑的曲线。

（4）从图中求取相应于密度最大值的沥青用量为 a_1、相应于稳定度最大值的沥青用量 a_2 及相应于规定空隙率范围的中值（或要求的目标空隙率）的沥青用量 a，取三者平均值作为最佳沥青用量的初始值。再按《沥青路面施工及验收规范》（GB 50092—96）的规定对初始值进行调整计算。同时还应检验高温稳定性及水稳定性，必要时还要调整配合比。经配合比设计确定的混合料的技术指标应符合如表10.7的规定。

表10.7 热拌沥青混合马歇尔试验技术指标

试验项目	沥青混合料类型	高速公路、一级公路 城市快速路、主干路	其他等级公路 与城市道路	行人道路
击实次数/次	沥青混凝土 沥青碎石、抗滑表层	两面各75 两面各50	两面各50 两面各50	两面各35 两面各35
稳定度/kN	Ⅰ型沥青混凝土 Ⅱ型沥青混凝土 抗滑表层	>7.5 >5.0	>5.0 >4.0	>3.0 —
流值/(1/10 mm)	Ⅰ型沥青混凝土 Ⅱ型沥青混凝土 抗滑表层	20~40 20~40	20~45 20~45	20~50 —
空隙率/%	Ⅰ型沥青混凝土 Ⅱ型沥青混凝土 抗滑表层、沥青碎石	3~6 4~10 >10	3~6 4~10 >10	2~5 —
沥青饱和度/%	Ⅰ型沥青混凝土 Ⅱ型沥青混凝土 抗滑表层、沥青碎石	70~85 60~75 40~60	3~6 4~40 >10	70~90 —
残留稳定度/%	Ⅰ型沥青混凝土 Ⅱ型沥青混凝土 抗滑表层	>75 >70	>75 >70	>75 —

注：① 粗粒式沥青混凝土稳定性可降低1 kN。
② Ⅰ型细粒式及砂粒式沥青混凝土的空隙率为2%~6%。
③ 沥青混凝土混合料的矿料间隙率（VMA）宜符合表10.8的要求。
④ 当沥青碎石混合料试件在60 ℃水中浸泡即发生松散时，可不进行马歇尔试验，但应测定密度、空隙率、沥青饱和度等指标。
⑤ 稳定度可根据需要采用浸水马歇尔试验或真空保水后浸水马歇尔试验进行测定。

表 10.8　矿料间隙率要求

最大集料粒径/mm	方孔筛	37.5	31.5	26.5	19.0	16.0	13.2	9.5	4.75
	圆孔筛	50	35 或 40	30	25	20	15	10	5
VMA ≥		12	12.5	13	14	14.5	15	16	18

二、沥青砂浆

（一）沥青砂浆的定义及用途

沥青砂浆是一种常用的建筑材料，主要由沥青和矿物料、砂、水等组成，是一种具有胶性特点、易于施工和维护的材料。沥青是一种石油加工产物，具有质地柔软、黏稠的特点，是沥青砂浆中的黏合剂。沥青砂浆中的砂和石子则用来填充沥青空隙、增强沥青砂浆的强度和稳定性。它广泛应用于道路、桥梁、隧道、机场跑道、港口码头等工程中，具有良好的防水、防腐、耐久性、吸声性、防滑性等特点。

（二）国内外沥青砂浆的标准

国内沥青砂浆的标准主要包括《公路工程沥青砂浆技术规范》（JTJ 057—2000）和《公路骨料沥青混合料与沥青砂浆试验规程》（JTJ 058—1999）等。其中：JTJ 057—2000 规定了沥青砂浆的常见配合比例、制作工艺、砂纸比等方面的要求；而 JTJ 058—1999 则规定了沥青砂浆的试验方法、试验参数和试验结果的判定标准。

国外沥青砂浆的标准主要包括美国 ASTM、英国 BS、欧洲 EN 等。以 ASTM 为例，其 D 3128—94 规范了沥青砂浆的标准分类、机械性能测试方法和固化性能要求等。

（三）沥青砂浆的基本性能和配合比例

沥青砂浆的主要性能包括黏附性、流动性、耐久性等。配合比例也是沥青砂浆制备中不可或缺的一部分，沥青砂浆的配合比根据不同的用途和要求可以有所不同，但一般沥青、砂和石子的比例大致如下：

（1）高速公路路面：沥青 100 kg，石子 200~500 kg，砂 100~300 kg。

（2）市政道路路面：沥青 100 kg，石子 300~500 kg，砂 100~200 kg。

（3）停车场、车库等场地：沥青 100 kg，石子 300~500 kg，砂 100~300 kg。

同时需要注意的是，在混合沥青砂浆时，沥青的质量应该占总质量的 5%~10%，砂的含量应该控制在 25%~40%，而石子的含量应该控制在 40%~50%。

（四）沥青砂浆的注意事项

（1）沥青砂浆的制作温度应该控制在 150~160 ℃ 之间。

（2）在混合沥青砂浆时，应该保持材料的相对湿度在 4%~6% 之间，以保证沥青的黏性。

(3)砂和石子的粒径应该控制在 3~5 mm 之间,以保证沥青和石子之间的紧密度。

三、水泥乳化沥青砂浆

水泥乳化沥青砂浆(Cement Emulsified Asphalt Mortar,CA 砂浆)是高速铁路板式无砟轨道的关键结构层之一,由水泥、乳化沥青、细骨料、水和多种外加剂等组成,经水泥水化硬化与沥青破乳胶结共同作用而形成的一种新型有机无机复合材料,起着调整、支承、传载、减振和吸振的功能。无机水泥基材料具有较大的刚性和高抗压强度,但变形能力有限;而有机沥青材料展现出更大的柔性和延展性,尽管其抗压强度较低。将这两者结合,水泥乳化沥青砂浆表现出独特的力学性能:其抗压强度和弹性模量适中,同时拥有较高的延展性和弹韧性。这些特性在很大程度上取决于复合胶凝基体中水泥水化物与沥青的体积比例。

(一)CA 砂浆材料组成

水泥乳化沥青砂浆是由乳化沥青和水泥胶结砂形成的具有优良弹韧性的砂浆,其主要组成包括特定类型的硅酸盐水泥、快硬硫铝酸盐水泥、阳离子型和阴离子型乳化石油沥青或乳化改性石油沥青、细度模数为 1.6~1.8 的河砂或机制硅砂、混凝土拌和用水以及多种专用添加剂。这些添加剂包括消泡剂、引气剂、发泡剂、膨胀剂、减水剂和增稠剂等,以满足特定的施工要求。为提高施工效率,这些材料会根据其物理状态在工厂预制成液体和固体形态,其中液体材料主要是乳化沥青,而固体材料则是以水泥和细砂为主的干粉料。

1. 乳化沥青

乳化沥青在强碱性的水泥浆体中是稳定的,乳液类型可以是阳离子型、阴离子型或非离子型。乳化剂主要是一些常用的表面活性剂,如季铵盐、高元醇的硫酸酯、聚乙氧基烷基醚等。所用基质沥青主要是针入度为 80~100 的直馏沥青。工程应用中低弹性模量 CA 砂浆常采用阳离子型乳化沥青,其固体含量均要求在 60% 左右。

2. 水 泥

水泥乳化沥青砂浆所用水泥主要是硅酸盐水泥和掺混合材的复合硅酸盐水泥,为提高凝结硬化速度,也可采用快硬水泥,如硅酸盐水泥与铝酸盐水泥组成的混合水泥。

3. 细骨料

水泥乳化沥青砂浆所用细骨料为河砂或机制硅砂,细度模数为 1.6~1.8。

4. 膨胀剂

水泥乳化沥青砂浆膨胀剂主要采用煅烧合成的硫铝酸钙和氟铝酸钙或二者混合的矿物粉末、石灰粉末,其细度要求为 4 000~10 000 cm^2/g。

5. 发泡剂

水泥乳化沥青砂浆发泡剂主要采用铝粉、氮化铝、锌粉、锡粉、硅钙合金等粉末或其混合物。除这些基本组分材料外，还有一些因改善某项性能所需的添加剂，如消泡剂、电解质、增稠剂、减水剂、调凝剂、纤维材料和 P 乳剂（聚合物乳液）等等。

（二）CA 砂浆的评价指标

为使砂浆垫层满足板式无砟轨道结构的要求，水泥乳化沥青砂浆必须具有以下四方面的性能：

（1）施工性能：流动性、稳定性、匀质性、可工作时间等。
（2）物理性能：单位体积质量、含气量、膨胀率等。
（3）力学性能：抗压强度、弹性模量、延展性等。
（4）耐久性能：抗冻性、耐候性、抗水性等。

这些性能是相互关联、相互影响的，弹性砂浆垫层的力学性能与耐久性能不但取决于水泥乳化沥青砂浆的组成与配比，而且在很大程度上取决于施工性能与现场施工质量控制。《水泥乳化沥青砂浆暂行技术条件》（科技基〔2008〕74 号）规定的技术性能指标要求见表 10.9。

表 10.9 水泥乳化沥青砂浆的性能指标要求

序号	项目		单位	指标要求
1	砂浆温度		℃	5～40
2	流动度		s	18～26
3	可工作时间		min	≥60
4	含气量		%	8～12
5	单位容积质量		kg/cm³	>1.3
6	抗压强度	1 d	MPa	>0.10
		7 d		>0.70
		28 d		>1.80
7	弹性模量（28 d）		MPa	100～300
8	材料分离度		%	<1.0
9	膨胀率		%	1.0～3.0
10	泛浆率		%	0
11	抗冻性			300 次冻融循环试验后，相对动弹模量不得小于 60%，质量损失率不得大于 5%
12	耐候性			无剥落、无开裂、相对抗压强度不低于 70%

(三) CA 砂浆的技术要求

目前,我国水泥沥青砂浆的应用已经分化出两种主要类型,分别为适用于 CRTS I 型板式无砟轨道的 CRTS I 型 CA 砂浆以及适用于 CRTS II 型板式无砟轨道的 CRTS II 型 CA 砂浆。这两种砂浆在构造和性能上存在一些差异,其比较情况已在表 10.10 中详细列示。CRTS I 型 CA 砂浆和 CRTS II 型 CA 砂浆在技术要求方面也各有侧重,具体内容分别见表 10.11 和表 10.12。

表 10.10 CRTS I 型 CA 砂浆和 CRTS II 型 CA 砂浆的比较

砂浆类型	有机物含量	组成	乳化沥青	性能特点
CRTS I 型	30%	水泥和乳化沥青的用量相当	阳离子型	强度、弹性模量低;环境敏感度高
CRTS II 型	≤15%	以无机材料为主	阴离子型	强度弹性模量高;性能主要是水泥的基本特征

表 10.11 CRTS I 型 CA 砂浆的技术要求

序号	项目		单位	指标要求
1	砂浆温度		°C	5~40
2	流动度		s	18~26
3	可工作时间		min	≥30
4	含气量		%	8~12
5	表观密度		kg/m³	>1 300
6	抗压强度	1 d	MPa	>0.10
		7 d		>0.70
		28 d		>1.80
7	弹性模量(28 d)		MPa	100~300
8	材料分离度		%	<1.0
9	膨胀率		%	1.0~3.0
10	泛浆率		%	0
11	抗冻性			300 次冻融循环试验后,相对动弹模量不得小于 60%,质量损失率不得大于 5%
12	耐候性			无剥落、无开裂、相对抗压强度不低于 70%

表 10.12 CRTS Ⅱ 型 CA 砂浆的技术要求

序号	项目	单位	性能指标要求	
1	拌合物温度	°C	5~35	
2	扩展度	—	$D_5 \geqslant 280$ mm 和 $t_{280} \leqslant 16$s $D_{30} \geqslant 280$ mm 和 $t_{280} \leqslant 22$s	
3	流动度	s	80~120	
4	分离度	%	≤3.0	
5	含气量	%	≤10.0	
6	单位容积质量	kg/m³	≥1 800	
7	膨胀率	%	0~2.0	
8	抗折强度	MPa	1 d	≥1.0
			2 d	≥2.0
			28 d	≥3.0
9	抗压强度	MPa	1 d	≥2.0
			2 d	≥10.0
			28 d	≥15.0
10	弹性模量(28 d)	MPa	7 000~10 000	
11	抗冻性(28 d)	—	外观无异常,剥落量≤2 000 g/m,相对动弹模量大于等于60%	
12	抗疲劳性(28 d)	—	10 000 次不断裂	

水泥乳化沥青砂浆(CA 砂浆)凭借其优良的力学性能和耐久性,在高速铁路、市政道路、油田固井工程、水库大坝等多个工程领域发挥着重要作用。

1. 高速铁路的无砟轨道

在高速铁路建设中,水泥乳化沥青砂浆被用作无砟轨道板与混凝土底座之间的填充材料。它能够有效地传递和分散轨道荷载,调整轨道几何形态,提供弹性支撑并减小轮轨动力作用,确保高速列车的平稳、安全运行。

2. 市政道路与油田固井工程

水泥乳化沥青砂浆也常应用于市政道路和油田固井工程中。在市政道路中,它可以用作路面修补和加固材料,提高道路的承载能力和耐久性。在油田固井工程中,水泥乳化沥青砂浆则用于填充井壁与套管之间的环空,提高井筒的密封性和稳定性。

3. 水库大坝等混凝土结构缝隙处理

对于水库大坝等重要的混凝土结构,缝隙的处理至关重要。水泥乳化沥青砂浆能够作为优质的填缝材料,填充混凝土结构中的缝隙,防止水的渗透和侵蚀,确保大坝的安全运行。

4. 高防腐和耐磨性能要求的地面

在一些对防腐和耐磨性能要求较高的地面，如化工厂、仓库等场所，水泥乳化沥青砂浆可以作为地面涂层材料使用。它能够形成一层坚硬、耐磨、耐腐蚀的保护层，有效延长地面的使用寿命。

第三节 防水材料

一、防水材料概述

建筑物和构筑物的防水是靠具有防水功能的材料（即防水材料）来实现的。通常是在结构的表面设置一层具有隔水作用的防水层，或通过改善和提高结构本身的抗渗性能，来达到隔绝水的浸入和避免渗漏的目的。

（一）防水材料的发展

早期的建筑防水材料是以天然材料为主，或对天然材料进行简单加工后制成，比如砖瓦、灰土等。近代防水材料则是从天然沥青的应用开始，后又使用炼油厂的石油沥青渣为原料制成油毛毡（沥青卷材），以及对沥青进行乳化后制成防水涂料使用。

由于沥青具有一定的高温软化和流淌、低温变脆断裂的特点，因此，从 20 世纪 60 年代开始，世界各国开始开发出 SBS（热塑丁苯橡胶）和 APP（无规聚丙烯）等改性沥青卷材以及各种合成高分子防水卷材。经过多年的持续改进和发展，目前防水卷材仍然是在各类工程中占主导地位的防水材料。

此外，各类新型高分子、橡胶类防水涂料和密封材料、堵漏材料以及混凝土自防水材料，也在工程实践中得到不断的发展和应用，推动了防水工程应用技术的进步。

由于多样化的防水材料种类，其性能和品质也各不相同，也导致了在实际工程中对防水材料进行选用的困难。只有了解各种防水材料的特性、适用条件等，才能正确、合理地使用防水材料，并结合设计、施工、管理等方面的措施和要求，综合达成可靠、合理、耐久和经济的防水目标。

（二）防水材料的分类

防水材料的分类方法很多，从不同的角度和要求，有不同的归类结果，比如按材料性质可以分为刚性防水材料、柔性防水材料和粉状防水材料（糊状），按材料形态可以分为防水卷材、防水涂膜、密封材料、防水混凝土和砂浆等，按组成材料的物理和化学性能及组成特点可以划分为橡胶型防水材料、树脂类防水材料、渗透结晶型防水材料等。为了便于工程选用，目前防水材料主要按其材性和外观形态分为防水卷材、防水涂料、密封材料、刚性防水材料、堵漏材料和板瓦防水材料六个大类。表 10.13 按以上分类方法，列出了在轨道交通土建工程中常用的一些防水材料品类示例，板瓦防水材料主要用于坡屋面的防水，暂时未列入表中。

表 10.13 防水材料分类

类别	品种	材料类型	品名示例
防水卷材	聚合物改性沥青卷材	弹性体改性	SBS 改性沥青卷材
		塑性体改性	APP 改性沥青卷材
	合成高分子卷材	橡胶类	三元乙丙橡胶卷材（EPDM）
		橡塑类	氯化聚乙烯卷材（CPE）
			热塑性聚烯烃卷材（TPO）
		树脂类	聚氯乙烯卷材（PVC）
			乙烯-醋酸乙烯共聚物卷材（EVA）
			高密度聚乙烯卷材（HDPE）
			低密度聚乙烯卷材（LDPE）
	其他	金属卷材	合金防水卷材
		粉毡	膨润土防水毯
防水涂料	合成高分子涂料	橡胶类	硅橡胶涂料
			聚氨酯涂料
			聚脲涂料
		树脂类	丙烯酸涂料
			环氧树脂涂料
			丙烯酸盐涂料
		复合型	聚合物水泥涂料（JS）
防水涂料	聚合物改性沥青涂料	溶剂型	SBS 改性沥青涂料
			丁基橡胶改性沥青涂料
		水乳型	水乳型 SBS 改性沥青涂料
		热熔型	非固化橡胶沥青涂料
密封材料	不定型	合成高分子密封材料	硅酮密封胶
			聚硫密封胶
			聚氨酯密封胶
	定型	合成高分子密封材料 橡胶类	橡胶止水条带/弹性密封垫
			遇水膨胀止水条带
		树脂类	塑料止水带
		金属止水带	镀锌钢板止水带

315

续表

类别	品种	材料类型	品名示例
刚性防水材料	防水混凝土/砂浆		普通防水混凝土
		内掺式	外加剂防水混凝土/砂浆
			聚合物防水混凝土/砂浆
		外涂式	有机硅防水剂
			硅烷防水剂
			渗透结晶型防水涂料
堵漏材料	灌浆（注浆）材料	水泥类	超细水泥
			水泥-水玻璃双液浆
		高分子类	聚氨酯
			环氧树脂
			丙烯酸盐
	抹面材料	水泥类	快凝快硬水泥
			速凝无机堵漏材料

（三）防水层的基本性能要求

在防水工程中，构造"层次"的概念非常重要。以图10.6所示的明挖法地下结构底板为例，其构造层次是非常清晰的，每一个层次都具有相对明确的功能要求，综合形成一个有机的防水系统。其中，防水层（成品）是由防水材料（原料）通过铺贴（卷材）、涂刷（涂料）等方式所形成的一个具有防水功能的功能层次，保证在有限使用年限内不发生渗水。

防水层通常不一定是一种单一材料所形成的。它是根据结构的防水等级，综合采用一种或多种材料复合形成的。一般来说，防水层应满足封闭结构基层、毛细孔和微细裂纹的要求，既与基层能牢固黏结，又能适应基层变形的影响，还要能抵抗施工过程中外力的穿刺，以及在运营条件下保持良好的耐久性。

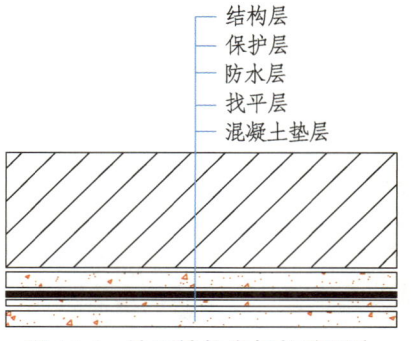

图 10.6 地下结构底板构造层次

二、防水材料类型与特点

不同类型的防水材料，由于各自的形式与特点不同，在防水系统中发挥的作用和防水原理也有区别。比如外贴（卷材）或外涂（涂料）的柔性防水层，其防水原理是通过防水材料的致密性和防水层的连续性，将水阻隔在结构外面，以避免形成对结构的侵害；而刚性防水材料则主要是通过改变混凝土的微观孔隙结构，使得渗水更难通过，从而避免出现结构内的渗漏。因此，需要了解防水材料的主要类型及各自的特点，才能在实际工程中正确地选用，综合达成防水目标。

（一）防水卷材

如表 10.13 所示，卷材主要包括聚合物改性沥青防水卷材和合成高分子防水卷材。在防水工程中，主要是利用卷材的不透水性能（抗渗性），来形成一道致密、耐水、连续的防水层，发挥对结构的防护作用。

1. 聚合物改性沥青防水卷材

石油沥青具有优良的防水抗渗和耐腐蚀功能，长期以来是世界各国生产沥青系防水材料的重要原料。但是，其在使用中也存在一些致命的弱点，比如温度升高时软化流淌，温度下降时变硬发脆。因此，为了克服其性能上的不足，目前通常使用橡胶、树脂等对沥青进行改性，并以聚酯纤维无纺布或玻璃纤维布为胎体，以砂粒、页岩片或聚乙烯膜等为覆面材料制成改性沥青防水卷材（图 10.7）。

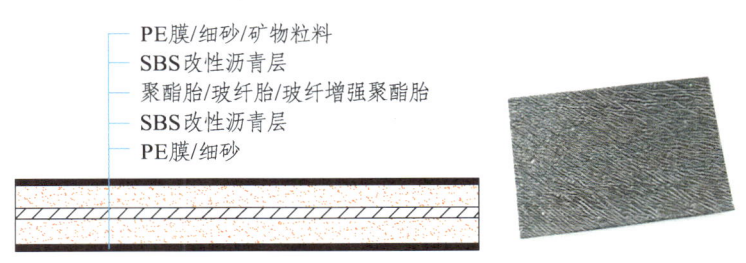

图 10.7 SBS 改性沥青防水卷材组成

（1）SBS 改性沥青防水卷材。橡胶是沥青的重要改性材料，这是由于沥青和橡胶的混溶性比较好，可使沥青具有橡胶的很多优点，从而改善沥青的低温冷脆、高温流淌的性能。在防水领域，主要采用合成橡胶和废旧橡胶对沥青进行改性，其中合成橡胶主要有：丁一烯-苯乙烯-丁二烯（SBS）橡胶、丁基橡胶、丁苯橡胶、氯丁橡胶等。SBS 改性沥青防水卷材目前使用的比例相对较大，其主要是利用 SBS 橡胶（一种不需要硫化的热塑性弹性体）、无机填料、溶剂油和增塑剂等成分，对沥青的性能进行综合改进。

（2）APP 改性沥青防水卷材。无规聚丙烯（APP）是沥青改性用树脂中与沥青混溶性最好的品种之一，具有良好的化学稳定性。APP 最大的特点是分子中极性碳原子极少，因而单键结构不易解聚，耐紫外线照射和老化性能优良，可明显改善沥青的稳定性、感温性、柔韧性和耐老化性。

2. 合成高分子防水卷材

合成高分子防水卷材是以合成橡胶、合成树脂或两者的共混体为基料，加入适量的化学助剂和填充剂等，采用橡胶或塑料的加工工艺所制成的可卷曲的片状防水材料。目前常用的合成高分子防水卷材包括三元乙丙橡胶防水卷材（EPDM）、聚氯乙烯-橡胶共混防水卷材（CPE）、聚氯乙烯防水卷材（PVC）、热塑性聚烯烃卷材（TPO）等。部分合成高分子防水卷材的实物示例如图10.8所示。

（a）三元乙丙　　　　　（b）聚氯乙烯　　　　　（c）热塑性聚烯烃

图10.8　常见合成高分子防水卷材

这类材料通常具有如下特点：

（1）拉伸强度和抗撕裂强度高。合成高分子防水卷材的拉伸强度一般都在3 MPa以上，最高的拉伸强度可达到10 MPa，同时其撕裂强度一般也在20 kN/m以上，具有良好的力学性能。

（2）断裂伸长率大。合成高分子防水卷材的断裂伸长率一般都在200%以上，最高可达500%，可以适应结构伸缩或开裂变形的需要。

（3）耐热性和低温柔性好。合成高分子防水卷材的耐热度在100 °C以上，同时在低温 −20 °C 以下还具有柔性，适宜用于高温和寒冷地区使用。

（4）耐腐蚀和老化性能优异。合成高分子防水卷材具有耐酸、碱、盐等化学物质的侵蚀作用优异的性能，同时也具有较好的耐臭氧、耐紫外线、耐气候老化等性能。

3. 自粘防水卷材

随着防水理念的更新，在常规防水卷材的基础上，可以与结构主体之间形成"皮肤式防水"效果（图10.9）的自粘防水卷材近年来得到了较广泛的应用。根据生产原料、产品规格、使用条件等不同，自粘防水卷材又可分为有胎与无胎、单面自粘与双面自粘、聚合物改性沥青与合成高分子等产品类型（图10.10）。

图 10.9　皮肤式防水效果

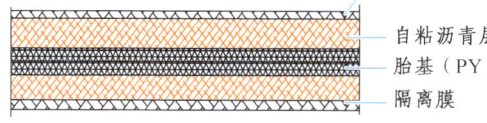

（a）有胎自粘防水卷材

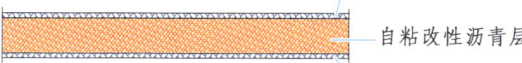

（b）无胎自粘防水卷材

图 10.10　聚合物改性沥青自粘防水卷材组成

以聚合物改性沥青双面自粘防水卷材为例，它一般包含表面隔离膜层、自粘胶料层、改性沥青层、胎体层等。各层的作用也比较明确：隔离膜在卷材的生产、运输及施工过程中，对卷材的自粘胶料层起到防止失效的保护作用；自粘胶料层是使卷材保持与基面良好黏结的主要作用层，同时也可以吸收一定的基面变形，起到蠕变缓冲的作用；改性沥青层是主要的防水控制层，同时具有一定的自愈能力；胎体层的主要作用是使得卷材具有一定的抗拉强度，保持卷材的整体完整性。

（二）防水涂料

防水涂料是无定形材料，通过在现场涂覆（刷、刮、抹、喷）施作，可在结构物表面固化形成具有防水能力的膜层材料（图 10.11），也称为涂膜防水材料。与防水卷材相比，其优点是对复杂形状基面的适应性好，施工操作简单易行、可形成无接缝的连续防水膜层，防水效果好、后期渗漏点查找容易等。同时，其膜层成型过程及成膜性能受到环境温度和湿度等因素的制约，与基面的粘贴受到基面平整度、洁净度、干燥度等因素的影响。此外，膜层的厚度也可能受到施工的影响出现厚薄不均的现象。

图 10.11 防水涂料涂刷施工

1. 防水涂料的种类

建筑防水涂料按使用行业分为建筑工程防水涂料、民用家装防水涂料、道桥防水涂料、隧道防水涂料等；根据涂料的液态类型，可把防水涂料分为溶剂型、水乳型、反应型三种；根据涂料组分不同，一般可分为单组分防水涂料和双组分防水涂料两类；按照涂料的主要成膜物质不同，可分为合成高分子类（又可再分为合成树脂类和合成橡胶类）、高聚物改性沥青类（亦称橡胶沥青类）、沥青类、聚合物水泥类、水泥类。建筑防水涂料的分类如图 10.12 所示。

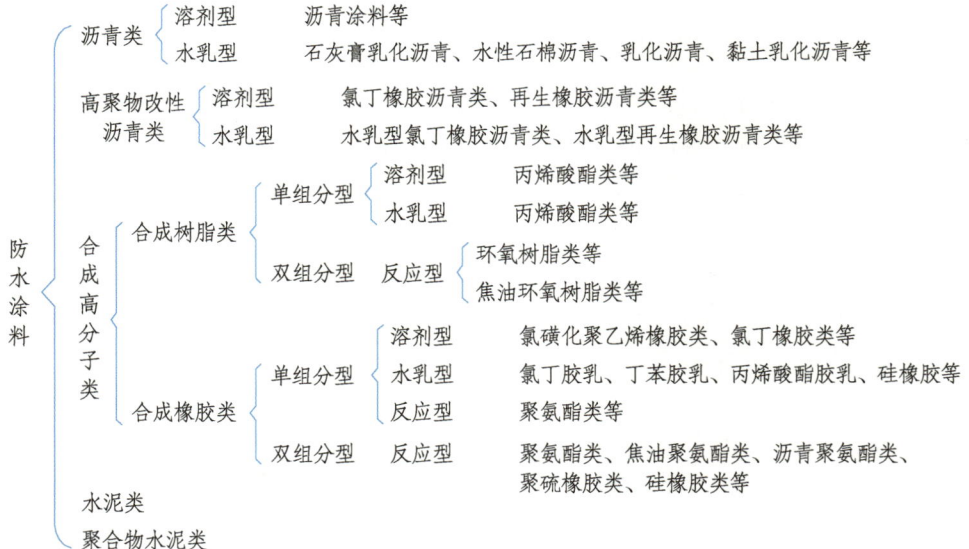

图 10.12 防水涂料分类（按成膜物质）

各类防水涂料的主要性能特点为：

（1）树脂类：主要成膜物质为高分子材料，此类材料在室温下具有较高的抗拉强度和较大的延伸率，但低温时材料的脆性增加，抗拉强度大幅度地提高，而延伸率大幅度降低。

（2）橡胶类材料：主要成膜物质为橡胶类材料，其力学性能呈现出橡胶材料特性，其力学性能在很宽的温度范围内，具有较高的伸长率和抗拉强度。

（3）橡胶改性沥青类：主要成膜物质为沥青，通过橡胶类聚合物对其进行改性，可以不同程度地提高沥青质材料的耐温性、低温柔性和弹性。

（4）沥青类：主要成膜物质为沥青，通过不同类别的填料进行改性，可以不同程度地改善沥青质材料的高温流淌性与低温脆性。

（5）聚合物水泥类：主要成膜物质为高分子材料，通过聚合物与无机水硬性材料的复合，可提高与无机质材料的黏合性能、增加透气性、缩短水性高分子材料的固化成膜时间。

（6）水化反应类：以无机材料水化成膜为主。

2. 防水涂料的成膜机理

可将防水涂料按组分分成单组分和双（多）组分来进行阐述，通常将其成膜机理主要分别为溶剂型、水乳型、反应型三种，此外还有热熔型（如非固化橡胶沥青防水涂料）。

（1）单组分防水涂料的成膜机理主要有：① 施作后材料组分中的水或者溶剂挥发后，形成紧密堆积的固体微粒层而成膜（水乳型、溶剂型）；② 施作后依靠材料中所含的反应型基团与空气中的湿气发生反应而固化成膜（反应型）；③ 常温下材料为固体或黏滞体，通过加热熔化施工，冷却后恢复固体或黏滞状态形成涂膜防水层。

（2）双（多）组分防水涂料则主要是通过材料的两（多）种组分在混合后聚合交联成膜，成膜过程通常是一个化学过程，或者有时是物理-化学的混合过程，通常存在放热现象（反应型）。

3. 喷涂（膜）型防水涂料

随着施工装备和施工技术的进步，近年来一些涂料也转为采用机械喷涂成膜的方式施作，代表性的材料包括聚脲、聚丙烯酸盐、喷涂速凝橡胶沥青等。这类材料典型的特点是通常至少为2个组分，通过在喷枪内或空气中混合后快速发生反应，在喷涂至基面时聚合固化成膜（图10.13）。这种机械喷涂的方式大大提高了涂膜防水层的施工效率，能快速形成无缝衔接且与基面密贴的连续防水层，提高了防水层的质量，将是未来防水材料和技术发展的重要方向。

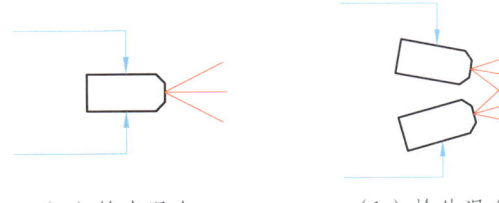
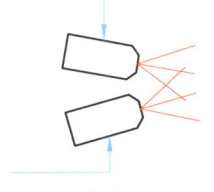

（a）枪内混合　　　　（b）枪外混合　　　　（c）喷涂施作实例

图 10.13　喷涂（膜）防水原料混合方式及施工实例

（三）密封材料

密封材料一般用于结构的接缝（施工缝、变形缝）、管道接头等细部节点部位的防水处理。密封材料应具有良好的黏结性、防水性、弹性、耐候性，并能经受其黏结构件的伸缩、变形与振动。

1. 密封材料的种类

通常可按材料外观形状，将密封材料分为定型密封材料和不定型密封材料两大类（图10.14）。定型密封是指根据密封工程的要求，在工厂内预制成带、条、垫形状的密封材料，代表性产品类型是止水带（橡胶止水带、塑料止水带、金属止水带、复合止水带）、止水条（遇水膨胀橡胶止水条、自粘止水条、膨润土止水条）、密封垫及密封圈等。不定型密封材料，即通常所称的密封胶、密封膏、密封剂等，在施工现场混合均匀，灌入或挤入结构接缝部位后固化成型。

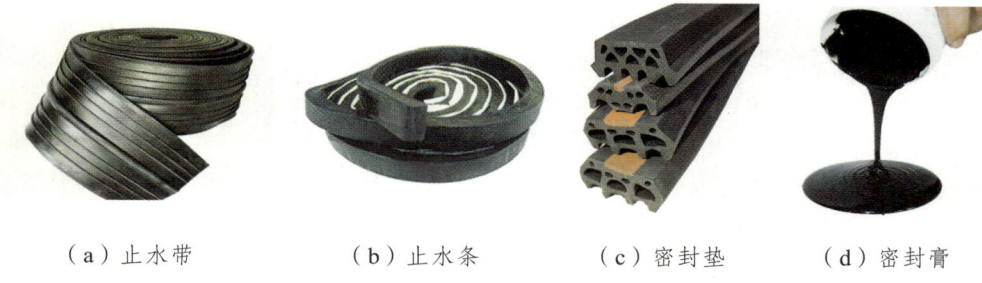

（a）止水带　　　（b）止水条　　　（c）密封垫　　　（d）密封膏

图10.14　常见密封材料类型示例（按外观形状分类）

按材质，密封材料又可以分为沥青类、改性沥青类和高分子类三大类；从性能上，可以分为高模量、中模量和低模量密封材料；从产品用途上，可以分为混凝土接缝密封材料、卷材搭接密封材料、结构密封材料和非结构密封材料等。

2. 不定型密封材料

不定型密封材料也称为非定型密封材料，按组分可以分为单组分、双组分和多组分，目前常用的材料成分包括硅酮密封胶、聚硫密封胶和聚氨酯密封胶等。这类不定型密封材料主要用于结构接缝等部位的填充、密封和黏结，因此需要有较好的黏性和较大的变形适应能力，以及长时间暴露在自然环境中的良好耐久性。

3. 定型密封材料

定型密封材料通常采用橡胶类材质或以橡胶为基材的复合材质，在工厂预制成具有一定形状和尺寸的止水带、止水条、密封垫及密封圈，利用橡胶的高弹性和压缩变形性，在各种荷载作用下产生压弹变形，起到紧固密封、减振缓冲和密封止水等作用。在结构的接缝部位，根据需要，定型密封材料也可以与不定型密封材料复合使用，综合达到接缝密封和防水的效果（图10.15）。

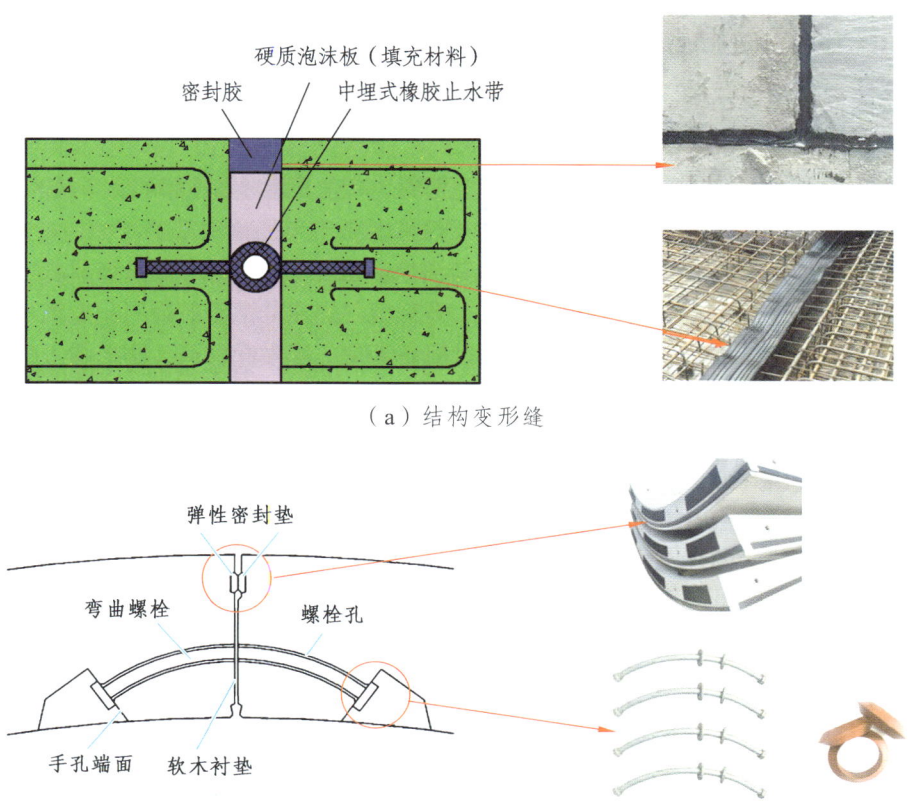

图 10.15 常见密封材料应用示例

随着高分子材料的发展，遇水膨胀橡胶研制成功，开拓了一条新的止水密封途径。它具有优良的弹性、延伸性，并具有一定的遇水膨胀的性能（体积膨胀率往往能到200%），起到"双重止水"的效果（图 10.16）。但这种材料也有不足之处，比如压缩和拉伸强度较低、制造工艺复杂等，因此往往与橡胶复合使用。

图 10.16 遇水膨胀止水条

(四)刚性防水材料

刚性防水是指通过调整混凝土配合比或加入少量外加剂,抑制或减少结构混凝土的孔隙发育或微观孔结构特征,使混凝土内部细致密实,或者对混凝土结构进行表面处理使水分子难以通过,从而达到防水要求的技术。

1. 防水混凝土

普通混凝土是一种非均质多相材料,其内部存在较多贯通的微细孔隙和界面过渡区(图10.17),因而其防水功能通常较弱。防水混凝土是指采取一定的技术手段,调整配合比或掺入少量外加剂,改善混凝土孔结构及内部界面的密实性,或补偿混凝土的收缩以提高混凝土结构的抗裂抗渗性能,以达到防水功能的一类混凝土。按技术路线的差异,防水混凝土又可以分为普通防水混凝土、外加剂防水混凝土、微膨胀防水混凝土、聚合物水泥防水混凝土等。

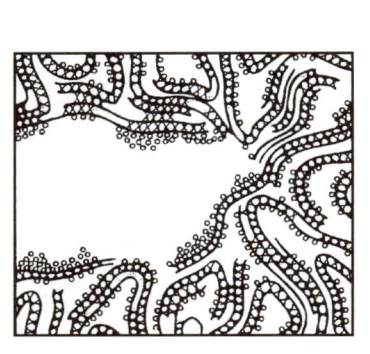
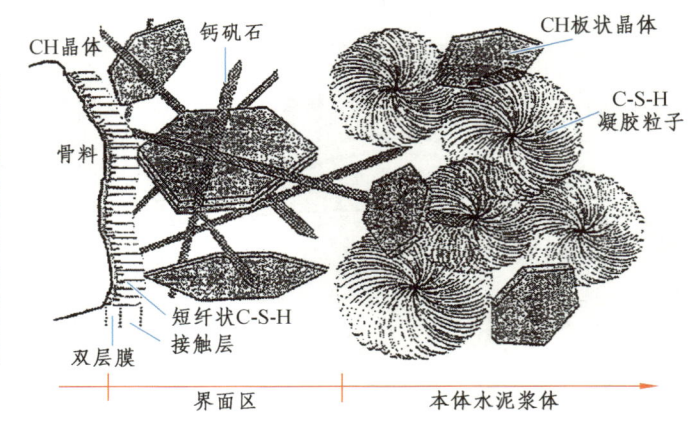

(a)纳米尺度的孔结构　　(b)骨料表面的界面过渡区

图10.17　混凝土微观结构示意图

(1)普通防水混凝土,是指通过适当增加砂率和水泥用量、控制水灰比的方法来提高混凝土的抗渗性,达到防水要求的混凝土。常见的一些调整配合比的控制指标包括:胶凝材料用量不宜小于320 kg/m³;水胶比不宜大于0.45,不应大于0.50;灰砂比为1:1.5~1:2.5;砂率宜为35%~40%,泵送混凝土宜为45%;泌水率不应大于6.5%;含气量不宜大于5.0%。

(2)外加剂防水混凝土,是指通过在混凝土中适当添加各种外加剂,对混凝土微观孔隙的大小、孔径分布、界面区连通性等进行改善,以提高其抗渗性能的混凝土。适用的外加剂包括引气剂、减水剂、早强剂(三乙醇胺)、防水剂(抗渗剂)和矿物掺合料等。

(3)微膨胀防水混凝土,是指采用膨胀水泥或掺加膨胀剂所配制的,在凝结硬化过程中产生一定的体积膨胀,补偿因干燥失水、温度变化等引起的体积收缩,抑制和减少收缩裂缝的产生,增强混凝土的密实性,从而满足防水工程需要的一类混凝土。目前,我国主要采用膨胀剂进行配制,在地下工程及超长结构的防水施工中应用比较广泛,但微膨胀混凝土往往需要在结构有约束的混凝土工程中使用,才能达成效果。

(4)聚合物水泥防水混凝土,是指采用有机和无机复合手段,在混凝土拌和过程中,加入一定量的高分子聚合物,利用聚合物对混凝土进行改性的一种防水混凝土。掺入的聚合物能在混凝土凝结硬化过程中脱水聚合并形成一定的聚合物网络,可在一定程度上堵塞水泥石孔隙,提高混凝土的抗裂性能及密实性,从而达到混凝土防水抗渗的目的。

2. 防水砂浆

防水砂浆是一种刚性防水层,又称为抹面防水,是混凝土结构自防水的辅助防水形式,通常是在混凝土表面抹一层或几层防水砂浆,利用砂浆的憎水性和密实性来达到防水的目的。防水砂浆主要适用于结构刚度较大、结构变形小、埋置深度不大,在使用时不会因结构沉降、温湿度变化以及受振动等产生有害裂缝的地面及地下防水工程。防水砂浆的实现方法与防水混凝土类似,因此也包括外加剂防水砂浆、聚合物防水砂浆、微膨胀防水砂浆等类型。

(1)外加剂防水砂浆,是指在水泥砂浆中掺入各种防水剂配制而成的一类防水砂浆。外加剂的掺入可在砂浆凝结硬化过程中,通过产生膨胀性产物、凝胶或不溶性物质,填充孔隙及堵塞毛细孔,增加砂浆的密实性或赋予砂浆一定的憎水性,以提高砂浆的不透水性和抗渗能力。

(2)聚合物防水砂浆,是指在砂浆中掺入一定量的聚合物乳液,以及稳定剂、消泡剂等助剂制成的一类防水砂浆。聚合物乳液可在水泥浆体内缩聚、交叉搭接成一个聚合物网络,在砂浆内有一定的胶结作用,可封闭砂浆内的连通孔隙。同时,聚合物网络一般具有一定的憎水性,能提高砂浆孔隙的固液接触角,从而有效降低砂浆的吸水率,使得砂浆的抗渗性得到提高。此外,聚合物还可以在一定程度上改善普通水泥砂浆的脆硬性和干缩性,使得砂浆的抗折性能、韧性、耐磨性及黏结性能等均较普通水泥砂浆优越。

(3)微膨胀防水砂浆,是指由膨胀水泥或掺加一定的膨胀剂而配制成的一类水泥砂浆,可产生一定的水化膨胀性产物,具有高密实性、高抗渗性等特点。

3. 其他刚性防水材料

随着技术的发展,一些新型的刚性防水材料也得到了一定范围的应用,大体上可以将这些刚性防水材料分为内掺式和外涂式两大类。内掺式材料与外加剂类似,通过掺入混凝土中,其中的活性物质参与水泥的水化过程,生成凝胶或结晶产物,以堵塞混凝土内的渗水通道;外涂式材料则主要是通过对混凝土结构的表面处理,材料(往往是水剂)深入混凝土一定深度,使得表层混凝土的微观孔隙和通道被水化产物堵塞,或者让混凝土表面具有一定的憎水性能,从而达到阻止水入渗的目的。外涂式刚性防水材料与防水涂料的区别,在于其主要目的是改善混凝土表层的孔结构和透水性,往往不会在混凝土表面形成一层具有一定厚度的防水膜,或当这一层薄膜被剥离以后表层混凝土仍然具有一定的独立抗渗能力。

（1）水泥基渗透结晶型防水涂料，是指以硅酸盐水泥、石英砂为主要成分，掺入一定量活性化学物质制成的，经与水拌和后调配成可以刷涂或喷涂在水泥混凝土表面的浆料，亦可采用干撒压入未完全凝固的水泥混凝土表面的一类粉状水泥基渗透结晶型防水材料。其主要特点是能在水的引导下，以水为载体，借助强有力的渗透性，在混凝土微孔的毛细管中进行传输充盈，发生物化作用，形成不溶于水的结晶体，与混凝土结构结合成为封闭式的防水层整体。

（2）水泥基渗透结晶型防水剂，是指以硅酸盐水泥和活性化学物质为主要成分制成的，掺入水泥混凝土拌合物中使用的一类粉状水泥基渗透结晶型防水材料。它在水泥水化过程中能形成结晶体，封闭砂浆或混凝土内的细微裂缝和毛细通道。在潮湿或受水侵蚀的环境中，它将会继续起到水化作用，使砂浆和混凝土的强度和抗渗性能得到进一步加强。当结构出现开裂并发生渗水时，无论是水泥基渗透结晶型防水涂料还是水泥基渗透结晶型防水剂的活性化学物质将被激活，通过沉淀反应机理或沉淀-络合反应机理生成结晶产物，可以对小于 0.4 mm 的裂缝进行封闭，因此其还具有一定的混凝土自修复功能（图 10.18）。

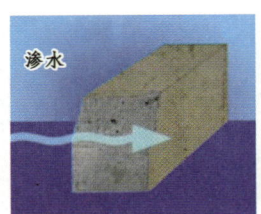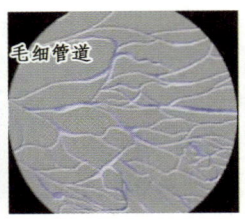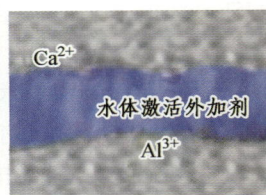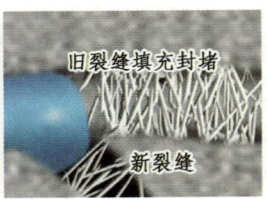

图 10.18　水泥基渗透结晶型防水材料作用原理

（3）憎水型防水剂。此类防水剂以有机硅防水剂为代表，可在混凝土表面与羟基脱水交联（图 10.19），通过 Si—O—Si 基团朝向混凝土基材，甲基基团则向外形成憎水层。在此种状态下，毛细孔和气态水作用依然存在（具有一定透气性），但进行洒水试验可以看到水在混凝土表面形成滚动的水珠，而不能侵入混凝土的现象。

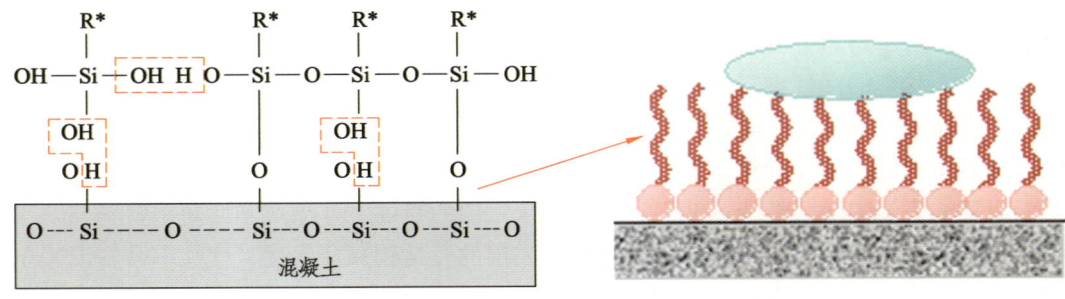

图 10.19　有机硅防水剂在混凝土基材表面的作用机理

（五）堵漏材料

堵漏材料包括用于抹面防水工程渗漏水处理的刚性快凝快硬堵漏材料和用于岩体和结构等堵漏和加固的灌浆（注浆）材料两大类。刚性快凝快硬堵漏材料是在普通水泥中掺入一定的促凝剂或采用快凝快硬水泥，利用它们快速硬化的特点来快速堵漏止水；而灌浆材料则是将一定的材料配制成浆液，用压力灌浆设备将其灌入岩体或结构内的缝隙和孔洞内，使浆液扩散、胶凝及固化，以达到堵漏防渗的效果。

1. 刚性快凝快硬堵漏材料

刚性快凝快硬堵漏材料往往是掺加以水玻璃（硅酸钠）为主要成分的促凝剂或使用快凝快硬水泥，来缩短凝固时间，为堵漏施工创造条件。按调节凝结时间方式的不同，刚性快凝快硬堵漏材料可分为硅酸钠系堵漏剂和粉状堵漏剂。

（1）硅酸钠系堵漏剂，是指以普通水泥为基材，掺入以水玻璃（硅酸钠）为主要成分的硅酸钠系防水剂拌制而成的刚性堵漏材料，适用于地下室、水池、基坑、管道等构筑物的孔洞修补、较宽裂缝渗漏水及大面积漏水的修补。硅酸钠系堵漏材料的促凝组分一般需单独加工，在施工现场与水泥拌和后方可使用，给施工带来不便；且这类堵漏材料凝结太快，往往拌和不均，质量难以保证；另外，硅酸钠系堵漏材料一般收缩性较大，堵水后周边常渗水，需二次堵漏，防水效果差。因此，目前这类材料已经使用不多。

（2）粉状堵漏剂。目前比较常使用的是各类粉状堵漏剂，这些粉状堵漏材料大致可分为两类：一是在普通水泥中掺入一种或多种无机防水组分混合而成的合成堵漏剂，另一则是特种水泥类的快速堵漏水泥。这类粉状堵漏剂，均是在现场与一定量的水拌和均匀后调制成膏状材料，抹压在结构渗水部位的表面，通过其快速凝结硬化和良好的基面黏结性能，对渗水进行快速封闭（图10.20）。

图 10.20　刚性快凝快硬堵漏材料的形态及使用

2. 灌浆（注浆）材料

根据浆液的颗粒，灌浆材料可以分为颗粒型（即水泥类）和非颗粒型（即化学类）两个大类。水泥类灌浆材料在工程中应用历史很悠久，由于其凝结强度高、材料来源广泛、价格低廉、运输贮存方便以及施工工艺简单，至今仍是应用较为广泛的灌浆材料之一。然而，普通水泥灌浆材料也具有微细裂缝灌浆效果差、凝结固化时间长等缺点，在有一些场合下也具有一定的局限性，需要用到超细水泥或化学灌浆材料。

（1）水泥水玻璃灌浆材料，是将水玻璃溶液与水泥浆液按一定比例配制的灌浆材料，其凝结时间可根据需要在数秒至数十分钟之间调节，克服了水泥灌浆材料凝结时间长、凝结硬化率低的缺点。水泥水玻璃灌浆材料既具有颗粒灌浆材料的优点，又兼有化学灌浆材料的特色，是一种用途较广、使用效果较好的灌浆材料，目前主要在工程中被广泛用于地层加固和堵水处理。

（2）超细水泥灌浆材料，是指为克服普通水泥灌浆材料对微小裂缝处理效果不良的缺点，采用超细粉磨技术将水泥颗粒细化，制备得到的灌浆材料，可以灌入 45 μm 的微细裂隙。超细水泥随着其颗粒粒径减小，比表面积显著增大，因此配制超细水泥灌浆材料时，常加入一定量的高效减水剂以降低其颗粒吸附水量，改善浆液的流动性。此外，为减少超细水泥灌浆材料的收缩，通常还需掺入一定量的微膨胀组分，使浆液在凝结硬化过程中具有一定的微膨胀性。为调节超细水泥灌浆材料的凝结时间，还可掺入硅酸钠溶液进行混合灌注。

（3）化学灌浆材料，是将化学药品制成的浆液，采用一定压送设备灌入构筑物的缝隙中，凝结硬化后可起到防水堵漏作用的灌浆材料。目前常用的化学灌浆材料品种有聚氨酯类灌浆材料、环氧树脂类灌浆材料、丙烯酸盐灌浆材料等（图 10.21），不同品种的灌浆材料所具有的特性也有所差异，应根据应用的场景和需求选择适用的灌浆材料。化学灌浆材料较水泥灌浆材料具有较好的可灌性，而且能按其工程需要调节浆液凝结时间，比较适合于有流动水部位的快速堵漏及防渗；部分化学灌浆材料还具有与混凝土基材良好的黏结性能，因此也可以用于结构裂缝的修补。

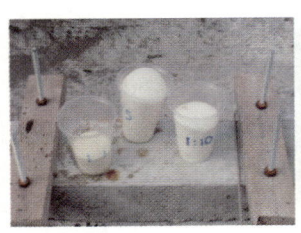
（a）水性聚氨酯

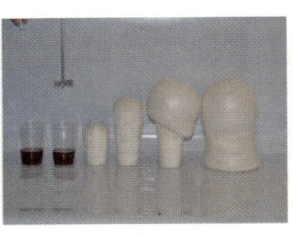
（b）油性聚氨酯

（c）丙烯酸盐

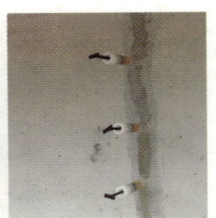
（d）环氧树脂

图 10.21　常用化学灌浆材料

三、防水材料基本性能要求

防水材料在使用过程中所受作用很复杂，要能在一定时间内阻止水对建筑物或构筑物的渗透，应具有相应的不同性质。防水材料常规性能指标主要包括物理性质、力学性能、耐久性、施工性、环保安全性等 5 个方面的要求。

1. 物理性质

物理性质是指与各种物理过程（水、热作用）有关的性质，如抗渗性、温度稳定性等。

（1）温度稳定性。防水材料常用的耐温性指标包括耐热度、低温柔（弯折）性、使用温度范围、热处理尺寸变化率、耐冻融性等。

（2）抗渗性能。防水材料常用的抗渗性能指标包括抗渗（不透水性）、吸水率、耐水性、蒸汽渗透（气密）性、渗透系数、渗透率等。

2. 力学性能

力学性能是指材料应具有一定的抗拉伸（抗压、抗折）强度和抗变形能力，以抵抗使用过程中结构变形和施工过程受力变形的能力。

（1）材料强度。防水材料常用的强度指标包括拉伸强度、300%定伸强度、直角撕裂强度、圆球顶破强度、邵氏硬度、焊接强度、剪切强度、剥离强度等。

（2）弹性和塑性性能。如需对防水材料的弹性和塑性性能进行考察，可通过弹性模量、延伸率（断裂伸长率）、300%定伸回弹性、拉伸永久变形保持率等指标来判断。

3. 耐久性

材料的耐久性是指在环境的多种因素作用下，能经久不变质、不破坏，长久地保持其性能的性质。影响防水材料耐久性的因素包括物理作用（温湿度变化等）、化学作用（酸碱盐溶液侵蚀、日照及紫外线照射等）、机械作用（荷载的持续作用或交变作用引起的疲劳、冲击、磨损等破坏）、生物作用（菌类、昆虫的侵害作用）。

防水材料常用的耐久性指标包括热老化处理保持率、人工候化处理保持率、耐热老化性、耐臭氧老化性、耐化学性、水溶液处理保持率等。需要说明的是，由于材料的耐久性与其工作期间的环境条件变化关联紧密，对于不同使用部位的防水材料耐久性的评价，应根据其所赋存的环境条件选用合适的耐久性指标和测试方法，进行有针对性的试验和评价。

4. 施工性

防水材料要施工方便，技术容易掌握，较少受操作个人技术水平、气候条件、环境条件的影响。

5. 环保安全性

防水材料的环保安全性是指材料在生产和使用过程中是否对人类和环境造成危害的性能，主要包括卫生安全性（放射性、毒性、致癌性等）和环境安全性（可再生性、污染等）。目前主要是通过《建筑防水材料有害物质试验方法》（GB/T 41078—2021）等标准对防水材料进行相应指标的检测和评定。

复习思考题

1. 石油沥青由哪几种组分组成？它们分别对沥青的性能有何影响？
2. 石油沥青的牌号如何划分？交通土建工程中如何选用沥青的牌号？
3. 什么是沥青的三大指标？这些指标分别表示沥青的什么性质？
4. 什么是改性沥青？常用的改性沥青有哪几种？各有何特点及用途？
5. 简述乳化沥青的特点及其主要用途。
6. 简述沥青混合料强度形成原理及影响强度的主要因素。
7. 简述沥青混合料配合比设计基本流程。
8. 简述 CA 砂浆的材料组成，以及其对使用性能的影响。
9. 以地下结构底板为例，请阐述防水系统中各构造层次的作用。
10. 什么是"皮肤式防水"的理念？在工程中如何形成"皮肤式防水"的效果？
11. 请针对地下结构的主体结构（混凝土）、施工缝、变形缝等不同部位，阐述对应的防水材料选择方法。
12. 防水材料的基本性能包括哪些方面？提升防水材料的耐久性措施有哪些？

第十一章 智慧建造材料

// 本章导读 //

本章共 3 节，基本要求为：

（1）了解智慧材料的基本特性、分类及典型智慧材料的功能。

（2）了解智慧建造材料在现代土木工程中的应用。

（3）掌握自感知混凝土与自修复混凝土功能的实现原理。

（4）熟悉 SMA 与 3D 打印混凝土的功能特征。

本章的难点在于掌握自感知混凝土实现其感知功能的原理，以及制备技术如何塑造其感知性能。在学习过程中，建议深入探究纳米材料和纤维材料等填料在水泥基质中如何分布，以及它们与基质的界面相互作用。通过理解这些填料如何塑造水泥基材料的微观结构，进而影响其自感知能力。在学习过程中，可以利用不同类型和尺寸的填料特点，激发对混凝土自感知功能实现难点的分析和思考。

// 思政小课堂 //

我国在智慧建筑材料应用方面进行了探索与尝试：深圳平安国际金融中心采用了智能玻璃幕墙，能够根据太阳辐射强度自动调节透光性，减少能耗。我国在 3D 打印建筑领域取得了显著进展，例如在西安和上海等地，利用 3D 打印技术建造了办公楼和住宅，这些建筑使用了特殊的 3D 打印混凝土。在一些高速公路项目中，使用了集成传感器的智慧路面，能够监测交通流量和路面状况，提高道路使用效率和安全性。我国在一些桥梁项目，如青岛海湾大桥中，使用了智能监测系统来实时监控桥梁的结构状态，预防潜在的结构问题。

科技创新是国家发展的核心引擎，智慧建造材料的研发与应用彰显了中国在科技前沿的坚定决心与雄厚实力，这与国家创新驱动发展战略高度契合。我们应当深入思考，如何让智慧建造材料成为绿色发展理念的践行者，通过实现节能减排、提升材料使用效率等手段，为社会的可持续发展注入动力。

在智慧建造材料的广阔天地里，确保工程安全、引领技术革新是每一位工程师和科研工作者义不容辞的职业责任。通过深入学习、研究和实践智慧建造材料相关知识，我们应培育自己的工匠精神和专业素养，紧跟社会与时代的发展脉搏，在专业领域追求卓越，勇于创新，不断精进技艺。

同时，我们应将个人的职业发展与国家的战略需求紧密结合，为国家的基础设施建设和科技进步贡献自己的力量。在全球化的大背景下，中国在智慧建造材料领域的国际合作日益深化，这要求同学们拓宽国际视野，树立合作共赢的理念，积极参与到全球智慧建造及材料科技的发展潮流中，为实现国家与世界的共同进步，以及社会与环境的和谐共生贡献青春力量。

第一节　智慧建造材料概述

一、智慧材料基本概念

智慧材料（intelligent materials），也称为智能材料（smart materials）、活性材料（active materials）和过继材料（adoptive materials），是能够以有用和可控的方式对其条件或所处环境的变化作出反应的材料。当周围环境发生变化时，智慧材料是能够产生理想性能的人造或天然材料。无论何时暴露在任何外部刺激下，它都能以特定方式改变其特性。这个刺激可以是电磁波、电流、压力、紫外线、摩擦、化学物质等，响应可以是形状、尺寸、延展性、颜色等特性的变化。

在古代，建筑方法相对简单，通常使用天然材料，对环境影响较小。在这个迅速发展的科技时代，人类的要求已经发生了变化，人们用到了越来越多的新型材料，随着"大数据"、"人工智能"、"智慧建造"、"绿色建材"等时代热潮的发展，也需要新型智慧智能材料，以最大限度地减少建筑造成的污染及资源浪费。未来建筑的发展方向指向多领域适用、低能耗、高效能的材料，这些材料不仅经济实惠，而且对环境友好。为推动土木工程的可持续发展，全球研究者正积极开发新型材料，以提升建筑结构性能和环保水平，引领土木工程材料行业的革新。

土木工程结构和基础设施，包括塔楼、桥梁、大坝和隧道等可能会受到损坏或甚至可能受到风/地震振动。工程师和设计师在设计这些结构的承受损害的能力时仍然面临着挑战，尽管在结构抗震、抗风、防灾设计方面作出了努力，但结构仍很容易受到强烈地震或风荷载激励导致过度变形、扰动及损害倒塌。这些结构无法适应不断变化的外部环境条件，尤其是极端环境与气候。为了承受强激励引起的损伤，需要增加结构强度和延展性，但高强度建筑材料成本高昂且不可行。传统结构的这种无效性导致了非传统智慧材料技术在建筑中的使用。因此，人们非常重视智慧材料的使用，以提高成本效益、环境可持续性和安全性。

（一）智慧材料特征

智慧材料相较于一般材料具有以下特征：能感知外界环境的刺激，包括温度、湿度、压力、光线照射、腐蚀等；能对受到的刺激进行分析、处理，判断它们对自己的影响；根据分析和判断的结果，能够主动或有意识地采取一些措施，比如调节自己的形状、尺寸或内部的微观结构，让自己具有特定的性质或功能，对外界刺激作出响应。

因此，智慧材料具备自感知、自处理、自反馈、自响应四大基本功能：① 自感知功能：信号感受功能，类似传感器的传感功能；② 自处理功能：对感知的信息自行分析和处理，也可称为自诊断功能；③ 自反馈功能：将信息的处理结果反馈给执行或控制程序，类似情报信息处理功能；④ 自响应功能：自己发出指令并自己行动的功能，类似执行机构功能。

（二）智慧材料分类

智慧材料的种类有很多，目前并没有严格的分类方式。按照不同的方法及不同的角度，如化学成分、性质功能、几何特征、具体产品等，可以人为把它们分为不同的类型。

智慧材料按化学成分可分为智能金属材料、智能高分子（或聚合物、有机物）材料、智能无机非金属（或陶瓷）材料、智能复合材料等，按性质功能可分为形状记忆材料、自清洁材料、自修复材料、磁致伸缩材料、压电材料、智能流体、智能凝胶等，按几何特征可分为智能纤维、智能薄膜、智能微球等，按具体产品可分为智能药物、智能混凝土、智能玻璃、智能纺织品、智能生物材料等。

二、智慧建造材料应用

独有的特性使智慧材料成为许多工程领域的关键材料。智慧材料在技术、工业、科学和医学中有着广泛的用途，其应用领域也包括土木工程各类建筑与基础设施的建造。智能建筑也被称为"未来建筑"，被誉为现代世界的未来，其设计采用了先进的智能技术，使人类生活更加方便和轻松。智能革命已经成了广泛认知，并给消费者带来了一些非常明显的优势。智慧材料与智慧建造的结合，能进一步提升建造能效与智能化，有助于提高结构的性能和能源效率，增进材料-结构一体化，有利于形成更智慧的土木工程。智慧建造材料是指材料本身具有自我诊断和预告失效、自我调节和自我修复等功能的用于土木工程建造的材料。引起材料特性变化的输入可以是机械应力/应变、电场/磁场或温度、湿度、pH 和光照等变化。

智慧材料在土木建筑行业的应用由于其相对于传统材料的优势，在过去十年中有所增加。智能材料的一些主要优势为：在传感器应用中，可提供快速响应更高的精度；可提供有关耐用性和使用寿命的重要数据；增加了对腐蚀、裂纹、火灾、化学物质和疲劳的抵抗力；提供实施更环保的方法和节能建筑设计。

智慧材料在土木建筑中的应用及前景包括：用于建造智能结构，能够感知微小的结构裂缝和缺陷；用于电磁屏蔽和增强导电性；在路面施工中，作为交通传感记录仪记录不同类型的关于道路结构与交通的数据；在冬季降雪期间，可以通过低压电流融化高速公路和机场上的冰；在智能建筑的设计中用于振动控制、降噪等；在智能建筑中用于环境条件和结构健康监测；提升结构地震监测能力，还可以减小地震的影响；使用嵌入式光纤传感器进行结构连续应变监测；当超弹性智慧材料用作钢筋时，智能材料可用于修复混凝土的裂缝和缺陷；超弹性智慧材料本身可以制备结构抗震提升部件；智慧材料可用于建造智能桥梁，尤其是跨度更宽的斜拉桥，以避免增加对风、雨或交通引起的振动的敏感性，这些结构只需要较少的维护，并且可以方便地监测结构的响应；用于监测土木工程结构，以评估其耐久性；用于监测桥梁和大坝的完整性，将光纤传感器嵌入结构中，用于识别故障区域。

第二节　典型智慧材料介绍

一、压电材料

压电材料（Piezoelectric Materials）是指在应力作用下产生电流的材料；相反，当电场施加在材料上时，材料会发生变形（应力）。当将其集成到结构构件中时，压电材料会在机械力的作用下产生电场（图 11.1）。钛酸铅陶瓷（Lead Titanate Ceramic）是一种压电材料，因为它具有极低的平面耦合度，可用于产生清晰的超声波图像。压电材料具有高稳定性、高灵敏度优点，不适用于静态测量，可应用于道路和建筑物中监测应力变化和形变。

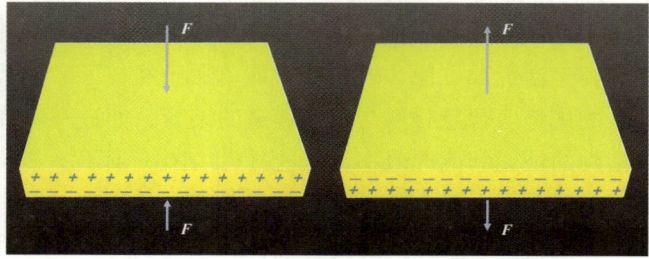

图 11.1　压电材料

二、磁致伸缩材料

磁致伸缩材料（Magnetostrictive Materials）是指在磁场中磁化时，在磁化方向会发生伸长或缩短，当通过线圈的电流变化或者是改变与磁体的距离时尺寸发生显著变化的铁磁性材料。磁致伸缩材料经历与电场平方成比例的机械变形，即响应电场或磁场而改变材料尺寸。相反，材料受拉伸时产生电场、电压。磁致伸缩材料具有高能量密度、内在坚固性等优点，但材料较复杂。这些材料适用于阻尼器、传感器、储能器等应用，并在泵、阀门、航空航天风洞的应用中都显示出了前景。在典型的磁致伸缩致动器中，磁致伸缩材料（中心棒）被包裹在金属线圈中，金属线圈又被容纳在外壳中。电流通过线圈，在内形成磁场，使杆延伸。该装置可以作为传感器反向操作，其中外部压力改变杆的长度，从而产生磁场，该磁场在线圈中感应可测量的电流。这种传感器经常用于无损检测应用，例如检查桥梁上的吊索（图11.2）。

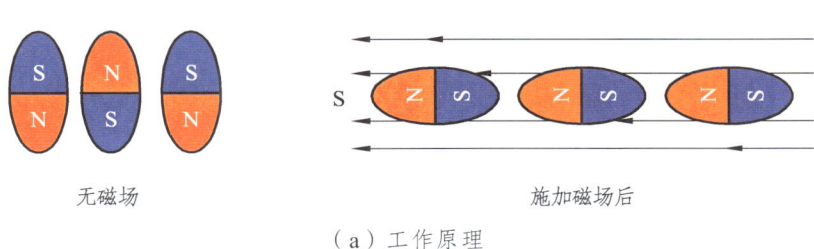

（a）工作原理

（b）传感器应用

图 11.2　磁致伸缩材料

三、电流变液

电流变液（Electrorheological-ER Fluids）是在电场作用下黏度（viscosity）发生变化

的胶体悬浮液。电流变液效应表示在外部电场下胶体悬浮液的表观黏度的可逆变化。在过去的几十年里，电流变液的独特性质因其潜在的应用而引起了人们的极大关注。典型的电流变液由分散在绝缘流体中的固体电介质颗粒组成，形成两相胶体。

电流变液是高度敏感的，并且对所施加的电场、磁场的任何变化都会立即作出响应，但不易使用操控。电流变液常被用于汽车和建筑中，还可用于减震器。电流变液可以在百分之一秒内从液体可逆地转变为固体。当处于固态（施加电场）时，通过屈服应力测量的固体强度是控制电流变液流体应用潜力的关键参数。自约 60 年前电流变液被发现以来，人们一直在努力寻找具有高屈服应力的 ER 流体，主要是因为它们在减振、离合器和几乎所有涉及运动传递的机械设备中的应用优势。特别是，作为汽车应用齿轮的潜在替代品，各大汽车公司的研究实验室对电流变液进行了持续研究。20 世纪 80 年代末，通用汽车公司对电流变液的应用潜力进行了研究，得出的结论是电流变液的屈服应力低是一个主要障碍。

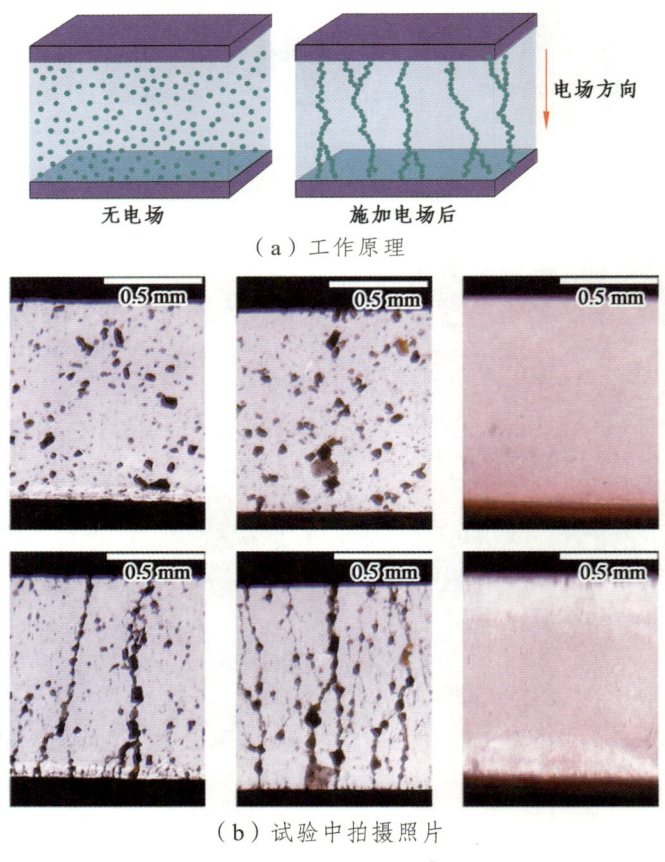

(a) 工作原理

(b) 试验中拍摄照片

图 11.3　电流变液[①]

[①] 照片来源：AGAFONOV AV, KRAEV AS, KUSOVA TV, et al. Surfactant-Switched Positive/Negative Electrorheological Effect in Tungsten Oxide Suspensions[J]. Molecules，2019，24（18）：3348.

四、电致变色材料

电致变色材料（Electrochromic Materials）在施加电压时会改变其光传输特性。当施加电压时，它们会改变表面的光学颜色或不透明度，因此也称为发色团。电致变色材料有着色效率和耐用性低的缺点，被用于液晶显示器、锂离子电池。

电致变色材料的一种典型应用是智能玻璃，可以修改通过它进入的光量、热眩光，可使用在门、天窗、遮阳板和窗户上，以获得更好的室内效果气候控制。智能玻璃一种是主动型，另一种是被动型。被动式智能玻璃改变了其自身受到阳光和热量刺激的特性。这种玻璃的常见例子是光致变色和热致变色玻璃。而在主动式智能玻璃中，可通过电流来改变其传输特性，即电致变色。主动型智能玻璃提供了更好的隐私，只需按下按钮就可以将透明玻璃变成不透明玻璃（图11.4）。

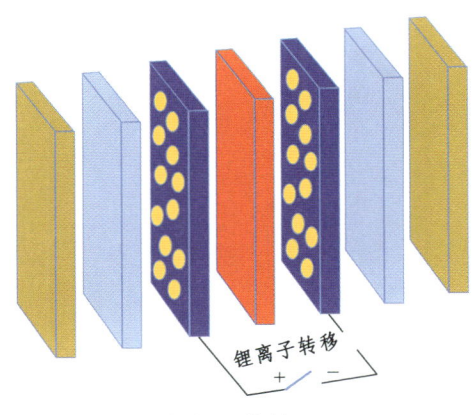

（a）工作原理

（b）应用于智能玻璃

图 11.4 电致变色材料

五、热响应材料

热响应材料（Thermo-responsive materials）是聚合物形式的，当暴露在任何温度变化下时，由于其分子运动的变化，其物理性质都会发生剧烈变化（图 11.5a）。车辆、飞机都使用这种材料，这些材料也被用作恒温器。它所经历的变化从小到大，本质上是连续的。它们也被称为热刺激响应材料。热响应材料一般价格昂贵。

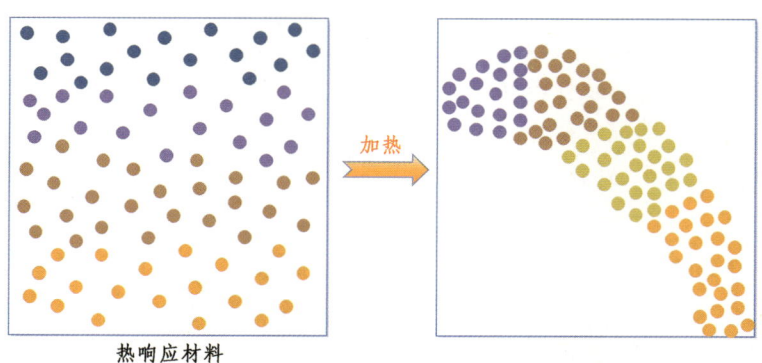

（a）工作原理

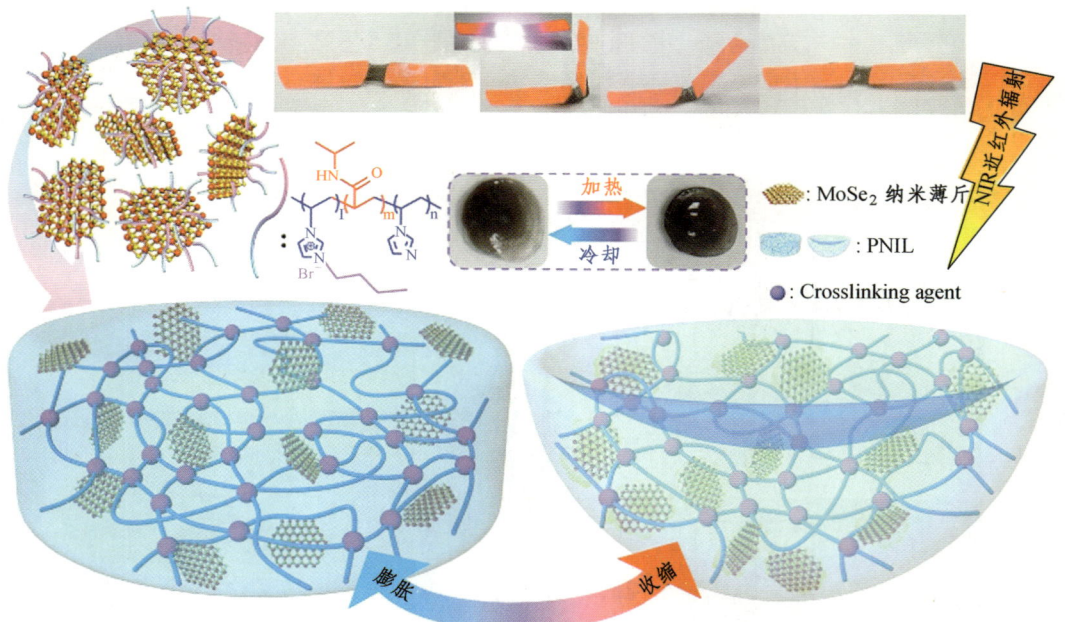

（b）案例：温度敏感的咪唑类聚离子液体功能高分子，可制得多功能刺激响应智能水凝胶[①]

图 11.5　热响应材料

---

① 来源：http://www.peiyiwu.cn/p-84.html。

六、热释电材料

释电材料是一种压电材料，是不具有中心对称性的晶体。在产生热释电效应的大量晶体中，热释电系数最大的是铁电晶体材料，即铁电体。真正能满足器件要求的不过十几种，都是铁电体，其中最主要的有硫酸三甘肽（TGS）、铌酸锶钡（SBN）、钽酸锂（LT）等。其与其他热释电材料的区别在于铁电晶体的自发极化能在外加电场作用下反转过来，且当温度达到居里温度时，极化立即消失，晶体发生从极化到非极化的相变。

热释电材料最重要的应用是热释电传感器和红外成像焦平面。室温红外探测器与列阵的主要工作原理是：当热释电元件受到调制辐射加热后，晶片温度将发生微小变化，由此引起晶体极化状态的变化，从而使垂直于自发极化轴方向的晶体单位表面上的电荷发生改变。

七、石墨纤维

石墨纤维（Graphite fibers）具有高性能标准，是一种薄碳链，结合在一起可提供非常理想的工程性能，如优异的抗拉强度、低热膨胀系数、导电性、易燃性、高强度和优质饰面。其强度几乎是建筑级钢的5倍，重量是其重量的三分之一。由于它重量轻，强度高，因此可被用于增强混凝土、木材和钢结构的结构强度。其缺点是石墨纤维受压缩时断裂，机械加工会被削弱。从飞机、船舶、卫星到手机外壳，石墨纤维正被用于各种领域。石墨纤维价格昂贵，抗压强度低，不可回收，不用于一般应用。在精细设计、敏感工作和高端项目中，石墨纤维的应用仍然是优先事项（图11.6）。

图11.6　石墨纤维及其应用

八、智能砖

智能砖（Smart bricks）可以非常有效地用于监测及跟踪结构的许多特性。在一些砖中，电极与导电纳米填料一起嵌入其中以测量应变；在另一些砖中，则嵌入基本电子元件——传感器、信号处理器和通信器。智能砖可以检测各种力和参数，如应力的变化、声级、化学变化、含水量、力的类型、振动等。使用智能砖不仅可以提高安全性，还可以通过提供有关建筑环境参数的重要信息来提高居住者的健康。在火灾危险、地震损失评估等不可预见的情况下，这些功能也将增加优势。图 11.7 所示为智能砖用于房屋建筑中的损伤检测及后处理过程。

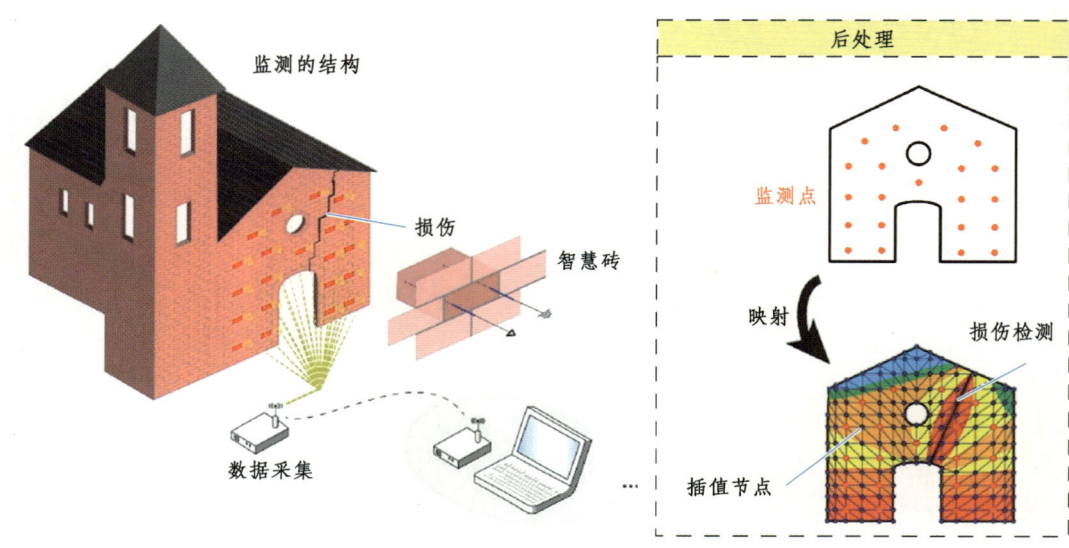

图 11.7　智能砖检测示意图[①]

第三节　新型智慧建造材料及其性能

一、自感知混凝土

智能混凝土（smart concrete）是一类非常广泛的材料，包括自感知混凝土、自修复混凝土、自调整混凝土等。自感知混凝土（self-sensing concrete）是智能混凝土的一个分支，它是最早提出的，并得到了系统深入的研究。自感知混凝土主要具有优异的力学性能和耐久性，使用寿命长，安装维护方便。自感知混凝土在高层建筑、公路、桥梁、机场跑道、高速列车连续板式轨枕、大坝和核电站等民用基础设施中有着广泛的应用，尤其是在结构健康监测、交通检测和边境/军事安全领域有着巨大的潜力。这将有助于确保

---

① 图片基于：GARCÍA-MACÍAS E, UBERTINI F. Earthquake-induced damage detection and localization in masonry structures using smart bricks and Kriging strain reconstruction: a numerical study[J]. Earthq Eng Struct Dyn, 2019, 48（5）: 548-569.

结构的完整性和安全性，延长结构的使用寿命，提高交通安全性和效率，指导结构和交通设计，降低资源和能源消耗等。

如图 11.8（a）所示，以试块受力为例，自感知混凝土可以检测到其电阻随应变和应力的微小变化，并被数据采集系统收集，传输给终端进行处理。这种类型的混凝土中形成了碳纤维的传感网络，将电极定位在结构关键位置上，可检测混凝土中应力或应变导致的电阻率变化。混凝土中应力或应变的这些变化，导致不同的电阻率。这些类型的混凝土在检测混凝土埋置部分的应力或检测地震前的应力变化方面非常有用。如图 11.8（b）所示，除了外力作用，环境因子（如湿度、温度等）也会对混凝土产生影响。这些影响可以通过外部探针测量，以获取混凝土的环境响应数据。

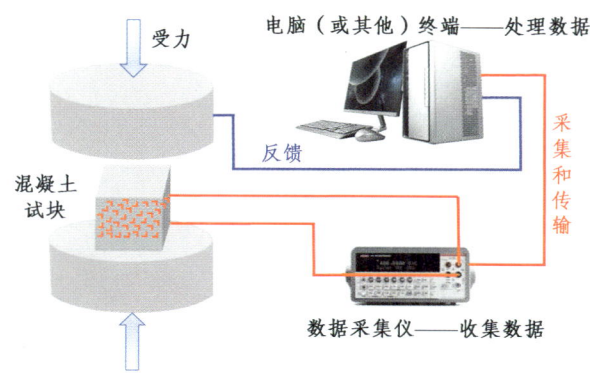

（a）方块试件受压

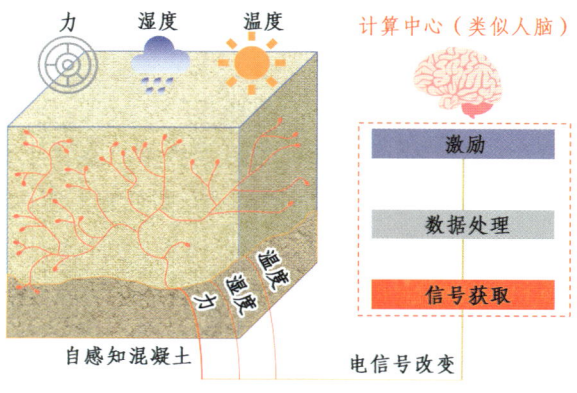

（b）各类刺激响应

图 11.8 自感知混凝土自感知响应过程

（一）自感知混凝土的定义及组成

自感知混凝土（也称为自监测混凝土、本征智能混凝土、压阻或压敏混凝土），是通过在混凝土中添加功能性填料（碳纤维、钢纤维、碳纳米管、镍粉等）来提高其感知应变、应力、裂缝、损伤等方面的能力，从而实现自感知的功能。

从宏观尺度上，自感知混凝土可以被认为是由混凝土基体与分散在混凝土基体中的功能性填料组成的两相材料，自感知功能是通过分散在基体材料中的填料的压阻效应来实现的。由于混凝土基体是一种非导体材料，导电填料主导了自感知混凝土的电气性能。另外，自感知混凝土存在第三相，由功能性填料-混凝土基体之间的界面和功能性填料之间的界面组成。由于功能性填料主要是微米级或纳米级的，潜在的"填料-基体"和"填料-填料"界面面积巨大，从而影响自感知混凝土的导电网络、导电性及传感行为。

从微观尺度上，自感知混凝土中分布有三个层次（图 11.9）：功能填料在胶凝材料中的分布；具有功能填料的胶凝材料在细骨料中的分布；具有胶凝材料和功能填料的细骨料在粗骨料中的分布。

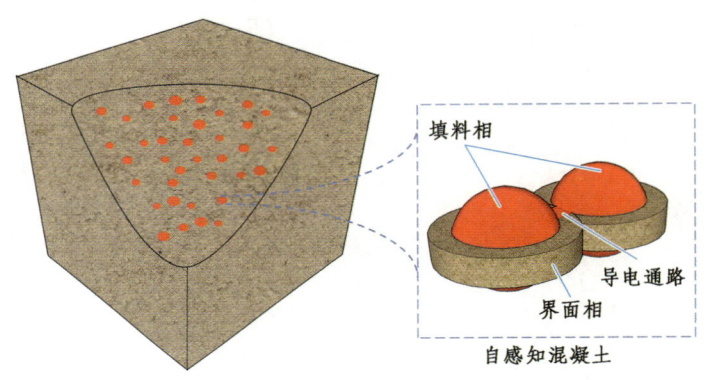

图 11.9　自感知混凝土组成[①]

（二）自感知混凝土的感知机制

功能性填料的存在实现了自感应特性。功能性填料需要很好地分散在混凝土基质中，以在混凝土内部形成广泛的导电网络。由于混凝土材料变形或受力时，材料内部的导电网络会发生变化，这会影响材料的电气参数（例如电阻、电容和阻抗）。通过测量电气参数的变化即可检测静态和动态条件下的应变（或变形）、应力（或外力）、开裂和损伤。需要注意的是导电或半导电填料是混凝土获得稳定和灵敏本征自感知性的决定因素，通过直接渗流路径，和间接电子跳跃组成了网络，当填料浓度分别低于和高于渗流阈值时，混凝土将不具备感知能力，因此功能性填料的掺料需在渗流阈值附近。另外，制备混凝土时的分散方法很重要，分散材料可以帮助填料形成良好的混合物，使得混凝土内部的导电网络更敏感。自感知混凝土工作机制如图 11.10 所示。

[①] 图像绘制基于：丁思齐，韩宝国，欧进萍. 本征自感知混凝土及其智能结构[J]. 工程力学，2022，39（3）：1-10.

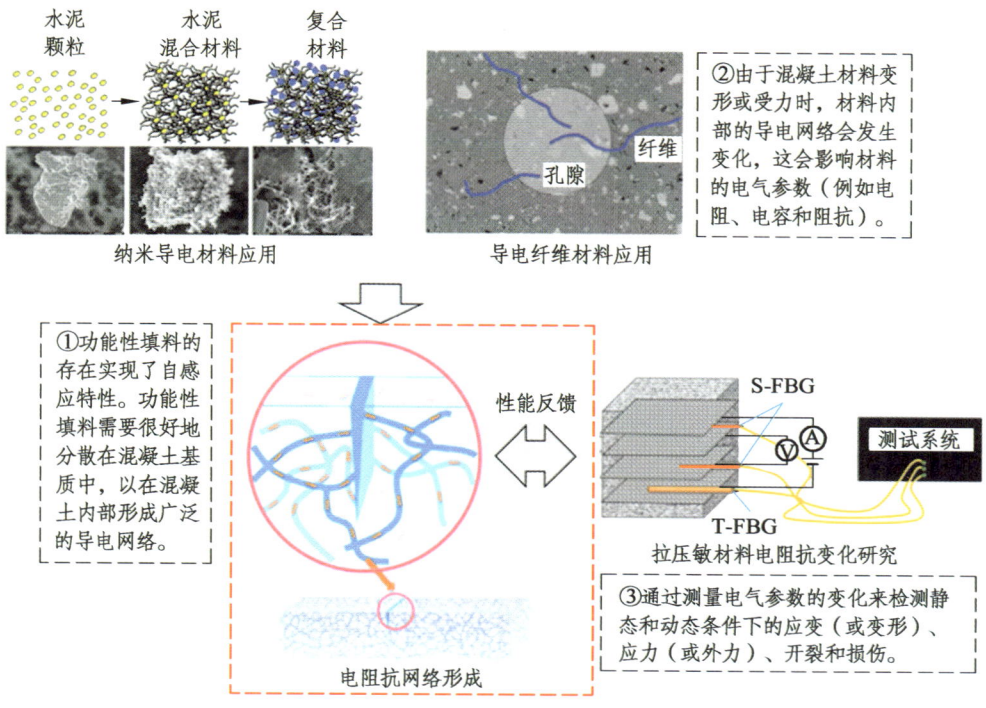

图 11.10 自感知混凝土工作机制

（三）自感知混凝土填料

如图 11.11 所示，用于制备自感知混凝土的填料类型主要有纤维类和颗粒类，且包含各尺度（宏观、微观、纳米）。典型的填料包括碳纤维、碳纳米管，炭黑、钢纤维、石墨粉、镍粉等。

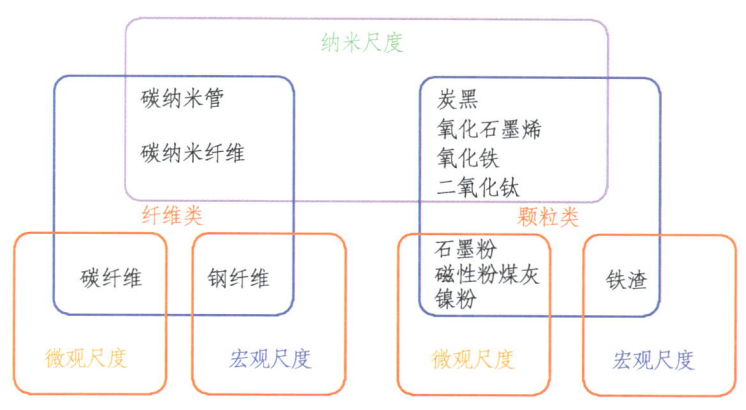

图 11.11 自感知混凝土中填料类型及尺度

早期大多数自感知混凝土开发研究集中在将碳纤维作为填料，碳纤维引入对混凝土抗裂及力学强度有提升，同时增强其传感特性。这种类型的混凝土形成了碳纤维的传感网络，外部探针电极可测量混凝土因应力或应变变化而产生的电阻率差异。其他填料，如镍粉末、聚乙烯醇纤维（PVA），以及锆钛酸铅（PZT）纳米级粉末和炭黑也被使用。

近些年来，随着纳米技术的发展，各类纳米材料被用于增强水泥基材料与混凝土的微观结构与宏观力学及耐久性能，同时也被用于提升混凝土自感知特性。纳米材料本身具有良好的机械和电学性能。颗粒尺寸小于 100 nm 的纳米材料可以有效地改善孔隙结构，降低孔隙率，使基体更致密，从而提高强度以及水泥基复合材料的耐久性。纳米颗粒具有良好的界面性能、强吸附性和化学反应性小尺寸效应、表面和界面效应。纳米填料通常用于改性的水泥基复合材料，包括碳纳米管（CNTs）、石墨、纳米 SiO_2、纳米 TiO_2 等。

二、自修复混凝土

自修复材料（self-healing materials）也叫自愈合材料。这种材料最大的特点是，当它发生破坏后，不需要依靠外界的力量，能够自己发生愈合或修复。比如出现裂纹后，经过一定的时间，能够自动愈合。

混凝土的一个主要缺点是，在任何拉力、突然的温度变化或不当固化的情况下，都容易开裂，从而降低其强度和耐久性。混凝土和水泥基材料通常表现出脆性行为，出于各种原因，包括荷载、收缩、热应力和其他因素导致开裂。裂缝的发展可能会进一步加剧结构损伤，因为它会影响混凝土结构的承载能力。裂缝还允许水和其他侵蚀性物质（如酸、盐水和高碱性溶液）进入混凝土，从而导致钢筋腐蚀和其他一些耐久性问题。

尽管出现了针对混凝土结构开裂的修复与加固技术，但定位和修复非常小的裂缝是具有挑战性的，它们很可能在施工的早期阶段形成。这提出了对智能有效的混凝土裂缝修复方法的需求，智能修复方法应不同于手动注入、灌浆和密封等传统裂缝修复方法。近些年来，材料的进步促进了自修复水泥基材料的出现，作为混凝土裂缝修复的现代手段。这种创新材料可以在裂缝发生时自主修复裂缝，无须物理参与或人工干预。混凝土材料的自修复是模仿生物组织损伤愈合技能，在水泥基体中预埋特殊组分，形成智能型自修复系统。

混凝土可以通过基于胶凝材料及其固有特性的配合比优化以自动实现修复，即人工触发混凝土胶凝基质中的自修复过程。在传统混凝土中，20%至30%的水泥仍未水化。

如果混凝土开裂，未水化的水泥颗粒会与渗入的水发生反应。该反应再次启动水化过程，使水化产物填充裂缝。这种遗传的自我修复过程被称为自体愈合（autogenous healing）。自体愈合通过一种或多种机制以阻断裂纹发展（图 11.12）：碳酸钙或氢氧化钙的形成；裂缝被水中的杂质堵塞；未反应的水泥或胶结材料的水化作用进一步堵塞裂缝；裂缝被裂缝侧面的水化胶凝基质的膨胀（硅酸钙水化物凝胶的膨胀）堵塞。因此，通过内部养护可提高混凝土自修复性能，这是通过养护化学物质实现的。在内部储层中，固化剂捕获并保持水分,并随着湿度梯度的发展逐渐将其释放到未干燥的水泥中,从而实现连续的水化,实现裂纹修复。

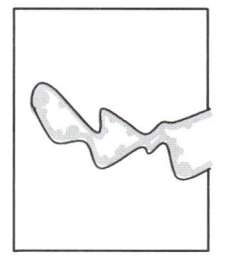 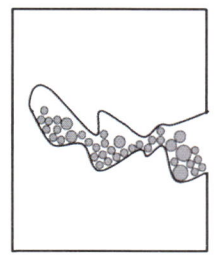 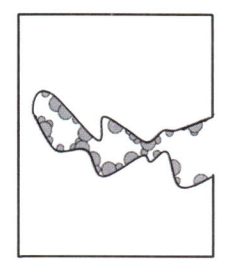 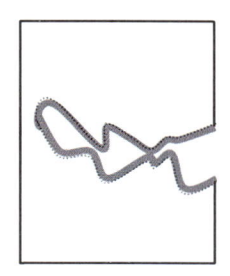

(a) 碳酸钙的形成　　(b) 杂质堵塞　　(c) 未水化水泥水化　　(d) 水化水泥膨胀

图 11.12　自体修复方式[①]

也可以通过有意加入自愈合剂来增强自修复过程,即将化学物质或生物制剂引入胶结基质的自修复机制。目前,最常见的自修复方式包括胶囊修复与细菌修复。在基体产生损伤裂纹时,埋置于内部的修复体在力、热或化学破坏下释放修复成分,黏结封堵裂纹,阻止裂纹进一步扩展,从而达到修复目的。

(一) 胶囊自修复

如图 11.13 所示,混凝土等复合材料可以通过胶囊封装进行愈合,这是最流行和有效的自愈合工艺之一。单/多通道管状网络和球形/圆柱形胶囊可用于递送外加的修复(愈合)剂。自愈合的前提是,当损伤(裂缝)发生时,修复物质会从容器中释放出来,并对特定刺激作出反应,从而激活自我愈合过程。当修复剂暴露于空气、湿气或热量中或与胶结基质接触时,可能会发生反应。有效的自我修复取决于多种因素,包括愈合剂本身的功效、封装方法的功效以及启动自我修复的机制。

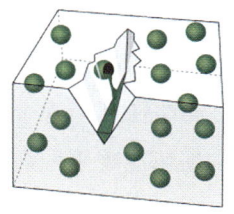 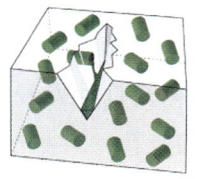 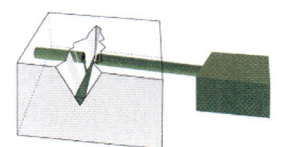 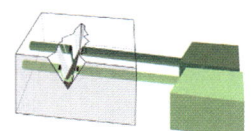

(a) 球形胶囊　　(b) 圆柱形胶囊　　(c) 单通道管状网络　　(d) 多通道管状网络

图 11.13　混凝土的自修复[②]

[①] 图片基于:MERAZ M M, MIM N J, MEHEDI M T, et al. Self-healing concrete: fabrication, advancement, and effectiveness for long-term integrity of concrete infrastructures[J]. Alexandria Engineering Journal, 2023, 73: 665-694.

[②] 图片基于:MERAZ M M, MIM N J, MEHEDI M T, et al. Self-healing concrete: fabrication, advancement, and effectiveness for long-term integrity of concrete infrastructures[J]. Alexandria Engineering Journal, 2023, 73: 665-694.

根据预期的修复效果，有许多材料可用于胶囊和修复剂的生产。只有当胶囊的机械阻力足以对抗混合物的内力时，才能认为封装过程是成功的。胶囊外壳厚度、直径、胶囊黏度和表面积都在胶囊愈合治疗中发挥作用。通过这种方法，混凝土中的化学和生物愈合剂可以在更长的时间内保持活性，并在更可控的条件下释放。研究中涉及胶囊外壳包括脲醛、聚脲、二乙烯基苯、三聚氰胺、尿素-甲醛微胶囊、二氧化硅，用于胶囊中的修复剂包括环氧树脂、Na_2SiO_3和细菌孢子。

胶囊的分散可以使用平板玻璃或微胶囊来完成。两种可用的封装技术是胶囊在基质中均匀分散和在预测的失效位置分散。封装的自我修复有两个基本类别：化学制剂和沉淀的细菌。

基于胶囊封装的自愈合有可能提供更高质量的修复，因为可以修复的裂纹宽度范围更广，对基体裂纹的反应更快。然而，基于胶囊的方法的主要挑战是其长期可重复性。由于混凝土结构在其使用寿命中会经历多个损伤循环，因此基于胶囊的系统被期望提供多种高质量的愈合实例。关于多重负载下自修复过程的可重复性信息不足。因此，未来需要对基于胶囊的系统的重复性进行研究。此外，关于胶囊形状和大小对自愈合有效性的影响，仍然没有足够的数据。因此，在决定用于特定目的的胶囊封装自修复方法之前，需考虑裂纹宽度、裂纹类型、裂纹形成过程的性质（无论是稳定的还是动态的）以及其应用位置。

（二）细菌自修复

通常，三聚氰胺基和硅藻土基材料用于生产封装微生物物种的胶囊。细菌的使用已成为混凝土自修复领域的主要热点。混凝土中细菌自我修复的主要过程是通过碳酸钙（$CaCO_3$）沉淀来完成的，某些细菌在生产和配料过程中混合在混凝土中，生成$CaCO_3$填充裂缝并促进其恢复，这种自我修复现象增加了耐久性和混凝土的长期强度。这个$CaCO_3$层防止水和气体进入混凝土。这种$CaCO_3$沉淀还有可能渗透到未损坏混凝土的内部空隙中，从而提高其密度和整体强度。

许多不同类型的细菌已被用作胶凝材料中的自愈剂。然而，最常用的是芽孢杆菌属的芽孢杆菌，如球形芽孢杆菌、假坚芽孢杆菌、巨大芽孢杆菌、巴氏芽孢杆菌、枯草芽孢杆菌、科氏芽孢杆菌和副乳杆菌。这些细菌类型对胶凝材料的愈合机制基于$CaCO_3$的沉淀，但在$CaCO_3$预沉淀量、$CaCO_3$形成速率和脲酶活性方面存在一些差异。如图11.14所示为$CaCO_3$沉淀引起的胶结材料中的裂缝愈合机制，$CaCO_3$沉淀通过细菌代谢渗透和修复裂缝。

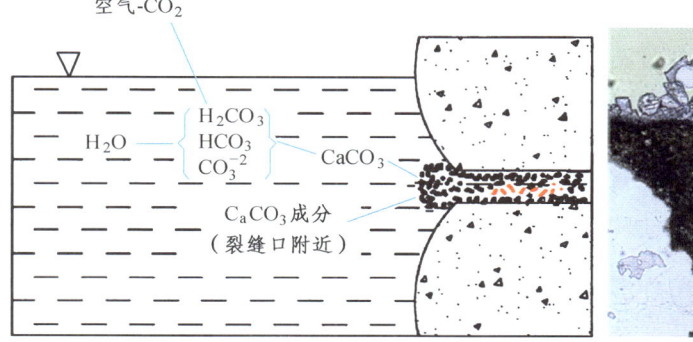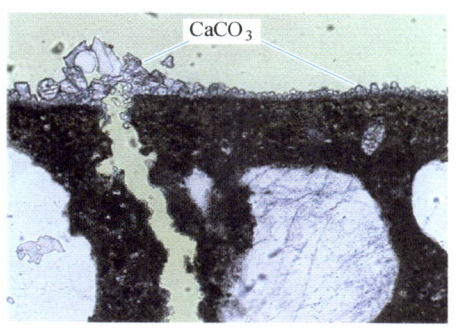

图 11.14　水泥基材料中细菌自修复机制[①]

芽孢杆菌可以在高碱性条件下通过将尿素转化为铵和碳酸盐来沉淀 $CaCO_3$，即尿素水解机制用于碳酸钙沉淀，其具体反应式如式（11.1）~式（11.7）所示。1 mol 尿素的细胞内水解产生 1 mol 氨基甲酸酯（carbamate）和 1 mol 氨，如等式（11.1）所示。接着，氨基甲酸酯水解产生 1 mol 氨和碳酸，如式（11.2）所示。这些副产物（NH_3 和 H_2CO_3）然后产生 2 mol 铵和氢氧根离子以及 1 mol 碳酸氢根离子，如式（11.3）和式（11.4）所示。如式（11.5）反应，改变了碳酸氢盐的平衡并导致碳酸盐离子的形成，导致 pH 升高。由于细菌的细胞壁带负电，它们从周围环境中提取阳离子，如 Ca^{2+}，并将其沉积在细胞表面。如式（11.6）与式（11.7）所示，Ca^{2+} 离子与 CO_3^{2-} 离子的以下相互作用导致 $CaCO_3$ 在细胞表面的沉淀。

$$CO(NH_2)_2 + H_2O \longrightarrow NH_2COOH + NH_3 \tag{11.1}$$

$$NH_2COOH + H_2O \longrightarrow NH_3 + H_2CO_3 \tag{11.2}$$

$$H_2CO_3 \longleftrightarrow HCO_3^- + H^+ \tag{11.3}$$

$$2NH_3 + 2H_2O \longrightarrow 2NH_4^+ + 2OH^- \tag{11.4}$$

$$HCO_3^- + H^+ + 2NH_4^+ + 2OH^- \longrightarrow CO_3^{2-} + 2NH_4^+ + 2H_2O \tag{11.5}$$

$$Ca^{2+} + Cell \longrightarrow Cell\text{-}Ca^{2+} \tag{11.6}$$

$$Cell\text{-}Ca^{2+} + CO_3^{2-} \longrightarrow Cell\text{-}CaCO_3 \tag{11.7}$$

尿素水解并不是导致碳酸钙沉淀的唯一自愈机制，还有代谢过程和硝酸盐还原可作为自愈替代过程。有机化合物代谢转化为碳酸钙是一个更环保的过程，因为它消除了尿素水解中氨的释放。

---

① 图片来源：OSTA M O，MUKHTAR F. Effect of bacteria on uncracked concrete mechanical properties correlated with damage self-healing efficiency — A critical review[J]. Developments in the Built Environment, 2023，100301.

在碱性环境中,通过乳酸钙的好氧氧化(aerobic oxidation)产生可持续发展的生物矿物(biominerals)。细菌利用混凝土中的可用氧气、水分和乳酸钙来激发其代谢功能,最终产生碳酸钙,如公式(11.8)所示。此外,碳酸钙是通过二氧化碳与氢氧化钙的相互作用而获得的。细菌呼吸过程中产生的二氧化碳可以与水泥中存在的氢氧化钙结合,导致额外的 $CaCO_3$ 沉淀,如公式(11.9)所示。硝酸盐还原过程涉及微生物通过硝酸盐还原氧化有机物质,诱导碳酸钙的形成。

$$Ca(C_3H_5O_2)_2 + 7O_2 \text{(代谢转化)} \longrightarrow CaCO_3 + 5CO_2 + 5H_2O \qquad (11.8)$$

$$CO_2 + Ca(OH)_2 \longrightarrow CaCO_3 + H_2O \qquad (11.9)$$

如公式(11.10)所示,有机化合物反硝化的主要结果包括二氧化碳、水和氮的产生。作为氢离子消耗的结果,pH 水平增加,产生碳酸盐或碳酸氢盐,如公式(11.11)所示。最终,钙源和碳酸盐之间的相互作用最终导致碳酸钙的沉淀,如式(11.12)所示。

$$\text{有机化合物} + aNO_3 + eH^+ \text{(反硝化)} \longrightarrow iCO_2 + oH_2O + uN_2 \qquad (11.10)$$

$$CO_2 + 2OH^- \longrightarrow CO_3^{2-} + H_2O \qquad (11.11)$$

$$Ca^{2+} + CO_3^{2-} \longrightarrow CaCO_3 \qquad (11.12)$$

三、形状记忆合金

形状记忆合金(Shape Memory Alloys,SMA)在经受适当的热变化时具有恢复到先前定义的形状或尺寸的能力(图 11.15)。形状记忆合金在不发生永久变形的情况下能重复吸收应变能,用于获得广泛的循环性能和抗疲劳性能,并且由于其长期耐用性和可靠性而被使用。现已发现的 SMA 有上百种,而其中被广泛研究的主要是 Ni-Ti 合金、Cu 基合金和 Fe 基合金。SMA 在机械、电子、医疗、航空等领域已经得到了越来越多的应用,在土木工程领域也开始崭露头角,其中,在建筑抗震方面已有应用(图 11.16)。

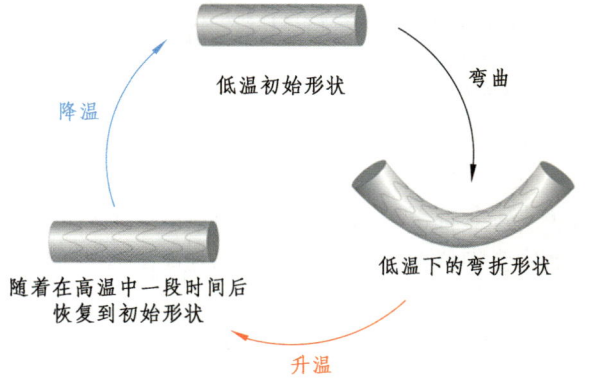

图 11.15 形状记忆合金形状恢复过程

第十一章 智慧建造材料

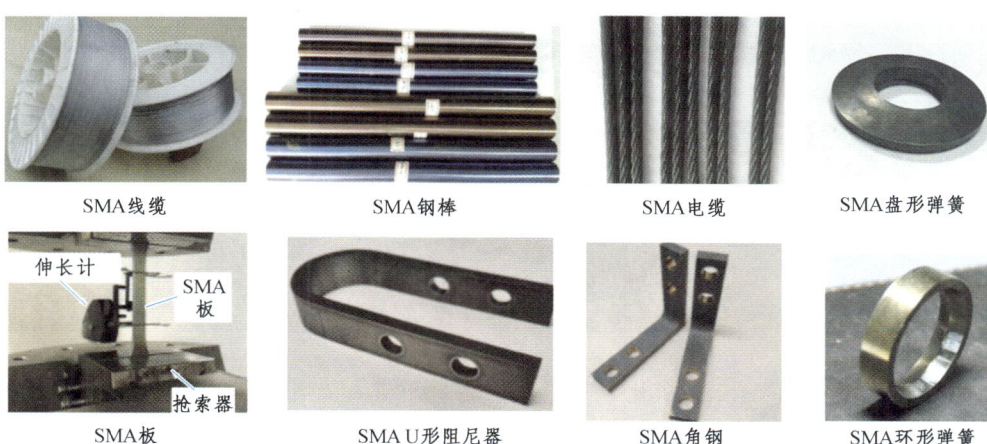

图 11.16　各类型 SMA 产品[①]

SMA 的形状记忆效应源于热弹性马氏体相变。将母相状态的 SMA 冷却，当温度降低到某一点后将发生马氏体相变。热弹性马氏体形成后，会随着温度下降而继续生长。将 SMA 加热至一定温度，热弹性马氏体又会减少，会发生逆相变转化为奥氏体，以完全相反的过程消失，SMA 将回复到初始形状。两项自由能之差作为相变驱动力。两项自由能相等的温度称为平衡温度。只有当温度低于平衡温度时才会产生马氏体相变；反之，只有当温度高于平衡温度时才会发生逆相变。

处于母相态的 SMA 受力后经应力诱发相变形成马氏体，当应力去除后部分应变因应力诱发马氏体逆相变而回复称为伪弹性。当应变全部回复时称为超弹性。

四、3D 打印混凝土

通过分层堆叠建造结构的增材制造技术，是工业 4.0 概念的关键支柱之一，具有节省材料和成本、可面向更复杂结构、易于成型等优点，被广泛应用于各领域。3D 打印混凝土（3D PC）技术是增材制造的重要代表之一，可简化混凝土结构与构件制造过程，节省材料人工和能源，减少二氧化碳排放，具有显著的经济及环境效益。并且，3D PC 技术在设计、材料和操作灵活性方面具有巨大的潜力。3D 打印建造技术作为第三次科技革命的一种标志性智慧建造技术，具有绿色、环保、高效、经济等多方面优势。3D 打印建造技术结合智能建造模式，提高了结构整体性，做到了"去模化"施工，给设计复杂化建筑结构工程提供了可能，如图 11.17 所示。3D 打印水泥基材料性能要求与传统混凝土差异很大，对其性能要求和评价方法尚未有系统研究。

[①] CHENG F. SMAs for infrastructures in seismic zones：A critical review of latest trends and future needs[J]. Journal of Building Engineering，2022：57.

图 11.17　3D 打印混凝土技术

3D PC 材料的制备，首要考虑的是其流变工作性以满足 3D 打印施工的特殊需求。传统的混凝土一般通过坍落度测试来评估其和易性，但这种简单的测试无法满足对 3D PC 流变性及打印工作性的表征。另外，新型高性能水泥基复合材料，如超高性能混凝土、自密实混凝土等则通过坍落扩展度、J 环试验等以测试材料显著提升的流动工作性能。然而，3D PC 打印施工工艺对材料流变性有不同要求，也无法通过这些工作性测试方法反映 3D PC 的流变性及打印性。对于 3D 打印工艺，为了成功挤出，材料必须具有足够的流动性，以便能够被泵送并从喷嘴挤出。然而，打印层被挤出后，由于其自重和后续其他打印层的重量，它必须具有足够的剪切强度来抵抗变形。从流变学的角度来看，3D PC 在泵和喷嘴内时必须是低黏度的液体状材料，如果屈服应力和塑性黏度变得过高，超过泵送能力，则材料的挤出变得困难。一旦挤出，又必须向具有足够强度以抵抗变形的固体行为转变，即具备高屈服应力（高于自重引起的应力）以允许材料抵抗变形并防止材料中的流动。高屈服应力对于防止挤压层的变形是至关重要的。此外，挤压混凝土的屈服应力随着时间的推移而增加，需允许混凝土在一定时间内堆积更多的层数，以满足建造需求。总的来说，屈服应力成为 3D PC 设计中关键的流变参数。可见，3D PC 打印施工过程对其流变性（可泵送或挤出性）、可建造性和连续层间强度提出了矛盾的要求：

可泵送与挤出性得益于低黏度和低屈服应力，可建造性则需要高屈服应力来确保成型稳定性，而过早具备高屈服应力不利于层间稳定性。实际上，屈服应力变化主要是由于触变性导致的结构可逆物理变化和水泥水化导致的不可逆结构变化。为了满足这种要求，触变材料是一种理想的选择，因为它们可以平滑地挤出，并且在建造后能够承受后续层的重量，从而确保形状稳定性。因此，在制备 3D PC 时首先要考虑对材料流变性的调控，以满足其打印建造性要求。

简单来说，3D PC 的打印性实际取决于其流变性，包括动静态屈服应力、塑性黏度、触变性。高触变性材料经过扰动在打印头处具有较低的动态屈服应力和黏度，有利于材料的挤出；在挤出后可迅速恢复到较高的静态屈服应力，从而保持自身稳定。

3D 打印混凝土流变测试方法如图 11.18 所示。

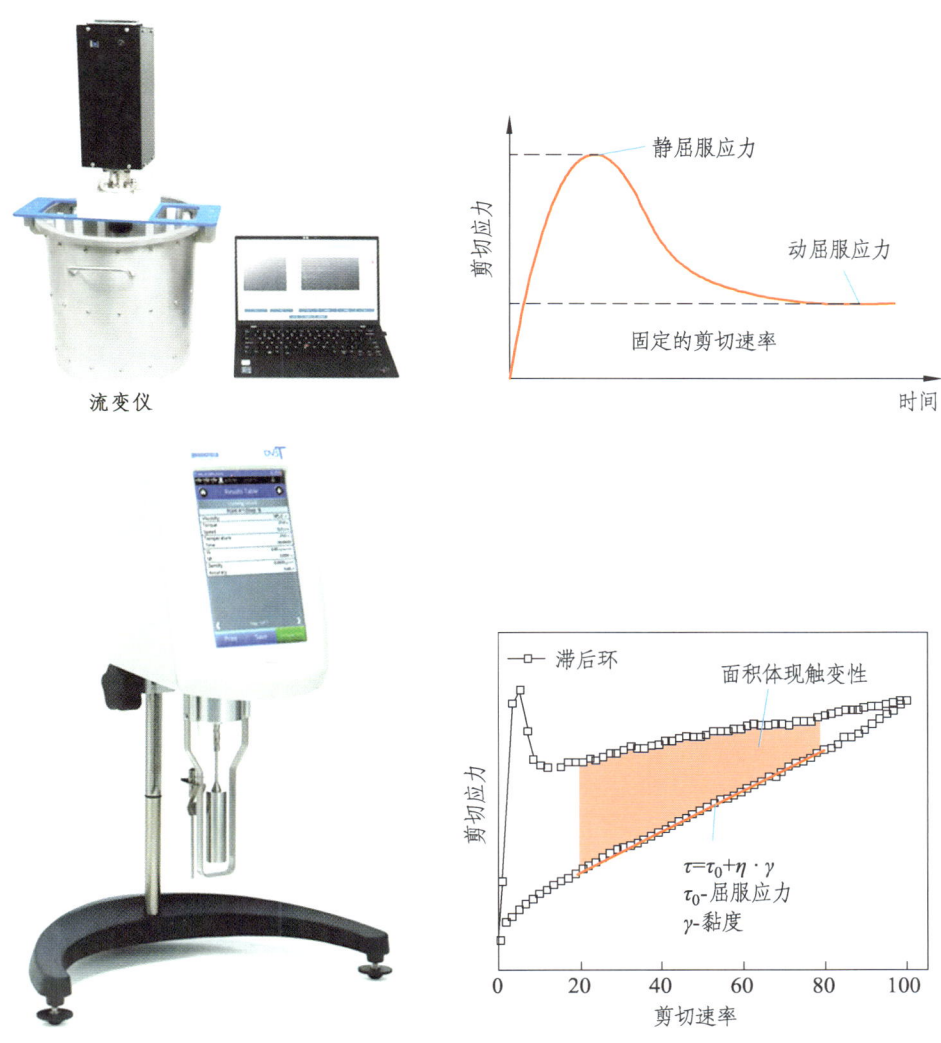

图 11.18　3D 打印混凝土流变测试方法

复习思考题

1. 智慧材料区别于一般材料的特征是什么？
2. 智慧材料具备的四大基本功能是什么？请详细描述。
3. 请列举一些能引起智慧材料响应的刺激。
4. 请列举三个智慧材料在土木建筑中的应用场景和功效。
5. 典型智慧材料有哪些？请简述其功能特征。
6. 请简述自感知混凝土的感知机制。
7. 什么是渗流阈值？其如何影响自感知混凝土的自感知功能？
8. 自感知混凝土常用填料有哪些？请列举至少 5 种。
9. 自修复混凝土常见两种方法是什么？请简述其实现自修复功能的原理。
10. 与普通混凝土相比，3D 打印混凝土在功能实现上的难点在哪里？
11. 请比较 3D 打印混凝土在挤出时与挤出后在流变性能上有何不同？
12. 为什么 SMA 在加热后能恢复形变，请从原理上解释。

参考文献

[1] 王燕谋，苏慕珍，张量. 硫铝酸盐水泥[M]. 北京：北京工业大学出版社，1999.

[2] 林宗涛. 水泥工艺学[M]. 3版. 武汉：武汉理工大学出版社，2023.

[3] 王强，周予启，张增起，等. 绿色混凝土用新型矿物掺合料[M]. 北京：中国建筑工业出版社，2017.

[4] 刘奎生，刘震国，段劲松. 低碳高性能混凝土[M]. 北京：中国建筑工业出版社，2022.

[5] 刘数华，冷发光，王军. 混凝土辅助胶凝材料[M]. 北京：人民交通出版社股份有限公司，2020.

[6] 陈先华. 土木工程材料学[M]. 南京：东南大学出版社，2021.

[7] 张亚梅，张云升，孙道胜. 土木工程材料[M]. 南京：东南大学出版社，2021.

[8] 伦云霞，李宗梅，龙变珍. 土木工程材料[M]. 武汉：华中科技大学出版社，2021.

[9] 郭艳芹. 土木工程材料[M]. 郑州：郑州大学出版社，2022.

[10] 冯乃谦. 高性能与超高性能混凝土技术[M]. 北京：中国建筑工业出版社，2015.

[11] 耿春雷，董阳，左然芳，等. 超高性能混凝土研究及工程应用现状[J]. 混凝土世界，2023，(12)：74-79.

[12] BAJABER M A, HAKEEM I Y. UHPC evolution, development, and utilization in construction: A review[J]. Journal of Materials Research and Technology，2021，10：1058-1074.

[13] 宋天威，左彦峰，姚越. 超高性能混凝土配合比设计及搅拌工艺研究综述[J]. 混凝土世界，2023（10）：86-90.

[14] 邵旭东，邱明红，晏班夫，等. 超高性能混凝土在国内外桥梁工程中的研究与应用进展[J]. 材料导报，2017，31（23）：33-43.

[15] 蔺鹏臻，赵鸿伟，马俊军. 铁路UHPC梁的正截面抗弯承载力计算公式及应用[J]. 铁道工程学报，2022，39（5）：33-38；72.

[16] 邵旭东，樊伟，黄政宇. 超高性能混凝土在结构中的应用[J]. 土木工程学报，2021，54（1）：1-13.

[17] 徐世烺，李贺东. 超高韧性水泥基复合材料研究进展及其工程应用[J]. 土木工程学报，2008（6）：45-60.

[18] 阚黎黎，施惠生. 工程水泥基材料裂缝分布及自愈合后力学性能[J]. 建筑材料学报，2012，15（1）：27-33.

[19] SIDDIQUE R. Self-compacting concrete: materials, properties and applications[M]. Sawston Cambridge, United Kingdom：Woodhead Publishing，2019.

[20] 李化建. 高速铁路自密实混凝土技术[M]. 北京：化学工业出版社，2018.

[21] 张巨松，李晓. 自密实混凝土[M]. 哈尔滨：哈尔滨工业大学出版社，2017.

[22] 孟亚锋，张宇星，沈卫国，等.清水自密实混凝土清水效果表征与研究[J]. 硅酸盐通报，2019，38（8）：2683-2687.

[23] 蔡炜凌，王念念，黄越平，等.基于模板设计的饰面清水混凝土全过程施工技术[J]. 建筑技术，2016，47（7）：626-629.

[24] 崔鑫，夏文杰，王龙志，等. 清水混凝土配制与施工关键技术研究[J]. 新型建筑材料，2017，44（5）：67-71；76.

[25] 金祖权，王鹏刚，李刚，等. 滨海环境清水混凝土制备与应用技术[M]. 北京：中国建材工业出版社，2020.

[26] 陈克伟，孙振平，王成启，等. 港珠澳大桥环岛挡浪墙素清水混凝土裂缝控制技术研究[J]. 新型建筑材料，2019，46（4）：1-4.

[27] 尹轶. 高强自密实清水混凝土在桥梁预制构件生产中的应用研究[J]. 新型建筑材料，2023，50（2）：37-41.

[28] 住房和城乡建设部. 高性能混凝土评价标准：JGJ/T 385—2015[S]. 北京：中国建筑工业出版社，2015.

[29] 国家质量监督检验检疫总局,国家标准化管理委员会. 高强高性能混凝土用矿物外加剂：GB/T 18736—2017[S]. 北京：中国标准出版社，2017.

[30] 国家市场监督管理总局，国家标准化管理委员会. 高性能混凝土技术条件：GB/T 41054—2021[S]. 北京：中国标准出版社，2021.

[31] 国家市场监督管理总局，国家标准化管理委员会. 通用硅酸盐水泥：GB 175—2023[S]. 北京：中国标准出版社，2023.

[32] 国家质量监督检验检疫总局，国家标准化管理委员会. 中热硅酸盐水泥、低热硅酸盐水泥：GB/T 200—2017[S]. 北京：中国标准出版社，2017.

[33] 建设部. 混凝土用水标准：JGJ 63—2006[S]. 北京：中国建筑工业出版社，2006.

[34] 国家质量监督检验检疫总局，国家标准化管理委员会. 混凝土外加剂：GB 8076—2008[S]. 北京：中国标准出版社，2008.

[35] 住房和城乡建设部，国家质量监督检验检疫总局. 混凝土外加剂应用技术规范：GB 50119—2013[S]. 北京：中国建筑工业出版社，2013.

[36] 国家质量监督检验检疫总局，国家标准化管理委员会. 混凝土膨胀剂：GB/T 23439—2017 [S]. 北京：中国标准出版社，2017.

[37] 住房和城乡建设部. 补偿收缩混凝土应用技术规程：JGJ/T 178—2009[S]. 北京：中国建筑工业出版社，2009.

[38] 国家发展和改革委员会. 混凝土防冻剂：JC 475—2004[S]. 北京：中国建材工业出版社，2005.

[39] 住房和城乡建设部. 混凝土防冻泵送剂：JG/T 377—2012[S]. 北京：中国质检出版社，2009.

[40] 住房和城乡建设部. 普通混凝土配合比设计规程：JGJ 55—2011[S]. 北京：中国建筑工业出版社，2011.

[41] 住房和城乡建设部. 自密实混凝土应用技术规程：JGJ/T 283—2012[S]. 北京：中国建筑工业出版社，2012.

[42] 住房和城乡建设部. 纤维混凝土应用技术规程：JGJ/T 221—2010[S]. 北京：中国建筑工业出版社，2010.

[43] 中国工程建设标准化协会. 超高性能混凝土技术要求：T/CECS 10107—2020[S]. 北京：中国标准出版社，2020.

[44] 国家质量监督检验检疫总局，国家标准化管理委员会. 用于水泥和混凝土中的粉煤灰：GB/T 1596—2017[S]. 北京：中国标准出版社，2017.

[45] 住房和城乡建设部. 清水混凝土应用技术规程：JGJ 169—2009[S]. 北京：中国建筑工业出版社，2009.